国家社会科学基金资助项目

SHUZI CHUBANWU CHENGJIAO ZHIDU

数字出版物呈缴制度

韩新月　吕淑萍⊙等著

知识产权出版社
全国百佳图书出版单位
—北京—

图书在版编目（CIP）数据

数字出版物呈缴制度/韩新月等著.—北京：知识产权出版社，2021.7
ISBN 978-7-5130-7622-7

Ⅰ.①数… Ⅱ.①韩… Ⅲ.①出版工作－行政管理－行政法－中国
Ⅳ.①D922.16

中国版本图书馆 CIP 数据核字（2021）第 144999 号

内容提要

本书围绕数字出版物呈缴制度的研究基础、制度构建以及制度运行管理三个主要方面展开论述：在广泛调查和研究国内外出版物呈缴相关制度发展的基础上，结合我国传统出版物呈缴现存的问题和需求，分析数字出版物呈缴制度的基本要素，创造性地提出我国数字出版物呈缴制度的主要框架，详细阐述呈缴立法相关问题、工作机制以及技术规范体系的建设，对数字出版物呈缴相关主体设置及其权责分担、呈缴范围、呈缴方式、呈缴流程进行科学设计，为我国建立数字出版物呈缴制度提供理论研究基础和参考模型；基于监管理论和我国数字出版物发展实践，本书提出对数字出版物呈缴活动宜采用混合型监管模式，并对监管主体及其职能进行了讨论；基于评估理论和我国数字出版物呈缴需求，提出针对数字出版物呈缴制度和相关主体开展评估，指出不同职责的评估主体，设计针对不同评估对象的评估指标体系及相关的数据统计指标体系，并提出了数字出版物呈缴系统平台的设计方案及功能需求。

本书适合出版物管理相关工作人员阅读，也可供实践工作和学术研究参考。

责任编辑：彭喜英　　　　　　　　　　　责任印制：孙婷婷

数字出版物呈缴制度
SHUZI CHUBANWU CHENGJIAO ZHIDU
韩新月　吕淑萍　等著

出版发行：	知识产权出版社 有限责任公司	网　　址：	http://www.ipph.cn
电　　话：	010－82004826		http://www.laichushu.com
社　　址：	北京市海淀区气象路 50 号院	邮　　编：	100081
责编电话：	010－82000860 转 8539	责编邮箱：	laichushu@cnipr.com
发行电话：	010－82000860 转 8101	发行传真：	010－82000893
印　　刷：	北京中献拓方科技发展有限公司	经　　销：	各大网上书店、新华书店及相关专业书店
开　　本：	787mm×1092mm　1/16	印　　张：	16.25
版　　次：	2021 年 7 月第 1 版	印　　次：	2021 年 7 月第 1 次印刷
字　　数：	405 千字	定　　价：	79.00 元
ISBN 978-7-5130-7622-7			

出版权专有　侵权必究
如有印装质量问题，本社负责调换。

前　言

　　数字出版物作为新兴的资源类型，是国家文化信息资源的重要组成部分，在传承文明、服务社会以及提升国家文化软实力中发挥着重要的作用。在数字出版物兴起和发展过程中，很多国家和地区制定了数字出版物呈缴相关的政策和制度，使本国数字出版物收集、保存和利用得到有力保障。目前，我国尚未正式确立数字出版物呈缴制度，理论研究基础也比较薄弱。因此，当前阶段开展数字出版物呈缴制度研究，是国家数字文化发展的需要，有利于推动我国数字出版与出版物呈缴制度相关理论研究，完善数字文化发展相关的法律体系，推动数字出版物技术发展和呈缴成本效益的提升。同时，建立数字出版物呈缴制度是国家战略发展的需要，是完整保存、永续传承国家数字文化遗产的重要实现方式，有利于维护国家网络安全与文化安全，保障人民公平获取信息的权利。

　　为了对数字出版物呈缴制度进行全面系统的研究，我们申报了国家社会科学基金项目"数字出版物呈缴制度研究"（项目编号：12BTQ058），获得批准立项后，课题组合理分工，积极推进，综合运用文献调查、问卷调查、专家访谈、比较研究等多种技术方法，深入研究出版物呈缴制度发展的一般规律，重点围绕以下三个方面进行了充分的研究和分析。

　　一是数字出版物呈缴制度研究基础。

　　全面调研了国外数字出版物呈缴制度的理论研究、实践成果以及制度概况，梳理并对比分析了典型国家在数字出版物采集与呈缴的政策、制度、立法及实际操作的历史和发展现状，提炼出国外数字出版物呈缴制度面临的主要挑战以及对我国建立数字出版物呈缴制度的启示。同时，对我国出版物呈缴制度进行了深入研究。一方面通过文献调研的方式，梳理我国出版物呈缴制度的发展历程；另一方面采用问卷调查和专家访谈的方式，对图书馆、作者、出版社等相关主体进行调研，深入了解我国数字出版物呈缴工作现状，分析总结影响我国呈缴工作开展的制约因素。

　　二是数字出版物呈缴制度构建。

　　在充分研究世界主要国家相关经验的基础上，结合我国数字文化保存保护需求、信息安全战略要求和数字出版活动实践，提炼分析数字出版物呈缴制度的基本要素，以呈缴主体和呈缴客体为主线，对数字出版物呈缴制度相关主体的范畴与职能、客体的界定与范围、呈缴方式、呈缴流程以及数字出版物长期保存相关问题予以分析研究。立足实践与发展的需求，构建我国数字出版物呈缴制度的整体框架。首先解决我国数字出版物呈缴制度的定位问题，提出制度框架的设计思路、主要内容以及初期重点问题，并分别分析探讨制度框架所涉及各部分内容，为未来该项制度的建立和完善提供理论研究支撑。

　　三是数字出版物呈缴制度运行管理。

　　从制度的长远发展角度出发，分析数字出版物监管与评价体系现状及存在问题，提出数字出版物呈缴制度监管办法，规划数字出版物呈缴制度监管模式，构建数字出版物呈缴制度评价机制，设计评价指标体系及其相关统计制度，以保障数字出版物呈缴制度研究的完整性，为未来有效发挥数字出版物呈缴制度作用、评价数字出版物呈缴制度效能提供理论指导。结合各类型数字出版物的特点，研究设计数字出版物呈缴管理平台的技术方案，以推动数字出版物呈缴管理平台的研发，为呈缴主体和受缴主体提供便捷的操作平台，切实推动数字出版物呈缴制度的建立和发展。

经过深入研究和综合分析，我们认为，数字出版物的发展及阅读方式的转变给国家文化资源保存和使用带来了新的挑战，我国必须尽快建立数字出版物呈缴制度，以应对快速发展变化的信息技术环境所带来的数字出版物流失问题。构建数字出版物呈缴制度框架，应立足我国数字文化遗产保存的战略需求和相关法律法规所确立的现实基础，确定我国数字出版物呈缴制度的基本属性，其核心问题是进行呈缴责任立法，立法工作的重中之重则是建立我国数字出版物呈缴制度的法律关系。数字出版物呈缴制度相关工作机制、技术规范体系与经费保障机制的建设作为制度的依托和补充，在建立和发展制度的过程中，也应被给予足够重视。针对数字出版物的特性在制度设计上进行突破和创新，在法律制度、管理、经济、版权、技术等因素制约下寻求平衡机制，建立适应数字文化发展的数字出版物呈缴制度，有利于实现全面保存国家数字文化遗产、维护国家网络安全与文化安全以及满足全社会信息需求的目标。

在课题顺利结项后，我们继续对课题的主要内容进行了跟踪研究，结合文化法治环境的新发展和数字出版领域的新情况，对课题报告核心内容进行了修改和补充而完成本书，全书共八章，撰写责任如下：

总体规划、体系设计、统稿审校由吕淑萍负责，韩新月参与统稿审校。

第一章由吕淑萍、邱奉捷联合撰写。

第二章由韩萌、黄红华联合撰写。

第三章由姜晓曦、冷熠联合撰写。

第四章由韩新月、曲云鹏、赵志刚联合撰写。

第五章由邱奉捷、韩新月、姜晓曦联合撰写。

第六章由刘晶晶、韩新月联合撰写。

第七章由只莹莹、赵志刚联合撰写。

第八章由吕淑萍撰写。

尽管对本书相关内容进行了扎实的研究和分析，但由于我们能力和水平所限，难免存在疏漏之处，恳请广大读者予以指正，以便我们在今后的研究中不断改进和提升。在课题立项、研究和本书写作过程中得到了来自国家图书馆、图书馆界、出版界、法律界等多位专家学者的帮助和支持，同时也参考了大量的相关文献与论述，在此一并致谢！

目　　录

第一章　绪论 … 1
- 第一节　研究背景 … 1
- 第二节　研究目标与研究内容 … 7
- 第三节　研究意义 … 8
- 第四节　研究范围与相关术语界定 … 14

第二章　国外数字出版物呈缴制度研究与启示 … 21
- 第一节　国外数字出版物呈缴制度概览 … 21
- 第二节　国外数字出版物呈缴制度面临的挑战 … 47
- 第三节　国外数字出版物呈缴制度启示 … 58

第三章　中国数字出版物呈缴制度现状分析 … 65
- 第一节　中国出版物呈缴制度发展概述 … 65
- 第二节　中国数字出版物呈缴工作现状 … 91
- 第三节　中国数字出版物呈缴的制约因素分析 … 107

第四章　数字出版物呈缴制度的基本要素 … 111
- 第一节　数字出版物呈缴相关主体 … 111
- 第二节　数字出版物呈缴的一般范围 … 129
- 第三节　数字出版物呈缴常见方式 … 136
- 第四节　数字出版物呈缴工作流程 … 137
- 第五节　数字出版物长期保存体系 … 143

第五章　中国数字出版物呈缴制度框架设计 … 148
- 第一节　数字出版物呈缴制度定位 … 148
- 第二节　数字出版物呈缴制度框架构建 … 151
- 第三节　数字出版物呈缴制度立法 … 153
- 第四节　数字出版物呈缴工作机制 … 166
- 第五节　数字出版物呈缴技术规范 … 168

第六章　中国数字出版物呈缴制度监管与评估 … 175
- 第一节　数字出版物监管 … 175
- 第二节　数字出版物呈缴监管机制 … 187
- 第三节　数字出版物呈缴制度评估 … 199

  第四节　数字出版物呈缴统计 …………………………………… 215

第七章　数字出版物呈缴平台设计 ……………………………………… 222
  第一节　国内外数字出版物呈缴平台概况 ……………………… 222
  第二节　数字出版物呈缴平台功能需求 ………………………… 225
  第三节　数字出版物呈缴平台的设计原则 ……………………… 229
  第四节　数字出版物呈缴平台功能模块 ………………………… 230
  第五节　数字出版物呈缴平台技术难点 ………………………… 237
  第六节　数字出版物呈缴平台在中国的应用前景 ……………… 238

第八章　研究结论与展望 ………………………………………………… 239
  第一节　研究成果的主要结论与成果 …………………………… 239
  第二节　研究局限与未来展望 …………………………………… 244

参考文献 …………………………………………………………………… 246

第一章

绪　　论

第一节　研究背景

一、数字出版物数量激增

随着互联网技术、数字技术的飞速发展，文献出版方式已经发生了巨大变化，数字出版产业在全球范围内迅速崛起。2016年全球数字出版市场规模153亿美元，占数字媒体市场的18.2%，其中电子书收入为108亿美元，是数字出版市场的核心市场，占全球数字出版总收入的71.1%。[1]2017年，美国、英国、法国和德国电子书销售额占该国整个出版物市场份额分别为10%、15%、6.5%和4.5%，四国电子出版物市场已进入平稳发展期。[2]20世纪80年代以来，国际主要期刊出版者的投资逐渐向数字出版领域集中，爱思唯尔、施普林格等国际一流期刊出版机构已于21世纪初基本完成了由传统出版模式向数字出版模式的演变，经济收入也逐渐依靠数字产品，近年来爱思唯尔的期刊收入中，来自数字化产品的收入远超过纸版产品的收入。[3]以开放存取（Open Access，OA）形式提供在线学术信息的各类机构知识库（Institutional Repositories，IR）是在线期刊的主要提供者，据开放存取知识库登记机构（Registry of Open Access Repositories，ROAR）统计，截至2019年7月31日，全世界共有116个国家、地区或组织建立了4163个机构知识库。[4]

近年来，我国数字出版市场也呈现出蓬勃发展的趋势。2015年时我国绝大多数出版社即已开展了电子图书出版业务，中文电子图书出版总量已超过160万种，从2005年开始，每年以两位数的百分比递增[5]；全国上千种报纸开展数字报纸及新媒体业务，总比例超过95%[6]，

---

[1] 尹琨. 2016全球数字出版报告：电子书领跑，数字阅读发展向好[EB/OL].（2016-12-29）[2017-04-08]. http://media.people.com.cn/n1/2016/1229/c14677-28986361.html.
[2] 范军. 国际出版业发展报告（2017版）[M]. 北京：中国书籍出版社，2018.
[3] 任胜利. 国际学术期刊出版的数字化发展[N]. 中国社会科学报，2013-11-29（A05）.
[4] Registry of Open Access Repositories [EB/OL].［2019-7-31］. http://roar.eprints.org/view/geoname/
[5] 张立，王飚. 2014—2015中国数字出版产业年度报告[M]. 北京：中国书籍出版社，2015：39-40.
[6] 同[5]62.

数字报纸约0.09万种；互联网期刊约2.5万种，多媒体互动期刊约0.100 9万种[1]，2014年，中国期刊数据库3家主要企业年实现数字期刊论文超过了1550万篇[2]；互联网原创作品约201万种[3]。此外，还有日益丰富的网络地图、数字音乐、网络动漫、网络游戏、数据库出版物、手机出版物等不断涌现。统计显示，从2008年到2016年，数字出版产业年平均增长速度达到30%左右（图1-1）。2017年我国数字出版产业收入为7071.93亿元，比2016年增长约23.62%。其中，数字出版部分包括移动出版收入1796.3亿元，互联网期刊收入20.1亿元，电子书收入54.0亿元，数字报纸（不含手机报）收入8.6亿元。[4]

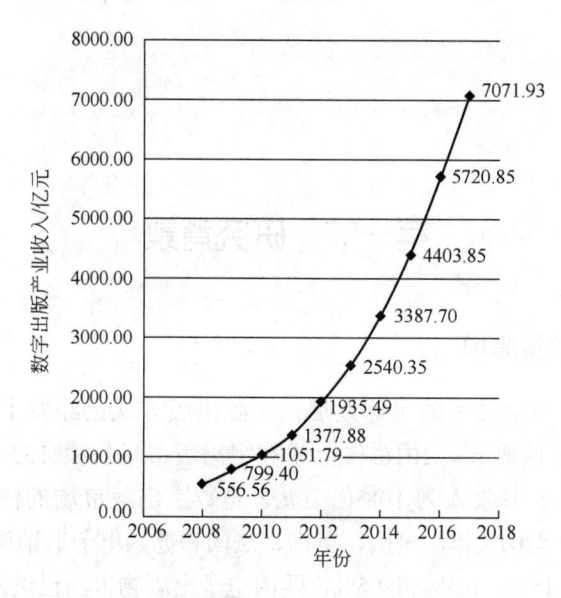

图 1-1 我国数字出版产业收入情况

现有的一系列数据表明，数字出版物已经也必然成为我国出版物的重要组成部分，对这些资料进行长期保存并提供利用是传承文化、满足人民文化信息需求的必然选择。

二、阅读方式转变

随着数字出版的繁荣发展和数字出版物的激增，人们的阅读习惯也正发生显著变化。一方面，手机迅速普及，电子阅读器不断推陈出新；另一方面，电信运营商、数字传媒机构等在数字内容制作上不断加大开发力度，使普通人更加容易接触到多种形式的数字阅读，从在线阅读、电子阅读器阅读，到以手机、平板电脑等移动终端为载体的无线阅读，数字化阅读方式在人们日常生活中随处可见，并且将会以更加快速的发展势头融入人们的生活。[5]美国皮尤互联网项目（Pew Internet）调研显示，2011年，约有17%的美国成年人进行电子阅读，2012年则上升至23%，2014年增至28%，约32%的美国成年人拥有电子书阅读器，如Kindle、

---

[1] 张立，王飚. 2014—2015中国数字出版产业年度报告 [M]. 北京：中国书籍出版社，2015：14.
[2] 同[1]70.
[3] 同[1]14.
[4] 张立. 2017—2018中国数字出版产业年度报告 [M]. 北京：中国书籍出版社，2018.
[5] 屈明颖. 数字化阅读，其兴也勃 [N/OL]. [2015-06-06]. http://epaper.gmw.cn/zhdsb/html/2012-04/25/nw.D110000zhdsb_20120425_2-21.htm.

Nook 等。[1]

我国历年全国国民阅读调查结果显示，近年来我国数字阅读率逐年攀升。2008 年数字化阅读方式（网络在线阅读、手机阅读、电子阅读器阅读、光盘阅读、Pad 阅读等）的接触率为 24.5%；2014 年，我国数字阅读率已经超过传统阅读率[2]；2017 年，数字化阅读方式（网络在线阅读、手机阅读、电子阅读器阅读、Pad 阅读等）的接触率为 73.0%，较 2016 年的 68.2% 上升了 4.8 个百分点[3]。据中国互联网络信息中心的数据显示，截至 2018 年 12 月，我国网民规模达 8.29 亿，其中网络新闻的用户规模为 6.75 亿（网民使用率 81.4%）、网络视频用户规模为 6.12 亿（占网民整体的 73.9%）、网络音乐用户规模为 5.013 7 亿（网民使用率 72.8%）、网络文学用户规模为 4.32 亿（网民使用率为 52.1%）。[4]2014 年，我国电子书总阅读量已经超过 14 亿册，平均每人电子书阅读量为 5.6 册。[5]《2017 年度中国数字阅读白皮书》显示，2017 年中国数字阅读市场规模达到 152 亿元，同比增长 26.7%，中国数字阅读用户将近 4 亿，网络文学是数字阅读内容的绝对主流，有声阅读增幅明显，同比增长达 39.7%。[6]而 2018 年，我国数字阅读用户总量达到 4.32 亿，人均数字阅读量为 12.4 本。[7]数字阅读用户规模的增长推动了阅读市场的发展。不断扩大的数字阅读群体是数字出版繁荣发展的重要推动力量，同时也对数字出版的长期发展提出了更多的需求，如何适应数字时代新形势进行文化遗产保存与服务成为当前文化发展中的重要议题。

三、国外数字出版物呈缴实践与研究快速发展

在数字出版物逐步兴起的过程中，很多国家和地区都已采取了一定的政策和措施对数字出版物呈缴活动进行规范和保障。20 世纪末联合国教科文组织开始关注数字出版物的采集与呈缴问题，在其公布的《电子出版物法定呈缴》及《法定呈缴立法指南》（2000 年修订版）中对数字出版物向图书馆等保存机构进行呈缴的相关问题有所涉及。联合国教科文组织在 2003 年颁布的《数字遗产保存章程》（*Charter on the Preservation of Digital Heritage*）中，突出强调了数字资源的重要性，并指出数字资源面临遗失的危险，对数字出版物呈缴制度的建立起到警示和促进作用。

欧盟委员会在 2006 年 8 月 24 日公布的《关于文化资产的数字化和在线获取及数字保存建议》中敦促成员国就保存网页内容进行立法，授权本国法定保存机构通过网页收割一类的技术措施采集和保存互联网资源。为落实该建议，不少欧盟国家已经开始修改法律或者制定新法规范在线资料的采集和呈缴。

---

[1] E-Reading Rises as Device Ownership Jumps[R/OL].（2014-01-16）INTERNET P.［2015-06-16］. http://www.pewinternet.org/2014/01/16/e-reading-rises-as-device-ownership-jumps.
[2] 人民网. 全国国民阅读调查报告发布 数字阅读首超纸书阅读［EB/OL］.［2015-06-06］. http://media.people.com.cn/n/2015/0421/c40606-26877233.html.
[3] 新浪读书. 第十五次全国国民阅读调查报告发布［EB/OL］.［2019-08-03］. http://book.sina.com.cn/news/whxw/2018-04-18/doc-ifzihnep4386289.shtml.
[4] CNNIC. 第 43 次中国互联网络发展状况统计报告［R/OL］.［2019-08-03］. http://www.cnnic.net.cn/hlwfzyj/hlwxzbg/hlwtjbg/201902/P020190318523029756345.pdf.
[5] 2014 年移动阅读报告［EB/OL］.［2015-06-07］. http://wzb.mof.gov.cn/pdlb/yjbg/201501/t20150114_1179814.html.
[6] 张立. 2017—2018 中国数字出版产业年度报告［M］. 北京：中国书籍出版社，2018.
[7] 中国音像与数字出版协会. 第五届（2019）中国数字阅读大会在杭州举行［EB/OL］.［2019-04-15］. http://www.cadpa.org.cn/news/view?id=536.

2009年，英国国家图书馆针对各国国家图书馆进行了一次调查，以确定国际上关于电子出版物法定呈缴的现状。英国国家图书馆向欧洲国家图书馆联席会议（CENL）的所有成员发放了问卷。除英国以外，从34个国家收到了35份回复（位于莫斯科的俄罗斯国立图书馆和位于圣彼得堡的俄罗斯国家图书馆均给出了回复），其中26个国家（占调查范围的76%）已经通过和实施了关于电子出版物的呈缴法律，12个国家的国家图书馆已经制定法定呈缴相关制度，规定可以采集免费的在线资料（包括定期以"网页快照"的形式收割资源）并且已经付诸实施，包括挪威（自2001年起）、冰岛（自2003年起）、加拿大（自2004年起）、丹麦（自2004年起），以及爱沙尼亚、法国、德国、拉脱维亚、立陶宛、新西兰（自2006年起）和芬兰（自2007年起）。这12个国家的国家图书馆根据法定呈缴相关制度的规定有权搜集电子图书、电子期刊及其他商业或受保护的在线出版物。其中9个国家（除芬兰、拉脱维亚和挪威以外）在2009年已经尝试或者正在实践。该调查显示，电子出版物的法定呈缴比较普遍。当时有82%的回复者至少在光盘出版物方面已经实施法定呈缴将在2010年内实施。只有18%的回复显示该国没有相关立法，但其中有些国家图书馆正在积极地、有选择性搜集或者在出版商自愿的基础上搜集电子出版物；在应对在线出版物快速增长方面，46%的国家（当时预计在2010年这一比例会达到54%）已经实施了电子出版物呈缴法律，并允许采集在线免费网站资源和商业性或受保护的在线出版物；各国国家图书馆已经从电子出版物法定呈缴制度中受益，有效避免了"数字黑洞"的出现。35%的回复者表示正在依据相关法律搜集在线资源，其中包括定期以"快照"形式采集资源；除了可以提供访问的资源以外，各国国家图书馆在呈缴资源搜集方面很少有特定目标。与英国相比，一些国家针对研究类资源的访问限制都是类似的，在许多情况下甚至比英国更加宽松。❶

2011年，英国国家图书馆再次对电子出版物法定呈缴情况进行了调查，一共收到55份回复。在电视节目方面，10个国家针对电视节目建立了法定呈缴制度，其中有4个国家电视节目法定呈缴接受单位是国家图书馆，还有4个国家电视节目法定接受单位是不同于图书馆的其他单位；除此以外，有2个国家广播电视的法定呈缴制度还没有实施，3个国家由国家图书馆通过协议对电视节目进行典藏。在广播电台节目方面，9个国家规定了广播电台节目的法定呈缴，其中有3个国家的广播电台节目法定呈缴接受单位是国家图书馆，4个国家的接受单位是不同于图书馆的其他单位；有2个国家广播电台节目的法定呈缴还没有实施，另外3个国家由国家图书馆通过协议对广播电台节目进行典藏。在音像制品和离线出版物方面，38个（占73%）国家图书馆对音像制品有法定呈缴或者其他相关法律的规定，8个（占15%）国家通过自愿呈缴的方式接受音像制品。在网络资源方面，21个（占40%）国家已经出台允许收割网络资源的相关法律，到2012年6月前预计有30个（占58%）国家图书馆完成相关立法。在电子书和电子期刊方面，23个（占44%）国家图书馆已经针对电子书与电子期刊呈缴开展相关立法，到2012年6月增长到30个（占58%）。不过，仅有14个（占27%）国家图书馆正在根据法定呈缴制度的规定收集电子书和电子期刊，2012年6月有19家（占37%）。其他国家虽然已经出台呈缴法律，但还没有真正开展相关实践。9个国家图书馆正在通过法

---

❶ British Library. International survey-electronic legal deposite[EB/OL]. [2012-03-14].http://www.cdnl.info/2010/CDNL 2010-BL_international_survey_on_e-Legal_Deposit.pdf.

定呈缴以外的方式收集电子书与电子期刊。例如，荷兰为电子期刊出版商提供电子期刊保存服务，英国对于电子期刊采用自愿呈缴的方式，而瑞士对电子书和电子期刊都采取自愿呈缴的方式。在这次调查中，共有23个国家图书馆以法定呈缴或自愿呈缴的方式开展了电子出版物的采集工作。7个国家图书馆采集开放获取资源，但不采集商业性出版物；5个国家图书馆采集商业性出版物但不采集开放获取资源；11个国家图书馆同时采集开放获取资源和商业性出版物。共计26个国家规定了通过法定呈缴或者自愿呈缴的方式采集电子书与电子期刊，面向读者提供的访问方式见表1-1。❶

表1-1 呈缴的电子书与电子期刊访问方式

访问方式	开放存取电子出版物的国家/个	商业性电子出版物的国家/个
读者能在图书馆内和馆外远程访问	14	3
只能在图书馆访问，但没有限制访问量	4	13
只能有1个并发用户	1	2
只有在申请后才能访问	2	3
调查中未明确	5	5

在理论研究方面，国外关于数字出版物法定呈缴制度有很长的研究历史，也很早就开始注重研究数字时代数字文献的保存问题，出现了一批讨论如何以呈缴的方式实现对数字出版物全面保存的相关文献。近年来，国外关于数字出版物呈缴制度的研究主要呈现以下三个方面的特点。

（1）由于数字出版物形态不断推陈出新，所涉及范围不断扩大，各国纷纷针对呈缴法律进行了重新修订或另立新法。一些国际组织（如CDNL、IFLA、UNESCO）等也提出了相关的提案和建议。从文献形式上看，这些组织机构关于数字出版物呈缴制度的研究形式不一，大多是以总结报告（Report）、调研报告（Survey）等形式出现的资料，比较零散和片面，缺乏总结性、借鉴性的叙述，且涉及面比较广泛。不过，宽角度、多形式的研究也为我们提供了多方面借鉴。❷

（2）注重对数字出版物呈缴制度运行实践情况的调查研究，大量统计数据反映了这项制度的整体情况，达到了一定的研究广度。同时，研究深度也不断加大，对于出版者与呈缴接受单位之间的合作、已呈缴数字出版物的合理使用等相关问题的研究均在不断加强。

（3）数字出版物法定呈缴制度的建立，需要在法律、政策、技术和组织管理层面解决诸多操作问题，但是在国外现有的研究中，研究者较多关注技术层面的实现，而针对呈缴管理和组织等实际操作问题的研究探讨较少，特别是针对数字出版物呈缴工作全流程的管理、技术需求等不甚明确。

四、我国亟待建立数字出版物呈缴制度

数字出版物作为信息化时代出版物发展的一种新形态，在文献生产、利用与文化发展中

---

❶ Dame Lynne Brindley. British Library international survey on E-Legal Deposit 2011:summary of findings [EB/OL]. （2011-08-15）. ［2012-02-20］. http://www.cdnl.info/2011/pdf/e_2Dlegaldeposit_20survey_20CDNL_20Slides_20Aug%20[Compatibility%20Mode].pdf.
❷ 黄红华. 国外数字出版物缴存制度研究［D］. 北京：北京大学，2014：42.

发挥越来越重要的作用。为实现国家文献资源保存保护与文化传承的目标，历史发展的客观形势决定了数字出版物必须纳入出版物呈缴制度的范畴。同时，由于数字出版物的创新在很多方面超出了传统出版物呈缴制度作用的范围，因此，必须针对数字出版物的特性建立适合的出版物呈缴制度，但目前，我国尚缺乏这方面相关的制度框架，亟待尽快建立。

2008年，新闻出版总署发布了《电子出版物出版管理规定》，其中第三十五条规定：电子出版物发行前，出版单位应当向国家图书馆、中国版本图书馆和新闻出版总署免费送交样品。但由于规定不甚详细，法律约束力不够等种种原因，实际呈缴的情况并未达到政策目的。国家图书馆从1987年开始正式接受实体电子出版物的呈缴，2010年国家图书馆实体电子出版物样本呈缴率仅为65.94%。随着数字化水平的提高，我国的电子出版物数量急剧增长，为保障有效保存国内出版物，国家图书馆加大工作力度，在2017年将实体电子出版物样本呈缴率提升至98.7%。然而，由于相关法规的保障力度不够，仅靠寻求行政力量的帮助开展催缴工作困难重重。在协议呈缴方面，国家图书馆从2006年开始，与多家报社签订协议，通过网络下载、FTP下载、直接拷贝等方式复制报纸的数字版本，并进行长期保存。至2017年年底，该数字报纸库累计收集5.93TB数字资源内容。相较于全国出版总量已超过100万种的中文电子图书[1]、上千种报纸开展数字报纸及新媒体业务超过90%[2]、互联网期刊约2.5万的庞大规模[3]，通过协议呈缴的数字出版物数量之少，规模之小，远远不能达到妥善保存文化资源的目的。此外，无论是实体电子出版物，还是协议呈缴的数字报纸，在资源的保存和利用方面都缺乏相应的法律和政策支持。

在我国已出台的法规中仅针对实体电子出版物做出了呈缴规定，对电子图书、电子期刊、数据库、网络出版物等占数字出版物主体的资源并未做出明确规定。2002年8月，新闻出版总署和信息产业部（现工业和信息化部）制定了《互联网出版管理暂行规定》，对互联网出版的定义、条件、互联网出版机构的权利和义务等都做了明确规定，这表明互联网出版物作为一种新兴的出版方式已得到我国法律的认可，但是，该规定并没有相应地对网络出版物的呈缴问题做出明确规定。2011年初修订的《出版物管理条例》（征求意见稿）中曾一度将"网络出版物"纳入呈缴范围，说明在政策层面国家已经开始关注数字出版物的呈缴问题，但是在正式公布的法律文本中又将网络出版物删除。2018年1月1日起实施的《中华人民共和国公共图书馆法》（以下简称《公共图书馆法》）第二十六条规定："出版单位应当按照国家有关规定向国家图书馆和所在地省级公共图书馆交存正式出版物。"这一笼统规定对具体呈缴活动的约束力仍显不足。数字出版物作为国家和民族文化遗产的重要组成部分，仍不能依法得到妥善收集和保存，这无疑是网络时代我国出版物管理制度的一大盲区。

我国数字出版物呈缴制度理论基础还比较薄弱，目前的研究主要呈现以下三个方面的特点。

（1）跟踪国际前沿进展。科学理论没有国界，某一学科或领域的新理论一旦产生便可以被其他学科或领域借鉴使用。而对于同一学科，这种借鉴便显得更加直接和便利。在中国，

---

[1] 张立，王飚. 2013—2014中国数字出版产业年度报告［M］. 北京：中国书籍出版社，2014：39.
[2] 同[1]55.
[3] 同[2]14.

研究数字出版物呈缴制度同样面临数字出版物如何保存与利用以及技术实现、管理等问题。在一些国家，这方面已经形成了较为系统的相关立法实践，相对而言，我国在数字出版物呈缴制度方面的理论研究和实践探索都有一定的滞后性，但一批实践工作人员和理论研究者，都不断致力于相关问题的解决，并特别关注了未来网络出版物的呈缴问题。总的来说，相关研究是在以开放的姿态紧密跟踪国外相关理论与实践研究进展。

（2）注重介绍国外经验。从总体上看，关于数字出版呈缴制度，我国学者的研究思路与国外基本吻合，但是仍存在差异。一方面由于国外已经出现较多的呈缴实践，积累了较多的实践经验；另一方面，一些国家已经研发和应用了相关的呈缴系统，这使得国外学者的研究在内容上更加丰富。我国学者在跟踪国际前沿进展和开展研究的过程中，都非常重视国外经验的研究和借鉴，因此，在针对某些国家呈缴制度或某部相关法律的研究方面，我国理论界积累了大量成果。

（3）研究深度有待深化。由于我国尚未通过立法直接确立数字出版物呈缴制度，大量的研究仅仅停留在理论层面上，即呼吁立法、列举事实、介绍情况和报道成果多于分析和研究，近年来完成的若干硕博士学位论文以实践为基础，对出版公司、图书馆以及相关负责人进行实地访谈等，得出了较多且有益的结论[1]，但综合来看，理论研究深度还不够。不过，值得一提的是，我国台湾地区在此方面的研究进展较为顺利，由于存在系统化的相关规定，台湾地区在规范用语以及保障措施等方面已有了较为全面的发展。

第二节　研究目标与研究内容

一、研究目标

本书从调查、总结、分析国外数字出版物呈缴制度着手，充分了解与把握国内外数字出版物发展趋势，对国外数字出版物呈缴制度进行深入调研分析，总结可借鉴之处以及需避免的经验教训。在此基础上，结合我国数字出版产业现状、特点及发展需求，根据国家数字文化遗产保存保护与信息安全战略需求，设计一套符合实践要求、可操作性强的数字出版物呈缴制度；同时，着眼于数字出版物呈缴相关信息技术，设计数字出版物呈缴平台的开发方案，为推动我国数字出版物呈缴制度的建立提供理论与实践参考。

二、研究内容

"数字出版物呈缴制度"涉及范围广泛，本书围绕研究目标，梳理研究脉络，把握课题研究的逻辑结构，力求突出研究重点，从以下几个方面逐步推进研究分析工作。

（一）国外数字出版物呈缴制度研究

通过文献调研、国际交流与合作工作的开展，全面调研与了解国外关于数字出版物采集与呈缴的相关理论、实践成果与制度概况。重点选取欧洲、北美和亚洲等地区的在信息战略发展及数字出版方面具有典型意义的国家，对其在数字出版物采集与呈缴的政

---

[1] 黄红华. 国外数字出版物缴存制度研究[D]. 北京：北京大学，2014：42.

策、制度、立法及实际操作的历史和发展现状进行全面调研与对比分析，总结其可借鉴之处。

（二）我国数字出版物呈缴制度现状

通过文献调研、问卷调查等社会科学研究方法，全面了解我国出版物呈缴制度的发展历程，以及我国数字出版物呈缴工作现状。结合呈缴现状调研结果，与国外数字出版物呈缴制度现状进行比对分析，归纳总结现存差距，分析影响我国呈缴工作开展的制约因素。

（三）数字出版物呈缴制度基本要素

在充分研究世界主要国家相关经验的基础上，结合我国数字文化保存保护需求、信息安全战略要求和数字出版活动实践，以呈缴主体和呈缴客体为主线，对数字出版物呈缴制度相关的主体范畴与职能、客体的界定与范围、呈缴方式、呈缴流程以及数字出版物长期保存相关问题予以分析研究。

（四）我国数字出版物呈缴制度框架设计

立足实践，分析我国数字出版物呈缴制度的基本问题，研究数字出版物呈缴立法问题，梳理与分析相关工作机制的协调与配合问题，并对数字出版物呈缴相关技术规范的建立开展研究，构建我国数字出版物呈缴制度的整体框架，为未来该项制度的建立和完善提供理论研究支撑。

（五）我国数字出版物呈缴制度监管与评价

分析我国数字出版物监管与评价体系现状及存在问题，提出数字出版物呈缴制度监管办法。同时，规划数字出版物呈缴制度监管模式，构建数字出版物呈缴制度评价机制，设计评价指标体系及其相关统计制度，保证数字出版物制度研究的完整性，同时为未来有效发挥数字出版物呈缴制度作用、评价数字出版物呈缴制度效能提供理论指导。

（六）数字出版物呈缴平台设计

数字出版物与传统出版物在呈缴方式上存在诸多不同之处，尤其是对于一些原生的数字出版物，其不能通过传统的邮寄等方式进行呈缴。本书结合各类型数字出版物的特点，研究设计了数字出版物呈缴管理平台的技术开发方案，以推动数字出版物呈缴管理平台的开发，为呈缴主体和受缴主体提供一个便捷的网上操作平台，一方面便于呈缴主体进行呈缴、查询并使用相关的数字出版物，另一方面受缴主体也可以利用该平台对呈缴来的数字出版物进行管理、组织、揭示与长期保存、提供公众使用。

第三节　研究意义

一、推动数字出版与出版物呈缴制度相关理论研究

我国对数字出版物的采集、保存、管理与呈缴，在法律层面缺乏全国性的专项立法支持，在政策与制度层面缺乏统一管理与协调，在实践层面存在诸多现实困境。虽然已有研究成果都不同程度地强调了数字出版物呈缴的意义，并认识到其中存在的一些问题，也从吸收借鉴的角度对国外相关工作经验进行了部分介绍梳理，但是在发现问题的基础上，对相关问题系统的、可操作性的本土化解决方案的研究和探讨还有待深入。这种状况势必会对国家文化遗

产的长期保存以及保障人民群众信息公平产生不利影响。而国内外数字出版领域实践与研究的快速发展，既提供了借鉴，也提出了挑战。

数字出版物的全面采集与保存对于保存保护国家文化遗产、保障公民信息获取公平有着重要意义。我国虽已通过立法明确了出版单位的法定呈缴义务，但是尚未确立数字出版物呈缴的实施制度，在这种情况下，一方面，本书对数字出版物呈缴中涉及的技术、管理、版权等理论问题进行深入研究，构建可操作的数字出版物呈缴制度框架和实施路线图，内容主要涵盖数字出版物的呈缴范围、模式、技术、长期保存与利用、版权问题等多个方面，以期促进我国数字出版物呈缴制度的全面构建；另一方面，本书尝试从技术层面提出数字出版物呈缴管理平台的设计思路，方便呈缴主体通过互联网呈缴数字出版物，受缴主体以自动化方式管理数字出版物，这样既可以降低数字出版物流失、漏缴的风险，实现全面保存保护国家文化遗产的制度设计目的，又可在一定程度上避免呈缴数字出版物出现格式混乱问题，推动解决长期保存、发布和读取的标准化问题，同时亦可掌握数字出版物的呈缴情况，便于查漏补缺。

目前国内关于出版物呈缴的科研项目局限于电子出版物，这与数字出版物蓬勃发展的态势不相吻合。本书将通过理论研究与实践调研，从理论上弥补这方面的缺失，这对于促进数字出版物呈缴制度的出台，具有一定的参考价值。

综上所述，本书对数字出版物呈缴制度涉及的关键理论与实践问题进行深入研究，构建数字出版物呈缴制度框架，提出数字出版物呈缴管理平台开发思路，对于推动我国数字出版物呈缴制度的建立有着积极的实践价值。

二、适应国家数字文化发展的趋势

（一）促进利益相关者之间的利益平衡

数字出版物呈缴制度的建立涉及多方利益主体，主要包括出版物作者、出版者、呈缴数字出版物接受者、用户、政府监管部门等，不同利益相关者对数字出版物呈缴制度有不同的利益诉求，数字出版物呈缴制度的建立与实施在事实上调整利益相关者之间的关系，有利于实现各方利益平衡。

对于数字出版物的作者和出版者而言，呈缴涉及的经济因素是其考虑的首要问题。针对出版者对法定呈缴的态度，德里梅伦（Drimmelen）曾提出："出版者是否真正关心数字资源的长期可获得性？他们在印本环境下都不关心，为什么他们在数字出版环境下就会关心了呢？他们最主要关心的仅仅是他们的商业运营而已。"[1] 澎斯霍恩（Penzhorn）等在南非选择了有代表性的出版者以及5个接受呈缴的图书馆开展访谈调研，调研结果发现，呈缴项目在南非并没有取得较好的实施效果，面临着来自出版者、图书馆等方面的挑战，这主要是因为数字出版物法定呈缴制度在制定、实施以及完善过程中并未与出版者进行全面、密切的合作，没有很好地反映出呈缴机构的利益。[2] 出版者对于电子存储与传输的影响十分谨慎，他们担

---

[1] VAN DRIMMELEN W. The Netherlands depository of electronic publications at the Koninklijke Bibliotheek[J]. Library Acquisitions，1997（3）：319-325.

[2] PENZHORN C，SNYMAN R，SNYMAN M. Implementing and managing legal deposit in South Africa：Challenges and recommendations［J］. The International Information & Library Review，2008（40）：112-120.

心失去对数字出版物的控制权后影响其商业利益，造成经济损失。[1]除了经济因素，法律问题也是作者与出版者顾虑的重要因素，他们对数字出版物在呈缴以后是否会被非合理使用、版权能否得到有效保护等法律问题都表示了忧虑的态度。

对于呈缴数字出版物的受缴主体而言，虽然能免费接受丰富的数字出版物，但仍然面临诸多问题与挑战。2011年国际图书馆协会联合会（IFLA）会议上，英国国家图书馆的安迪·斯蒂芬（Andy Stephen）介绍了其对55个国家图书馆的调查，包括法国、英国、德国、新西兰和芬兰等国的国家图书馆。这些国家在进行数字出版物法定呈缴的实践中发现：由于数字出版物具有容易复制、使用模式多样化等特性，同时由于市场利益、电子使用权与出版物安全性等问题，数字出版物呈缴往往与版权等紧密相关。由于各界在数字出版物呈缴方面还存在诸多争议，一些政府机构、研究机构和其他文化遗产机构虽然也在呈缴方面做了许多贡献，但是如何能够既保证出版者的利益，又避免呈缴过程中产生的隐私权、版权等问题，对于图书馆而言，还需要认真考量。[2]数字出版物呈缴之后的长期保存、利用等也涉及技术、经济、管理等各方面的挑战。

对于用户而言，在新的技术发展环境下，能够随时随地、方便快捷地获取信息，享受无处不在的服务，在数字出版物产生之后能够长期获取利用，是其关注的重点。

对于政府监管部门而言，需要考虑如何成功制定数字出版物呈缴制度，并使之得到长期有效的施行。在数字出版物呈缴制度制定与实施过程中需要对所涉及主体的相关利益进行有效的考量，通过有效的政策法规、监督与奖惩方式协调和平衡不同主体利益，从而达到既有利于数字出版物的长期保存，满足公众的信息需求，又不损害作者与出版者正当利益的目的。

（二）完善数字文化发展相关的法律体系

数字出版物呈缴制度赋予了图书馆等呈缴出版物保管机构合法采集数字出版物的权利，但在长期保存管理、利用的过程中，还涉及对呈缴数字出版物的复制、迁移、仿真等处理环节，在这些过程中可能涉及一系列法律问题，通过立法确立数字出版物呈缴制度，是贯彻实施《公共图书馆法》以及完善我国数字文化相关法律体系的重要内容。

在对呈缴数字出版物复制时，如果是原样复制，主要涉及复制权问题；如果在复制过程中还涉及代码、格式、结构、标记的转换和对元数据的析取等，就可能涉及复制权和版权技术保护措施等问题。[3]目前涉及数字资源保存的技术策略主要是技术保存、迁移、仿真、风干等，这些技术策略的内容主要涉及数字信息的多次复制、随着时间的推移由原技术环境向新技术平台的迁移等方面。在复制和迁移过程中可能会出现知识的内容（Intellectual Content）、功能（Functionality）、外观和感觉（Look and Feel）等在某种程度上的丢失，从而引出多方面的法律问题，其中的核心问题是复制权问题。[4]技术保存策略一方面涉及数字出版物的复制权问题，另外，在复制过程中需确保数字出版物保存的完整性，否则将侵犯作品的修改权、

---

[1] The legal deposit of electronic publications[EB/OL].[2015-06-27]. http://www.unesco.org/webworld/memory/legaldep.htm.
[2] 黄红华. 国外数字出版物缴存制度研究[D]. 北京：北京大学，2014：27.
[3] 张绍武. 数字信息资源长期保存研究[M]. 昆明：云南科技出版社，2009：205.
[4] 翟建雄. 美国图书馆复制权问题研究[M]. 北京：知识产权出版社，2010：218.

作品完整权。❶迁移策略的问题是数据迁移没有保存原始数据的全部面貌，而主要是保存数据内容和内容关系；每一次转换都可能丢失一定的结构、版式、链接、交互关系等信息，持续的转换可能将这些信息损失累积起来，从而使当前数字信息内容（包括结构、关系等）出现严重差异，❷这便涉及作品修改权和完整权问题。风干策略是指从复杂数字对象格式中提取有价值的内容，保存简单的、低技术含量、机器易于还原和容易被人理解的数字对象格式，这种策略对数据及格式进行了简化处理，存在侵犯作品修改权和完整权的风险。一些数字出版物还带有版权管理信息，权利管理信息是行使版权的手段，目前一些世界公约及信息化程度较高的国家普遍对权利管理信息给予保护。另外，数字出版物可能附有技术保护措施，通过安全和加密技术控制数字内容传播，从而在技术上防止数字内容的非法复制和使用。因此，在保存管理过程中，还需要考虑版权管理信息可能出现丢失的问题，以及对数字出版物管理各环节避开或破坏原有作品版权技术保护措施的问题。对于呈缴数字出版物管理过程中涉及的版权侵权风险，IFLA 在《法定呈缴立法指南》（2000 年修订版）中就指出："法定呈缴条款应当规定，受缴图书馆为储存的目的，拥有复制、转换新格式、更新和迁移呈缴出版物的权限。"❸

一般而言，在数字出版物呈缴制度中，出版者即使有依法呈缴的义务，并不代表受缴主体就可以无限制地将数字出版物提供利用，这些资源可以提供利用的范围、获取方式、使用手段等，都是需要在数字出版物呈缴制度设计过程中明确的问题。目前大多数受缴主体（主要是国家图书馆）对于呈缴数字出版物的获取范围和使用方式施行分类管理，对于网络上可以公开获取的数字出版物资源，提供服务的方式和类型比较多样，限制性的措施较少。而对于商业性资源或受到保护的数字出版物，一般采取了限制获取利用的措施，将利用行为限制在受缴图书馆中，降低了利用行为对权利人经济利益的影响。❹版权保护制度和呈缴制度之间保持利益的平衡是数字出版物呈缴制度设计必须妥善解决的重要法律问题。

（三）推动数字出版物技术发展

与传统出版物的呈缴不同，数字出版物的特殊性决定了其在获取、存储、管理、发布服务过程中都需要大量的技术支持，数字出版物呈缴的实现与技术密切相关。

在呈缴数字出版物的获取阶段，无论是采取对网络信息资源的收割方式，还是由承担呈缴责任的数字出版物出版者来提交，都需要开发应用相应的工具或系统。例如，网络信息资源收割工具或收割系统、数字出版物提交平台等，高效率、高质量地采集海量数字信息资源，便于出版者及时、有效地履行呈缴数字出版物的义务，也易于实现对数字出版物的呈缴管理。

在数字出版物获取后的管理阶段，不同格式和载体、静态和动态、在线和离线等各类型数字出版物的编目、处理、存储可能涉及不同的管理方案。

由于数字资源具有对软硬件有很强的依赖性、易更改等特点，数字资源的存储介质存在易碎、易损、易变质等问题，呈缴数字出版物的保护、保存与长期可利用面临严峻的挑战。

---

❶ British Library Research and Innovation Centre. Comparison of methods & costs of digital preservation [R/OL]. [2013-06-07]. http://www.ukoln.ac.uk/services/elib/papers/tavistock/hendley/hendley.html.
❷ 程雪梅. 数字资源长期保存技术之探讨 [J]. 图书馆理论与实践，2005（5）：85-87.
❸ IFLA. Guidelines for legal deposit legislation [EB/OL]. [2013-06-30]. ttp://archive.ifla.org/Ⅶ/s1/gnl/chap6.htm.
❹ 吴钢. 数字出版物法定呈缴制度研究 [M]. 武汉：湖北人民出版社，2013：185.

因此，为了实现数字出版物呈缴制度下保存与确保数字资源长久可获取的目的，发挥呈缴接受机构传承文化遗产、满足公众文化信息需求的重要职能，需要对数字呈缴出版物进行长期保存与有效管理。数字资源的长期保存要实现如下目标[1]：

（1）数字内容在仓储的物理控制范围中；

（2）数字内容能被唯一、永久识别，在将来仍能被检索；

（3）所有的信息都可用，以保证数字内容能被其指定用户群所理解；

（4）妥善保管物理介质；

（5）数字对象仍然能够运行；

（6）数字对象完整、无损，能够清晰地看到各个部分相互关联；

（7）数字对象保持应有原貌。

长期保存所面临的一个很重要的挑战就是逾越随着时间变迁而产生的技术障碍，数字资源需要通过特定的技术来实现保存和呈现，因此，要达到保存目标，保存技术成为影响选择和制定数字出版物呈缴技术策略的一个主要因素。

在呈缴数字出版物的服务阶段，需要依托相应的数字资源发布系统，向用户提供快速、便捷的服务。同时，由于呈缴数字出版物在版权方面的特殊性，一方面需要提供有效的技术手段来保护作者和出版者的版权，按照数字出版物呈缴制度的规定，实现相应的数字资源发布范围控制、用户认证管理、用户访问行为规范等，使得作者和出版者的利益能够得到保证，另一方面则是要确保内容消费者接受的数字作品信息内容的完整性、真实性和安全性。[2]

（四）推动数字出版物呈缴成本效益的提升

与传统出版物呈缴相比，数字出版物呈缴在经济成本方面面临不同的形势。对于出版者而言，呈缴传统出版物的使用对出版者的商业利益影响较小，而呈缴数字出版物的使用方式与传统出版物有很大不同，数字技术、网络技术的便利性使一份数字出版物能够同时供多个用户浏览使用，对出版者的销售可能造成一定冲击，从而对出版者的经济利益构成损害，这可能在很大程度上打击出版者呈缴数字出版物的积极性。针对这一情况，一些国家也规定了在数字出版物呈缴过程中发生费用的一些解决方法，例如，荷兰规定，由图书馆向出版者支付手续费（不是使用费），图书馆还要向出版者提供读者复制数字出版物的情况；而在日本，1999年7月19日，日本呈缴本制度调查会通过的《关于高密度类数字出版物呈缴的补偿金额度的报告》中明确规定了数字出版物呈缴补充事宜，补偿金的额度按照数字出版物出版时通常所需的费用和呈缴时通常所需的费用进行计算。[3]在数字出版物实施呈缴的过程中是否需要给予一定的补偿，以保护出版者的利益，是进行数字出版物呈缴制度设计时需要考虑的经济问题之一。

对于呈缴数字出版物的接受机构而言，数字出版物的获取、管理、利用、长期保存等方面的经济成本问题则更为复杂。数字出版物呈缴活动比传统印刷型出版物涉及更多的成本费用（表1-2）。

---

[1] DAPPERT A，ENDERS M.Digital preservation metadata standards［J］. Information Standards Quarterly，2010（2）：5-13.

[2] 向林芳. 论DRM在数字图书馆中的应用［J］. 高校图书馆工作，2011（6）：85-87.

[3] 秦珂. 试论电子出版物呈缴制度设计的若干问题［J］. 科技情报开发与经济，2005（18）：71-73.

表 1-2　数字出版物呈缴活动涉及的成本来源

成本类型	成本来源
数据对象/数据的获取	保存费用/许可费用
人力资源	相关人员既包括专职工作人员，也包括不同比例的高级管理人员、主管、IT 人员、保管员等
技术	硬件、软件、需求的等级（如速度、可用性和性能等）
非人力的运营成本	各种设施和空间，材料和设备，通信设备，法律等方面费用

（1）需要对特定时期以及无限期内不可避免的技术变化进行管理。在数字出版物本身以及出版者和其他数据生产者的许可协议都缺乏标准化的情况下，呈缴制度的规模效益难以实现。

（2）目前还没有准确、可靠的方式确保数字出版物不因技术变革而丢失基本信息，完整地保存这些信息还面临技术革新的挑战。

（3）即使实现了成本节约，数字出版物保存还是要面临传统出版物保存以外的其他相关费用。负责保存这些数字出版物的受缴主体，如国家图书馆等，如何有效益、低成本地保存这些资源也是数字出版物呈缴制度设计需要考虑的问题。

彼特·福克斯（Peter Fox）通过成本模型估算出国家级数字出版物保存的成本（表 1-3）。❶ 由此可见，数字出版物所涉及的经济成本是数字出版物受缴主体所需要考虑和承担的重要挑战之一。

表 1-3　数字出版物法定保存涉及的成本估算

出版物类型		获取数字出版物/份	单位处理费用/英镑	保存费用/英镑	总费用/英镑
2004 年	CD-ROMs	2 000	84.69	50 100	219 480
	电子期刊	4 000	25.65	1 568	104 168
	电子图书	2 350	39.31	688	93 067
	2004 年总费用			416 715	
2005 年	CD-ROMs	2 000	84.69	128 700	298 080
	电子期刊（续订）	5 600	18.57	4 128	108 120
	电子期刊（新）	1 600	7.08		11 328
	电子图书	6 845	38.73	857	265 963
	2005 年总费用			683 491	
2006 年	CD-ROMs	1 750	84.69	201 713	349 920
	电子期刊（续订）	7 000	18.57	7 934	137 924
	电子期刊（新）	1 400	7.08		9 912
	电子图书	7 553	38.73	883	293 410
	2006 年总费用			791 166	

三、满足国家战略发展需求

（一）全面保存国家数字文化遗产

IFLA 在《法定呈缴立法指南》（2000 年修订版）中明确指出，法定呈缴是一种国家公共

---

❶ PETER F. Archiving of electronic publications: some thoughts on cost [J]. Learned Publishing. 2002（1）：3-5.

政策，以法律保障国家文献之搜集、记录、保存与使用。通过出版物呈缴制度保障而建设国家文献库毫无疑问是一个国家文化政策的重要组成部分，同时应该被视为言论自由和信息获取自由的国家政策的基础。建立呈缴制度的主要目的在于：①保存国家文献；②编制国家书目；③提供学术研究。❶由此可见，建立出版物呈缴制度的首要意义在于"保存"。对于数字出版物而言，由于数字出版物同样记载着某个国家的历史与文化，承担着民族文化遗产完整保存、世代传承的责任，同样需要法律保障和约束的法定呈缴制度。❷目前，采购、呈缴、交换、受赠方式等是世界各大国家图书馆或相关机构获取本国文化资源的主要途径，但是在采购经费增速放缓、资源类型不断变化并增加的情况下，呈缴的地位变得越来越重要。❸仅仅依靠相关机构通过采购、交换和受赠方式获取和保存数字资源，无法确保国家数字文化遗产的全面保存，唯有建立法定呈缴制度才能有助于实现这一目标。

（二）维护国家网络安全与文化安全

数字资源反映了一个时代的社会、政治、经济、文化等各个方面的发展情况，但数字资源尤其是网络信息资源更新快、易流失，据统计，平均每周大约2%的网页会消失。❹如果不采取积极有效的保存措施，不仅会造成信息价值的严重浪费，也不利于文化和文明的传承。当今世界，互联网已经成为国家主权、安全、发展利益的重要阵地，没有网络安全就没有国家安全。对数字出版物进行有序保存，利用大数据分析与挖掘技术，研究信息传播规律，获取有价值的信息资源，有利于加强网络安全治理，维护我国的网络安全、文化安全与国家安全。

（三）满足社会信息需求

文化是一个民族的灵魂，而数字资源作为当前以及未来的主要媒介载体，更是绚烂多彩的中华文化资源的重要组成部分。在信息环境下，数字资源也逐步成为人类信息获取的重要组成部分。建立数字出版物呈缴制度，按照一定规范和标准要求，全面保存人类文化遗产，为社会公众、教育科研人员提供深层次、专业化的数字资源服务，有助于不断满足人民群众广泛而深刻的信息需求，满足社会公众日益增长的精神文化需要，提升全社会信息资源利用水平，推动社会科学文化事业的发展与繁荣。

第四节 研究范围与相关术语界定

一、数字出版物相关概念、种类与特征

有关数字出版物的概念五花八门，不仅学术上言出多门，而且国家立法的有关表述亦存差别。除了"数字出版物"外，还有"电子出版物""网络出版物""互联网出版物""数字资源"等与"数字出版物"密切相关的概念，在本书中，需要首先对这些概念相互之间的关系

---

❶ Jules Larivière. Guidelines for legal deposit Legislation [EB/OL]. [2015-12-23]. http://www.ifla.org/files/assets/national-libraries/publications/guidelines-for-legal-deposit-legislation-en.pdf.

❷ 李国新. 中国图书馆法治若干问题研究 [D]. 北京：北京大学，2005：71.

❸ 黄红华. 国外数字出版物缴存制度研究 [D]. 北京：北京大学，2014：6.

❹ FETTERLY D，MANASSE M，NAJORK M，et al. A large-scale study of the evolution of web pages [J]. In WWW '03：Proceedings of the 12th International Conference on World Wide Web，2003：669-678.

进行梳理，以明确研究范围。

（一）电子出版物

在我国，与"数字出版物"相比，"电子出版物"（Electronic Publication）这一概念出现时间相对较早，并且在政府文件或学术研究中较为常用，对其定义一般是从存储介质出发，通过概括与列举相结合的模式对其形态和性质作出界定。

20 世纪 90 年代，国内已经开始研究"电子出版物"范围界定问题。较早的研究资料来自 1996 年亚洲及大洋洲地区国家图书馆馆长会议发布的《电子出版物法定呈缴制度》报告，其中将电子出版物定义为"电子出版可以描述为用电子通信手段向公众提供信息。电子出版物是存储在计算机内的，可以显示在计算机屏幕上供阅读或者打印出来"。同时，这份报告指出，电子出版物已有多种类型，其中包括：①书刊等印刷出版物的电子版；②存储书目、统计资料、立体数据、图像或文本等文档的交互式数据库；③电子游戏之类的交互式多媒体；④软件和专家系统；⑤新的出版形态，如电子公告牌文件、讨论组文件和可以通过电子网络供应的电子预印本（Electronic Pre-prints）等。电子出版物被分成在线出版物（Online Publications）和离线出版物（Offline Publications）两大类型。后者指软磁盘、只读光盘等以实物为载体的电子出版物，属于静态的电子出版物（Static Electronic Publications）；内容不断更新的在线数据库和在线期刊等则属于动态的出版物（Dynamic Electronic Publications）。各国国家图书馆以长期保存各种文化遗产和有价值的信息资源为目标，而网上的作品随时都可能永远消失，无处可查，因此，这份报告对"电子出版物"的界定是比较宽泛的，将不一定经过编辑加工的电子公告板文件和讨论组文件、不算正式出版的作品电子预印本、属娱乐性质的游戏软件都包括在"电子出版物"内，目的是为各国国家图书馆提供更大的选择余地，可根据本国的具体情况、作品的性质和价值以及国家图书馆的需要和设备条件，扩大或缩小自愿呈缴和法定呈缴的范围。❶

近年来，对"电子出版物"权威界定来自国家法律体系。2008 年，新闻出版总署公布了《电子出版物出版管理规定》，将"电子出版物"定义为：以数字代码方式，将有知识性、思想性内容的信息编辑加工后存储在固定物理形态的磁、光、电等介质上，通过电子阅读、显示、播放设备读取使用的大众传播媒体，包括只读光盘（CD-ROM、DVD-ROM 等），一次写入光盘（CD-R、DVD-R 等），可擦写光盘（CD-RW、DVD-RW 等），软磁盘，硬磁盘，集成电路卡等，以及新闻出版总署认定的其他媒体形态。❷《辞海》对电子出版物的解释基本与该规定保持一致：电子出版物是以数字代码方式，将图、文、声、像等信息编辑加工后，存储在电、光、磁介质的载体上，通过计算机或具有类似功能的设备读取使用的出版物。与印刷型出版物相比，具有容量大、检索方便、多种媒体表现方式共存、与使用者互动、超链接设置构筑知识网等优点。常见载体有只读光盘、集成电路卡、软磁盘等。❸

目前，对"电子出版物"的定义主要是广义层面的定义，即按照与计算机通信线路的关

---

❶ LANG B. The Legal Deposit of Electronic Publications, Report of a CDNL Working Group [R]. In: The Working Series of UNESCO General Information Programme and UNISIST（CII-96/WS/10）. Paris: UNESCO, 1996. // 林穗芳. 电子编辑和电子出版物、概念、起源和早期发展（上）[J]. 出版科学, 2005（3）: 6-16.

❷ 中华人民共和国中央人民政府. 国家新闻出版总署令第 34 号《电子出版物出版管理规定》[EB/OL]. [2015-06-15]. http://www.gov.cn/gongbao/content/2009/content_1388688.htm.

❸ 夏征农, 陈至立. 辞海 [M]. 上海: 上海辞书出版社, 2009: 462.

系将电子出版物划分为"在线"和"离线"两大类。这种分类方式已为国内外图书馆学界和出版界普遍接受。例如,在英国《2003年法定呈缴图书馆法》(*Legal Deposit Libraries Act* 2003)中,把法定呈缴范围从书刊等印刷出版物扩大到"在线和离线出版物"(On and Off Line Publications),联合国教科文组织世界记忆工程国际顾问委员会技术小组委员会在1997年制定的《世界记忆工程·保护文献遗产:与保存各类文献有关的标准、推荐做法和参考文献指南》中,也是将要求保护的出版物分作"离线出版物"和"在线出版物"两类。❶

(二)网络出版物

相对于"电子出版物"而言,"网络出版物"是一个新兴概念。学者王锦贵对"网络出版物"与"电子出版物"的区别与联系进行了辨析,他认为:网络出版是电子出版的一种,它们都是通过计算机技术实现对出版物的制作和发行;电子出版的结果是电子出版物,电子出版物可以光盘、磁盘为载体,也可以网络为载体。因此网络出版物也是电子出版物的一种类型,与之对应的以光盘、磁盘为载体的是封装型电子出版物。网络出版物和封装型电子出版物的主要区别在于前者是通过计算机网络出版发行的,即其创作、交稿、审稿、编辑、出版、发行等大部分或全部在计算机网络中进行;而后者的发行要通过书刊发行等渠道。❷《辞海》中对网络出版物的定义为:"互联网出版物,亦称'网络出版物'。现代出版物主要种类之一。经过选择和编辑加工,登载在互联网上或者通过互联网发送到用户端,供公众浏览、阅读、使用或者下载的作品。以数字代码方式存储信息,并且复制后置化,即在发行过程中当有读者需要购买时才进行复制。图书、报纸、期刊、音像制品和电子出版物等其他种类的出版物,均可转化成相应的互联网出版物。"❸通过分析可以看出,以上这些定义偏重网络出版物的合规性,强调内容的编辑控制过程,属于狭义的定义,将网络出版视为出版单位通过互联网络向大众传播信息的过程,即出版主体限定为传统的出版单位。而广义上讲,信息通过互联网向大众传播的过程都可以叫作网络出版。❹

2016年,国家新闻出版广电总局对"网络出版物"做出了权威界定,在其发布的《网络出版服务管理规定》第二条中指出:网络出版物是指通过信息网络向公众提供的,具有编辑、制作、加工等出版特征的数字化作品,范围主要包括:①文学、艺术、科学等领域内具有知识性、思想性的文字、图片、地图、游戏、动漫、音视频读物等原创数字化作品;②与已出版的图书、报纸、期刊、音像制品、电子出版物等内容相一致的数字化作品;③将上述作品通过选择、编排、汇集等方式形成的网络文献数据库等数字化作品;④国家新闻出版广电总局认定的其他类型的数字化作品。❺

在呈缴制度研究的语境下讨论网络出版物的概念,更重要的目的是由此确定哪些出版物可以或者必须纳入呈缴范围。在各国呈缴相关法律中,主流的观点认为,只要网络出版物能够被公众获取并使用,就可以成为呈缴的对象,而不仅仅限定在网络电子期刊、网站、数据

---

❶ 林穗芳. 电子编辑和电子出版物、概念、起源和早期发展(上)[J]. 出版科学,2005(3):6-16.
❷ 王锦贵,王京山. 网络出版探析[J]. 中国出版,2001(5):37-39.
❸ 夏征农,陈至立. 辞海[M]. 上海:上海辞书出版社,2009:923.
❹ 谢新洲. 电子出版技术[M]. 北京:北京大学出版社,2006:25.
❺ 中华人民共和国工业和信息化部. 网络出版服务管理规定[EB/OL]. [2016-02-29]. http://www.miit.gov.cn/n1146290/n4388791/c4638978/content.html.

库等。[1]例如，芬兰规定网络出版物呈缴范围包括通过开放网络环境为公众所获取的资料，不包括无特殊意义的信息、画报或者听觉内容的在线资料或者包含于网络环境中的新闻组、聊天组的资料或者其他相应服务的资料。澳大利亚 Pandora 计划中也对网络出版物的自愿呈缴范围进行了限定，将聊天室、公告板、新闻组、游戏、个人文章、有印刷版的在线日报新闻、以组织互联网信息为唯一目的的门户网站、推销和广告网站、对其他来源信息进行编辑不具有原创性内容的站点等排除在呈缴范围之外。[2]在呈缴制度的背景下，这些定义采用的是广义的"网络出版物"概念，与数字信息资源更为接近，并且在具体形态上多有重合。

（三）数字出版物

我国正式出台的法律法规与政策文件中虽未对"数字出版物"做出直接定义，但对"数字出版"做出了阐释，《新闻出版总署关于加快我国数字出版产业发展的若干意见》中指出："数字出版是指利用数字技术进行内容编辑加工，并通过网络传播数字内容产品的一种新型出版方式，其主要特征为内容生产数字化、管理过程数字化、产品形态数字化和传播渠道网络化。目前数字出版产品形态主要包括电子图书、数字报纸、数字期刊、网络原创文学、网络教育出版物、网络地图、数字音乐、网络动漫、网络游戏、数据库出版物及手机出版物（彩信、彩铃、手机报纸、手机期刊、手机小说、手机游戏）等。数字出版产品的传播途径主要包括有线互联网、无线通信网和卫星网络等。"[3]在这个定义中，数字出版产品形态可视为对数字出版物的介绍，比较接近网络出版物的含义。

《辞海》对数字出版的定义为："以数字编码的形式对作品进行编辑、组织、发布的出版活动。是出版的有机组成部分之一。主要特征是内容数字化、媒体多样化、传输网络化。其产品大都具备容量大、检索便捷、交互性强等特点。主要形式有网络出版和电子出版等。"[4]按照《辞海》定义的范围，数字出版物应包括网络出版物（在线）与电子出版物（离线）。

国外相关法律文本和研究成果中对"数字出版物"（Digital Publications）和"电子出版物"（Electronic Publications）的定义并不严格区分。例如，IFLA 在《15 个国家图书馆数字保存网络》报告中将数字出版物和电子出版物视为同义词，对其进行的定义是："为公共获取目的发布的，可以免费或是付费方式获取的数字资料。"[5]我国学者吴钢认为，从出版物加工出版技术的角度出发，数字出版物是"在生产过程中采用了数字化技术，并以数字形式进行出版的出版物"[6]。

（四）本书观点

综合国内外的研究与实践可以看出，在不同层面上或为不同目的而制定的文件中，数字出版物相关术语的界定与含义均存在一定的差异。本书在调研阶段力求做到调查资料充分、分析研究严谨，因此，围绕"数字出版物"及其相关概念开展广泛调研，将国内外理论研究

---

[1] 黄红华. 国外数字出版物缴存制度研究［D］. 北京：北京大学，2014：49.
[2] Online Australian Publications：Selection Guidelines for Archiving and Preservation by the National Library of Australia［EB/OL］.［2016-04-05］. http://pandora.nla.gov.au/selectionguidelines.html.
[3] 中国政府网. 新闻出版总署关于加快我国数字出版产业发展的若干意见［EB/OL］.［2015-07-31］. http://www.gov.cn/gongbao/content/2011/content_1778072.htm.
[4] 夏征农，陈至立. 辞海［M］. 上海：上海辞书出版社，2009：2102.
[5] VERHEUL I. Networking for digital preservation：current practices in 15 national libraries［R/OL］.［2015-07-31］. www.ifla.org/files/assets/hq/publications/ifla-publications-series-119.pdf.
[6] 吴钢. 数字出版物法定呈缴制度客体研究［J］. 中国图书馆学报，2014，（1）：93-102.

与实践中涉及的大部分相关概念均纳入了研究范围。但在深入分析阶段，有必要明确界定"数字出版物"的含义与边界，这也是确立本书研究基础的关键问题。

本书认为，根据"数字出版"和"网络出版物"的相关定义，数字出版物是指利用数字技术进行内容编辑、加工和制作，并通过信息网络进行传播的数字化作品。从是否可以通过互联网获得角度，"数字出版物"范围包括两大类：一是离线出版物，即狭义上的"电子出版物"，主要指原生的和平行出版物（即同时出版纸质版和电子版）中以个体电子实物形式出版和发行的电子出版品（如各类光盘等）；二是在线出版物，即通常所说的"网络出版物"，主要是指登载在互联网上或者通过互联网发送到用户端，供公众浏览、阅读、使用或者下载的图文声像作品，包括《网络出版服务管理规定》定义的四种类型作品。从出版物获取控制角度，"数字出版物"范围包括可以自由获取的数字出版物和获取受限制的数字出版物两大类；从出版物产生来源角度，"数字出版物"范围包括原生数字出版物（Born Digital Publications）和转化数字出版物（Digitized Publications）两大类。❶

二、呈缴制度相关概念

"呈缴"一般也称为"法定呈缴"（Legal Deposit），在其悠久的发展历史中，其含义和范围也经历了不断演进的过程，涉及诸多相关概念，对这些相关概念辨析说明是开展本研究的重要前提。

（一）呈缴

对于"呈缴"概念的使用，有多种不同名称，如"缴送""缴存""交存""送缴""收缴"及"寄存""寄送"等。学者吴钢认为，"缴存"概念的应用突出了这项制度的最终功能——出版物的长久保存，但"存"更多地体现在图书馆主体方的相关活动中，对于出版者一方并不能给予太多的要求；"寄存"对于出版物所有权的归属不是十分明确，可能会产生一定的误解：认为出版者提交的出版物仅仅是暂"存"，出版者可能仍保留对出版物资源的所有权。联合国图书馆建立了文献托存制度，授权世界各地符合标准的一些图书馆合法、存储和利用联合国文献。虽然保存文献是文献托存与呈缴的共同目标，但二者具有本质的不同，托存不具备强制性，呈缴更强调的是强制性和主动性。

《公共图书馆法》使用"交存"进行表述，长期以来我国学术文献的术语则较多地使用"呈缴本制度"，使用"呈缴"一词可以与传统上使用的名词术语相衔接，而且体现了出版物从生产者一方到保存者的转移过程，而这正是体现这项制度设计所要解决的最根本问题。❷综合考虑术语的稳定性、简明性和统一性，在本研究中，统一使用"呈缴"这一术语，在引用资料中，"法定呈缴""缴送""缴存""交存"等均视为"呈缴"的同义语，不再做进一步的区分。

（二）出版物呈缴制度

出版物呈缴制度就其核心意义而言是一项法律制度，故目前中外学术界和法律界多将其称为"法定呈缴制度"，认为其是"一项法定义务，该义务要求所有的商业或公共组织以及个

---

❶ 吴钢. 数字出版物法定呈缴制度研究[M]. 武汉：湖北人民出版社，2013：29.
❷ 同❶185.

人均应将其以大量复本制作出版的各种类型的出版物向指定的国家机构呈缴一至数册。"❶世界上第一个实行出版物呈缴制度的国家是法国。1537 年，法国国王弗朗索瓦一世颁布了《蒙彼利埃敕令》(Ordonnance de Montpellier)，该法令规定，凡国内出版者和印刷者在其出版的图书销售前均应向设于国王城堡内的国王图书馆呈缴一册，否则将悉数没收出版物并课以重金处罚。此后，一些欧洲国家，如比利时（1594 年）、英国（1610 年）、瑞典（1661 年）、丹麦（1697 年）和芬兰（1702 年）也纷纷建立了本国的出版物呈缴制度。时至今日，世界上很多国家都已建立了这一制度。❷

我国出版物呈缴制度肇始于 20 世纪初，在清政府 1906 年和 1910 年分别颁布的《大清印刷物件专律》和《著作权章程》中均对图书呈缴进行了具体规定；1916 年 3 月 8 日，北洋政府批准了《教育部片奏内务部立案出版之图书请饬该部分送京师图书馆收藏摺》，明确提出将国家图书馆（当时称为"京师图书馆"）作为图书受缴主体，❸这标志着出版物呈缴制度在我国正式确立。

根据《中国大百科全书》的定义，"出版物呈缴制度"是指"一个国家或地区为完整地收集和保存全部出版物，要求所有出版者必须向指定的图书馆或出版主管机关呈缴一定份数的最新出版物的制度"。❹出版物呈缴制度的本质含义是：国家为完整地收集和保存本国文化遗产，并为公众提供一个平等接触知识信息的途径而通过立法强制呈缴义务人（通常为出版者和作者）无偿向法律指定的文献保存机构（通常为国家图书馆）呈缴一定数量复本出版物。法定性和强制性是出版物呈缴制度的主要特征。

（三）数字出版物呈缴制度

由于数字出版物与传统出版物形态不同，因此，建立在传统出版物基础上的呈缴制度在很多方面难以适应数字出版物环境，数字出版物呈缴制度的特异性主要表现在以下几个方面。

（1）数字出版物的发展反映了信息生产与交流的深刻变革，作者、出版者、发行者之间界限逐渐模糊，传统出版物呈缴制度中以出版者作为主要呈缴主体的制度模式对数字出版物呈缴的适用性需要进行谨慎评估。

（2）数字出版物的传播方式与传统出版物的有本质的不同，针对可以通过虚拟方式传递的数字出版物，其呈缴方式必然与传统出版物呈缴不同。

（3）数字出版物的市场运作机制比传统出版物更为复杂，同时由于数字出版物的传播和利用可控性相对较弱，呈缴对于数字出版物经济的影响也是数字出版物呈缴制度设计中必须考虑的问题。

当然，数字出版物实际上还是出版物的一种具体形态，尽管数字出版物与传统出版物在制作、加工与传播等多个方面都存在较大差异，但其作为知识载体的本质属性并未改变，因此，数字出版物仍属于出版物呈缴法律关系中的重要客体之一，数字出版物呈缴制度与传统出版物呈缴制度的本质与特征相吻合，具体包括：

---

❶ Jules Larivière. Guidelines for Legal Deposit Legislation ［EB/OL］. ［2015-08-23］. http://www.ifla.org/VII/sl/gnl/legaldepl.htm.
❷ 翟建雄. 图书馆与出版物缴存制度：中外立法比较研究［J］. 法律文献与信息研究，2006（2）：12-25.
❸ 郭锡龙. 图书馆暨有关书刊管理法规汇览［M］. 北京：中国政法大学出版社，1995：67.
❹ 中国大百科全书出版社. 中国大百科全书·图书馆学.情报学.档案学卷［M］. 北京：中国大百科全书出版社，1991：32.

（1）数字出版物呈缴制度建立的主要目的在于保存保护国家文献，编制国家书目，提供学术研究；[1]

（2）数字出版物呈缴制度应是一项国家制度、法律制度，呈缴事项法定，呈缴行为是履行法律义务，呈缴制度具有强制性；[2]

（3）数字出版物呈缴作为法律义务，呈缴义务人必须无偿执行。

基于以上分析，本书认为数字出版物呈缴制度并未完全突破出版物呈缴制度的定义，但是具备了新的特性，具体含义是：国家通过立法规定呈缴义务人（一般为数字出版者、进口者或生产者）在规定的期限内，向国家指定机构无偿呈缴规定数量与质量的数字出版物的一项制度。通过数字出版物呈缴制度的建立，对数字出版物进行有效的管理和保存，实现全面收集和保存本国数字文化遗产，并确保其长期保存和永续利用的目的。

（四）呈缴主体

呈缴主体是根据法律规定对出版物负有呈缴义务的机构、个人或自愿进行出版物呈缴的机构或个人，前者也称为"呈缴义务人"。在研究和实践中，一般也使用"呈缴机构"或"呈缴单位"等更具有直接指代作用的概念。在以传统出版物为基础的呈缴制度中，大部分国家规定了出版者作为呈缴主体。

（五）受缴主体

受缴主体是指根据有关法律规定、代表国家承担接受或主动采集（征集）本国出版物并妥善保存职责的机构。由于受缴主体主要由组织机构来承担，因此一般也称为"受缴机构""受缴单位"。目前，在已经建立呈缴制度的国家中，大部分指定本国国家图书馆作为呈缴出版物的受缴主体。此外，也有个别国家指定多家机构同时作为受缴主体，分别接受不同类型或不同载体形态出版物的呈缴。

（六）呈缴客体

呈缴客体是指呈缴主体依法向受缴主体所呈缴的出版物对象，在传统出版物呈缴中一般也称为"呈缴本""样本""缴送本"等。在数字出版物呈缴制度中，呈缴客体指的就是呈缴主体依法必须呈缴的数字出版物，本书也称为"呈缴数字出版物"。呈缴客体潜在范围十分广泛，在各国呈缴制度中，对呈缴客体范围都有明确的界定，这也是构成呈缴制度的重要内容。

---

[1] Jules Larivière. Guidelines for legal deposit Legislation[EB/OL]. [2015-12-23]. http://www.ifla.org/files/assets/national-libraries/publications/guidelines-for-legal-deposit-legislation-en.pdf.

[2] 李国新. 论出版物样本缴送制度改革：围绕图书馆立法的制度设计研究[J]. 中国图书馆学报，2007（2）：5-12，32.

第二章

国外数字出版物呈缴制度研究与启示

随着信息技术的飞速发展，数字出版物的数量与日俱增，类型日益多元化。将数字出版物纳入法定呈缴引起国际上的普遍关注。经过多年的持续发展，一些国家在数字出版物呈缴的立法和实践领域都取得了积极进展，以制定、修改法律法规为主而建立数字出版物呈缴制度成为一种有效的文献收集与保护方式，法律的强制性提高了这些国家全面保存数字出版物的能力和效率，制度运行整体效果良好。

第一节 国外数字出版物呈缴制度概览

数字出版物呈缴制度建设最重要的环节就是立法。在数字出版物呈缴立法方面，联合国教科文组织（UNESCO）、IFLA 等国际组织都制定了数字出版物呈缴相关的指南，供各国参考使用。1996 年，UNESCO 发布《电子出版物法定呈缴报告》（*The Legal Deposit of Electronic Publications*），针对拟制定呈缴制度的国家图书馆提供如何设计数字出版物的呈缴方案以及如何维护、保存相关数字出版物的指导意见。[1]该报告分为九部分，适用于对数字出版物呈缴活动的法律制定和原有法律的修订，详见表 2-1。

表 2-1 数字出版物呈缴立法准备项目[2][3]

立法准备建议项目	内容提要
准备提案的负责单位	准备提案的责任单位最好归属于可由该立法而受益的单一机构： （1）由国家接受呈缴的单位主导，如英国、澳大利亚、西班牙等 （2）由政府部门主导，如法国、丹麦、芬兰等
参与者的投入	准备提案的责任单位需要能影响政府并需要与参与该过程的相关单位共同讨论。参与者主要包括使用者、出版者、受缴主体、政府预算单位等

---

[1] Conference of Directors of National Libraries，The Legal Deposit of Electronic Publications（Paris：UNESCO，1996），Retrieved November 14，2001，from http://www.unesco.org/webworld/memory/legaldep.htm.
[2] 花湘琪，邱炯友. 电子出版品法定送存制度之国际发展与观察［J］. 国家图书馆馆刊，2005（6）：33-73.
[3] Working Group of the Conference of Directors of National Libraries（CDNL）. THE LEGAL DEPOSIT OF ELECTRONIC PUBLICATIONS[EB/OL].[2016-03-04]. http://www.unesco.org/webworld/memory/legaldep.htm.

续表

立法准备建议项目	内容提要
立法的形式	法定呈缴制度主要有三种方式： （1）法定呈缴单独立法，如芬兰、瑞典 （2）版权法，如澳大利亚、美国 （3）国家图书馆法，加拿大、德国等
应用的范围	法定呈缴在传统上只适用于本国的出版物。数字出版物要衡量拟收藏的资料以及如何收藏而确定地理范围，立法时应该特别强调应用的国家界线
所包含数字出版物类别	建议新立法的提案范围应尽可能广泛，同时包含仅以数字形式出版的内容及平行形态出版的内容
保存	数字出版物的生命周期相对传统出版物来说较短，再版可能性相对更小。应该尽可能规定接受呈缴的单位有权利基于保存的目的而进行复制、重置或迁移呈缴的出版物
立法中使用的术语	建议在新的立法过程中尝试把"出版""出版物"等进行广义上的解释，避免为此经常修订法律
数字出版物合适呈缴主体	不是每个国家都必须成立数字出版物的储存单位。应该由国家图书馆为主导寻找合适的受缴主体来储存数字出版物
新立法的实施	已经开始实施非书资料法定呈缴的国家，应该采取渐进式的方式，逐渐推进数字出版物甚至网络资源的呈缴。可以先从 CD-ROM 等入手，逐步推行在线出版物，这应该在解决法律及版权相关问题的基础上，并且在保证呈缴技术可以实现的前提下进行

2000 年，IFLA 发布《法定呈缴立法指南》（2000 年修订版）（*Guidelines for Legal Deposit Legislation*），该指南将呈缴品的范围扩大至数字出版物，赋予国家受缴主体法律基础，为尚未立法和准备修订呈缴相关法律的国家提供参考，补充了 1981 年由 UNESCO 出版的第一版指南的不足，在国际范围内掀起将数字出版物纳入法定呈缴范围的浪潮。这次修订重新设计了法定呈缴制度的立法架构，主要分为基本原则、立法原则、法定呈缴要素、呈缴品、数字出版物定义五个方面[1]，详见表 2-2。

表 2-2　IFLA 法定呈缴立法指南[2]

准则	内容纲要
基本原则	（1）法定呈缴应为法律义务，不建议实行自愿呈缴 （2）法定呈缴是国家的责任，但如果地方政府发展自己的法定呈缴制度，不应阻止 （3）呈缴品为国家财产，受缴机构应妥善负起保存之责 （4）出版资料皆应呈缴，除非法律列出的例外 （5）呈缴主体不应要求任何补偿金 （6）不论馆内使用或馆际互借，呈缴品应提供读者免费使用，但可以收取合理费用 （7）版权法应予修正，允许受缴机构有以长期保存为目的之复制权
立法原则	（1）法定呈缴法律可为独立法或其他法律的一部分，如果为版权法之下，应注明呈缴品与版权无直接关联。 （2）应反映所有的基本原则。 （3）应清楚说明法定呈缴的目的。 （4）应要求法定呈缴为强制执行义务并规定罚则。 （5）用语应清楚、正确、精简和易读，避免模糊。 （6）法律内使用的名词应清楚定义

---

[1] Jules Larivière, Guidelines for Legal Deposit Legislation（Paris：UNESCO，2000），Retrieved November 14, 2001，from http://www.ifla.org/VII/sl/gnl/appendix.htm.

[2] Jules Larivière. Guidelines for Legal Deposit Legislation（Paris：UNESCO，2000）[EB/OL].[2016-03-01]. http://unesdoc.unesco.org/ulis/cgi-bin/ulis.pl?catno=121413.

续表

准则	内容纲要
法定呈缴要素	主要包括出版地、广泛原则、呈缴主体、受缴机构、呈缴数量和呈缴期限
呈缴品	主要包括图书、乐谱、期刊、小册子、静态图像数据、政府出版物、地图、微缩制品及视听数据9种类型
数字出版物定义	（1）不论是实体还是在线电子出版物，都须与其附件一起呈缴 （2）动态在线电子出版品应呈缴。第一版应优先呈缴。没有经过组织或编辑的数据库不应纳入法定呈缴 （3）法律应保障国家呈缴机构的注册读者拥有使用呈缴电子出版品的权利 （4）为避免呈缴的电子出版品被滥用，呈缴机构应适当限制使用；而出版者或制造者应允许最低数量的使用人数 （5）可能需要修改版权法，以允许受缴机构下载和复制电子出版品

除国际组织以外，各国在实践中也建立了数字出版物呈缴的相关制度，通过立法、签订协议或自愿呈缴等多种形式保障数字出版物呈缴活动的顺利开展。

一、欧洲各国数字出版物呈缴制度

作为世界上信息网络技术发展最迅速的地区之一，欧洲数字出版行业快速发展，近年来，数字出版物总量激增，欧洲各国对数字出版物的呈缴、保存及利用问题日益重视，纷纷开展了数字出版物法定呈缴相关实践工作。

（一）英国

英国是世界上最早实施出版物法定呈缴的国家之一。从1610年伦敦出版业公司把出版的每一本图书的一个复本在Stationers Hall呈缴给博德利图书馆开始，英国法定呈缴制度经过了400多年的发展演化。英国关于出版物呈缴方面的相关法律规定主要包含在《版权法（1911）》（*Copyright Act* 1911）、《1932英国博物馆法》（*British Museum Act* 1932）、《1972英国图书馆法》（*British Library Act* 1972）、《1999威尔士国民议会（职能转交）令》（*National Assembly for Wales "Transfer of Functions" Order* 1999）等法案中。其中作为英国法定呈缴法法源的《版权法（1911）》，长期以来一直在英国的出版物法定呈缴方面发挥着巨大作用。在英国，接受呈缴的图书馆在呈缴义务人违反呈缴义务的情况下，可以要求法院强制履行。[1]在法律的强有力保障之下，英国国家图书馆一直都保证较高的呈缴率。据统计，近年来英国国家图书馆印刷型出版物的呈缴率分别为84%（2010年）、98%（2011年）、99%（2012年）。由于历史条件限制，版权法规定的法定呈缴客体只涉及传统载体的印刷型出版物，对非印本出版物并未明确规定。随着数字出版物种类、数量与日俱增，英国已经有上百亿份的电子文献，其中大部分都是在线获取的。如不能有效保存这些数字出版物，英国数字文化遗产将会面目全非甚至消失殆尽。在此背景下，经过包括英国网络保存联盟（The UK Web Archiving Consortium，UKWAC）等机构在内的多方努力和积极协调，英国于2003年制定了《法定呈缴图书馆法》，以法律形式保障数字出版物的呈缴。

1.《法定呈缴图书馆法》

2003年10月30日，英国议会通过了专门的出版物呈缴法——2003年《法定呈缴图书

---

[1] British Library.Legal Deposit Libraries Act 2003［R/OL］.［2012-05-29］. http://www.legislation.gov.uk/ukpga/2003/28/pdfs/ukpga_20030028_en.pdf.

馆法》(*Legal Deposit Libraries Act* 2003),并于 2004 年 2 月 1 日起生效。[1]该法取代《版权法(1911)》第 15 条关于印刷型出版物和类似出版物(包括在线出版物和离线出版物)的呈缴规定,并对呈缴资料的利用、保存和相关内容进行规定。该法对非印刷型出版物的法定呈缴做了相应规定,将其正式纳入法定呈缴制度,主要包括各类离线出版物(如 CD-ROMS 和缩微制品)、在线出版物(如电子期刊)和其他非印刷型资料。该法保证所有重要的出版物,不论其出版时的载体如何,均可被收集并作为国家文化遗产的一部分而被保存下来。[2]《法定呈缴图书馆法》是继 1972 年英国《图书馆法》之后,英国图书馆界最重要的立法,为英国已有 400 多年历史的呈缴制度翻开了历史性新的一页,标志着英国图书馆界产生了首部关于图书馆以及出版物法定呈缴的专门法。

具体而言,《法定呈缴图书馆法》共有六部分十七条。内容主要有呈缴义务、印刷型出版物、非印刷型出版物、免责、规章等。可以说,该法关于非印刷型出版物呈缴的规定是提纲挈领性的,在原则性条文的指导下,通过其他法规文件和政策规范来充实和细化,以确保法律的宗旨能够实现。其具体的条款框架如表 2-3 所示。

表 2-3 英国《法定呈缴图书馆法》的条款框架

Duty to deposit (呈缴义务)	1.Deposit of publications 出版物呈缴
	2.New and alternative editions 新的和可替代的版本
	3.Enforcement 执行
Printed publications (印刷型出版物)	4. Printed publications: the British Library 印刷型出版物:英国国家图书馆
	5. Printed publications: other libraries 印刷型出版物:其他图书馆
Non-printed publications (非印刷型出版物)	6 .Regulations: deposit of non-print publications 规章:非印刷型出版物呈缴
	7. Regulations on activities in relation to non-print publications 关于非印刷型出版物的规章议案
	8 .Activities in relation to non-print publications: copyright etc. 关于非印刷型出版物的议案:版权法等
Exemption from liability (免责)	9 .Exemption from liability: deposit of publications etc. 免责:出版物呈缴等
	10. Exemption from liability: activities in relation to publications 免责:有关于出版物议案
Regulations (规章)	11. Regulations: general 规章:总则
	12. Regulations: Scotland and Wales 规章:苏格兰和威尔士
	13. Regulations: Trinity College, Dublin 规章:圣三一学院,都柏林
General (总则)	14. Interpretation 注释
	15. Consequential amendments, repeals and revocation 修订、废除及撤销
	16. Commencement and extent 生效日期和范围
	17. Short title 法律名称

---

[1] British Library. Legal Deposit Libraries welcome the Government's response to consultation on non-print legal deposit [R/OL]. [2012-08-23]. http://www.tcd.ie/Library/collection-man/Legal%20Deposit%20Response%2008-04-11.pdf.

[2] 翟建雄. 英国出版物法定呈缴制度及其最新立法介绍 [J]. 法律文献信息与研究, 2006 (1): 10-13.

其中，该法的第 6~8 条是对非印刷型出版物呈缴制度的规定，重点内容和详细规定主要有：所有阅读非印刷型出版物的软件、操作手册和其他该出版物相关附件，均须呈缴；如非印刷型出版物以不止一种形式发行，由受缴图书馆决定应呈缴的版本格式；呈缴的非印刷形式出版物，除相关许可人员外，版本图书馆及其代理人和读者均不可使用或加以复制、出借给第三方，也不可以用电脑程序或是资料库进行修改。❶

《法定呈缴图书馆法》对非印刷型出版物呈缴的具体规定如表 2-4 所示。❷❸

表 2-4 《法定呈缴图书馆法》对非印刷型出版物呈缴的具体规定

项目	具体内容
法令依据	法定呈缴图书馆法
呈缴媒体形式	缩微及各种具体形式的数字出版物，如磁带、光碟等
呈缴数量	以一份为原则，由英国国家图书馆典藏，其他呈缴图书馆如有需要可通过版权代理机构向出版者索取
呈缴期限	出版发行一个月内
无须呈缴的例外情形	该非印刷型出版物馆内已有同一出版者的纸本形式复本； 只供私人内部使用或不允许公开的出版物； 版权法已规定不需呈缴的数据类型或是娱乐性产品，例如：游戏软件、计算机软件
呈缴格式	非印刷型出版物以不止一种的形式发行，由受缴图书馆决定应呈缴的版本格式
呈缴地理范围	凡英国境内出版均须呈缴，应呈缴的英国出版物不限于在英国出版者，即使是海外出版但在英国发行流通的出版物，也应在呈缴之列
使用与检索限制	呈缴资料一般情况下允许读者基于研究需求限馆内 1 人使用；如图书馆希望以馆内局域网络提供服务，需要与出版者另行协商取得同意

《法定呈缴图书馆法》是对英国传统呈缴制度的突破，是对现行纸质文献法定呈缴法律的重申。该法的制定与实施在英国引起了很大反响。吉比（Gibby，英国国家图书馆法定呈缴图书馆委员会项目负责人之一）等认为该法是法定呈缴图书馆自 1974 年以后持续性运动的最高点。❹《应对知识增长：英国国家图书馆 2011—2015 战略》（*Growing Knowledge: The British Library's Strategy* 2011—2015）战略重点的第三条指出："要充分利用有限资源，优先实现下列内容：一是与文化、媒体与体育部、出版商、法定受缴图书馆以及其他相关机构合作，出台相关条例，确保 2003 年《法定呈缴图书馆法》的顺利实施，并将自愿呈缴和法定呈缴资源转化为纯数字化内容；二是对自愿呈缴和法定呈缴资源的入馆和存放工作进行良性管理。"由此可见，英国国家图书馆在战略规划过程中对该法案的重视以及期待该法在实际呈缴工作、保存英国数字资源方面发挥应有作用。❺

---

❶ 林巧敏. 国家图书馆电子资源法定送存制度之研究［J］. 大学图书馆，2008（2）：79-105.
❷ British Library. Legal Deposit Libraries Act 2003［R/OL］［2012-05-29］. http://www.legislation.gov.uk/ukpga/2003/28/pdfs/ukpga_20030028_en.pdf.
❸ 林巧敏.国家图书馆电子资源法定送存制度之研究[J].大学图书馆，2008（2）：79-105.
❹ Richard Gibby, Andrew Green. Electronic legal deposit in the United Kingdom［J］. New Review of Academic Librarianship, 2008（14）：55-70.
❺ British Library.Growing Knowledge: The British Library's Strategy 2011-2015［R/OL］. ［2012-09-16］. http://www.bl.uk/aboutus/stratpolprog/strategy1115/strategy1115.pdf.

2.《适合法定呈缴电子出版物全图》

为了进一步加强出版物呈缴力度,全面有效收藏各类出版物,2006年,英国法定呈缴工作组委托电子出版服务有限公司(Electronic Publishing Service Ltd,EPS)对《法定呈缴图书馆法》进行了重新评估,并制作《适合法定呈缴电子出版物全图》(*Refining the Map of Universe of Electronic Publications Potentially Eligible for Legal Deposit*)(以下简称《全图》)。《全图》对出版物的范围进行了更加详细地分类,更新了数字出版物范围,并且详细描述了其中的19种资源,以改善《法定呈缴图书馆法》中对出版物呈缴范围规定的不足(图2-1)。❶

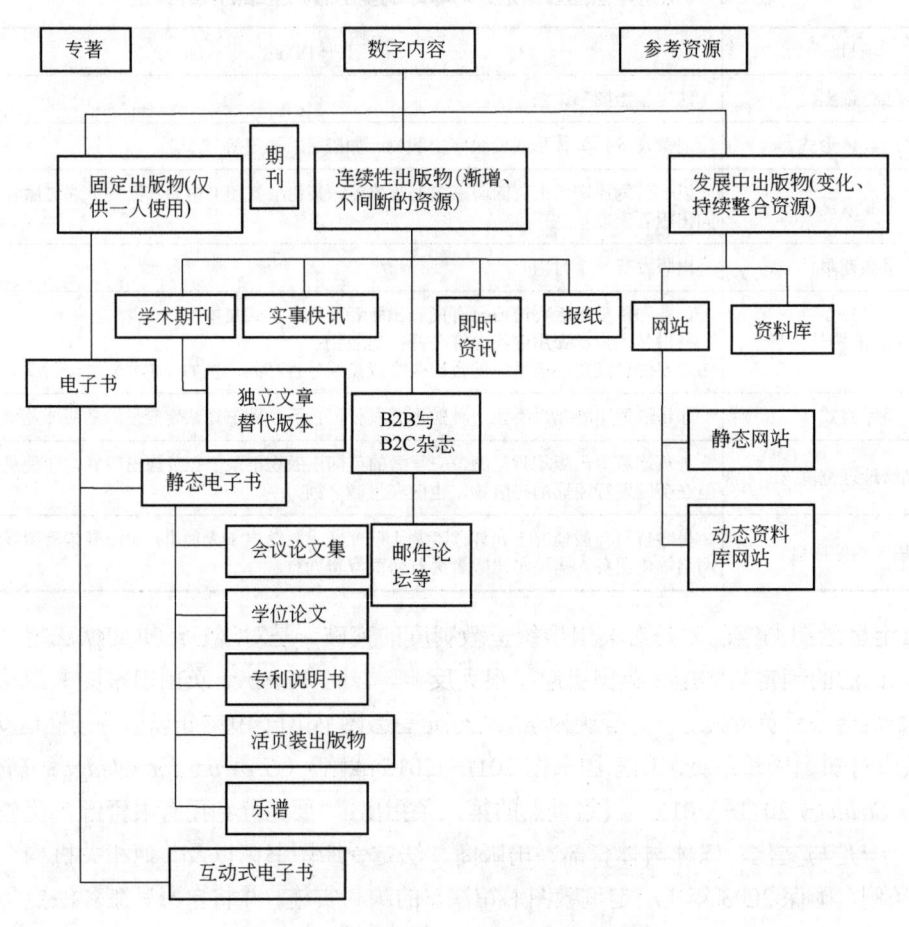

图2-1 英国数字出版物范围更新图

(时事快讯、即时资讯、数字乐谱为新增数字出版物类型)

由于数字出版物不断更新,为了确保将快速增长的各类型出版物进行定义和分类,《全图》阐述了数字出版物的分类方式(图2-2)。主要从以下四个方面进行分类:一是把数字出版物分为复合型(Composite)和探究型(Enquiry-driven)。复合型是指数字出版物由一个或多个独立的文档构成,内容有图片、照片等,其个别元素可以单独被浏览或阅读;探究型是指出版物形态可以让读者检索,但读者不会阅读全部内容,而是借助对其进行检索获得所需

---

❶ Electronic Publishing Service Ltd, EPS. Refining the map of universe of electronic publications potentially eligible for legal deposit [R/OL]. [2014-02-24]. http://www.pdfio.com/k-23117.html#download_area.

材料，如数据库；二是按照资料的传输方式分为离线出版物和在线出版物。离线是指不需要借助网络就能使用的出版物；反之，则是在线出版物；三是从读者获取资料方式分为主动搜集（Collect）数字出版物和被动接收（Delivery）数字出版物；四是根据出版物提供给读者的方式分为直接获取数字出版物和许可（如进行注册或是支付使用费等）获取数字出版物。❶

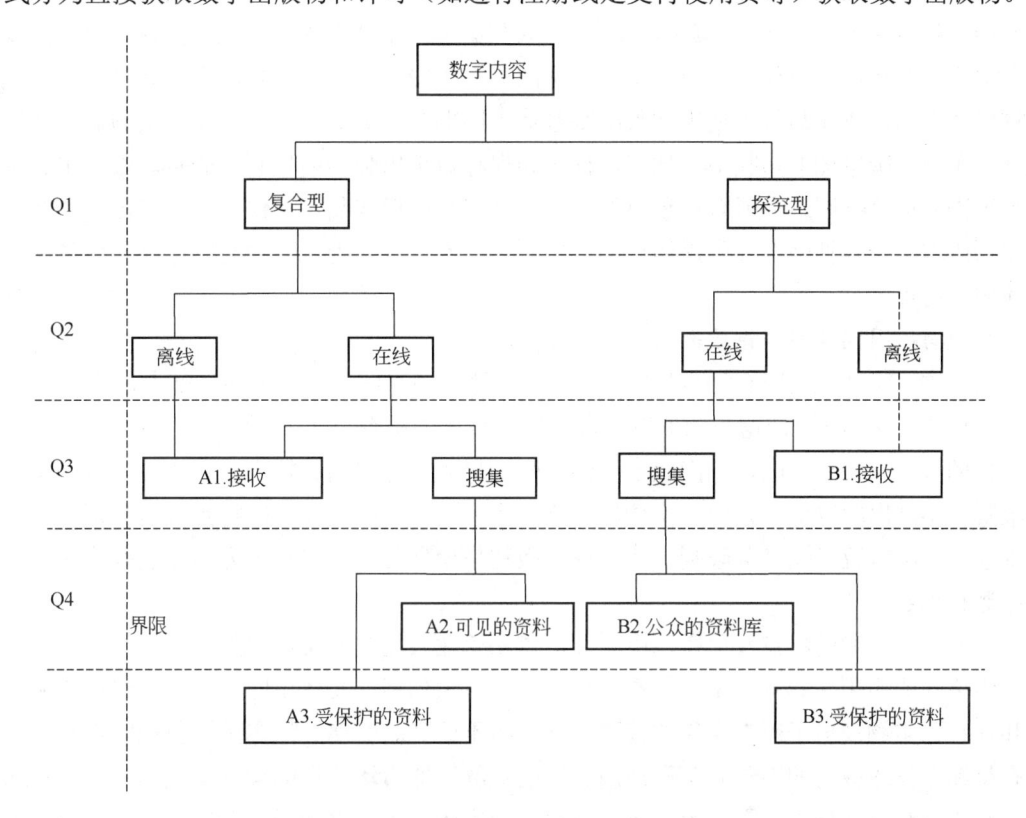

图 2-2　英国国家图书馆数字出版物呈缴范围补充分类方式

（Q1 代表复合型或探究型；Q2 代表离线或在线；

Q3 代表若是在线，读者接受或搜集资料；Q4 代表若为搜集，开放或受保护）

（二）德国

近年来，德国也一直致力于数字出版物法定呈缴相关工作。在 2006 年以前，德国数字出版物实行的是自愿呈缴。德国国家图书馆也开展了数字出版物呈缴研究的相关法律项目。在项目之初，德国国家图书馆与 5 家出版社合作，接收 5 家出版社的自愿呈缴。在累积了相关受缴经验的基础上，德国国家图书馆与出版社签约，接受包括纸质出版物、脱机电子出版物和网络电子出版物的呈缴。经过多年的准备和经验积累，德国通过图书馆法和呈缴专门法的共同保障，确立了数字出版物的基本呈缴制度。

1. 《德国国家图书馆法》

2006 年 6 月 22 日，《德国国家图书馆法》正式生效，在德国图书馆界引起巨大反响。在出版物呈缴方面，为可以更好地保护德国的数字文化遗产做储备，该法扩充了网络电子出版

---

❶ Electronic Publishing Service Ltd，EPS. Refining the map of universe of electronic publications potentially eligible for legal deposit［R/OL］.［2014-02-24］. http://www.pdfio.com/k-23117.html#download_area.

物的法定呈缴条款，规定数字出版物成为法定呈缴的内容之一。

《德国国家图书馆法》第三条对出版物进行了界定，规定出版物是指"一切以文字、图片和声音形式展示出来的，以实体的形式传播或以非实体的形式供公众利用的内容"。其中，实体出版物是指一切储存在纸张、电子信息载体及其他载体上的内容；非实体出版物是指公共网络上的一切内容。[1]该法第十四条（3）款和第十六条分别规定，呈缴主体应自作品发行或者提供公众获取之日起一周内自费向国家图书馆免费呈缴一个复本的完整和最佳状态的非实物形式作品，该作品应无使用期限限制且适于图书馆长期保存。该法正式实施后，在法律上确立了德国国家图书馆收集、加工、标引和保存数字出版物的权利和职责。数字出版物的呈缴范围包括公共网络上所有可获得的文字、图像和音像作品，不仅包括网络出版物及相应的印刷版本，还包括网页专用媒体作品，但不包括不以音乐为重点的电影作品和仅供电台播放使用的内容。

2.《向德国国家图书馆呈缴出版物的法令》

为了进一步加强出版物法定呈缴力度，在《德国国家图书馆法》的基础上，德国于2008年10月17日颁布了《向德国国家图书馆呈缴出版物的法令》。该法令从呈缴义务限制、实体出版物的特点及呈缴范围、不同版本实体出版物呈缴义务限制、特定类型实体出版物呈缴义务限制、实体出版物呈缴程序、实体出版物呈缴补偿、网络出版物的特点及呈缴范围、不同版本非实体出版物呈缴义务限制、非实体出版物呈缴义务限制共九个方面对出版物法定呈缴工作进行规定。

在网络出版物的特点及呈缴范围方面，该法第七条规定非实体出版物（网络出版物）须以通用格式或通用工具可使用的状态呈缴。呈缴对象包括非实体出版物的所有组成部分、软件和各种以实物及电子形态存在的读取工具，而不论其是否属于法定呈缴范围。特别是那些只有呈缴主体才拥有的用于开发和使用在线出版物的非市场可得的读取工具，应一并呈缴。

在版本和技术格式方面，该法第八条规定国家图书馆可以选择是否接受网络出版物呈缴的几种情况，主要包括：

（1）同时或者依次以不同技术格式出版的不同版本；

（2）技术无法采集和保存或采集和保存成本过高；

（3）内容更新过于频繁。

在非实体出版物呈缴义务限制方面，该法第九条规定了非实体出版物无须呈缴的情形，主要包括以下13项：

（1）法律、法规规定的仅在特定人群、机构中发行的出版物；

（2）由县区、乡镇及乡镇协会发行的、仅包括官方内容的出版物；

（3）仅用于职业、商业目的、企业内部用途、业务开展或者用于私人、家庭及社会生活目的的零星印件；

（4）以游戏角色和娱乐目的为主的游戏；

（5）仅用于私人目的的网站；

（6）有时间期限的、实体或者非实体出版物的非实体出版物样本和演示版本，如果这些

---

[1] 卢海燕.国外图书馆法律选编[M].北京：知识产权出版社，2014：210-211.

版本在最终版本刊行后撤出网络的话；

（7）不在该法令第七条第二款范围里的自主出版的操作系统、非专业性应用程序和为使用特定互联网服务、工作和程序说明的专业性应用工具；

（8）非第三方发行的存货清单；

（9）非第三方发行的、由电视和广播产品派生的网络出版物；

（10）原始版本已经呈缴且内容未更改的网络出版物影像；

（11）基于网络的、无任何事实和任务相关的交流、讨论或者信息工具；

（12）无网络存档的、由电子邮件推送的新闻；

（13）仅供私人用户群使用的在线资料。

（三）法国

法国是世界上图书馆相关立法比较完备的国家，其《文化遗产法典》《国家图书馆法》《公共图书馆法》《知识产权法典》都对图书馆的相关权利义务进行了规定。在出版物呈缴方面的规定主要集中在《文化遗产法典》（*Code du patrimoine*）中。对法定呈缴制度进行相关规定是《文化遗产法典》的特色之一，主要集中在法律部分第一卷（文化遗产通则）第三编（法定呈缴）部分以及规章部分第六卷（文化遗产通则）第三编（法定呈缴）部分。该法要求把作为文化载体的著作成果按规定数目由相关机构留存，以积累国家藏书，为后代保留和传承国家民族文化。结合数字出版物的特性，法国在实施数字出版物法定呈缴方面，主要采用两项指导原则：一是出版物的领土原则，二是根据法定呈缴的全面性特征，不断对相应的细节进行重新解释和规定，以确保呈缴法律的可拓展性。❶

1. 法国《文化遗产法典》2009-901 号条例

2009 年 7 月 24 日，法国颁布《文化遗产法典》2009-901 号条例，主要对《文化遗产法典》法律部分第一卷文化遗产通则的第三编法定呈缴进行了修订。《文化遗产法典》有关于数字出版物的定义采用的是一般性表述，以避免由于具体技术更新而使对数字出版物的规定受限制或过时。这项规定涵盖了从一般意义上的网站到视频、声音记录或任何一种形式的数字出版物，含有非物质之义。根据《文化遗产法典》颁布 2009-901 号条例规定："印刷、图表、图片、音视频及多媒体文献，不论其加工、出版方式，一旦向公众提供，即为强制呈缴对象，即为'法定呈缴'。"另外，该条例规定软件、数据库一旦通过物质载体向公众发行，不论其载体形式，必须进行呈缴；标志、信号、文字、图像、声音等信息，通过电子途径向公众进行传播，必须进行呈缴。

《文化遗产法典》规定法国法定受缴机构主要包括法国国家图书馆（Bibliothèque nationale de France，BnF）、国家电影资料中心（Centre national du cinéma et de l'image animée，CNC）、国家视听资料馆（Institut national de l'audiovisuel，INA）。其中国家电影资料中心主要负责接受有关法国的电影出版物资料呈缴；国家视听资料馆主要负责有关法国的电视和广播方面的出版物呈缴；法国国家图书馆是法定呈缴的主要受缴机构，负责收集除电视和广播以外其他所有类型的资料。数字出版物法定呈缴尽管开展实践时间较短，但是已经成为法国国家图书馆的一项重点工作。《文化遗产法典》法律部分有关法条具体内容规定见表 2-5。

---

❶ Code du patrimoine, article L132-3［EB/OL］［2013-03-11］. http://www.legifrance.gouv.fr/affichCodeArticle.do?idArticle=LEGIARTI000020967935&cidTexte=LEGITEXT000006074236&dateTexte=20110520.

表 2-5 《文化遗产法典》法律部分对法定呈缴的具体规定[1][2]

（2009 年 7 月 24 日 2009-901 号条例）

项目	法律规定
法定呈缴适用范围	印刷、图表、图片、音视频及多媒体文献、通过物质载体向公众发行的软件和数据库、通过电子途径向公众传播的标志、信号、文字、图像、声音等（L131-2）
法定呈缴义务人	相关呈缴品的生产者、印刷者、出版者、进口者等（L132-2）
法定受缴机构	法国国家图书馆、国家电影漫画中心、国家视听研究院和内务部等（L132-3）
不得禁止规定	作者不得禁止受缴机构在本机构场所内向专门从事研究的人员提供查询；亦不得禁止受缴机构为保存和利用以任何方式复制其馆藏任何介质的藏品（L132-4） 表演者、音像制品的生产者或者传播公司不得禁止受缴机构根据本法相关规定的条件向公众传播其馆藏呈缴品（L132-5） 数据库的生产者不得禁止受缴机构根据本法相关规定的条件对数据库的采集和利用（L132-6）
刑事规定	呈缴义务人如未自动履行呈缴义务，将面临 75 000 法郎的罚款和刑事指控（L133-1）

2. 法国《文化遗产法典》2011-1904 号条例

2006 年，法国议会通过了《信息社会中的版权与相关权法》，规定了对网络内容呈缴的法律框架。2011 年 5 月 24 日，颁布 2011-1904 号条例，主要对《文化遗产法典》规章部分第一卷文化遗产通则的第三编法定呈缴进行了修订。规章部分除了明确法律部分法定呈缴的目标和适用范围外，最大的特点就是按照出版物类型对法定呈缴的方式与组织进行了分类，包括印刷、图表和图片文献的法定呈缴；软件及数据库的法定呈缴；录音、录像制品及多媒体文献的法定呈缴；公开网络资源的法定呈缴等。

相较之前颁布的 2009-901 号条例，2011-1904 号条例的重大突破就是将网络资源的法定呈缴明确出来。按照 2011-1904 号条例规定，所有通过法国互联网出版的内容都需要进行法定呈缴。公开网站资源和视听媒体网站资源一年至少应采集一次。法国主要通过以下三种标准界定网络资源是否属于法定呈缴范围：一是是否属于法国国家网络顶级域名（Top Level Domain，TLD，即.fr），或是法国任何其他范围内的域名注册，或是注册总部设在法国（如在法国注册以.com 为扩展名的域名）；二是网站的创作者（或其他文件）是不是居住在法国的个人，或是总部设在法国的公司；三是网站是不是在法国产生的。

在对网络资源采集的过程中，法国国家图书馆主要采取的是选择和抽样的方法。选择是指对之前已收集的网站进行选择，通常是基于网站质量、科学性或是真实性价值的判断。这种方法类似于图书馆进行选书时的判断，需要事先明确定义选择收藏的标准，主要考虑策划人、研究者等，但并未考虑最重要的未来使用者；抽样则更接近法定呈缴的理念，对网站的收集并不考虑之前的价值判断，也不考虑现在或未来研究者的潜在兴趣。这要求在一段时间内尽可能地收集具有国家"特性"的网页内容。但是抽样意味着重要的网站将会被部分收集或根本不收集。为此，法国自 2006 年以来采用了以上两种方法的结合，即广泛或域名抓取，集中或选择性抓取。前者包括每年抓取以.fr 为顶级域名注册的所有域名，这由每年 AFNIC 提供的协议进行。未来法国国家图书馆希望包括所有其他顶级域名注册的法国网站（如.org、

---

[1] 卢海燕. 国外图书馆法律选编[M]. 北京：知识产权出版社，2014：312-321.
[2] 翟建雄. 欧盟及欧洲诸国公共图书馆服务立法简述（下）[J]. 山东图书馆学刊，2010：56-61，92.

net、com）也纳入法定呈缴范围内。

（四）奥地利

奥地利关于出版物呈缴的相关法律主要源于《出版法》（*Mediengesetz*）。2009年2月，奥地利出台了该法的一项修正案《奥地利在线资料修正案》，将在线资料纳入法定呈缴范围。该修正案从采集、呈缴和利用三个方面对奥地利的网络出版物呈缴进行了详细规定。

在资源采集方面，该修正案授权奥地利国家图书馆对互联网公开访问的域名为（.at）的奥地利国家域名相关网站每年实施4次自动采集。国家图书馆在采集前应书面通知被采集资料的所有人。

在资源呈缴方面，对读取控制技术限制的相关网站，资料所有人应根据国家图书馆的书面请求呈缴该资料。下述情况可以暂缓呈缴：

（1）技术条件不能实现再存储利用；

（2）存储利用成本过高；

（3）与已呈缴其他载体的出版物内容一致；

（4）广播节目和音像制品；

（5）不具有保存价值的网络出版物。

在资源利用方面，该修正案进行如下规定：

（1）对采集和呈缴的在线资料，如其尚受版权或者其他权利保护，国家图书馆可制作其一件复本用于服务；

（2）对呈缴给国家图书馆的设有技术保护措施的在线资料，其所有人有权对该资料设定为期一年的禁用期，自呈缴之日起一年内，禁止图书馆用于对公众服务，该项禁用决定应书面通知国家图书馆；

（3）对于国家图书馆主动采集保存的在线资料，其所有人有权设定最长不超过一年的禁用期，禁止该馆用户对其利用，该项禁用决定应书面通知国家图书馆；

（4）其他图书馆拥有的从国家图书馆索取的在线资料在提供给读者使用时适用前述禁用期规定；

（5）读者对呈缴和采集的在线资料的读取仅限图书馆馆舍内，其中属于设有技术保护措施的在线资料，在同一时间内仅可允许一名用户使用；

（6）图书馆可以为用户提供在线资料的打印件或者一件电子复本。

此外，为确保呈缴和采集的在线资料的安全，修正案还特别规定：奥地利国家图书馆和其他拥有呈缴和采集在线资料的图书馆应采取一切必要的技术和管理措施确保资料的安全和完整；资料的所有人如怀疑资料可能存在被非法利用情形，可对国家图书馆及其他相关图书馆的存储、交流和利用过程进行监督检查。

（五）丹麦

丹麦法定呈缴制度始于1697年，不过当时的规定只是针对纸质出版物的呈缴。在1902年之后，位于哥本哈根（Copenhagen）的皇家图书馆（Royal Library）和位于奥尔胡斯的国家和大学图书馆（State and University Library）共同成为受缴图书馆，这两个图书馆共同承担着物理形式作品的呈缴。在1997年以前，丹麦的法定呈缴对象以纸质出版物为主。随着时代的发展，为了更广泛地收藏多种形式的数字内容，丹麦2004年12月22日出台了第1439号

《出版物法定呈缴法》(*Act on Legal Deposit of Published Material*)，对数字出版物的呈缴相关问题做出了规定。

丹麦《出版物法定呈缴法》将各种类型的出版物资料都纳入法定呈缴范围，主要包括实体出版物、网络出版物、广播电视节目、公映电影等。该法的第三章（第八条至第十二条）对网络出版物的法定呈缴进行了相关规定，其中第八条明确指出在互联网中生产的丹麦资料需要进行法定呈缴。❶ "丹麦资料"的定义包括互联网出版的内容，包括明确指向丹麦的，或是从其他互联网出版的、但是指向有关于丹麦公共生活或其他有关于丹麦的内容都需要进行呈缴。从2004年新的立法实施开始，丹麦相关研究者就开始研究应该如何定位丹麦国家收藏的内容。自1781年开始，"丹麦国家收藏"定义仅包括在丹麦范围内生产的作品以及在丹麦之外生产的有关丹麦或是丹麦人民生活、或由丹麦作者翻译的作品。《出版物法定呈缴法》的颁布意味着丹麦成为世界上拥有最先进且最全面的法定呈缴法律的国家之一。❷

表2-6 《出版物法定呈缴法》对网络电子出版物的相关规定❸❹

（2004年12月22日，第1493号法律）

项目	法律规定
法定呈缴适用范围	（1）使用丹麦文字出版的网络出版物 （2）在丹麦域名（.dk）内的出版物 （3）不属于丹麦的域名，但以丹麦公众为受众对象的出版物 （4）内部网络和不对外公布的数字内容不在呈缴的范围之内
法定呈缴主体	（1）在丹麦域名内的出版物，该作品所属网络的域名注册登记者为呈缴义务人 （2）其他域名的出版物，由该作品出版者履行呈缴义务
法定受缴机构	（1）丹麦皇家图书馆 （2）国家和大学图书馆
呈缴方式	（1）主动采集。法定受缴机构按照规定的采集范围，在现有的技术手段下，对相关的内容进行定期扫描和收割 （2）被动呈缴。被限制主动采集的相关网络内容，呈缴义务人应当及时、适当呈缴
使用规定	（1）呈缴义务人须向受缴机构提供读取、复制呈缴出版物所必需的信息 （2）丹麦域名管理相关行政人员，应向法定受缴机构提供丹麦域名注册登记者信息清单 （3）呈缴义务人有权要求受缴机构不得将设有读取控制措施的信息泄露给未经授权的任何第三方 （4）对于已经经过合法的形式呈缴的网络资料，受缴机构可以按照相关规定，经丹麦资料保护局的许可，对相关人员提供检索与借阅服务
呈缴费用	因访问、复制网络电子出版物而发生的费用，由法定受缴机构承担

2005—2008年，大于10MB的丹麦网站从40 000个增长到90 000个，大于50MB的网站从6000个增长到12 000个，大于1GB的丹麦网站超过3000个。❺随着丹麦互联网数量的日益增长，网站资源的呈缴工作变得更加复杂。为了兼顾网络资源呈缴的效率与效果，丹麦

---

❶ 卢海燕. 国外图书馆法律选编［M］. 北京：知识产权出版社，2014：194-195.
❷ Sabine Schostag, Eva Fønss-Jørgensen. Webarchiving: Legal Deposit of Internet in Denmark.A Curatorial Perspective［J/OL］.［2013-03-23］. http://netarkivet.dk/wp-content/uploads/Artikel_webarkivering1.pdf.
❸ 卢海燕. 国外图书馆法律选编［M］. 北京：知识产权出版社，2014：195.
❹ 翟建雄. 欧洲六国网络资源采集和缴存立法评析［J］. 新世纪图书馆，2011（12）：17-21.
❺ Bjarne Andersen. Strategies for archiving the Danish web space［EB/OL］.［2014-03-23］. http://www.bka.gv.at/ocView.axd?CobId=32141.

法定受缴机构在网络资源呈缴过程中采取快照受缴、选择性受缴和事件受缴相结合的方式。对于公开出版的能被公众获取的在线出版物如果能被公众获取，无论是免费的还是付费，都需要进行网络快照存档；有选择性但频繁地采集更多动态网址；不定期采集挑选出来的重大事件的内容。经过多种策略的实施，丹麦的网络资源呈缴工作取得了良好的效果，见表2-7。❶

表2-7　截至2012年8月26日丹麦网页存档的数量

采集的内容分类	总量
选择性采集	33 762GB
事件采集	14 603GB
数字对象采集	90亿条
总计	约283TB

（六）挪威

挪威出版物呈缴立法工作一直走在世界前列。挪威《公共图书馆法》《文献法定呈缴法》《文献法定呈缴条例》《宗教文化事务部对管理呈缴文献机构的指令》等一系列法律都对出版物法定呈缴做出了相关规定，其中数字出版物法定呈缴的规定主要体现在《文献法定呈缴法》《文献法定呈缴条例》中。

1. 挪威《文献法定呈缴法》

挪威《文献法定呈缴法》于1989年6月9日通过，1990年7月1日生效。该法替代原有1939年6月的第2号法令，新增数字出版物呈缴相关内容，旨在确保挪威文献信息的长期保存与合理利用。该法对呈缴文献的定义为：存储信息并用于读、听、展示或传播的媒体的一个或多个相同的复制品。也就是说，所有在挪威出版的资料必须在法律要求下呈缴到挪威国家图书馆，这项规定适合所有出版物的格式。对于外国出版物，只需要呈缴由挪威出版商出版的部分，或是只在挪威面向公众发行的部分。❷在数字出版物呈缴方面，该法要求数字文献呈缴义务人（文献的出版者、生产商和进口商等）无偿向受缴机构呈缴2份数字呈缴品。如果生产呈缴品的费用较高，可申请补偿。

该法规定的数字呈缴品既包括离线出版物，也包括在线出版物。对于在线出版物规定如下："通过在线传输、电信、电视、数据传播网或类似媒体传播的文献，在不同的情况下，应国家图书馆的要求，应予呈缴。"❸从2005年开始，挪威国家图书馆对挪威域名下的文献每年都进行全面收割。

2. 挪威《文献法定呈缴条例》

为了确保挪威《文献法定呈缴法》的顺利实施，挪威宗教文化事务部根据此法于1990年5月25日出台了《文献法定呈缴条例》，按照纸质文献、缩微品、照片、综合文献、录音制品、电影胶片、录像片、电子文献、广播节目等9种类型，从范围、附加信息和呈缴义务

---

❶ Sabine Schostag, Eva Fønss-Jørgensen. Web archiving：Legal Deposit of Internet in Denmark A Curatorial Perspective［J/OL］［2014-03-23］. http://netarkivet.dk/wp-content/uploads/Artikel_webarkivering1.pdf.
❷ National Library of Norway. Legal Deposit［EB/OL］.［2013-06-30］. http://www.nb.no/English/About-us/Legal-Deposit.
❸ 吴钢. 国家信息资源保存制度研究［D］. 武汉：武汉大学，2010.

方面对出版物法定呈缴作出具体规定。关于电子文献法定呈缴的相关内容，详见表 2-8。

表 2-8 《文献法定呈缴条例》对电子文献的相关规定[1]

（依据 1989 年 6 月 9 日第 32 号法令，1990 年 5 月 25 日颁布）

项目	法律规定
法定呈缴适用范围	存储信息并用于读、听、展示或传播的媒体的一个或多个相同的复制品。所有在挪威出版的各种格式资料必须呈缴。对于外国出版物只需要呈缴由挪威出版商出版的部分，或是只在挪威面向公众发行的部分
法定呈缴主体	出版者、生产者和进口商等。原则上由出版者呈缴，出版者在国外的，由进口商呈缴
法定受缴机构	（1）奥斯陆大学图书馆是录音制品受缴机构 （2）挪威电影学校是电影胶片和录像片的受缴机构 （3）挪威国家图书馆瑞纳馆（Rena Branch）是纸质文献、缩微品、照片、综合文献、电子文献以及广播节目的受缴机构
呈缴数量	（1）出版量或进口量至少 50 份的硬盘、软盘、磁盘、磁带、盒式录音带等电子文献，应呈缴 2 份 （2）通过通信、电视、互联网及相关在线传输手段而形成的电子文献，根据每一个受缴机构的特殊要求呈缴 2 份
不纳入法定呈缴的相关规定	（1）国外出版者以挪威文出版并仅面向国外市场发行 （2）分发、展示或演示的教育工具和讲座课件 此外，在特殊情况下，受缴机构可以修改或同意呈缴责任的豁免

挪威《文献法定呈缴条例》实施后，由于当时电子文献的发行出版量不大，到 1994 年，挪威国家图书馆也只接受了 240 份电子文献呈缴。随着互联网的普及和数字出版物的不断扩大，挪威数字出版物的法定呈缴工作日益复杂。据挪威国家图书馆统计，国家图书馆开发的约 4000TB 的数字安全知识库（Digital Security Repository）中，约 1200TB 内容源自法定呈缴的数字出版资料。2008 年，挪威国家图书馆和挪威出版商协会（Norwegian Publishers Association）就协会成员的数字化图书和期刊呈缴达成了框架性协议。[2]

二、美洲各国数字出版物呈缴制度

（一）美国

美国主要有三种出版物呈缴制度形式：一是以获得版权保护为目的并向联邦版权局呈缴样本的版权呈缴制度（Copyright Deposit）；二是保存国家出版物文化遗产、面向国会和公众服务，并以国会图书馆（Library of Congress）为受缴机构的法定呈缴制度（Mandatory Deposit）；三是以保存政府文献并向公众免费提供使用的政府出版物呈缴（Government Publications Deposit），并在全国范围内形成了诸多寄存图书馆以实现这些内容的保存。上述呈缴规定主要体现在美国《版权法》和美国《图书馆复本或录音制品的法定呈缴》中。

1. 数字出版物的版权呈缴

美国《版权法》第 407 条"向国会图书馆呈缴复本或录音制品"中规定，版权所有者应在作品出版之日起 3 个月内呈缴。随着互联网的快速发展，网络出版成为重要的出版方式，美国近 5000 种学术期刊逐渐转为仅以网络形式出版。为了加强数字出版物的呈缴力度，2010

---

[1] 卢海燕. 国外图书馆法律选编［M］. 北京：知识产权出版社，2014：348-354.
[2] Marianne Takle. The Norwegian National Digital Library［EB/OL］.［2013-06-29］. http://www.ariadne.ac.uk/issue6 0/takle.

年2月24日美国颁布了《美国联邦法规》，其中第202.24条"在线电子出版物呈缴"（Deposit of Published Electronic Works Available Only Online）规定，在符合国会图书馆采购政策下，美国版权局对在线电子作品提出呈缴要求时，著作权人或作品专属权人须呈缴著作，且美国版权局、国会图书馆与图书馆授权的使用者必须能使用与检阅呈缴后的复本或唱片。根据此条款规定，美国国会图书馆开始接受仅以网络形式出版的出版物的呈缴。

2. 数字出版物的法定呈缴

根据美国《版权法》规定，在美国国内仅以网络形式出版的电子出版物中（2010年2月24日之后发行），电子期刊首先要根据美国版权局的要求进行呈缴；仅以网络形式发行的电子期刊的著作权人或者拥有排他发行权的人，在接到美国版权局的通知后，必须在3个月内呈缴一份完整的拷贝（或录音光盘），以及这些电子期刊的元数据、格式码；呈缴复制（或录音光盘）必须让美国版权局、国会图书馆或得到两个机构授权的读者能持续访问阅读。但是，考虑到仅以网络形式出版的电子期刊的呈缴还会涉及通信技术等具体问题，2010年之后，此政策计划在采纳各方意见的基础上继续进行修订。❶美国国会图书馆在《国会图书馆2011—2016战略规划》（The Library of Congress 2011—2016 Strategic Plan）中指出，应通过法定呈缴制度继续加大电子资源的收藏，加强新型和现有格式数字资源的接管、认证及存储能力，通过帕卡德视听资料保存中心加强图书馆保存电影和音频资料的能力和效果，增加可获取的在线数字资源的数量等。❷

虽然美国版权呈缴与法定呈缴都是为了实现国家层面的资源完整收藏，而且两种政策也并行不悖地进行着，但是二者在呈缴目的、呈缴义务人范围、呈缴作品的性质等方面都存在一些差异。具体情况见表2-9。

表2-9 美国版权呈缴与法定呈缴对比

分类	版权呈缴	法定呈缴
呈缴目的	对申请作者及其作品的版权给予法律确认，并通过版权公示行为，赋予法律权益	保存国家文化遗产，满足大众科研、学习需求
申请人意愿	自愿申请	强制执行
期限	作品出版后5年内都能办理	作品出版后3个月内进行
呈缴义务人范围	通常为作者	包括作者、出版者（包含作品在国外出版后在美国境内发行的外国出版者），但以出版者为主
作品的种类	已出版和未出版的作品	已出版的作品
呈缴的作品性质	呈缴作品为样本书，通常不纳入国家藏书体系	成为国家藏品，非经法定程序和事由不得随意处置

3. 政府数字出版物呈缴

在美国《图书情报学百科全书》（Encyclopedia of Library and Information Science）中，呈缴客体简要地分为两种主要类型：版权资料（Copyrighted Materials）和政府出版物（Official Government Publications）。❸其中，政府出版物应向指定的图书馆呈缴相应的出版物份数，也

---

❶ 王志庚，陈瑜. 国外网络信息资源缴送动态及对我国的启示［J］. 图书馆杂志，2011（10）：79-82.
❷ Library of Congress. The library of congress 2011—2016 strategic plan［R/OL］.［2012-08-23］. http://www.loc.gov/about/strategicplan/strategicplan2011-2016.pdf.
❸ KENT A. Encyclopedia of Library and Information Science（Volume 14）［M］. New York：Marcel Dekker，Inc.，1991：140.

被认为是保存国家信息资源的重要制度。[1]相应地，在美国图书馆体系中，除了联邦级的国会图书馆、各州的公共图书馆、高等院校和中小学图书馆以及社会各类机构设置的专门图书馆外，还有一类是专门从事政府出版物保存和对公众服务的机构——寄存图书馆或托存图书馆（Depository Library）。该类图书馆根据法律或者合同约定接受联邦政府提供的政府出版物并向公众提供免费服务。[2]

为适应新形势的发展和变化，美国研究图书馆学会（Association of Research Libraries，ARL）和州立图书馆机构主管会（Chief Officers of State Library Agencies，COSLA）资助的《记录数字民主：21 世纪的联邦寄存图书馆计划模式》（Documents for a Digital Democracy：A Model for the Federal Depository Library Program in the 21st Century）研究报告中曾提出，联邦政府寄存图书馆计划的发展主要包括：新发布的政府数字信息应尽可能以数字形式提供并免费提供获取，也必须能够长期保存；一些原始的纸本资料必须继续保存。[3]

在美国一些州立法中，也已经改革政府信息寄存制度以更好地适应政府信息资源类型变化的时代需要。例如，亚利桑那州图书馆负责收集州政府出版物，以确保政府信息可以被立法机关和公众永久获取。亚利桑那州通过立法要求政府机构在网络上出版年报，同时要求报告的纸质版本送交到图书馆。虽然建立州政府出版物的图书馆馆藏需要不少的开支，但是经历信息丢失的风险和成本会更大。[4]为此，这种将数字政府信息资源以纸本形式寄存到图书馆中的方式确保了对其有效长期保存。同时，美国另一些州已通过立法要求开展对数字政府出版物的寄存。如在科罗拉多州，2003 年出台的法令要求将州政府部门寄存的政府出版物范围延伸至电子出版物，其出版物的范围包括通过公用电信网络获取的资源。对于这类型出版物，一份电子复本或出版通告应以指定的格式寄存到州立图书馆中，寄存应在出版物出版 10 天内完成。立法要求州立图书馆协调州政府机构、寄存图书馆和其他机构的活动开展，确保对州政府出版物的永久公共获取，而不论其载体形式如何。在伊利诺伊州，修订后的州立图书馆法推动了政府电子出版物寄存的实现。如果文献以指定的格式提交到州立图书馆，则可以相应地减少寄存的纸本文献数量，法规中对"出版资料"（Published Material）的定义是：以纸本或数字格式复制的资料，包括可以从公共获取的网络中下载的资料。[5]以上立法模式的变化将数字形式的政府信息资源纳入到寄存活动中，通过界定相关范围，使图书馆可以接受数字政府信息资源，为政府信息资源的长期保存和获取利用创造了条件。[6]

（二）加拿大

为了适应现代信息技术的快速发展，图书、情报与档案领域以一体化的形式实现知识的保存、利用与合作。相应地，加拿大图书档案馆（Library and Archive of Canada，LAC）于 2003 年 10 月正式成立，率先开启了图书馆与档案馆一体化服务的先河。加拿大图书档案馆

---

[1] 吴钢. 政府信息寄存制度的保存功能与实施模式探析[J]. 图书馆理论与实践，2011（11）：26-29.
[2] 翟建雄. 美国图书馆复制权问题研究[M]. 北京：国家图书馆出版社，2010：246-247.
[3] CSCHONFELD R. Documents for a Digital Democracy：A Model for the Federal Depository Library Programin the 21st Century[R/OL].[2013-05-30].http://www.arl.org/bm~doc/documents-for-a-digital-democracy.pdf.
[4] 吴钢. 政府信息寄存制度的保存功能与实践模式探析[J]. 图书馆理论与实践，2011（11）：26-29.
[5] COBB J，PALMER G. Managing and Sustaining A State Government Publications Program in Caliifornia[R/OL].[2013-10-16]. http://www.library.ca.gov/gps/docs/OCLCFIN.pdf.
[6] 吴钢. 政府信息寄存制度的保存功能与实践模式探析[J]. 图书馆理论与实践，2011（11）：26-29.

的总体目标是获取和保存加拿大的文献遗产，以便于加拿大人和关注加拿大发展的任何人方便地获取与加拿大相关的文化、社会和经济发展的文献。为了实现这些目标，法律规定加拿大图书档案馆有权获得相关的出版物和记录资料并对这些内容进行管理、保存和控制。此外，加拿大图书档案馆也有权对相关的、有代表性的文献资料，通过互联网或任何类似的介质对相关的加拿大公众进行无限制的开放。由于信息技术的变革，新的出版形式与数字类型不断冲击和挑战传统出版市场，如何收集、保存、管理这些日益丰富的数字资源一直是加拿大图书馆和档案馆面临的问题，在其实践工作中也取得了积极效果。据中国台湾学者林巧敏2006年统计，根据 ISBN 估算，新西兰的呈缴率为 85%，日本的呈缴率则是 70%，而加拿大的呈缴率高达 90%。加拿大图书与档案馆的最新报告显示，经过上述措施与服务，加拿大近年来所接受数字出版物呈缴的数量总体呈现上升趋势（图2-3）。❶

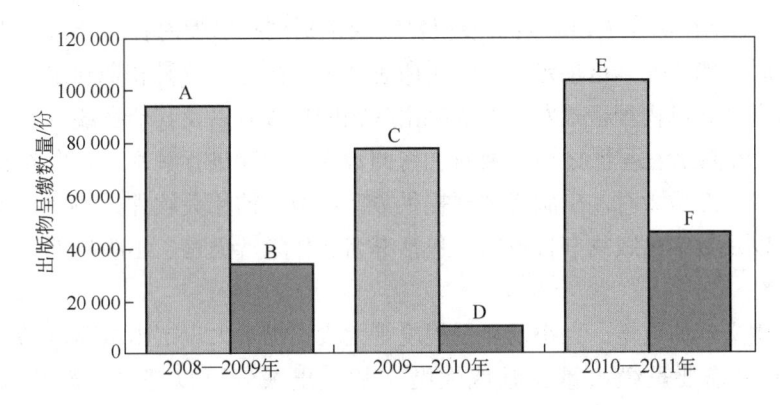

图 2-3　2008—2011 年加拿大法定呈缴所获得的出版物总数与数字形式呈缴总数对比

（注：代码 A、C、E 代表总的出版物呈缴数量；代码 B、D、F 代表以数字形式进行的法定呈缴）

1. 《加拿大图书馆和档案馆法》

加拿大有关呈缴条款的规定最初仅限于非印刷型出版物。2004 年 4 月 22 日，加拿大国会审议并通过了《加拿大图书馆和档案馆法》（或称《加拿大图书档案馆法》，*Library and Archives of Canada Act* 2004）。该法的特征之一是对本国呈缴制度的相关内容进行了修订与更新，为加拿大收集更多形式的资源提供了便利。该法要求的出版物呈缴范围包括图书、期刊、网站及其他数字内容，其中数字内容的呈缴主要通过"数字出版物呈缴平台"（Electronic Collection's Upload Platform）上载。出版者对已出版的作品在七天之内向加拿大图书档案馆提交两份复本，对于在线出版物则可以只呈缴一份。对于已出版且少于四份复本的可以申请不呈缴。呈缴出版物的利用分为公开使用和馆内特定设备使用两种方式，并可通过加拿大书目查询系统（AAMICUS）、数字出版物查询系统（Electronic Collection）进行查询；如若未能遵守该法则会被认为是触犯了联邦法律，经简易程序定罪后，个人最高可被罚款 2000 加拿大元，组织则可罚款 100 000 加拿大元。

2. 《出版物法定呈缴条例》

为了能使法定呈缴规定更加具体化，依照《加拿大图书馆和档案馆法》第 10 条第（2）

---

❶ Library and Archives Canada. Library and Archives Canada 2010-2011 Departmental Performance Report［R］. Library and Archives Canada，2012：17.

款,加拿大于 2006 年 12 月 11 日颁布,2007 年 1 月实施了《出版物法定呈缴条例》(*Legal Deposit of Publications Regulations*),该规章作为《加拿大图书馆和档案馆法》的配套措施,对一些重要内容做了补充性规定。

根据该条例规定,"出版物"的概念是指:任何一种图书馆资料都能在多个复本或多个地点被一般公众或符合资格的市民通过购买或其他方式获取,无论是否收费,出版物通过任何一种媒介且任何一种形式,包括印刷型材料、在线资料或录音获取。这种不是以具体的媒介类型作为界定,而是以能否获取作为呈缴的依据,能够在一定程度上避免因为出版物类型的多样化而造成疏漏。如今,加拿大图书档案馆数字资源的呈缴范围包括数字出版物、网站、博客、电子政府记录、数字照片和艺术、数字视听、地理空间信息、加拿大大学的电子论文、数字技术和建筑图纸等。

"出版者"是指在加拿大出版且被授权复制或控制这些出版内容的个人或团体,不包括只发行一种出版物的个人。这项定义涵盖了所有个人、团体、贸易和期刊出版者,也包括音频、视频、多媒体和以物理格式发行的数字出版物的出版者以及其他在线出版者。

根据规定,出版者在呈缴之前需要对加密的数字出版物进行解密,存取限制的安全机制也要相应地移除。在呈缴时,出版者需要提供数字出版物的相关软件、使用手册、技术手册或相关文件,以及数字出版物书目资料,包括书名、作者、语言、出版日期、格式、标题及版权信息等。❶

考虑到呈缴文献的数量、大小及复杂程度等因素,加拿大规定出版商可以采用多种方式进行呈缴。如果需要呈缴大量文献或大型文献,出版者可以把文献转为 CD-ROM 或 DVD-ROM 的形式且把 CD 或 DVD 邮寄给加拿大图书档案馆。同样,出版者也可以通过文献传送协议(File Transfer Protocol,FTP)的形式传送给加拿大图书档案馆。对于少量或小型文献,出版者可以以邮件附件或独立上传的形式上传到加拿大图书档案馆网站。对于复杂的网站,加拿大图书档案馆能直接从出版者网站上下载到相应内容。

3.《电子出版:加拿大出版者最佳实践指南》

为了适应数字出版环境以及让作者和出版者知晓呈缴制度的重要性,进而能够清晰地了解数字出版物呈缴范围,加拿大图书档案馆于 2001 年制定了《电子出版:加拿大出版者最佳实践指南》(*Electronic Publishing:Guide to Best Practices for Canadian Publishers*),该指南对当时需要呈缴的数字出版物进行了分类,用四个象限把数字出版物类型进行具体化,其中纵轴以商业与非商业来分类,横轴则以私有与开放的程度来区分(图 2-4)。❷❸

该指南一方面对数字出版物档案格式及技术标准提出了具体建议,以便数字出版物的生产者能够在作品出版发行之际,拥有统一的标准格式;另一方面表明加拿大图书档案馆对数字出版物呈缴处理与开放服务的重视,使出版者能够了解他们所呈缴的内容最终是为了给用户提供更加便捷的服务,进而推广他们的数字内容。从这份指南中可以清晰地看到,当时加拿大对于所需呈缴的数字内容规定的范围比较大,基本上涵盖了所有市面上可能出现的数字

---

❶ 周月娟.加拿大数位出版品送存初探[J].国家图书馆馆讯,2013(4):1-50.
❷ 苏佩君.电子书于各国法定送存合理使用之研究[D].新北:淡江大学,2011.
❸ Electronic Publishing:Guide to Best Practices for Canadian Publishers[R/OL].[2014-10-07].http://www.collec-tionscanada.gc.ca/obj/p13/f2/01-e.pdf.

出版物类型。但是，也正是由于是以具体的形式对呈缴范围进行规定，技术发展可能会带来的其他一些新的出版形式无法被包括在内。

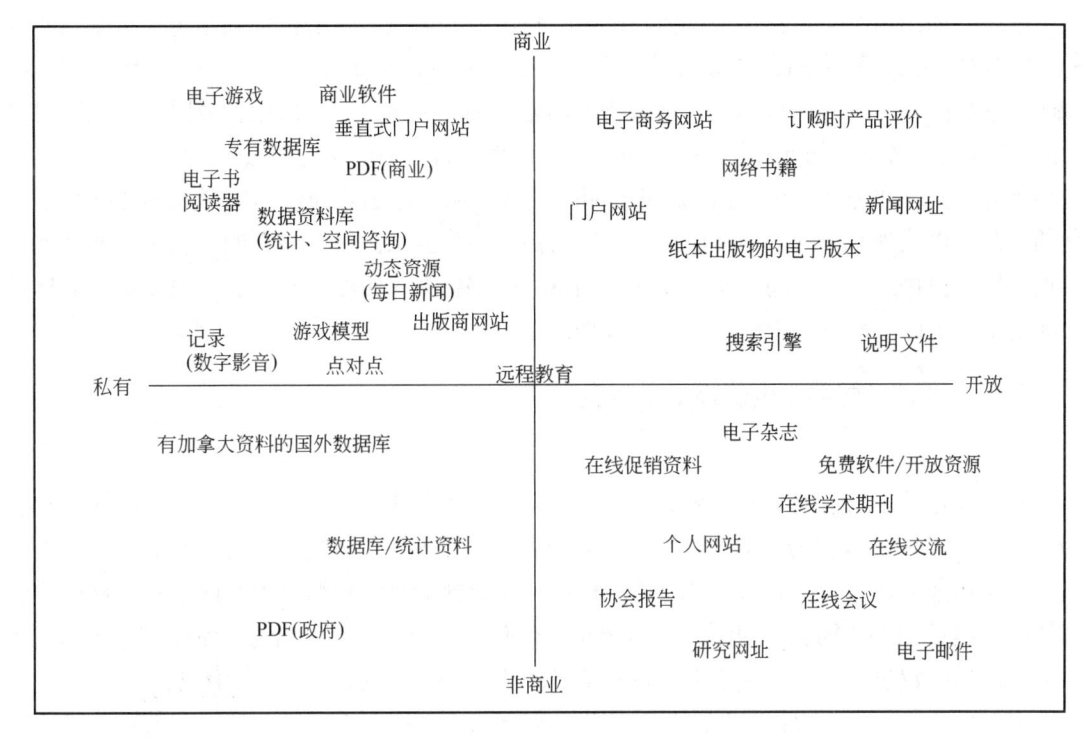

```
                              商业
    电子游戏    商业软件
              垂直式门户网站       电子商务网站      订购时产品评价
    专有数据库
              PDF(商业)                  网络书籍
    电子书
    阅读器    数据资料库          门户网站              新闻网址
              (统计、空间咨询)
                                    纸本出版物的电子版本
                  动态资源
                  (每日新闻)
              游戏模型    出版商网站
    记录                                  搜索引擎    说明文件
    (数字影音)    点对点
私有 ─────────────────────── 远程教育 ─────────────────── 开放

                                        电子杂志
    有加拿大资料的国外数据库
                              在线促销资料    免费软件/开放资源
                                          在线学术期刊
       数据库/统计资料         个人网站       在线交流

                              协会报告        在线会议
       PDF(政府)
                              研究网址        电子邮件
                              非商业
```

图 2-4 加拿大各种出版物类型划分

为此，考虑到数字内容格式的不断变化，对于需要存档的格式标准也不会一成不变。加拿大图书档案馆于 2004 年 6 月又重新制定了一份《计算机档案类型、交换格式及信息标准指南》(*Guidelines on Computer File Types, Interchange Formats and Information Standards*)，提供各种电子档案格式标准建议。新的标准把电子格式分为"推荐"（Recommended）和"可接受"（Acceptable）格式。例如：文字内容推荐的格式是 XML、XHTML、HTML、SGML，可接受的格式是.txt、.doc、PDF 等。该指南期待电子档案在生产时就能遵照一致的规范形式，便于受缴图书馆进行存档。

4. 网络信息资源呈缴实践

为进一步加强网络信息资源呈缴工作，加强对加拿大有代表性的网站进行收集和保存，2005 年 3 月，加拿大图书档案馆管理委员会批准了加拿大馆藏发展框架（Collection Development Framework，CDF），提出加拿大图书档案馆应该与加拿大其他机构通过协作的方法采集更多的网络资源。为了完成这项任务，加拿大图书档案馆于 2005 年 12 月开始对加拿大政府网站资源进行收集。由于资源的收集得到了法律的许可，因此进展顺利。在 2005—2006 年，加拿大图书档案馆完成了对"gc.ca"域名网站的"网络收割"，收藏了所有加拿大联邦政府网站的内容。《加拿大国家图书档案馆 2008—2011 年战略计划》曾明确指出，加拿大图书档案馆将致力于加拿大政府网站信息资源的开发与管理，并制订政府网站信息存储计划和新的存储模式。为此，经过数年的努力，加拿大图书档案馆对政府网站信息数据库收集的内容几乎涵盖了加

拿大所有政府机构的公共获取信息。❶

除了对网络信息资源进行选择性归档外,加拿大还以法定呈缴形式规定,只要是在加拿大出版发行的出版物,无论形式如何,都需要按照规定呈缴一定的份数到指定负责受缴的机构。对于网络信息资源来说,在加拿大出版的出版者包括以下条件之一:①出版物的地址(如URL)的后缀为".ca"的域名;②出版物的域名在加拿大注册;③出版物或附带的说明材料(如作者或出版者制作的元数据)中有加拿大的地理位置;④从其他来源建立出版物,但出版者的地理位置在加拿大。❷除了法定呈缴网络信息资源外,还有通过个别标题的选择收集入藏的出版物以及加拿大图书档案馆提供在线访问但不作为永久馆藏保存的出版物,加拿大图书档案馆只提供远端网站的链接,以补充加拿大图书档案馆馆藏的非加拿大出版物,支持科研或是加拿大图书档案馆用户服务的出版物。

三、大洋洲各国数字出版物呈缴制度

(一)澳大利亚

澳大利亚关于出版物呈缴的相关规定主要源于澳大利亚《版权法(1968)》(*Copyright Act 1968*)。该法在其 201 条款(向国家图书馆呈缴图书馆资料)中规定:任何在澳大利亚出版的图书馆资料都应在出版之后的 1 个月内,自费将该资料的复本呈缴至国家图书馆。这里的图书馆资料包括图书、期刊、报纸、宣传单页、信件、乐谱、地图、计划、图表或表格等。❸由于该法出台较早,并未涉及数字出版物呈缴的相关规定。到目前为止,澳大利亚还没有出台国家层面关于数字出版物呈缴的相关法律,但澳大利亚国家图书馆和各州在数字出版物呈缴方面,已经开展了许多实践工作。

1. 国家图书馆数字出版物呈缴实践

1996 年 10 月,澳大利亚国家图书馆制定了《澳大利亚电子出版物的国家策略》报告,对本国电子出版物的保存及呈缴提出了国家性的战略要求。❹该报告是澳大利亚早期对建立电子出版物呈缴制度的重要设想,也是后来澳大利亚积极促进修改 1968 版权法,并推动相关部门着手进行电子出版物呈缴立法的主要依据。同年,澳大利亚国家图书馆开展了网络信息资源长期保存工作,正式实施"澳大利亚网络信息资源长期保存与利用项目"(Preservation and Access Networked Documentary of Australia,PANDORA)。经过二十多年的发展,以澳大利亚国家图书馆为主导的多家机构一直积极推动本国呈缴制度的立法改革,以争取通过现有呈缴机制收集和存储各类正式电子出版物和政府机构数字信息产品。

澳大利亚国家图书馆明确呈缴电子出版物具体内容之前,已对不同部门和领域进行了数次意见咨询。这些咨询意见对确定电子出版物呈缴范围、类型等规定都起了推动作用。例如,1995 年,澳大利亚国家图书馆和国家电影档案馆(National Film and Sound Archive)联合向版权法律评审委员会(Copyright Law Review Committee)提议,将法定呈缴范围延伸至非印刷型(电子)出版物。该提议认为法定呈缴相关内容规定还应继续保存在版权法中,而不是

---

❶ 邓青.国外图书馆政府网站信息保存的实践与启示[J].图书馆建设,2012(12):32-35.
❷ 孙洁玲.加拿大图书档案馆数字馆藏及发展政策述评[J].河北科技图苑,2013(4):11-14.
❸ 卢海燕.国外图书馆法律选编[M].北京:知识产权出版社,2014:571.
❹ 刘家真.澳大利亚电子出版物的国家策略[J].图书馆理论与实践,1998(1):60-62.

移至《国家图书馆法》(*National Library Act*)或是出台一部单独的《法定呈缴法》(*Legal Deposit Act*)。2007 年 10 月,澳大利亚通信信息技术与艺术部(Department of Communications,Information Technology and the Arts,DCITA)和司法部(Attorney-General's Department,AGD)开始评审延伸澳大利亚法定呈缴体系的可能性。在政府进行结构性变革之后,同年 11 月,评审由澳大利亚宽带通信和数字经济部(Department of Broadband,Communications and the Digital Economy,DBCDE)、环境、水资源、遗产和艺术部(Department of Environment,Water,Heritage and the Arts,DEWHA)等部门联合进行。评审会的目的是评估将法定呈缴范围延伸至视听和电子出版物的可行性。讨论文件从评审开始便在网上公布,征求意见于 2008 年 5 月结束,讨论文件和 27 份建议分别来自图书馆、出版者和非营利组织。内容主要包括:视听和电子出版物资料是否应该被包括在法定呈缴项目中;如何定义呈缴规定中的电子出版物;澳大利亚之外的在线出版物是否应该包括在法定呈缴项目中;在电子出版物保存中,如何解决技术保护问题;如何对此进行获取上的限制等。咨询意见的主要结果是,大部分机构和部门都支持把视听和电子出版物材料拓展至法定呈缴项目。[1]具体建议见表 2-10。

表 2-10 澳大利亚电子出版物呈缴的国家规定建议[2][3]

项目	法律规定
法令依据	《版权法(1968)》(*Copyright Act* 1968)
呈缴媒体形式	增修规定增列具体载体格式电子出版物,但不涵盖在线电子资源,在线资源以 PANDORA 计划收集
数量	呈缴一份
呈缴期限	各区域规定不同,以 1~2 个月为准
催缴方式	根据国家书目资料抽样或因采购、读者推介发现未送缴,则再以信函方式催缴,期限最长为 5 年
例外情况	(1)学龄前程度出版物 (2)资讯内容短暂的电子出版物 (3)与网络连接并同使用的光盘产品 (4)电脑游戏软件 (5)剪接转录的作品
呈缴格式	一个文献内容同时存在纸本、光盘或磁盘时,除非电子版的光盘或磁盘,具有较佳的检索优点,否则图书馆应优先收录纸本
使用与检索限制	以典藏为主,使用需要授权

2. 数字出版物呈缴的地方规定

澳大利亚是联邦制国家,各州和领地都有独立的立法权,在各州境内执行本州的法律。澳大利亚图书馆管理体制是一个以州为基础,各系统图书馆分立,全国图书馆相互协调的管理体制。澳大利亚《版权法(1968)》规定出版物送至国家图书馆一份,但也有适合地方出版者呈缴的额外规定。也就是说,澳大利亚具有多个法定受缴中心,包括澳大利亚国家图书馆

---

[1] Abi Paramaguru,Sophia Christou. Extension of Legal Deposit:Recording Australia's Online Cultural Heritage [J]. SCRIPTed,2009(6):411-432.
[2] 王梅玲,王锡璋. 加拿大、澳洲与挪威书刊资料送缴制度 [J]. 国家图书馆馆刊,1998(2):93-112.
[3] 林巧敏. 国家图书馆电子资源法定送存制度之研究 [J]. 大学图书馆,2008(2):79-105.

和地方不同的中心图书馆。《版权法（1968）》第 201 条规定：在澳大利亚范围内每个州和领地都可在所辖区域内规定出版者（包含个人、俱乐部、教堂、协会/学会等）在一定时间内向指定图书馆进行呈缴。在图书馆事业发展上，根据本州和本地区实际情况和需要，制定图书馆法律、发展政策和管理方式。1960 年澳大利亚颁布了《国家图书馆法》，此外联邦和各州至少有一部图书馆专门法和一部条例，如昆士兰州的《2002 年公共纪录法案》。塔斯马尼亚州除了图书馆法案和条例外，还有《1966 年图书馆和艺术博物馆协定法案》《1989 年图书馆修订条例》。西澳大利亚州有《1955 年图书馆理事会（行动引导）条例》和《1985 年图书馆理事会（注册公共图书馆）条例》等。❶对于图书馆法或条例，也存在着联邦法律和州并行的地方呈缴规定（表 2-11）。❷

表 2-11 澳大利亚部分地方呈缴规定

州名	项目				
	具体条例	接受呈缴的图书馆及数量	呈缴范围	呈缴期限	处罚
维多利亚州	1988 年《图书馆法》（第 49 条）	理事会（1 册）	初次出版的出版物；修正、修订等与原版不同的内容；形式和版式不同的出版物	两个月	出版物的价值；或是不超过 200 澳元；其他费用规定
昆士兰州	1988 年《昆士兰图书馆法》（第 68 条）	昆士兰州立图书馆（1 册）；议会图书馆（1 册）	图书或是图书的卷、册；报纸、杂志、期刊、手册、数字出版或是以其他方式制作的视听和信息的载体、电影、磁带、光盘	一个月	2000 澳元
南澳大利亚州	1982 年《图书馆法》（第 35 条）；1989 年《图书馆法修正案》	理事会（1 册）	图书或是图书的卷、册；报纸、地杂志、期刊、手册、磁带、光盘、其他可被公众利用的存储视听和信息的载体	一个月	不超过 2500 澳元
塔斯马尼亚州	1984 年《图书馆法》（第 22 条）	图书馆处（1 册）	初次出版的出版物；修正、修订等与原版不同的内容；缩微照片、手稿、录像、地图等	一个月	240 澳元
西澳大利亚州	1895 年《西澳大利亚版权法》（第 4 条，第 7~9 条，这项法律于 1994 年修改，随之向州图书馆呈缴变成自愿性）	西澳大利亚州立图书馆		两个月	
北领地	2004 年《出版物》（法定呈缴）法（第 7、13 条）	北领地州图书馆（1 册）		两个月	
新南威尔士州	1879—1952 年《版权法》（第 5~7 条）	州议会图书馆（1 册）	初次出版的纸质出版物、手册、地图、图表、剧本、报纸等	两个月	出版物的价值；不超过 55 澳元

---

❶ 张绚. 澳大利亚图书馆法探析-以新南威尔士州为例 [J]. 河南图书馆学刊, 2013 (3): 138-140.
❷ National Library of Australia. Legal Deposit in Australia [R/OL]. [2012-10-07]. Legal Deposit - State Library of Queensland. http://www.slq.qld.gov.au/_data/assets/pdf_file/0018/125325/LegalDeposit_08.pdf.

从表 2-11 中可以看出，各州基本上是对纸质出版物进行了呈缴规定。在相应的地方立法中，北领地（Northern Territory）明确规定了电子出版物呈缴。北领地于 2004 年颁布了《出版物（法定呈缴）法》（*Publications（Legal Deposit）Act* 2004）规定呈缴制度，此法目的是协助保存北领地出版的数字文化遗产。其中，第七条要求在北领地以任何工具出版或创作的出版物（包含图书、报纸、杂志、期刊、报告书、时事快讯、工商名录、手册、指南、乐谱、地图、小册子等资料）与储存记录于任何载体、电脑或其他电子装备的形式（如卡式录音带、录影带、电影、多媒体工具、光盘、网站和 PDF 文档等）需要在出版后两个月内呈缴至北领地图书馆（Northern Territory Library）；第十三条对互联网出版物（Internet Publications）的呈缴进行了规定，即没有经由网络出版且无印刷版本的出版物需要在首次出版后两个月内呈缴该出版物。❶也有一些州在宏观上对电子出版物呈缴做了规定，如南澳大利亚州（South Australia）在《1982 年图书馆法》（*Libraries Act* 1982）第三十五节提到南澳大利亚州出版者须在出版物出版后一个月内呈缴至南澳大利亚州立图书馆与南澳大利亚国会图书馆，须呈缴的出版物包括图书、报纸、杂志、期刊、小册子、地图、计划书、插图、乐谱、唱片、卡式录音带、电影、录影带、磁碟片，或是以视觉图像、声音、资讯等向大众呈现的方式。❷

（二）新西兰

新西兰也是世界上图书馆立法相对完善的国家之一。《新西兰国家图书馆法》（*National Library of New Zealand Act*）《坎特伯雷公共图书馆法》《版权法》《新西兰图书馆协会法》等一系列相关法律和后续出台的通知条例，都为新西兰的公共文化发展提供了有力的法制保障。在出版物法定呈缴方面，主要源于《新西兰国家图书馆法》的规定。

1.《新西兰国家图书馆法》

《新西兰国家图书馆法》于 2003 年在其第 31 条"对公共文献"的公告中，将国家法定呈缴范围的立法规定延伸至电子公共文献，规定了离线电子出版物的收藏（如录像带、录音带、DVD、CD）和在线出版物（如互联网文献）需要呈缴到新西兰国家图书馆。在这部法律中，"出版物"是指在提出请求时能够以特定的方式提供公共获取的文献，不论公众对于文献的获取与利用是否受到限制。关于"出版物"的界定体现出了这部法律的灵活适用性：首先强调其是否已经出版，这也是呈缴的先决条件之一；其次强调公众是否可以获取其内容，这种获取的形式是多样的，可以免费自由获取，也可以适当付费，或是在提供相应的个人信息之后获取；最后，对出版物形式的延伸范围宽，可以随着客观环境的变化而引申为电子文献、电子出版物、网络出版物等。

在新西兰出版的每本图书必须呈缴 3 册。《新西兰国家图书馆法》第 31 条规定："部长须通过公报告示，出版者必须将公共文件呈缴国家图书馆馆长，出版者自费复制。复制份数不超过 3 份，文件的形式包括：（1）打印形式的公共文件，（2）文件是电子版的，呈缴载体须载有该文件。"该法授权国家图书馆馆长可根据自己的判断对公共文件进行复制。国家图书馆馆长认为个别公共文件对新西兰国家文化发展有促进作用与收藏价值，那么其可下达命令，通告出版者提供呈缴本。

---

❶ Northern Territory Government.Publications（Legal Deposit）Act 2004［R/OL］.［2012-10-08］. http://www.austlii.edu.au/cgi-bin/download.cgi/cgi-bin/download.cgi/download/au/legis/nt/consol_act/pda2004263.pdf.

❷ Government of South Australia. Libraries Act 1982［R/OL］.［2012-12-08］. http://www.legislation.sa.gov.au/LZ/C/A/LIBRARIES%20ACT%201982/2010.01.31/1982.70.UN.PDF.

同时，该法第33条第（1）款指出："出版者辅助国家图书馆馆长存储、利用文件：任何时候，国家图书馆馆长下达书面请求援助，相关的电子文件出版者必须自费印制复本，并将与原文件一样的复本呈缴给国家图书馆馆长。"为提高呈缴出版物复本的效率，保证国家图书馆收藏出版物复本的及时性，该法规定，出版商必须在收到书面通知的20个工作日内完成样本呈缴工作，不得延误。如果呈缴需要更长的周期，出版者必须给出特殊的告知。❶

2.《国家图书馆要求呈缴电子文献的通知》

根据《新西兰国家图书馆法》的相关规定，新西兰于2006年8月12日发布了《国家图书馆要求呈缴电子文献的通知》（National Library Requirement（Electronic Documents）Notice 2006）。该通知对《新西兰国家图书馆法》规定的离线文献进行了详细说明，定义离线文献是指非互联网上的电子文献。该通知对出版也进行了细化定义：就离线文献而言，通过发布公共文献复本的形式使得公众的任何一人都能获取该文献或是根据公众要求索取到这些文献，无论公众在获取这些文献时是否受到限制（如付费或是酬金）；就网络文献而言，如果是互联网文献，文献可以通过互联网获得，无论是否限制访问该文献。

此外，该通知允许国家图书馆在法定呈缴规定下对新西兰网站进行收集、保存和获取。第一步先收割网站上的出版物：收割这些出版物的复本，以在国家图书馆目录上进行描述，并在国家数字遗产档案中进行保存。这些在线出版物不限制公众获取且能在国家图书馆书目中进行远程获取；第二步是收割网站：由亚历山大特恩布尔图书馆的数字收藏战略部门选择和采集；第三步是进行主题收割（或称事件收割）：收割的内容主要是中央或地方选举、新西兰重要的组织或是这些组织参与的国家或是国际体育赛事以及本国突发事件，如2010年和2011年克莱斯特彻奇地震（Christchurch Earthquakes）等。❷

四、亚洲

（一）日本

日本是亚洲地区图书馆相关立法比较完备的国家。其出版物呈缴相关立法主要源于1948年《国立国会图书馆法》（National Diet Library Law）和1949年《基于国立国会图书馆法的呈缴规程》的规定，2009年和2012年日本分别修订了这两部法律，进一步明确了各类型资料的法定呈缴依据。

1. 日本《国立国会图书馆法》

日本《国立国会图书馆法》规定了必须将在国内发行的出版物缴纳到国立国会图书馆的"呈缴制度"。呈缴的范围很广泛，不仅包括图书、小册子、杂志、乐谱、地图等，还包括根据电子、磁力方式以及其他凭借人的知觉不能感知的方式制作的文字、影像、声音或程序记录，以及日本国家、地方公共团体和独立行政法人等机构的出版物和民间出版物等。馆长可通过便于国立国会图书馆使用的记录介质，收集上述主体面向公众提供的，或是借由互联网为公众提供服务所产生的互联网资料（通过互联网提供给公众使用的根据电子、磁力方式以及其他凭借人的知觉不能感知的方式制作的文字、影像、声音或程序记录），以备公用。除上

---

❶ 林晋宝.《新西兰国家图书馆法》对我国图书馆立法之借鉴意义［J］.图书与情报，2010（6）：72-77.
❷ Alison Elliott.Electronic legal deposit: the New Zealand experience［J/OL］.［2013-06-02］. http://conference.ifla.org/ifla77.

述日本国家、地方公共团体和独立行政法人以外，其他主体面向公众提供或发送的在线资料，应根据馆长规定，将该在线资料提供给国立国会图书馆。❶

日本对数字出版物呈缴规定的出台也经历了较长的理论和实践论证过程。为了完善和正确实施呈缴制度，1999年4月，在呈缴制度调查会的基础上设立了呈缴制度审议会。此外，为了协调呈缴制度的实施，日本每年还要召开一次有关呈缴制度的恳谈会。2007年，国立国会图书馆第一次独立实行了综合呈缴率调查，同时确定每年5月25日为"呈缴制日"，以这一天为代表致力于普及推广呈缴制度，还设计了呈缴制度普及标志。❷随着数字技术的发展，日本法定呈缴委员会经过数次讨论之后，于2004年12月9日第12次法定呈缴委员会的会议上通过了《网络电子出版物收集体系的概念》（Concept of the Acquisition System for the Networked Electronic Publications）报告。该报告认为，国立国会图书馆应该收集网络电子出版物，并在版权法许可下向公众提供这些数字内容的利用。❸2009年7月，日本增修了《国立国会图书馆法》，规定于2010年4月1日起开始收集由国家、地方公共团体、独立行政法人等发布的网络信息。2010年日本法定呈缴委员会针对数字出版物的《网络资料收集相关制度订立研究报告》中将在线数字出版物的呈缴分为两种情况：一是法定呈缴，这种情况是由网络信息发布者向图书馆呈缴相关内容，以便图书馆收藏；二是由图书馆利用软件等方式对网络资源进行收集以实现呈缴的目的。❹日本的实践也证明，如果有相关立法或各方在利益均衡上出现难以协调的问题，先采用自愿呈缴的形式是一个不错的选择。

2.《互联网信息收集和利用制度化基本方针》

为了进一步提升网络信息资源的呈缴水平，进一步推进互联网信息呈缴的制度化进程，2002年3月1日，国立国会图书馆将《电子图书馆服务实施基本计划》附件《有关互联网出版物的指南》进一步具体化，制定了《互联网电子信息收集、组织、提供、保存相关实施计划》。该计划从2002年起，实施3年。目的是通过在互联网上进行相关电子资源的收集和存储的实验，协助呈缴本制度审议会建立有关互联网出版物的审查评议制度。3年到期后，从2007年开始，计划内的WARP和Dnavi等主要项目都自动转入正式运营。国立国会图书馆规定：在法律规定的基础上，维持其进行互联网信息收集的方针，同时着重建立数字文档系统，并相应地进行有关的课题整理、调查研究和开发活动。❺

（二）韩国

韩国图书馆立法的主要特点就是按照图书馆类型分别立法，设有《图书馆法》《国会图书馆法》《小型图书馆振兴法》《学校图书馆振兴法》《读书文化振兴法》等。在数字出版物法定呈缴方面，其相关法律主要源于《图书馆法》和《关于数字资料呈缴以及利用的法律（案）》。

1.《图书馆法》

韩国于2012年2月17日对《图书馆法》进行修订，并于2012年8月18日起实施。该

---

❶ 卢海燕. 国外图书馆法律选编［M］. 北京：知识产权出版社，2014：107-108.
❷ 沈丽云. 日本图书馆概论［M］. 上海：上海科学技术文献出版社，2010：9-10.
❸ National Diet Library.Legal Deposit System Council [EB/OL]. [2013-06-06]. http://www.ndl.go.jp/en/aboutus/deposit_council_book.html.
❹ 苏佩君. 电子书于各国法定送存合理使用之研究［D］. 台北：淡江大学，2011：33-34.
❺ 沈丽云. 日本图书馆概论［M］. 上海：上海科学技术文献出版社，2010：23-24，26.

法第三章"国立中央图书馆"第二十条中对文献呈缴和网络文献的征集进行了明确规定。其中在文献呈缴方面规定：任何人发表或出版的文献（不包括网络文献），在其发表或出版之日起 30 天内须呈缴至国立中央图书馆，国立中央图书馆作为受缴机构，应提供呈缴证明，并根据呈缴品情况给予补偿。在网络文献征集方面规定：国立中央图书馆承担网络资源的采集和长期保存职责，在采集过程中有权向网络文献作者请求技术支持，同时对其进行隐私保护和补偿。

2.《关于数字资料呈缴以及利用的法律（案）》

为了进一步加强数字资源呈缴的制度建设，韩国国立中央图书馆于 2007 年制定了《关于数字资料呈缴以及利用的法律（案）》并交由国会文化观光委员会审议。这个法案的主要内容是把数字资源呈缴到国立中央图书馆，并交由该图书馆保存这些资源。该法案规定了出版者的呈缴义务，具有强制性。主要规定见表 2-12。

表 2-12 《关于数字资料呈缴以及利用的法律（案）》相关规定

项目	相关规定
法定呈缴适用范围	网址、语言、著者、发送者或者收件者属于韩国的数字资源，主要包括以下内容： （1）韩国域名下出版的数字出版物 （2）在国外域名下发表，但是以国内发表为目的数字出版物 （3）韩国公民在网上公布的数字出版物 （4）其他总统令规定的数字出版物
法定呈缴主体	（1）著者 （2）出版者
法定受缴机构	国立中央图书馆
呈缴方式	（1）根据国立中央图书馆规定的自动收集方法的呈缴 （2）由著者或出版者义务发送 （3）根据协议自愿呈缴
利用	（1）呈缴内容可在国立中央图书馆内阅览并可以复制与传递 （2）没有进行公开限制的数字出版物，可以在合理范围内进行国立中央图书馆外阅览并可以复制或者传递
其他规定	（1）国立中央图书馆对数字资料的呈缴主体必须做出正当的补偿 （2）对未履行呈缴义务的呈缴主体予以 200 万韩元（人民币约 1.2 万元）以下的过失罚款

该法案实施后，韩国国立中央图书馆受缴了大量的网络资源，在互联网信息资源保存保护方面收效显著，见表 2-13 和表 2-14。

表 2-13 2004—2006 年 OASIS 馆藏数据（条目数）[1]

资源类型	2004 年	2005 年	2006 年	合计
单独数字资源/份	43 861	45 280	42 958	132 099
网站/个	1 218	2 716	20 765	24 699
合计/个	45 079	47 996	63 723	156 798

---

[1] Kyung Ho Choi, Dal Ju Jeon. A Web Archiving System of the National Library of Korea: OASIS[J/OL]. [2014-03-20]. http://www.ndl.go.jp/en/cdnlao/newsletter/058/583.html.

表 2-14　韩国国立中央图书馆 OASIS 保存的网络资源数量条目数（截至 2009 年 8 月 31 日）[1]

年份	2004 年	2005 年	2006 年	2007 年	2008 年	2009 年	总计
网络资源保存数量/个	40 096	50 259	63 725	100 512	112 070	41 983	408 645

第二节　国外数字出版物呈缴制度面临的挑战

从国外出版物呈缴制度研究中可以看出，建立出版物呈缴制度是一个长期、复杂、不断完善的过程，需要考虑政治、经济、社会、文化、技术、法律关系等诸多因素。因此，各国的数字出版物呈缴制度以立法为主要手段，呈现多样性且发展不平衡的特点。欧美国家在出版物呈缴上一直保持着良好的传统和立法实践，在传统出版物时代，欧盟大部分国家就出台了纸质出版物的法定呈缴规定，在 27 个欧盟国家中，25 个制定了强制性呈缴法律。进入数字出版物时代，欧洲许多国家都在延续着纸质出版物法定呈缴的良好传统，在不同层面上制定了不同的法律和规章制度。例如，比利时、捷克、丹麦、爱沙尼亚、芬兰、法国、德国、匈牙利等国已经在本国的相关法律中规定了应该对数字出版物进行法定呈缴。而在亚洲，虽然很多国家也不否认呈缴制度的作用，但囿于诸多客观因素的制约，一些国家甚至还没有明确的纸质出版物呈缴规定（如格鲁吉亚、柬埔寨、老挝等），也只有日本、韩国等少数国家专门对数字出版物呈缴进行立法或是在其他的规章中进行规定。非洲等国的情况也较为不理想。

在数字出版物呈缴立法方面，与传统纸质出版物相比，数字出版物有明显的特殊性。对数字出版物范围的界定、选择、采用、处理、保存、检索等问题也都成为讨论的焦点。通过调研国外数字出版物呈缴的实践可以看出，以立法方式解决数字出版物呈缴问题是大势所趋。在国外数字出版物呈缴制度的建立、实施和完善过程中，也面临着一系列的挑战。在法律制定过程中，面临的挑战包括呈缴完整性、呈缴范围确定、成本估算、罚则与免责等问题；在法律实施过程中，面临的挑战主要包括最优版本选择、呈缴格式与数量、检索利用、长期保存等问题；同时，随着数字出版物的快速发展，还应考虑法律的适用性问题，使其随着社会的发展不断完善。

一、法律制定过程中面临的挑战

（一）呈缴完整性问题

呈缴完整性问题是数字出版物呈缴立法过程中一个十分重要的问题涉及诸多因素，国外衡量数字出版物呈缴规定完整性的内容主要涉及的因素见表 2-15。[2]

表 2-15　国外考核数字出版物呈缴制度完整性涉及的因素

项目	分值/分
类型一：立法的力度和结构	
V1）法律特征	

---

[1] OASIS. Web Archiving System in the National Library of Korea [EB/OL]. [2021-01-24]. http://warp.da.nal.go.jp/info: ndlip/pid/7818 227/www.nal.go.jp/en/cdnlap/news letter/066/662.html.

[2] Claudia B. Bazán, BA. Visibility of International Recommendations for Legal Deposit of Publications in National Legislations [R/OL]. [2012-12-21]. http://ifla.queenslibrary.org/VII/s1/pub/legal_deposit_2004-e.pdf.

续表

项目	分值/分
1）特定的法律	1.00
2）其他法律的一部分	0
补充信息：	
——是国家图书馆法律的一部分	
——是版权法的一部分	
——复本的呈缴和版权法的保护没有关联	
——呈缴复本不能影响版权法	
V2）立法的灵活性	
1）有主体文本组成且有其他补充规定（灵活）	1.00
2）有主体文本组成，没有补充规定（不够灵活）	0
V3）在文本具体条款中的定义	
1）定义了一些重要条款	1.00
2）没有定义任何条款	0
V4）法律结构	
1）清晰	1.00
2）相对清晰	0.50
3）模糊	0
V5）促进法律执行的机制，法律是否包含以下内容？	
1）补偿金（减税、免费注册、免费装运、退还复本金额、出版者注册）	
2）控制设备（法定呈缴数量分配、制作者宣誓书、检查）	
3）惩罚	
a）补偿金，控制设备，惩罚	1.00
b）控制设备和惩罚	0.50
类型二：法定呈缴要素	
V6）目标，包含以下目标：	
1）为了建立和形成国家出版物收藏	
2）有助于国家书目建设	
3）为后代保存复本以及确保研究使用	
a）提及三项	1.00
b）提及二项	0.66
c）提及一项	0.33
4）未提及一项	0
V7）定义义务方（出版物生产者）	
1）进行了全面的定义，足以涵盖所有可能的出版物生产者（以全面的方式）	1.00
2）并未对此进行定义，只是列举其中的内容（以严格的方式）	0

续表

项目	分值/分
V8）呈缴方法	
1）呈缴复本且通过相关数据库获得在线材料	1.00
2）只呈缴复本	0.50
补充信息：	
——所要求呈缴的复本数量？	
——对纸质、非纸质和特殊材料要求不同的呈缴复本	
V9）限定呈缴复本的时限	
1）出版之后不超过四个月	1.00
2）出版之后超过四个月	0
3）没有具体规定	0
V10）负责呈缴机构	
1）只明确一个呈缴机构（负责接受和保存复本）	0.50
2）明确了很多呈缴机构（书目的和具体的）	1.00
3）没有提及呈缴机构	0
V11）主要的呈缴机构有：	
1）国家图书馆或类似的书目机构	1.00
2）非书目机构	0
V12）复本的目的	
1）提及现有两个复本（参考和保存）	1.00
2）未提及现有两个复本	0
V13）对书目信息的要求（形式、字据等）	
1）是	1.00
2）否	0
V14）呈缴机构的能力。是否拥有设置控制和处罚机制的权威以便于立法的执行？	
1）有	1.00
2）没有	0
V15）出于安全和保存目的，呈缴机构对于备份的复本是否被授权？（尽管版权法有所规定）	
1）是	1.00
2）否	0
类型三：出版物的覆盖范围	
V16）出版物的概念	
1）正确定义了出版物这一术语（宽泛的概念）	1.00
2）用广泛延伸的方式定义"出版物"	0.50
3）用严格的方式定义出版物	0.25
4）没有对此进行定义	0

续表

项目	分值/分
V17）除属地原则以外是否还定义了其他入选标准？	
1）是	1.00
2）否	0
提及其他入选标准的补充信息：	
——属地原则（影响出版物在该国的发行），默认的情况下执行；	
——由居住在本国的出版者出版外国出版物；	
——国家作者出版的外国出版物；	
——进口出版物：外国出版物在本国进行销售；	
——中立性方面出版物的内容以避免审查（道德、政治、宗教等）；	
——内容的变化（缩写、修订或加大版本）；	
——语言的变化（翻译）；	
——形式的变化（不同的媒体、盲文）；	
——其他	
V18）是否包括其他系列的排他标准或提及这些标准？	
1）是	1.00
2）否	0
排除标准的补充信息：	
1）宣称免除审查	
2）形式变化（支持不同媒体）	
3）其他	
V19）前面提到的出版物类别，哪一项？	
1）Lunn 的分类	1.00
2）Larivière 的分类	1.00
3）其他分类	0.50
4）未列举分类	0
5）忽视分类	0
总分=	
补充因素	
V20）与国际建议相一致的水平	
1）高	
2）中	
3）低	
V21）法律年份（现存和修改的法律）	
1）早于 1977 年	
2）1977 年至 1998 年间通过	
3）1998 年后通过	
观察：	

（二）呈缴范围确定问题

由于数字出版物的多元性特点，在进行呈缴立法之前，首先要确定呈缴范围。从世界范围上看，不同国家有不同的数字出版物呈缴范围规定。有些国家主要以呈缴离线数字出版物为主，并且对需要呈缴的出版物的具体形式进行限定；而有些国家考虑到未来出版物形式的发展，以宽泛的形式定义需要呈缴的数字出版物。部分国家已以立法的形式规定数字出版物（主要是离线出版物）必须呈缴。特别是在 1988—2000 年，很多国家以立法的形式规定离线或是物理形式的数字出版物的呈缴。例如，美国（1988）、德国（1990）、瑞士（1992）、瑞典和法国（1993）、澳大利亚和日本（2000），葡萄牙也正在形成有关离线出版物的呈缴立法。❶一些国家已经通过修订新的呈缴法或是相关的版权法等法令，要求法定呈缴延伸至所有的网络出版物。在这方面，比较典型的是丹麦。丹麦在 2005 年实施的《出版资料法定呈缴法》中明确规定凡互联网中由注册为丹麦域名.dk 网站刊载或者由其他域名网站刊载的主要面向丹麦公众的在线资料均属法定呈缴范围。❷

总的来说，国外数字出版物呈缴制度对呈缴范围的主要规定是纸质出版物和有物理载体形式的电子文献（即离线出版物）；而一些国家，如挪威和丹麦等国家的法定呈缴立法已经包含了网络出版物，当然，也有一些国家没有出台任何与出版物呈缴相关的法律。❸

（三）成本估算问题

成本估算是进行数字出版物呈缴时不容回避的重要问题之一，主要是考虑到出版物在被收集、存储、保存等过程中的成本状况。这涉及呈缴义务人与接受呈缴的图书馆或机构之间的利益协调问题。总的来说，数字出版物比传统印刷型出版物涉及更多的成本费用（表 2-16），一是需要对特定时期内以及无限时期内不可避免的技术变化进行管理，在资源本身以及出版商和其他数据生产者的许可协议都缺乏标准化的情况下，规模效益难以实现；二是目前还没有准确、可靠的方式确保数字出版物不因技术变革而丢失基本信息，或者说要想完整地保存这些信息还面临着技术革新的挑战；三是即使实现了成本节约，数字出版物保存还是要面临着传统出版物保存以外的其他相关费用。同时负责保存这些数字出版物的机构，如国家法定呈缴图书馆，如何有效益、低成本地保存这些资源也是呈缴图书馆需要考虑的问题。❹

表 2-16　数字出版物呈缴涉及的成本来源❺

成本类型	成本来源
数据对象/数据获取	保存费用/许可费用

---

❶ Ingeborg Verheul.networking for digital preservation：current practice in 15 national libraries[R].IFLA publications，119.
❷ Sabine Schostag, Eva Fønss-Jørgensen. Webarchiving：Legal Deposit of Internet in Denmark.A Curatorial Perspective [J/OL]．[2013-03-23]．
http://netarkivet.dk/wp-content/uploads/Artikel_webarkivering1.pdf.
❸ Martin D. Definitions of publications and associated terms in electronic publications[M]. British Library Research& Development Department，1996.
❹ 中国科学院国家科学图书馆.长期保存跟踪扫描[R/OL]. [2013-12-05].http://ir.csdl.ac.cn/bitstream/12502/6118/1/%E9%95%BF%E6%9C%9F%E4%BF%9D%E5%AD%98%E9%A2%86%E5%9F%9F%E5%8A%A8%E6%80%81%E7%9B%91%E6%B5%8B2013%E5%B9%B4%E7%AC%AC%E4%B8%89%E6%9C%9F%EF%BC%883%E6%9C%88%EF%BC%89.pdf.
❺ UK legal deposit in the digital age: organisational and operational challenges[R/OL]．[2013-06-15]．http://www.ifla.org/files/assets/acquisition-collection-development/conferences-workshops/sc-midterm/Johnson-Moscow.pdf.

续表

成本类型	成本来源
人力资源	专职工作人员，不同比例的高级管理人员、主管、IT人员、保管员等
技术	硬件、软件、需求的等级（如速度、可用性和性能等）
非人力的运营成本	各种设施和空间、材料和设备、通信设备、法律等方面费用

数字出版物呈缴及其管理活动需要较高的成本支出，这个问题引起决策者的担忧。以韩国为例，韩国国立中央图书馆在2012年的总预算是57.8亿韩元，其中，关于保存数字资料的费用预算是13.4亿韩元，约占总预算的23.18%。[1]在数字信息技术快速发展的背景下，尽管有关成本的问题是现实且严峻的，但是一个国家如果不实施数字出版物呈缴未来可能需要付出的代价和产生的影响也许更大，这也是决策者必须考虑的问题。

目前，丹麦、法国等很多国家都已经对网络出版物甚至是网站进行呈缴，或是通过相关的图书馆/机构进行网站的收割。由于网站的数量日益激增，在未来对这些内容进行全面、有效的保存，成本问题更不容忽视，见表2-17。为此，英国曾探讨了有关免费在线出版物存档的三种方式：一是在权限许可下收割和存档（在网站能够被收割以及能被UKWAC使用之前需要在网站所有者明确的授权）；二是在法律许可下进行收割和存档；三是存档交由市场来完成。

表2-17 英国的网站数量及保存收割费用（截至2009年2月）[2]

收割费用	每年成本/万英镑	数据采集量/TB	成本/（英镑/TB）
由英国国家图书馆、苏格兰国家图书馆和威尔士国家图书馆在协议基础上收割	50	77	6476
由英国国家图书馆、苏格兰国家图书馆和威尔士国家图书馆在规章基础上收割	113	5300	215

由于数字保存的公益性，呈缴出版物存档完全交由市场来完成是不现实的，而在法规许可或是授权下进行存档就必须考虑成本及预算的问题。在数字出版物呈缴制度中，如何最大限度地在预算范围内节约保存成本还有许多可以探讨的空间。

（四）罚则与免责问题

印刷型出版物法定呈缴的重要特征之一是强制性，而强制性又主要表现在对未实行或未及时进行呈缴的行为的惩处上。各国在其有关立法中，大都规定了处罚条款，呈缴义务人如未能履行呈缴义务，将被追究行政或者刑事责任，处罚的种类主要为罚款和罚金。

在数字出版物的立法规范中，许多国家也对此进行了相关规定。芬兰的规定是：凡故意或者因重大过失未依照法律规定呈缴印刷体资料、电子文献、在线资料或者履行法律规定的其他义务的，即属违反法定呈缴义务，可依法判处罚金。[3]对于违反呈缴规定的出版者，新

---

[1] National Library of Korea. Korea Annual Report to CDNL 2012/13[R/OL]. [2014-01-29]. http://www.nl.go.kr/.
[2] UK legal deposit in the digital age: organisational and operational challenges[R/OL]. [2013-06-15]. http://www.ifla.org/files/assets/acquisition-collection-development/conferences-workshops/sc-midterm/Johnson-Moscow.pdf.
[3] 翟建雄. 图书馆与出版物缴存制度：中外立法比较研究[J]. 法律文献信息与研究，2006（2）：12-25.

西兰国家图书馆根据法律，予以罚金制裁。❶《新西兰国家图书馆法》第 40 条指出："出版者或印刷者，不遵守条款 39 的规定而违规，又没有合理地解释，即裁定，处罚 5000 美元的罚金。"根据美国法律，除了未出版的作品、在美国之外出版的作品，以及特定种类的作品（如三维雕塑作品）等之外，作品的版权人或专有出版权人，在作品出版之后 3 个月内，应当向版权局交存两件最优版本的作品复制件。未按要求呈缴的，版权局处以最高 250 美元的罚款，另加购买作品复制件的费用；对于故意不交存的，追加罚款 2500 美元。❷南非 1997 年出台的《法定呈缴法》（*Legal Deposit Act*）也有类似的规定。❸

除了罚则，免责和例外限制也是必不可少的。英国《法定呈缴图书馆法》对受缴图书馆使用数字出版物和出版者呈缴数字出版物都进行了相关的免责规定。首先，当接受呈缴的数字出版物中部分内容有侵权行为时，受缴图书馆不承担相关的法律责任；其次，受缴图书馆利用呈缴的数字出版物在馆内开展服务时，出现侵犯版权人的行为时免责，但应及时改正侵权行为；再次，受缴图书馆利用网络数字出版物采集机器人获得的呈缴资料，在馆内开展服务时如果出现侵权行为，不承担相关的法律责任，但应在接到警告后加以改正；最后，为了对出版者向受缴图书馆呈缴数字出版物的行为给以支持与鼓励，该法进一步明确出版者对呈缴给图书馆的数字出版物出现侵权行为时，不承担相关的侵权责任。但如果出版者故意所为或没有履行向相关受缴图书馆告知的义务而出现的侵权责任，则应承担法律责任。因此，该法对出版者的合法呈缴行为给予保障，提高了呈缴主体的积极性并消除了相关顾虑与担心。❹但是，无论是罚则还是免责的规定，如何在法律的许可下进行规范，并且尽可能地维护呈缴主体和受缴主体的利益平衡都是数字出版物呈缴制度中的重要问题。

二、法律实施过程中面临的挑战

（一）最优版本选择问题

最优版本是指接受呈缴一方（一般是图书馆）认为最适合存储的版本，其目的是规范出版物呈缴的版本与格式，这对减轻呈缴义务人的经济负担、提高呈缴效率有较为积极且明显的作用。许多国家有关呈缴的规定中，都会涉及最优版本的问题。例如，美国在 2010 年 10 月 18 日最新修订的《关于向美国国会图书馆呈缴出版物或唱片的规定》中指出，最优版本的界定，是指呈缴日期之前在美国出版的某一作品的所有版本中，经美国国会图书馆确认为最符合其入藏要求的版本。如果同一底本具有两个或两个以上版本，通常认为质量最佳者为最优版本。对于同一作品、相同内容的不同版本，应呈缴最优版本，最优版本的判断标准则依据美国国会图书馆制定的《美国国会图书馆关于收藏已出版版权作品最优版本的说明》（以下简称《最优版本说明》）。若版权局负责人或呈缴义务人无法确认最优版本，则应向美国国会图书馆相关负责人或版权征集部门咨询。此项规定在某种程度上授予了国会图书馆一定的追溯呈缴权。不能满足某条标准的版本被认为是劣质版本，不适合作为呈缴版本；对于在线出

---

❶ 林晋宝.《新西兰国家图书馆法》对我国图书馆立法之借鉴意义 [J]. 图书与情报，2010（6）：72-77.
❷ 张辉. 美国版权登记制度赢得诉讼的前提 [N/OL]. [2013-06-07]. http://www.chinaxwcb.com/2013/06/06/content_270176.htm.
❸ 李钊. 南非图书馆法发展研究 [J]. 图书情报工作，2009（11）：100-104.
❹ 陈清文. 英国数字出版物呈缴立法实践的最新发展及启示 [J]. 嘉兴学院学报，2012（11）：1-5.

版物，首先考虑数据格式，通常以 UTF-8 码格式优先，其次为 ASCII 码，再次为其他非拉丁文中使用的非 UTF-8 码格式。英国《法定呈缴图书馆法》规定呈缴的最优版本文献应是质量最好或是与最优版本同样质量的版本。对于需要呈缴的电子出版物，规定了具体的尺寸、格式、材质、色彩、包装、读取方式及软硬件要求等。❶

虽然有最优版本的相关规定，但是由于数字出版物，特别是在线出版物很多都是以更新的方式替换原来的内容，这种方式使得生成最终版本以前产生的"过程版本"信息不可避免地消失了。考虑到保留每一个过程版本需要巨大的储存空间和维护费用，目前在线出版物的过程版本界定与选择仍是一个难题。此外还有呈缴数字资源的元数据、格式代码、限制获取使用的技术措施等具体问题还缺乏相应规定。❷因此，如何确定具体的呈缴格式也是许多保存机构正在探讨的主要问题之一。

（二）呈缴格式与数量问题

1. 呈缴格式问题

有关呈缴格式问题，许多图书馆都在相应的规章中进行了规定。如英国国家图书馆的《非印刷形式出版物呈缴规定》、澳大利亚国家图书馆的《澳大利亚实体形式电子出版物征集指南》等，对具有实体形式或是在线形式电子资源，都鼓励进行呈缴或是主动选取合适的格式标准。加拿大国家图书馆及档案馆也规定了数字出版物的格式标准，以避免境内纷杂的数字出版物在呈缴过程中带来的不便。日本数字出版物呈缴制度要求呈缴最优版本，是指最适于以保存和利用为目的的呈缴本，出版者呈缴其最优版本可免除其他版本的呈缴。这一方面保证图书馆资料的长期保存和利用，另一方面最大限度减轻了呈缴义务人的负担。呈缴的数字出版物需要符合国际标准以便于长期保存，表 2-18 列举了智利国家图书馆推荐使用的相关格式。不过由于数字出版物形式的多变性，如何对呈缴的格式进行灵活的规定需要不断论证与更新。

表 2-18 智利国家图书馆数字出版物呈缴推荐格式❸

资源类型	推荐格式
文献：电子出版物，电子图书、电子期刊	PDF
图像：照片、图纸、图画、数字手稿	TIFF（无压缩）、JPEG（中压缩）
视频：卡通、电影、电视剧	MPEG2000、MOV Quick Time
音频	BWF（WAV）、MP3
地图：地图、平面图、地理图表	TIFF（无压缩）、JPEG（中压缩）

2. 呈缴数量问题

呈缴数量是对应进行呈缴的数字出版物复本数量的规定。不同的国家有不同的规定。如爱沙尼亚的规定比较复杂，且需呈缴的复本较多，在爱沙尼亚出版发行或是通过爱沙尼亚出版者以购买的形式获得的外国书籍，需要提交该出版物的 8 个复本，具体分配如下：爱沙尼亚国家图书馆（National Library of Estonia），2 本；塔尔图大学图书馆（Tartu University Library），

---

❶ 雷亮. 论法定缴送中的最优版本问题 [J]. 国家图书馆学刊，2011（4）：14-17.
❷ 同❶.
❸ Roberto Aguirre Bello. Electronic Legal Deposit at the National Library of Chile [J/OL]. [2013-06-02]. http://conference.ifla.org/ifla77.

2本；爱沙尼亚文学博物馆档案图书馆（The Archival Library of the Estonian Literary Museum），2本；塔林大学学术图书馆（Academic Library of Tallinn University），1本；塔林技术大学图书馆（Tallinn Technical University Library），1本。国外印刷有关于爱沙尼亚且在爱沙尼亚进口发行的需呈缴4本，具体分配为：爱沙尼亚国家图书馆，1本；塔尔图大学图书馆，1本；爱沙尼亚文学博物馆档案图书馆，1本；塔林大学学术图书馆，1本。❶其他国家的情况见表2-19。

表2-19　不同国家数字出版物呈缴份数比较（部分）

国别	呈缴份数/份
芬兰	2
加拿大	2
南非	5
英国	1份离线出版物（1个月内）

（三）检索利用问题

对于所呈缴的数字出版物的检索与使用也是呈缴制度中的重要问题。美国国会图书馆的做法是将呈缴的光盘数据通过法令强制授权，可在图书馆的局域网络内，同时给5个使用者提供检索；但呈缴义务人也有权经申请同意后，要求美国国会图书馆不提供使用；英国国家图书馆对于呈缴的数据允许读者基于研究需求，限馆内1个人同时使用；澳大利亚国家图书馆以典藏为主，使用需要得到授权同意；加拿大国家图书馆与档案馆将呈缴电子资源的书目信息公开，但内容限馆内使用。对于所呈缴的数字出版物的检索与获取，许多国家都有限制，很大原因是受本国版权法的约束。如新西兰国家图书馆虽然在法定呈缴法规定下收集数字音乐，但这类数字音乐却不能马上被公众获取，因为这与艺术家的商业权利存在冲突。❷在新西兰，呈缴网络资源的利用也分为几种类型：一是版权法不予保护的公共资源，如各类立法、司法和行政机构主办的政务类网站信息；二是开放资源，版权人声明许可公众为个人学习和研究之目的而使用的各类在线资料；三是以公众为传播对象，但设置了某种控制读取措施的在线信息。可以说，如何处理数字出版物呈缴内容的检索与使用的问题，是有效避免侵权问题的一个重要因素之一。

（四）长期保存问题

数字出版物由于格式的特殊性，需要接受呈缴的机构考虑存储问题。由于技术的快速变革，引发了媒体过时、硬件过时、软件过时、格式过时、丢失文本/数据库、大量数字材料、真实性等问题，这些问题的出现也引发了对所呈缴的内容如何进行保存的一系列思考：什么内容值得保存？优先保存什么？怎样保存？怎样保存大量内容？怎样确保质量？保存的成本如何控制？

在一些国家，出版者事先同意呈缴的要求之一，就是接受呈缴的机构能提供相应的软件、硬件设备以对这些内容进行良好、长期地保存。此外，由于不同媒介的保存年限

---

❶ National library of Estonia. Deposit copies［EB/OL］.［2013-05-05］. http://www.nlib.ee/deposit-copy.
❷ 数字图书馆论坛. 国家图书馆要捕捉新西兰数字遗产［EB/OL］.［2013-06-04］. http://www.dlf.net.cn/manager/manage/photo/admin20067300135%D2%B5%BD%E7%B6%AF%CC%AC.pdf.

不同（表2-20），特别是技术含量高的一些存储媒介，如 CD-ROM 如果未有良好的技术措施，保存年限反而短于传统的纸质媒介。

表2-20　不同媒介的保存年限[1]

媒介类型	年限/年
羊皮纸文稿（Parchment）	1000
缩微胶卷（Microfilm）	500
纸（Paper）	50～200
磁带（Magnetic Tape）	100
只读光盘（CD-ROM）	10

对此，有些国家的做法是优先收藏和保存最早的资料，其次是基于资料的独一无二性进行选择，也就是说某种资料很少被人所知且没有相应的临摹本。另外一种情况是某种资料很容易了解且存在大量的相关知识，或者是能分为不同的主题领域且有深入研究的价值，这些内容也可以进行优先保存。但是这只是基于优先保存，并未真正在技术上解决本质问题。为保证在20年甚至100年之后还能获取这些已呈缴的数字出版物，保存的技术与设施就显得尤为重要。

三、法律的适用性

（一）法律规定的拓展性问题

纵观世界主要国家的数字出版物呈缴相关立法，大部分国家的图书馆相关法律或是有关图书馆的规章条例中都清晰地列出相关机构（主要是出版机构）赋有呈缴一定数量出版物的义务。但是，由于这些政策或是规章的制定大部分都是在方兴未艾的数字出版物产生之前，这就使得对数字出版物进行呈缴缺乏可持续性的法律依据。法律效果的滞后性，使得呈缴可能出现不理想的情况。因此，大部分国家在制定数字出版物呈缴相关规定之初，更多的是采用一些可拓展性的法律用语，以获得数字出版物或是其他未来可能产生的新类型出版物的呈缴。如纳米比亚国家图书馆就在2000年的《纳米比亚图书馆和信息服务法》（*Namibia Library and Information Service Act, No.*4）中对法定呈缴条款（Legal Deposit Provision）进行规定，规定呈缴的范围包括所有在纳米比亚生产的媒体。它对于文献的定义包括文本的、图表的、视听的或是其他通过任何媒体存储的可识别的形式。[2]这就是对数字出版物呈缴类型广义上的延伸。

而类似的相关规定也出现于其他一些国家的法令或是规章条例中。如在《加拿大图书馆和档案馆法》第10条也指出，如果需要呈缴的出版物，一旦出现一些超出法律的问题，部长可以专门就呈缴过程中难以或要解决的问题制定新的条例。[3]这也避免了法律制定的滞后性与新的出版物媒介发展的不可预期之间的矛盾，为未来更广泛、及时地呈缴各类型出版物提

---

[1] UK Legal Deposit in the digital age: organisational and operational challenges[J/OL].[2013-06-15]. http://www.ifla.org/files/assets/acquisition-collection-development/conferences-workshops/sc-midterm/Johnson-Moscow.pdf.

[2] ZULU P. Namibia national bibliography: strides and challenges[J/OL].[2013-04-23]. http://citeseerx.ist.psu.edu/viewdoc/summary?doi=10.1.1.150.9832.

[3] 郑雅婷.《加拿大图书馆和档案馆法》及其对我国图书馆立法的启示[J]. 知识管理论坛, 2013（6）: 56-62.

供了拓展的空间。

（二）法律规定的强制性问题

数字出版物呈缴立法工作是目前世界图书馆界呈缴工作的主流趋势，但并非一蹴而就。在数字出版物呈缴立法过程中，为了加强法律的适用性，一些国家没有采取单一法定呈缴的方式，而是将法定呈缴与自愿呈缴相结合。法定呈缴与自愿呈缴相结合是国际呈缴制度的重要特征之一。自愿呈缴是一种非由法律预先设定的、非强制性义务的民事行为，可以说，这是一种契约行为。在数字出版物呈缴过程中之所以采用法定呈缴与自愿呈缴相结合，主要原因在于，正式立法和修订法律的过程比较漫长，制定数字出版物自愿呈缴的规则，可以在过渡期间收藏更多类型和内容的数字出版物。而且在自愿呈缴过程中还可以根据执行的效果，以检测未来立法中的不足。这种呈缴方式比较适合刚进行数字出版物呈缴的初期，可以在一定程度上提高各方的积极性，提高呈缴的数量和扩大呈缴的范围。❶尤其是在网络资源呈缴方面，目前世界绝大多数法定受缴主体采取的是主动采集的方式，虽然这种数字保存行为效果明显，许多图书馆也较为认可，但是由于网络资源的动态、复杂性等原因，这也是目前国际图书馆界采取的、争议最多的数字保存行为。图书馆在采集和保存过程中涉及的多方面问题尚未有合适的、公认的解决方案，也就很难以立法的方式对网络资源进行保存，并对这种资源的法律关系及各要素予以明确的规范。为此，自愿呈缴就成为目前许多国家数字资源保存采取的主要方式之一。但是为确保所有有保存价值的文化遗产得到保存和利用，这种方式仅可以作为特定历史时期对法定呈缴制度的一种补充或是过渡，如果时机成熟，还需要对此进行适时修改、补充和完善。❷

（三）法律规定的补偿性问题

无偿性是很多国家数字出版物呈缴制度的重要特征，它能使法定呈缴明显地区别于其他征集的形式，也决定了呈缴接受主体拥有的强制性征集的法律地位。无偿性主要是指法律规定呈缴义务人对数字出版物依法进行呈缴时不能获得任何直接形式的报酬，呈缴成功后，接受呈缴的机构也不需要对具体的呈缴义务人进行直接偿还，呈缴义务人从国家所获得的利益或是补偿通常与其呈缴时所支出的成本是不完全形成一一对应的比例关系。不过需要指出的是，无偿性特征只是理想意义上的。虽然数字出版物呈缴是一项公益性服务，但在这项活动过程中，不同主体之间也会存在一些交易成本。为此，要想实现数字出版物呈缴制度的良性运转，还需要在数字出版物呈缴过程中考虑权利主体与义务人之间存在的交易成本问题。在这个过程中，出版者往往为了保证自己最大化的经济利益而选择不呈缴或是少呈缴；呈缴主体则是希望能最大限度及时、随时获得所呈缴的数字内容。

为此，不同的利益角度会造成不同呈缴义务人有形或无形的冲突。由于数字出版物的特殊性，使得许多国家为了最大范围获得已出版的数字出版物，就必须支付一定的报酬给相关的提供机构，特别是在数字出版物呈缴的执行初期，如果能在政策上减轻有关出版部门的呈缴负担，反而能更有效地获得各种数字出版物，也有利于未来国家出版物的全面收藏。为此，有学者建议可以建立数字出版物呈缴补偿机制，主要是国家补偿、读者补偿、协议补偿三种

---

❶ 国家图书馆数字资源部. 将网站纳入缴送范围的可行性研究［EB/OL］.［2013-06-06］. http://srsp.nlc.gov.cn/download/ProdDoc200907287661331496.pdf.

❷ 翟建雄. 美国图书馆复制权问题研究［M］. 北京：知识产权出版社，2010：234-236.

方式，或是这三种方式的有效组合。[1]其中，国家补偿是由国家对进行呈缴的数字出版物出版者进行适当的成本补偿；用户补偿是主要由用户对其使用的数字内容，以合理的方式，对出版者造成的经济损失给予一定补偿；协议补偿主要针对网络出版物，它是由接受呈缴的机构在与网络出版者协商之后，综合考虑多种情况，以确定所呈缴网络出版物应给予的经济补偿范围。[2]总之，无论是采取哪种形式，如何保证法律的强制性与维持呈缴义务人的利益是需要审慎权衡的。

第三节 国外数字出版物呈缴制度启示

为能给国家保存数字文化遗产创造更加便利的条件，许多国家在实践中都通过制定、修改法律法规来解决数字出版物呈缴过程中的各类问题，实践也证明，立法是最为理想的方式。在这些以立法形式确立呈缴制度的国家中，德国、法国、丹麦、新西兰、加拿大等都在本国的相关法律中对数字出版物的呈缴进行了具体的规定，并且在法律名称上通常冠以"法定"二字，从真正意义上给予数字出版物呈缴以法律的强制性保障。法律的强制性提高了这些国家全面保存数字出版物的能力和效率，特别是面对众多纷杂的网络资源时，如果不经过版权人授权就收集与保存可能会面临着侵权的风险，而对这些内容进行收集与保存过程中，逐一取得授权，则会导致效率低下，甚至可能会延误保存的时机。在这种两难的情况下，比较合理且高效的解决方式就是以法律的形式将这些数字内容纳入到呈缴的范围，不仅可能节约保存过程中的支出，还能收集到更多高质量的数字资源。

一、根据实际情况确定法律形式

制度的功能是一种事实认定，而不是价值诠释。[3]为了保存已生产的数字出版物，需要拥有持续理解和监督这些数字出版物的体系，并运用法律的强制性方式去实现，这也是国际上普遍的做法。[4]IFLA曾指出，一个有活力且有效率的法定呈缴体系应该存在于每个国家，因为该项法律和国家的文化交流、保存与发展有很大关系。[5]立法是顺利执行呈缴规定的重要因素，不同国家针对数字出版物的呈缴问题建立了不同的法律及政策体系，往往表现为不同的立法形式：既可以独立立法，单独制定出版物呈缴方面的专门法，也可以将呈缴相关内容，规定本国图书馆法、版权法中，还可以制定出版物呈缴的相关法规条例。有的国家甚至没有进行相关立法，而是通过协议形式确定呈缴制度，虽然不是通过法律强制执行，但是基于本国良好的传统出版物呈缴基础和规范的数字出版市场，这种方式在当下也取得了一定的成果，这方面典型的代表是荷兰。

---

[1] 胡光耀. 从立法角度试论我国电子出版物呈缴制度若干问题 [J]. 新世纪图书馆,2010（2）：47-49.
[2] 秦珂. 试论电子出版物呈缴制度设计的若干问题 [J]. 科技情报开发与经济, 2005（18）：73.
[3] 李琛. 著作权基本理论批判 [M]. 北京：知识产权出版社, 2013：17-21.
[4] MASON I.Virtual Preservation：How Has Digital Culture Influenced Our Ideas about Permanence? Changing Practice in a National Legal Deposit Library [J]. Library Trends，2007（1）：198-215.
[5] IFLA Statement on Legal Deposit. International Federation of Library Associations and Institutions,December 7, 2011，Background [R/OL]. [2013-03-26]. http://www.ifla.org/files/clm/publications/ifla_statement_on_legal_deposit.pdf.

二、实现各相关利益方间的良性互动

在物权制度下,虽然每一个义务人都是潜在权利人,但只有当义务主体与权利主体合一时,才容易形成利益共识。对于数字出版物呈缴制度而言,某些主体可能永远都是义务主体,而不能成为权利人,权利主体与义务主体之间很容易形成较为明显的利益分化。这就需要明确数字出版物呈缴制度涉及的主要利益方,根据这些利益方的不同利益诉求,尽可能满足其利益诉求。菲尔·斯彭斯(Phil Spence)曾就2013年《法定呈缴图书馆(非印刷物)条例》指出:"为了实现数字出版物的呈缴制度,与政府、法定受缴图书馆、出版者实施法规相关事宜进行持续合作是有必要的。"❶事实上,在数字出版物呈缴制度的利益方中,涉及的核心群组是法定呈缴图书馆、出版者和用户。其他重要的利益方——政府、作者等也可以看作是利益相关者。在处理这些利益方的关系时,一些国家的成功实践一般包含利益人需求与合作两方面问题。

(一) 关注不同利益人的需求

一定程度上来说,数字出版物呈缴制度的确立,首先需要满足两个前提:一是足够强大的利益诉求,这要求进行呈缴的社会力量应该足够强大,使权利诉求有可能被纳入立法体系;二是社会的认可,没有社会的普遍认可,呈缴制度不可能得到他人或是利益群体的尊重。此外,数字出版物呈缴制度的实施最终是为了实现国家和社会具有价值的数字文化遗产保存,而保存的目的之一就是能够满足用户对这些内容的使用需求。但是,知识产权主体(主要是出版者)与图书馆权利主体分别代表不同的利益主体,在这些主体不断优化配置、不断竞争的过程中,就可能会产生经济利益上的不断矛盾与冲突。❷在这个矛盾与冲突中,较为突出的是出版者与用户之间关于数字出版物的利用等方面的不同立场。不同的利益由于立场的不同,对于数字出版物呈缴过程中涉及的内容都会产生不同的观点。例如,对于已呈缴的出版物借阅问题,用户希望能够随时可以使用,但出版者则希望增加更多的限制条件(表2-21)。

表2-21 对待数字出版物呈缴问题的各方观点

角色	数字出版物采购	数字出版物授权	数字出版物管理	数字出版物借阅
出版者	以复制的方式进行呈缴或是受缴图书馆对其进行租赁	一本电子书限一人使用	通过自有的图书系统进行管理	自有的B2C销售模式
图书馆	期待法定呈缴免费接受数字出版物	提高自有版权的数量	数字出版物应该取得ISBN号,并能实现与相关图书馆资源共享	希望开放多人同时借阅电子书,不限版权数量
用户	认为数字出版物价格应该比纸质环境下便宜或是免费	同意合理性使用	希望图书馆或是出版者提供客户端自行下载	24小时皆可借阅,同时可以打印或是复制

为了最大限度地平衡出版者与用户之间的利益,解决不同主体之间利益冲突问题,日本

---

❶ British Library. The Value of Knowledge [EB/OL]. [2014-02-20]. http://www.bl.uk/about/annual/2009to2010/governance/spence.html.
❷ 何红英. 数字图书馆建设的著作权冲突与协调 [J]. 西南农业大学学报(社会科学版), 2010 (4): 70-73.

于2000年4月7日公布了新修订的《国会图书馆法》，提出在利用呈缴的数字出版物时，应着重寻求著作权者、出版者、利用者各方的利益均衡，而首先需要考虑的应该是出版者的利益。由于这些数字出版物的制作费用较昂贵且市场需求不确定，且销售对象主要是各大图书馆、企业及部分研究机构、少量的个体。出版者在考虑生产、销售等成本基础上，多不愿意自动呈缴，也会担心由于法定呈缴的存在而使他们失去更大的销售市场。为此，一些学者展开了相关调查，在调查中了解到，数字出版物呈缴制度的利益平衡首先有赖于出版者的通力合作。这就需要在制度执行过程中多了解出版者的看法，并尽可能配合出版者的生产营运流程。此外，还应积极向出版者宣传数字出版物呈缴制度，与相关出版协会组织进行配合，借用多种方式为出版者提供表达意见的空间，增加受缴机构与出版者间的互动与交流，提升出版者对呈缴制度的了解，这应该是避免呈缴出版者对数字出版物呈缴制度认知上造成的落差的重要手段之一。❶

除了与出版者进行利益平衡之外，还需要呈缴图书馆与出版行业进行合作才能保证呈缴制度的执行。这就需要图书馆提供一些额外服务来确保这项制度的成功实行。例如，接受呈缴的图书馆与出版行业之间的合作，解决数字出版物呈缴过程中可能会出现的技术性或是管理上的问题，并且识别、控制、解决在呈缴过程可能由于技术等原因而产生的问题等。❷

（二）重视受缴图书馆与出版者之间的合作

接受呈缴的图书馆与出版者之间的合作，主要是关于受缴图书馆对已呈缴的数字出版物拥有和使用的问题，这也是数字出版物呈缴制度处理版权问题的关键。在1996年4月召开的国际出版者协会第25届大会上，通过了一项《关于数字资料保存问题的决议》。该决议对图书馆保存的数字资料的使用做出了严格的规定，并承认图书馆具有优先保存数字信息的权利。同时也指出，出版者即使有依法向图书馆呈缴的义务，也不代表接受呈缴的图书馆可以不顾版权法的相关规定，无限制对用户提供数字出版物的利用等相关服务。❸同样，丁明刚总结呈缴主体对呈缴内容要求的权益主要包括：参与呈缴制度建立的权利、协商出版物呈缴的权利、保障出版者的经济利益、处理呈缴物的知情权、对所呈缴出版物的优先使用权、出版物使用许可权、利益侵害追究权、呈缴物的免税权等。❹因此，受缴图书馆如何在既有的相关法律、政策等规定下，既能接受更多的呈缴出版物，又能有效保障出版者利益是亟待明晰的。

一般来说，法定呈缴延伸至数字出版物的最大困难之一，就是接受呈缴的图书馆和出版者之间未协调好关系。❺这个问题在纸质出版物法定呈缴时代就已存在。由于呈缴是一笔支出，许多出版者对法定呈缴一直持有复杂的态度，也希望避开它。在纸质出版物的法定呈缴中，出版者承认图书馆在保存信息文化中的作用，但他们也认为自己并不是"档案馆员"（Archivist），没有义务免费、持续向图书馆呈缴相应出版物。尤其是在英国，接受法定呈缴

---

❶ 苏佩君. 电子书于各国法定送存合理使用之研究［D］. 台北：淡江大学：2011.
❷ The Library of Trinity College Dublin,as one of the UK Legal Deposit Libraries,welcomes the UK Government's response to the recent Public Consultation on Non-Print Legal Deposit［R/OL］. ［2013-05-28］. http://www.tcd.ie/Library/collection-man/Legal%20Deposit%20Response%2008-04-11.pdf.
❸ 胡光耀. 从立法角度试论我国电子出版物呈缴制度若干问题［J］. 新世纪图书馆,2010（2）：47-48,55.
❹ 丁明刚. 论出版物呈缴方的权益保障［J］. 出版广角，2008（3）：42-44.
❺ David J. Powell. Voluntary deposit of electronic publications:a learning experience［R/OL］. ［2013-03-18］. http://www.ingentaconnect.com/search/downloadjsessionid=5bd5no62qcpu4.victoria?pub=infobike%3a%2f%2falpsp%2flp%2f2003%2f00000016%2f00000002%2fart00012&mimetype=application%2f.pdf.

的图书馆较多，特别是在 1801 年的法案，将接受法定呈缴的图书馆扩展到 11 个，出版者有理由抱怨免费向图书馆提交多个复本的出版物，进而带来经济上的负担。面对这样的情况，英国曾在 1709 年、1801 年、1814 年、1824 年、1836 年、1842 年等不同年份和时间段的系列法律中强制要求出版者必须呈缴出版物。更为严格的是，1814 年的法案规定，出版者需要在一个月内完成法定呈缴，否则罚金为 5 英镑外加书籍价值和所有的法律成本（The Value of the Book and All Legal Coats）。于是，在英国法定呈缴曾被出版者认为是对知识的征税。拜福德（Byford，英国国家图书馆法定呈缴主要负责人）曾对多年来英国出版者与法定受缴图书馆之间的合作是否有效这个问题进行探讨，重点介绍近年来二者在自愿呈缴方案中的合作案例，证实二者合作是成功制定数字出版物呈缴制度的关键。为此，他认为在数字时代出版物呈缴问题上，应首先采取自愿呈缴形式，待双方就一些利益进行了平衡之后方实行法定呈缴是可行的。❶

在呈缴制度不断发展过程中，许多国家相应的管理机构通过努力，制定相关的呈缴法律法规、条文政策时，既能保证呈缴制度的无障碍实施，又能兼顾出版者利益，较好地协调呈缴主体与受缴主体之间的关系，是呈缴制度成功实行并取得成效的重要议题之一。在具体实践中，许多国家的受缴机构与重要的在线数据库生产商进行切磋和访谈，就在线数据库的呈缴立法等问题达成共识。❷同时，在实施数字出版物呈缴计划及相关的立法过程中，应该提高对出版者的重视程度。在一些国家，利用版权登记的措施，为出版者自愿呈缴出版物提供了一些优惠条件，而国家书目机构也通过有效和及时的措施鼓励出版者呈缴，不仅强调呈缴是出版者的义务，同时也突出强调出版者在呈缴过程中存在的公共利益和商业利益。总之，与出版者建立良好的工作关系至关重要。❸

三、发挥行政管理部门主导作用

数字出版物呈缴制度的实施与完善需要出版界、信息界、图书馆界等共同参与，这样可以发现一些实践操作中的问题，并为下一次的呈缴修订奠定基础。为此，多部门的参与是必要的。但是，若缺乏主导部门，数字出版物呈缴制度也就失去了组织保障。许多国家的数字出版物呈缴无论是进行立法推动之初，还是进行完善过程中都需要有主导部门发挥应有的作用。在一定程度上说，政府是提出并保证审查制度存在的权利主体和保障者。随着出版物类型和数量的不断增加以及社会公众力量的不断崛起，国外在数字出版物呈缴制度的建设与完善过程中也越来越强调突出政府的协调作用，政府从保存国家各类文献的目标出发，规定呈缴范围不断扩展的同时，以政府为主要的行政力量，规范呈缴行为的合理性与合法性也会不断得到社会公众的认可。

2004 年，新加坡成立了资料法定呈缴专门工作组（Task Force），专门工作组成员包括大学专家教授、图书馆协会成员、档案工作人员、法定呈缴专业服务人员、数字图书馆服务人

---

❶ BYFORD J. Publisher and legal deposit libraries cooperation in the united kingdom since 1610:effective or not?[J]. IFLA journal，2002（5）：292-297.
❷ British library research and development department. The legal deposit of online database [R]. British Library. Research and Development Report，1996：54.
❸ 数字时代的国家书目:指南和新方向 [R/OL]. [2012-08-20]. http://www.ifla.org/files/bibliography/publications/national-bibliogratphies-digital-age-zh.pdf.

员等。❶该工作组的首要任务是在新加坡国家图书馆主席团（National Library Board，NLB）的要求下对法定呈缴的功能进行重新评审。评审的主要内容是是否在法定呈缴范围中增加数字出版物。评审之后，NLB制订了全面收集新加坡数字文化遗产计划，该计划的内容主要有：确认适应时代发展的数字出版物法定呈缴框架以加强国家收藏；建议形成更加全面的法定呈缴收藏计划以增加新加坡文化遗产；推动这些收藏的相关利益者对此计划的认识。除了联合不同行业与领域的专家学者、工作人员以外，NLB还联合了新加坡公司注册局（Registry of Companies and Businesses，RCB），社团注册局（Registry of Societies），新加坡证券交易所（Stock Exchange of Singapore，SES），媒体发展管理局（Media Development Authority，MDA），新加坡国立大学（National University of Singapore），东南亚研究所（Institute of Southeast Asian Studies，ISEAS），新加坡旅游局（Singapore Tourism Board）等，以上这些机构和部门都被授权集中收藏某一具体类型的出版物及相关材料。例如，RCB拥有完整的新加坡公司年度报告，而工作组只要与RCB联系就能根据立法要求获得所有注册登记公司的出版报告并进行受缴管理。与MDA的合作则能收藏到新加坡国内几乎所有类型的戏剧类文献，这大大提高了工作组的呈缴效率。

智利自1929年起就在国家图书馆（National Library of Chile，NLC）设立了一个法定呈缴特殊办公室（Unidad Visitación de Imprentas，Printing Press Visitation Office）以对本国法定呈缴的情况进行监控。该办公室有权要求呈缴所有在智利出版物的资料，更重要的是该办公室与出版者建立了良好的关系。此外，如果相应的出版者并未按时呈缴资料，该办公室有权向法院要求对出版者进行处罚。❷

由此可见，通过设立或组建专门的、主导性的法定受缴主体，可以使呈缴工作得到有效的推行与管理，并且能够监督制度的实施，及时发现制度运转中出现的不足之处，为制度的进一步完善做好准备。在这个过程中，主导部门可以是国家图书馆，也可以是国家图书馆单独设定的法定呈缴工作组或是能起到推动法定呈缴发展的组织。这些主导性的工作，主要涉及技术研发、参与制定呈缴标准、维护呈缴系统、书目建设等，以引导本国法定呈缴工作的开展。

四、发挥行业协会作用

数字出版物呈缴制度是世界上许多国家在进行出版物征集、典藏与提供利用时采用的主要战略手段和服务方式，它是国家文化政策中的重要一环，也应被视为自由表达、自由获取信息，以及编辑国家书目的基础政策。❸以法定的形式实现数字出版物的呈缴虽然是最理想的方式，但在许多国家，包括我国在内，大部分有条件接受和管理数字出版物的机构（如图书馆）都是属于文化或是教育部门的一部分，没有直接的立法权。数字出版物呈缴制度作为国家法律体系中的一部分，只是政府宏观管理的一小部分。为了能突出数字出版物呈缴制度

---

❶ FOO S,Wu J P,Lim S K,et al. Legal Deposit Development in Singapore:Future Challenges and Issues[C/OL]. [2013-09-17]. http://www.ntu.edu.sg/home/sfoo/publications/2005/2005Bangkok_LD_fmt.pdf.
❷ ROBERTO A B. Electronic Legal Deposit at the National Library of Chile[J/OL]. [2013-06-02]. http://conference.ifla.org/ifla77.
❸ 数位典藏Blog. 美国国会图书馆American Memory计划之著作权申请及法定寄存制度述[EB/OL]. [2013-07-02]. http://content.teldap.tw/index/blog/?p=468.

的重要性以及增强数字出版物呈缴制度的强制性，还需要行业协会的大力推动。这主要体现在制定数字出版物呈缴制度具体实施标准、支持专门项目、加强行业间相关专业人员的培训、技术提升、经验共享等。同时，行业协会也应重视研究环境的发展变化，对相关的法律法规、政策制度等文件的修正与完善提出意见与建议。

五、开发用于呈缴相关信息系统

从国家层面上来看，出版物呈缴制度涉及出版物数量多，来源分布广泛，对呈缴过程以及呈缴出版物的管理必须借助自动化平台的支持，才能达到高效、精确管理的目标。特别是数字出版物呈缴管理，由于通过网络提交呈缴数字出版物是一种重要的呈缴方式，开发科学便利的呈缴系统就更得到各个国家的重视。

加拿大国家图书馆及档案馆建设的"E-Collection"系统（图2-5），允许出版者通过互联网以电子邮件或档案传送方式，将电子资源传送至国家图书馆指定地址，并提供原生性电子资源，依据国家图书馆定义的 URL 命名方式，将电子资源与国家图书馆超链接，建立呈缴电子资源的查询系统，同时提供呈缴电子资源的目录信息检索服务。在该呈缴系统中，加拿大国家图书馆及档案馆也规定了数字出版物的格式标准，以避免境内纷杂的数字出版物在呈缴过程中带来的不便。❶

图 2-5　加拿大国家图书馆及档案馆数字出版物呈缴平台❷

在韩国，为了能够保存在线数字资源，2005 年 12 月，由韩国国立中央图书馆（National Library of Korea，NLK）开发了在线存档与搜索互联网资源平台（Online Archiving & Searching Internet Sources，OASIS）。❸这个平台能够借助网络存档的形式分别有选择性的网站数字资源，并能够对这些数字资源进行长期保存，如图 2-6 所示❹。

---

❶ 林巧敏. 国家图书馆电子资源馆藏发展之研究［D］. 台北：台湾大学，2008.
❷ Library and Archive Canada. Digital Collection's Upload platform［EB/OL］.［2014-10-12］. http://www.collectionscanada.gc.ca/electroniccollection/deposit/index.php?fuseaction=login.signUpForm.
❸ Kyung Ho Chio，Dal Ju Jeon. A Web Archiving System of the National Library of Korea：OASIS［EB/OL］.［2018-09-18］. http://www.ndl.go.jp/en/cdnlao/newsletter/058/583.html.
❹ National Library of Korea. Online Archiving & Searching Internet Source［EB/OL］.［2019-02-25］. http://www.oasis.go.kr/jsp/data_search_keyword.jsp?nocache=1396689853075.

图 2-6　韩国 OASIS 系统界面

此外，在澳大利亚昆士兰州，为方便数字出版物的呈缴，该州的州立图书馆网站——昆士兰州图书馆（State Library of Queensland）专门开辟了一个呈缴平台：呈缴精灵（Deposit Wizard），用于提交电子书、电子期刊、电子报告等数字类型的出版物，如图 2-7 所示。[1]

图 2-7　昆士兰州立图书馆数字呈缴平台

---

[1] State Library of Queensland. Deposit your digital item[EB/OL].[2014-02-19]. http://bishop.slq.qld.gov.au/deposit/external/fastTrack.do?operation=fast&admin_unit=QDL01&workflow=Legal%20Deposit-Serials%20Ongoing.

第三章

中国数字出版物呈缴制度现状分析

第一节　中国出版物呈缴制度发展概述

出版物呈缴是完整收集和保存一国文化遗产的一种有效方式，根据 IFLA 的定义，呈缴是"一项法定义务，该义务要求所有的商业或公共组织及个人均应将其出版的任何种类的出版物向指定的国家机构呈缴一至数册样本"。从制度上对呈缴活动进行规范和约束能够有效保障文化遗产的留存。

学术界一般认为，呈缴制度的起源最早可追溯到 16 世纪的法国，当时法国国王弗朗索瓦一世在 1537 年颁布《蒙彼利埃敕令》（*Ordonnance de Montpellier*），规定凡国内出版者和印刷者在其出版的图书销售前均应向设于国王城堡内的国王图书馆呈缴一册，否则将悉数没收出版物并课以重金处罚。但是对此也有另一种说法，认为呈缴制度的萌芽最初是源于我国南宋时期，即 1186 年。据史书记载："此年九月二十七日孝宗皇帝下诏：'秘书省将来收诸路书籍径自关取'（载光绪十二年，即 1886 年杭州丁氏刻本《南宋馆阁续录》）。也就是说孝宗皇帝正式授权秘书省可以直接索取各级地方政府刊印的国家书库中未备的官书。首先提出这种制度的奏折，是由当时的秘书郎莫叔光（字仲谦）所上。当时呈缴的办法是，各地政府缴送各地刻书目录到省，然后由省员统一以当时的国家书目《中兴馆阁书目》（1178 年成书）——查对。如'见得有未收之书，即复移文本处取索印本'。"[1] 可见，我国古代对文化遗产的保护与留存这种意识较为先进，研究我国出版物呈缴制度的发展变化具有重要历史和现实意义，有利于根据信息技术环境的变化来及时调整我国出版物呈缴制度的各个要素，建立有效的方式实现对类型丰富、载体多样的文化遗产的保存保护，并且在传承文化的同时保护文化安全和信息安全。

现有研究多认为我国呈缴制度发端于清朝末年。1906 年清朝政府制定颁布了《大清印刷物专律》，这是一部有关报刊出版的专门法律，分为大纲、印刷人等、记载物件等、毁谤、教唆、时限等 6 章第 41 款，是我国关于新闻出版最早的专门法律。其第二章第九条明确规定了呈缴的主客体及相关的惩罚措施："凡印刷人印刷各种印刷物件，即按件备两份呈送印刷所在之巡警衙门，该巡警衙门即以一份存巡警衙门，一份申送京师印刷注册总局。凡违犯本条者，所科

---

[1] 冯锦生. "呈缴本"制度究竟始于何时 [J]. 图书馆，1986（4）：17.

罚银不得过银五十元，监禁期不得过一个月，或罚级监禁两科之。"[1]20 世纪初，出现了近代中国第一部图书馆法规，即《京师及各省图书馆通行章程》，其规定了图书馆设立的最终目的是保存国粹，造就通才。正是基于此目的，1916 年 3 月 6 日，《教育部片奏内务部立案出版之图书请饬该部分送京师图书馆收藏摺》中首次明确要求出版者应向图书馆呈缴出版物："查英、法各国出版法中，均规定全国出版图书，依据出版法报官署立案者，应以一部送赠国立图书馆庋藏。……京师图书馆正在筹备进行，拟可仿行此制。拟请饬下内务部，以后全国出版图书，依据出版法报部立案者，均令以一部送京师图书馆庋藏，以重典策而光文治，似于教育政化，裨益匪浅。"[2]北洋政府批准了该奏文，通令全国要求发行人向京师图书馆呈缴新书。教育部饬知京师图书馆："通行京外，嗣后凡有文书图画依据出版法应行察报者，饬由察报人于按照出版法第四条应行禀送两份外，另外添送一份，以备图书馆庋藏之用。"[3]这一规定被认为是真正确立国立图书馆缴存馆地位，真正意义上的出版物呈缴制度开始在中国出现。

在我国新闻出版史上，呈缴制度伴随图书审查制度而产生发展，政府在控制和检查出版物的同时，也推动了出版物呈缴制度的形成和不断完善，以一种特殊的方式保障了文化资源的传承和保护。中华人民共和国成立以后，针对出版物呈缴问题，中央和地方层面都分别制定了不同的政策，港澳地区基于本地区的法律体系和行政制度要求，台湾地区也基于相关规定，建立了适应本地区呈缴的制度体系。

一、中央层面制定的法律法规

从法律效力层级看，中央层面制定的有关出版物呈缴制度的法律法规主要分为三种类型：一是全国人大常委会指定的法律，二是国务院根据宪法和法律制定的行政法规，三是国务院相关部门在本部门的权限范围内根据法律和国务院的行政法规、决定、命令所制定的部门规章，以新闻出版行政主管部门为主，教育部等部门也有所涉及。从所调研文献资料来看，自中华人民共和国成立以来,中央共计下发涉及呈缴工作的行政法规和部门规章等达 55 个之多，详见表 3-1。

表 3-1 中华人民共和国出版物呈缴制度发展历程简表

时间	法律法规名称	制定部门	呈缴范围	呈缴数量/份	处罚措施
1952	《管理书刊出版业印刷业发行业暂行条例》	政务院	书刊	—	—
1952	《关于征集图书期刊样本暂行办法（草案）》	出版总署	书刊	—	—
1953	《专区级以上报纸缴送样本暂行办法》	出版总署	报纸	—	—
1956	《修订全国报纸缴送样本办法的通知》	文化部	报纸	—	—

---

[1] 百度百科. 大清印刷物专律[EB/OL]. [2015-08-22]. http://baike.baidu.com/link?url=BYTTDVpQkfIZZWtybScwnH8slnJft_qZZN3a0zPzdcSFoCF3pdbnVDPSQa3dPOv6sgQtPQzpMG7PRczigWvSS_.
[2] 郭锡龙. 图书馆暨有关书刊管理法规汇览[M]. 北京:中国政法大学出版社，1995：67.
[3] 刘英赫. 我国呈缴本制度发展举要[J]. 法律文献信息与研究. 2011（3）：23-29.

续表

时间	法律法规名称	制定部门	呈缴范围	呈缴数量/份	处罚措施
1955	《中华人民共和国文化部关于征集图书、杂志样本办法》	文化部	公开发行的各种语言的书籍、图书、杂志	1	—
1956	《修订全国报纸缴送样本办法》	文化部	报纸	1	—
1963	《改变缴送北京图书馆书刊样本份数的通知》	文化部	图书、杂志	1~3	—
1979	《关于征集图书、杂志、报纸样本的办法》	国家出版事业管理局	图书、杂志、报纸（不包括非正式刊物）	1~3	—
1985	《关于图书、期刊版权保护试行条例实施细则》	文化部	图书、期刊	—	—
1990	《报纸管理暂行规定》	新闻出版署	报纸	—	—
1991	《重申〈关于征集图书、杂志、报纸样本办法〉的通知》	新闻出版署	图书、杂志、报纸和音像制品	1~3	逾半年不按规定要求缴送样本的，给予警告处分；此后仍不送样本的，给予应缴送样本定价金额1倍的经济处罚；情节严重者，予以停业整顿
1991	《关于调整向北京图书馆缴送杂志样本数量的通知》	新闻出版署	杂志	3	—
1996	《电子出版物管理暂行规定》	新闻出版署	电子出版物	—	—
1996	《新闻出版署关于缴送音像、电子出版物样品的通知》	新闻出版署	音像制品、电子出版物	1	视情节轻重给予通报批评，核减中国音像制品编码和标准书号，年检时暂缓登记或不予以登记
1997	《图书质量保障体系》	新闻出版署	图书	1	—
1997	《出版管理条例》	国务院	报纸、期刊、图书、音像制品、电子出版物	—	—
1997	《电子出版物管理规定》	新闻出版署	电子出版物	—	—
1998	《关于应按（91）新出图字第990号文件规定缴送样书的通知》	新闻出版署	图书、杂志、报纸	1~3	—
2001	《出版管理条例》	国务院	报纸、期刊、图书、音像制品、电子出版物	—	由出版行政部门责令改正，给予警告；情节严重的，责令限期停业整顿或者由原发证机关吊销许可证
2001	《音像制品管理条例》	国务院	音像制品	—	由出版行政部门、文化行政部门责令改正，给予警告；情节严重的，责令停业整顿或者由原发证机关吊销许可证
2004	《音像制品出版管理规定》	新闻出版总署	音像制品	—	—
2005	《期刊出版管理规定》	新闻出版总署	期刊	3	—

续表

时间	法律法规名称	制定部门	呈缴范围	呈缴数量/份	处罚措施
2005	《报纸出版管理规定》	新闻出版总署	报纸	—	—
2007	《图书出版管理规定》	新闻出版总署	图书	—	—
2007	《电子出版物出版管理规定》	新闻出版总署	电子出版物	—	—
2007	《新闻出版署关于加强音像制品和电子出版物样本缴送工作的通知》	新闻出版总署	音像制品、电子出版物	1	—
2011	《出版管理条例》	国务院	报纸、期刊、图书、音像制品、电子出版物等	—	修订
2011	《音像制品管理条例》	国务院	音像制品	—	修订
2011	《关于进一步加强新闻出版总署出版物样本缴送工作的通知》	新闻出版总署	初版新图书（包括不同装帧、开本、版式型字号的版本图书）、重印书；音像制品；电子出版物	1	
2018	《中华人民共和国公共图书馆法》	全国人大常委会	正式出版物	—	依据出版管理的法律法规

（一）全国人大常委会制定的法律

2018年1月1日，中国的《公共图书馆法》正式开始实施。《公共图书馆法》立法历经十余年，在长期酝酿、深入调研和广泛征求社会各界意见的基础上最终完成立法，是我国文化法制工作的一项突破性进展，对我国图书馆事业乃至公共文化事业的发展都将产生巨大的推动作用。《公共图书馆法》界定了政府、公共图书馆、社会组织以及个人在公共图书馆事业活动中的相关权利和义务，在出版物呈缴制度设计方面，不但规定由国家图书馆承担国家文献信息战略保存以及国家书目和联合目录编制的职能，同时还规定出版单位应当按照国家有关规定向国家图书馆和所在地省级公共图书馆交存正式出版物。这是目前位阶最高的法律中关于呈缴制度的要求，与过去出台的行政法规规定、部门规章规定以及各类地方性法规的规定相比，法律强制性更强，对呈缴事业以及文化保存与传承的保障功能更强，是未来发展数字出版物呈缴制度最重要的法律依据。尽管《公共图书馆法》对呈缴制度作出了规定，但较为笼统，对呈缴范围、呈缴方式等贯彻实施呈缴制度的具体要求均未作出明确要求，对不履行呈缴义务的相关罚则也仅是要求按照有关规定执行。在这种背景下，不但开展数字出版物呈缴制度研究非常必要，而且迫在眉睫。

（二）国务院制定的行政法规

1. 针对多种出版物的综合性法规

我国的出版物呈缴制度早期建立在图书和期刊呈缴的基础上。由于图书和期刊在出版、发行等方面具有诸多共同特点，因此，国务院陆续出台了一些行政法规同时对图书和期刊的出版和发行活动进行统一规范，其中涉及对呈缴活动的管理规定。1952年8月16日政务院公布了《管理书刊出版业印刷业发行业暂行条例》，其第八条中规定："每种书刊出版后，应向各级出版行政机关及国立图书馆送缴样本,其办法另订之。"第九条中还规定:"印成之书刊,应于送货时每种送缴当地出版行政机关一份。"❶同时在第十一条中规定了违反呈缴规定的罚则:"凡违反本条例第八条至第十条之各款规定者,由出版行政机关给予警告或撤销其营业许可证等处分。撤销许可证时,应通知当地工商行政机关撤销其登记。"❷

1997年1月2日国务院颁布了《出版管理条例》,自1997年2月1日起施行。该条例中规定,"出版物"包含报纸、期刊、图书、音像制品、电子出版物等。其第二十二条明确规定,"出版单位发行其出版物前,应当按照国家有关规定向北京图书馆、中国版本图书馆和国务院出版行政部门免费送交样本。"❸这里的出版单位在其第八条有较为明确的定义:"包括报社、期刊社、图书出版社、音像出版社和电子出版物出版社等。法人出版报纸、期刊,不设立报社、期刊社的,其设立的报纸编辑部、期刊编辑部视为出版单位。"

2001年12月25日国务院第50次常委会颁布了新的《出版管理条例》,该条例自2002年2月1日起施行。其中关于呈缴制度的规定基本延续下来,第二十三条规定:"出版单位发行其出版物前,应当按照国家有关规定向国家图书馆、中国版本图书馆和国务院出版行政部门免费送交样本。"❹同时,在第六十一条中规定:"有下列行为之一的,由出版行政部门责令改正,给予警告;情节严重的,责令限期停业整顿或者由原发证机关吊销许可证:(三)出版单位未依照本条例的规定送交出版物的样本的。"可见,在出版管理体系中,政府部门重视对出版物呈缴活动的管理,也提出了相关的管理措施。该条例于2011年3月19日进行了部分条款的重新修订,但是针对出版物呈缴管理的条款变化不大,分别为"第二十二条 出版单位应当按照国家有关规定向国家图书馆、中国版本图书馆和国务院出版行政主管部门免费送交样本"和"第六十七条 有下列行为之一的,由出版行政主管部门责令改正,给予警告;情节严重的,责令限期停业整顿或者由原发证机关吊销许可证:(三)出版单位未依照本条例的规定送交出版物的样本的"。修改后的条例中取消了"发行其出版物前"的时间限定,并把接收样本的"国务院出版行政部门"更精确指定为"国务院出版行政主管部门"。❺

2. 针对特定出版物的专项法规

(1)学位论文呈缴。1981年5月20日国务院颁布了《中华人民共和国学位条例暂行实施办法》,其中对于学位论文的呈缴工作做出了相应规定,即第二十三条规定:"已经通过的硕士学位和博士学位的论文,应当交存学位授予单位图书馆一份,已经通过的博士学位论文,还应当交存北京图书馆和有关的专业图书馆各一份"。❻国务院针对特殊类型文献制定了呈缴规定,一方面反映出国家对这一类型文献的重视,另一方面也说明我国已经建立适应不同类型文献的呈缴制度基础。

(2)录音录像制品呈缴。1982年12月23日国务院颁布了《录音录像制品管理暂行规

---

❶ 管理书刊出版业印刷业发行业暂行条例[N]. 人民日报,1952-08-19(3).

❷ 同❶.

❸ 该文件原文来自"北大法宝"数据库,检索日期:2015年9月21日.

❹ 同❸.

❺ 同❸.

❻ 中华人民共和国学位条例暂行实施办法[EB/OL]. [2015-09-21]. http://www.cdgdc.edu.cn/xwyyjsjyxx/xwbl/zcfg/flfg/259156.shtml.

定》，其中第五条规定："录音制品出版后，样品应报送广播电视部备查；录像制品应报送目录，留底备查。"可见当时的录音录像制品的样品呈缴主要是出于审查管理的目的，但也在一定程度上促进了录音录像制品呈缴制度的形成和发展。

（3）音像制品呈缴。随着信息技术的发展，出版物类型不断丰富，1994年8月25日国务院正式颁布了《音像制品管理条例》，于同年10月1日起正式实施。该条例第十二条规定："音像出版单位应当自音像制品出版之日起30日内向国家版本图书馆缴送样品。"尽管该条例明确了音像制品呈缴活动的主体和客体，对呈缴的具体流程、办法并未进行细化规定，既缺乏呈缴法律关系内容，也缺乏相应的法律责任规定。

2001年12月25日国务院第50次常委会颁布了新的《音像制品管理条例》，自2002年2月1日起施行。其第十二条规定"音像出版单位应当自音像制品出版之日起30日内向国家图书馆、中国版本图书馆和国务院出版行政部门免费送交样本"，接收单位新增了国家图书馆和国务院出版行政部门；其第四十四条规定"有下列行为之一的，由出版行政部门、文化行政部门责令改正，给予警告；情节严重的，并责令停业整顿或者由原发证机关吊销许可证：（四）音像出版单位未依照本条例的规定送交样本的"，对未缴送样本的行为增加了处罚措施，使音像制品的呈缴制度有了较大程度的完善和进步。

2011年3月19日《音像制品管理条例》进行了部分条款的重新修订，删除了呈缴时限的规定，第十二条改为："音像出版单位应当按照国家有关规定向国家图书馆、中国版本图书馆和国务院出版行政主管部门免费送交样本。"同时，在处罚措施中处罚部门删除文化行政部门，解除了文化部门对未呈缴行为的处罚权，第四十四条规定为："有下列行为之一的，由出版行政主管部门责令改正，给予警告；情节严重的，并责令停业整顿或者由原发证机关吊销许可证：（四）音像出版单位未依照本条例的规定送交样本的。"

（三）国务院相关部门制定的部门规章

1. 针对多种出版物的综合性规章

1951年《人民日报》刊登了一则启事，即《出版总署征集新出版图书、期刊启事》，其中指出："本署为保存书刊版本及进行调查研究，自一九五〇年初，开始通函向全国公营、公私合营和私营出版家征集中华人民共和国成立以后印行的初版、重版图书及期刊。一年以来，绝大多数出版家均已按照本署规定办法缴送。现在本署已经着手编印中华人民共和国成立后第一次全国新书目录（时期从一九四九年十月一日起至一九五〇年十二月底止），并决定从本年起，按月编印全国新书目录，分发全国各图书发行机构及图书馆参考。诚恐以前通知未周，兹特请全国出版家注意：凡未接到本署征集书刊通知的出版家，务希将一九四九年十月一日以后出版之初版、重版图书、期刊样本（初版书刊每种三份，重版书刊每种一份），邮寄北京东总布胡同十号出版总署图书期刊司收。从一九五一年起，新出版的图书期刊，务希于出版后三天内即行缴送。本署另印有'征集新出图书期刊办法'，函索即寄。此启。"❶

1952年11月，出版总署根据《管理书刊出版业印刷业发行业暂行条例》制定了《征集

---

❶ 出版总署征集新出版图书、期刊启事 [N]. 人民日报，1951-01-28（6）.

图书期刊样本办法（草案）》，奠定了新中国出版物呈缴制度基础。[1]1955年4月25日，文化部依据《管理书刊出版业印刷业发行业暂行条例》第八条第九项规定，制定了《中华人民共和国文化部关于征集图书、杂志样本办法》，该办法共四条内容，其中第二条对呈缴主体、客体、接收样本的单位及数量做了分类细化表述；同年6月，文化部出版事业管理局发布了《关于征集图书、杂志样本办法的补充说明》，对出版单位质疑的条款进行了进一步解释与说明，明确了呈缴范围，并对一些概念进行限定；同年7月8日，文化部出版事业管理局又颁布了《检送"征集图书杂志样本办法"及补充说明》，从呈缴范围来看应该还是限于图书杂志，属于对呈缴管理上进行补充指导性的文件。1963年11月12日，文化部专门就国家图书馆（原北京图书馆）书刊样本数量发布了《改变缴送北京图书馆书刊样本份数的通知》，针对不同类型的图书杂志，规定了不同的呈缴样本数量，这一细化规定大大加强了呈缴制度的适应性和可操作性。[2][3]从这一系列密集发布的部门规章可以看出，在政府部门的重视下，出版物呈缴制度得以不断发展完善。

1979年4月18日，国家出版局重新修订了《关于征集图书、杂志、报纸样本的办法》，对呈缴活动中涉及的受缴主体、呈缴范围等重新进行了明确规范，取消了对县、市级及厂矿企业、高等院校报纸呈缴样本的规定。[3]1991年9月11日，国家出版局发布了《重申〈关于征集图书、杂志、报纸样本办法〉的通知》，由于版本图书馆第二书库于1984年撤销该通知中取消了向其呈缴的规定，同时在各类型出版物的呈缴范围和呈缴数量的规定上也有一定变更，最突出的变化是新增了音像制品这种新型载体类型的出版物，首次对相应的处罚措施及呈缴样本的寄送方式做出了明确规定，并进一步强调了呈缴样本工作的重要意义。[4]同年11月4日，新闻出版署下发了《关于调整向北京图书馆缴送杂志样本数量的通知》，该通知明确表示"杂志向北京图书馆缴送样本的数量进行调整，由1本增至3本，其他各项不变"[5]。以此保证杂志样本的完整收藏，保障国家图书馆（原北京图书馆）更好地履行其为国家全面、完整地收藏国内出版物并妥善保存的职能。

针对音像制品和电子出版物，新闻出版署于1996年10月8日下发了《新闻出版署关于缴送音像、电子出版物样品的通知》（新出音〔1996〕697号），对音像制品、电子出版物的呈缴范围、呈缴办法及督缴措施做出更加明确的规定，使这两类出版物的呈缴活动有章可循。[6]经过十年的呈缴实践，2007年1月24日新闻出版总署下发了《新闻出版总署关于加强音像制品和电子出版物样本缴送工作的通知》（新出音〔2007〕71号），进一步强调了音像制品和电子出版物样本呈缴工作的重要性，呼吁相关单位高度重视，并对1996年所颁布的通知相关条款作了进一步细化，特别是关于呈缴办法这一部分进行了细致而明确的规定，首次规定使

---

[1] 出版物呈缴制度［EB/OL］．［2015-08-25］．http://baike.baidu.com/view/131615.htm.
[2] 国家图书馆研究院．我国图书馆事业发展政策文件选编（1949—2012）［M］．北京：国家图书馆出版社，2014：43-44.
[3] 同[2]11.
[4] 同[2]60-61.
[5] 同[2]136-137.
[6] 同[2]138.

用电子邮箱接收呈缴样本清单。❶

2. 针对特定类型出版物的专项规章

（1）图书呈缴。1997年6月26日新闻出版署颁布了《图书质量保障体系》（新闻出版署令第8号），其第二章第三节第十八条中明确规定："坚持图书样本缴送制度。出版社每新出一种图书，应在出书后一个月内，按规定分别向新闻出版署、中宣部出版局、中国版本图书馆、北京图书馆缴送样书一册（套）备查。"❷

2008年，新闻出版总署第36号令《图书出版管理规定》正式开始施行❸，其第三十四条规定："图书出版单位在图书出版30日内，应当按照国家有关规定向国家图书馆、中国版本图书馆、新闻出版总署免费送交样书。"第五十条规定："图书出版单位有下列行为之一的，由新闻出版总署或者省、自治区、直辖市新闻出版行政部门依照《出版管理条例》第六十一条处罚：（四）未按规定送交样书的。"

2011年3月14日新闻出版总署下发了《关于进一步加强新闻出版总署出版物样本缴送工作的通知》，专门就新闻出版总署样本征集办公室和中国版本图书馆的样本征集工作进行了说明和规范，主要内容围绕图书的呈缴工作而展开。❹

（2）期刊呈缴。1988年11月24日新闻出版署发布了《期刊管理暂行规定》❺，其中第三十条规定："各期刊出版后，应按规定及时向新闻出版行政管理部门送缴样本。"虽然在这项规章中没有设立针对呈缴活动专门的处罚条款，但该规章第五章中所规定的违反该规章的处罚力度还是比较大的。

1991年6月5日，国家科委、新闻出版署联合下发了《科学技术期刊管理办法》，专门就科技期刊的审批、管理进行了严格的规定，其中第三章第十五条规定："新办的期刊，五年内不得更改刊名和变动主办单位；并应当按期向中国版本图书馆、国家科委和新闻出版署缴送样本。"明确规定了呈缴职责与接收单位。❻但是，该文件已于2008年1月25日根据《科学技术部关于废止部分规章与规范性文件的决定》废止。

2005年9月30日新闻出版总署颁布第31号令《期刊出版管理规定》❼，第四十三条规定："期刊出版单位须在每期期刊出版30日内，分别向新闻出版总署、中国版本图书馆、国家图书馆以及所在地省、自治区、直辖市新闻出版行政部门缴送样刊3本。"第六十条规定："期刊出版单位有下列行为之一的，依照《出版管理条例》第六十一条处罚：（四）期刊出版单位未依照本规定缴送样刊的。"

此外，国务院其他部门在本部门职责范围内制定了期刊呈缴的相关规定，例如：教育部

---

❶ 国家图书馆研究院. 我国图书馆事业发展政策文件选编（1949—2012）[M]. 北京：国家图书馆出版社，2014：217-218.
❷ 图书质量保障体系[EB/OL].[2015-09-22]. http://baike.baidu.com/link?url=fsaCpDjj-GAgjYey4WTToF2ZdSIO2i_lhWoYGvyCQFnDHGL1cIMbffw6I7JHuETi30DPFE77P7-fZxlMlDsEqK.
❸ 该文件原文来自"北大法宝"数据库，检索日期：2015年9月22日。
❹ 关于进一步加强新闻出版总署出版物样本缴送工作的通知[EB/OL].[2015-09-22]. http://www.capub.cn/bbzj/bbzjdt/02/2559.shtml.
❺ 期刊管理暂行规定[EB/OL].[2015-09-22]. http://www.moh.gov.cn/mohbgt/s3580/200806/35985.shtml.
❻ 科学技术期刊管理办法[EB/OL].[2015-09-21]. http://www.baike.com/wiki/%E7%A7%91%E5%AD%A6%E6%8A%80%E6%9C%AF%E6%9C%9F%E5%88%8A%E7%AE%A1%E7%90%86%E5%8A%9E%E6%B3%95.
❼ 该文件原文来自"北大法宝"数据库，检索日期：2015年9月21日。

发布了《高等学校学报管理办法》，原轻工业部发布了《轻工业部科学技术期刊管理办法》，原化工部发布了《化工期刊管理办法》，原国家海洋局发布了《关于印发国家海洋局科技期刊管理办法的通知》等。

（3）报纸呈缴。1990年12月25日新闻出版署发布了《报纸管理暂行规定》[1]，其中第三十条规定："报纸经批准出版之后，应向新闻出版行政管理部门及时缴送样报、合订本，并按国家有关规定向北京图书馆、中国版本图书馆缴送样报、合订本。"

2005年9月30日新闻出版总署颁布第32号令《报纸出版管理规定》，其中，第四十五条规定："报纸出版单位须按照国家有关规定向国家图书馆、中国版本图书馆和新闻出版总署以及所在地省、自治区、直辖市新闻出版行政部门缴送报纸样本。"第六十二条规定："报纸出版单位有下列行为之一的，依照《出版管理条例》第六十一条处罚：（三）报纸出版单位未依照本规定缴送报纸样本的。"

对比期刊管理和报纸管理的相关规章可以看出，对于期刊设定了明确的呈缴时限和呈缴规定，而对于报纸则未明确规定呈缴时限和呈缴数量问题，但是对不履行呈缴义务的处罚依据均出自《出版管理条例》第六十一条。

（4）音像制品呈缴。1996年2月1日新闻出版署颁布了《音像制品出版管理办法》[2]，其第二十五条规定："音像出版单位应当自音像制品出版之日起30日内，向中国版本图书馆缴送样品并将样品报新闻出版署备案。"第二十九条规定："对拒绝报送年度选题计划的、拒绝缴送音像制品样品的音像出版单位，应当责令改正并可给予警告。"该管理办法对音像制品呈缴主体、客体、受缴主体、呈缴时限、处罚措施都有着较为明确的规定。2004年6月17日新闻出版总署颁布了《音像制品出版管理规定》[3]，该规定于2004年8月1日起施行，新闻出版署1996年2月1日发布的《音像制品出版管理办法》同时废止。该规定拓展了音像制品呈缴主体的范围，新增"经批准出版配合本版出版物音像制品的出版单位"作为呈缴主体，第二十九条规定："音像出版单位、经批准出版配合本版出版物音像制品的出版单位，应自音像制品出版之日起30日内，分别向国家图书馆、中国版本图书馆和新闻出版总署免费送交样本。"从处罚措施来看，该规定更进一步强调了对呈缴时限的要求，1996年《音像制品出版管理办法》的规定仅对拒绝呈缴的单位进行相应惩罚，而2004年《音像制品出版管理规定》则要求对未依照规定期限呈缴的行为也要进行处罚，其第四十九条规定："出版音像制品的单位有下列行为之一的，依照《音像制品管理条例》第四十四条处罚：（四）未依照规定期限送交音像制品样本的。"

（5）电子出版物呈缴。1996年3月14日，新闻出版署颁布了《电子出版物管理暂行规定》[4]，其第十四条规定："电子出版物出版单位应当自电子出版物出版之日起30日内向新闻出版署、北京图书馆和中国版本图书馆缴送样品。"这项规章明确了电子出版物出版单位的呈缴义务，规定了呈缴时限及接受呈缴的单位，但未对不履行义务的行为作出处罚规定。1997

---

[1] 报纸管理暂行规定[EB/OL]. [2015-09-22]. http://baike.baidu.com/link?url=nfV4FmkIcSr5PUwv8zsdu5pRckO1doHb3bkYH8xdj-m5egxHHZ3VIo72ARApzBDBE-AdgRgL5LSVuVC6OLBdga.
[2] 该文件原文来自"北大法宝"数据库，检索日期为2015年9月21日。
[3] 该文件原文来自"北大法宝"数据库，检索日期为2015年9月21日。
[4] 该文件原文来自"北大法宝"数据库，检索日期为2015年9月21日。

年12月30日新闻出版署颁布《电子出版物管理规定》[1]，该规定于1998年1月1日施行，《电子出版物管理暂行规定》同时废止。其第三十五条规定："电子出版物出版单位在电子出版物发行前，应当向北京图书馆、中国版本图书馆和新闻出版署免费送交样本。"第八十二条规定："违反本规定，有下列行为之一的，按照以下规定予以处罚：（四）电子出版物出版单位未按规定送交电子出版物样品的，予以警告，可以并处500元以上5000元以下罚款。"该规定首次对不履行呈缴义务行为的处罚金额做出了明确的规定，是我国呈缴制度发展过程中一项重要的突破。

2008年2月21日新闻出版总署颁布了《电子出版物出版管理规定》[2]，该规定自2008年4月15日起施行，新闻出版署1997年12月30日颁布的《电子出版物管理规定》同时废止。在新的规定中，除了关于呈缴相关处罚措施规定内容有所变更以外，其余规定均与1997年发布的规定保持一致。其第三十五条规定："电子出版物发行前，出版单位应当向国家图书馆、中国版本图书馆和新闻出版总署免费交送样品。"第六十条规定："有下列行为之一的，按照《出版管理条例》第六十一条处罚：（四）出版单位未按照有关规定送交电子出版物样品的。"

（6）博士后研究报告呈缴。2006年12月29日，人事部、全国博士后管理委员会印发了《博士后管理工作规定》[3]，该规定自2007年1月1日起施行，2002年2月1日施行的《博士后管理工作规定》同时废止。2006年发布的规定第二十九条新增与呈缴相关的条款，即："博士后人员工作期满，须向设站单位提交博士后研究报告（以下简称报告）和博士后工作总结等书面材料，报告要严格按照格式编写。设站单位应将报告报送国家图书馆。博士后人员出站时，设站单位要及时组织有关专家对其科研工作、个人表现等进行评定，形成书面材料归入其个人档案。"由此，我国法定的呈缴范围进一步拓展至博士后报告，受缴主体依然是国家图书馆。

（四）中央层面呈缴相关法律法规特点分析

中华人民共和国成立后，我国制定的系列法律法规、管理条例真正体现了呈缴制度建立的根本意义：一方面有助于审查出版物，登记著作权和出版权；另一方面，支持完整地保存文化和利用出版物，编制国家书目。出版物呈缴制度为国家保存文献版本和进行国家登记书目工作提供了可靠的保证，为国内和国际范围的出版物资源共享和文化交流提供了条件。通过对出版物呈缴制度相关政策与法规系统梳理与分析，可以反映出我国出版物呈缴制度发展的主要脉络，并从中分析总结出该项制度在我国的发展特点。

1. 法律法规对实践活动的约束力不能满足发展需求

对出版物呈缴制度的相关规定散见于多项法律法规和部门规章，尚未出台法律法规进行统一的、专门的规范，虽然《公共图书馆法》已经出台，但目前还是主要依靠国家的行政力量对出版物呈缴制度予以推行和保障，法律的强制性和规范性效果不佳，对呈缴义务人的约束力有限，导致呈缴制度执行乏力，远未达到出版物呈缴制度建立的目的，也不能满足国家文化发展的需求，未来可能需要投入更多的人力、物力、财力来消弭由于出版物呈缴制度缺

---

[1] 该文件原文来自"北大法宝"数据库，检索日期为2015年9月21日。
[2] 该文件原文来自"北大法宝"数据库，检索日期为2015年9月22日。
[3] 该文件原文来自"北大法宝"数据库，检索日期为2015年9月20日。

失而对国家社会、经济、文化、科技等方面带来的不利影响。

2. 呈缴客体不断拓展，但总体上仍覆盖不足

随着信息技术的发展，出版物类型不断增加，呈缴客体从最初的图书、杂志，拓展到报纸、学位论文、音像制品和电子出版物等。1953年之前制定的呈缴制度主要是针对图书和杂志较多；1953年出版总署制定的《专区级以上报纸缴送样本暂行办法》中规定的呈缴范围新增了报纸；1981年国务院颁布的《中华人民共和国学位条例暂行实施办法》中新增了学位论文；1991年新闻出版署发布的《重申〈关于征集图书、杂志、报纸样本办法〉的通知》中，新增了音像制品这种出版物类型；1995年新闻出版署发布的《关于出版挂历的管理规定》中新增了挂历、国务院发布的《地图编制出版管理条例》中新增了地图、邮电部发布的《邮电部关于电话号簿业务经营管理的暂行规定》中新增了电话簿；1996年新闻出版署颁布的《电子出版物管理暂行规定》中对电子出版物的呈缴有了明确规定；2006年人事部和全国博士后管理委员会联合颁布的《博士后管理工作规定》中对博士后研究报告的呈缴工作做了规定；2018年起实施的《公共图书馆法》规定需呈缴的对象为"正式出版物"，关于"正式出版物"的范围与类型仍需进一步界定。

尽管如此，在数字技术快速发展、数字出版物大规模涌现的环境下，我国尚未出台全国性的有关数字出版物呈缴的法律或规章，数字出版物作为国家和民族文化遗产的重要组成部分，仍不能依法得到妥善收集和保存。

3. 采用分类呈缴模式促进呈缴制度运行

我国的出版物呈缴相关规章制度根据不同的呈缴客体的特点规定了不同的呈缴数量、受缴主体等，并且根据每个受缴主体的不同职责，在发展过程中，适当调整呈缴出版物数量和类型，有利于在一定程度上缓解呈缴义务人的经济负担，同时也有利于降低受缴主体的管理成本，从而提高呈缴制度运行效率。从整体来看，面向新闻出版行政主管部门的呈缴数量基本为1，但对其呈缴类型却比较全面，便于其开展出版物审查工作；面向国家图书馆等保存和利用单位，呈缴数量和类型都呈现增长态势。例如，在1996年新闻出版署《关于缴送音像、电子出版物样品的通知》中，仅规定了向国家图书馆呈缴电子出版物，而不包括音像出版物，到2001年年底，《出版管理条例》和《音像制品管理条例》中，正式将音像制品纳入向国家图书馆呈缴的范围。由此可见，国家对于保存保护文化遗产的需求越来越强烈，国家图书馆等出版物保存和服务单位在其中发挥了越来越重要的作用。

4. 呈缴期限较为宽松，便于呈缴义务人操作

在1989年之前，相关法规或规章中大多规定需要在出版物出版三日内启动呈缴。1989年新闻出版署颁布的《〈期刊管理暂行规定〉行政处罚实施办法》中对呈缴期限明确进行了解释："及时缴送样本是指将期刊交付发行的同时应向有关部门缴送样本，限制期限为出版后1个月"；1991年新闻出版署颁布的《重申〈关于征集图书、杂志、报纸样本办法〉的通知》中明确约定限制期限按类型划分为："图书、期刊、音像出版物出版后1个月内""报纸出版后一周内，合订本（含缩印本、目录和索引）出版后1个月内寄送"；2011年新闻出版总署明确规定了呈缴期限为"出版30日内（以邮寄日期为准）"，更加明确了呈缴期限。较为宽松的呈缴期限规定充分考虑了我国文献出版发行的现实情况，为呈缴义务人预留了充足的时间，有利于鼓励呈缴义务人及时、完整地呈缴出版物。

5. 重视制定处罚措施，但对呈缴活动的监督和处罚执行力度不够

2018 年起实施的《公共图书馆法》规定：出版单位未按照国家有关规定交存正式出版物的，由出版行政主管部门依照有关出版管理的法律、行政法规规定给予处罚。1991 年新闻出版署发布的《重申〈关于征集图书、杂志、报纸样本办法〉的通知》规定：对出版单位逾半年不按规定要求缴送样本的，给予警告处分；此后仍不送样本的，给予应缴送样本定价金额一倍的处罚；情节严重者予以停业整顿。1996 年规定又增加了核减书号和年检暂缓甚至不予通过的内容。2002 年修订的《出版管理条例》和《音像制品管理条例》中，对不呈缴出版物样本者的处罚措施更为严格，情节严重的可以由原发证机关吊销许可证。但是在实践中，由于出版物呈缴制度不够完善，缺少监督和评估机制，最主要的是缺乏法律的强制性约束，导致尽管出版物呈缴执行不尽人意，但呈缴义务人却鲜有因此受到法规或规章所规定的相应处罚。这种"有令不行"的情况不但不利于呈缴制度的运行，同时也损害了法律法规的权威性。

6. 对呈缴客体的例外限定不明确

在出版物呈缴制度中，一般会规定免于呈缴的出版物范围，即例外情况。我国出版物呈缴制度中，对此规定较为分散，且不甚明确，主要有：在 1979 年新闻出版署颁布的《关于征集图书、杂志、报纸样本的办法》中提到："活页形式的'供领导参考''内部资料''情况反映''情况简报''科技情报'及打字、油印和报纸形式的非正式刊物，均不属缴送样本范围。"1955 年文化部出版事业管理局发布的《中华人民共和国文化部关于征集图书、杂志样本办法》和《关于征集图书、杂志样本办法的补充说明》中提到"中央一级出版社不再向北京市文化局缴送样本""各机关、团体、学校用机关、团体、学校名义出版的书籍、图画（保密性质）""只供内部参考用的内部刊物：即内部刊物可不缴送样本"。目前这几项部门规章业已失效，而现行有效的行政法规与部门规章中，缺乏对呈缴例外范围的具体规定，对呈缴义务人以及受缴主体的呈缴相关管理都带来了一定困扰。

7. 缺乏对呈缴出版物质量的明确要求

在现行有效的各项法规与规章制度中，无论是针对多种出版物的综合性法律法规，还是针对某种特定类型出版物的专门性法规规章，均缺乏对应呈缴的出版物质量的规定，仅在个别文件中提出应做到"样本完整、不得缺失"，这种模糊的标准规范性有限，大大影响了出版物呈缴制度的运行效果。特别是在针对音像出版物和电子出版物，还存在多种格式和不同质量等级的问题，按照国际惯例，一般要求呈缴其"最优版本"或是"通用格式"，我国在建立数字出版物呈缴制度的过程中应注意这个问题。

8. 出版物呈缴手段基本确定并逐步便捷化

在 1991 年新闻出版署发布的《重申〈关于征集图书、杂志、报纸样本办法〉的通知》中，明确规定出版单位"通过邮局邮寄或直送有关单位，寄送新闻出版署图书、杂志、报纸、音像的样本，请分别寄送有关业务司"，但对于如何登记管理未做明确说明。在 1996 年新闻出版署发布的《关于缴送音像、电子出版物样品的通知》中，不但规定"由出版单位填写一式二联《缴送样品清单》，随样品缴送各样品征集办公室"，而且还规定了"各样品征集办公室核收后，应在清单第一联上签字、盖章、返回出版单位，以备查验"。与 1991 年规定相比，这项规章细化了呈缴细节，首次对《缴送样品清单》进行了规范，但未对受缴主体的反馈做

出明确规定。

2007年新闻出版总署发布的《关于加强音像制品和电子出版物样本缴送工作的通知》中规定："凡缴送的出版物样本，应附有单位盖章的《音像制品缴送样本清单》或《电子出版物缴送样本清单》，一式三份。各样本征集办公室核收后，应在清单上签字、盖章，并在10天内将清单返回出版单位，以备查验。出版单位应同时将《清单》电子版（以EXCEL表格形式）发送到以下邮箱：yangbenguanli@126.com。"这项规定的发展进步主要表现在三个方面：一是将样品清单的数量增加为3份；二是将受缴主体的反馈时间限定为10天；三是允许通过电子邮件接收电子版呈缴清单。这些举措对于提高呈缴效率、有效统计呈缴情况大有裨益。

2011年新闻出版总署下发的《关于进一步加强新闻出版总署出版物样本缴送工作的通知》中，在2007年通知的基础上拓展了呈缴客体范围，并且按照出版物类型要求"出版单位应同时将清单电子版（以EXCEL表格形式）发送到以下邮箱：图书样本专用邮箱：tsybcj@capub.cn、音像和电子出版物专用邮箱：yxybcj@capub.cn"，同时，为方便各出版单位呈缴，提高工作效率，把报送新闻出版总署和中国版本图书馆的样本统一寄送至同一地址。并规定了"寄送方式可采用直接送达或邮寄，如邮寄可采用印刷品挂号或其他形式（请勿按包裹方式邮寄）。寄送时需分别包装，并在缴送样本邮包上注明'总署样本''版本样本'字样"。

从呈缴手段的逐步确定和发展情况可以看出，我国对于呈缴工作的管理越来越规范，也越来越细化，主要目的是提高呈缴效率，方便各个相关主体履行呈缴义务，事实上也确实发挥了重要的作用，对出版物呈缴制度的发展整体上起到了推动和促进作用。

9. 有意识强化呈缴执行环节但收效甚微

在呈缴执行方面，早期规定仅要求呈缴义务人指定专人负责呈缴工作，后期逐步发展为将各出版单位呈缴情况列为出版单位考核和年检的重要内容,这一过程中涉及的主要规定如下。

1992年，财政部联合新闻出版署下发的《关于印发〈出版物样本赠阅财务管理办法〉的通知》中提出，缴送的样本可以核减出版社的成本，从而进一步降低出版社的缴送经济成本。

1996年新闻出版署发布的《关于缴送音像、电子出版物样品的通知》中规定："出版单位须指定专人负责此项工作，并于10月31日前将指定人员的姓名、联系地址、电话报新闻出版署音像管理司。"

1998年，新闻出版署在《关于加强书号总量宏观调控的通知》中提出"各出版社申请核发书号须报上年度样书缴送清单"，在《关于对音像出版单位使用版号实行总量控制的通知》中要求"……其余版号，凭音像出版单位在职中级职称编辑任职资格的证明材料，结合版号使用及音像制品样品缴送情况，经中央和国家机关在京音像出版单位的上级主管部门、各地音像出版行政管理部门或总政治部宣传部审核后，在其额度的范围内申请领取"。

2007年新闻出版总署发布的《关于加强音像制品和电子出版物样本缴送工作的通知》中规定："各音像、电子出版单位须指定专人负责音像制品或电子出版物样本的缴送工作，并于

2007年4月1日前以传真或电子邮件形式,将《样本管理指定人员信息表》报新闻出版总署音像电子和网络出版管理司(传真:010-65127827,邮箱地址:yinxiangsi@yahoo.com.cn)。今后,各音像、电子出版单位样本管理人员若有变动,需重新填写《样本管理指定人员信息表》,及时上报新闻出版总署音像电子和网络出版管理司。"

2011年新闻出版总署下发的《关于进一步加强新闻出版总署出版物样本缴送工作的通知》中明确提出:"各级新闻出版行政管理部门要对管辖范围内各出版单位的样本缴送情况进行定期检查,做好监督管理工作。出版单位样本缴送情况将作为出版单位等级评估、年度核验的重要参考依据之一。定期报送缴送情况,每年年底将对缴送样本及时、完整的出版单位给予表扬。"

通过分析以上规定可以看出,我国在制度层面上不断努力,逐步增加了提高呈缴率的保障措施,但是实际上收效不大。以承担主要受缴职能的国家图书馆为例,其每年仍需花费较大精力在全国范围内开展催缴工作,在大范围的催缴辅助之下,2013年图书呈缴率也才达到72.20%(具体情况参见本章第二节内容)。

10. 出版物呈缴制度的监管与评估体系尚有欠缺

对出版物呈缴制度执行进行监管与评估,从宏观上来看是出版物呈缴制度的重要组成部分,不但能够有效促进呈缴率的提升,最重要的是通过监管和评估,能够为校正和调整出版物呈缴制度而提供指导,切实实现出版物呈缴制度建立的初衷。但是在我国的出版物呈缴制度中,监管与评估体系是缺失的,主要是通过行政机关的行政管理工作进行监管,且规定较为模糊。在出版物呈缴制度未来的发展过程中,监管与评估体系是必须补充完善的重要内容。

二、地方性法规

根据我国法律规定,省、自治区、直辖市的人民代表大会及其常务委员会根据本行政区域的具体情况和实际需要,在不与宪法、法律、行政法规相抵触的前提下,可以制定地方性法规。通过调查发现,目前各地共出台了40项针对地方图书馆管理、出版管理等相关方面的地方性法规、规章以及规范性文件,其中大部分包含了针对出版物呈缴的规定,除其中4项规章虽通过多方调查但仍无法获取相关条款以外,其余36项规定详见表3-2~表3-4。

表3-2 地方制定的图书馆专门规章制度简表

政策法规	受缴主体	呈缴范围	呈缴数量/份	呈缴时限	备注
北京市图书馆条例	首都图书馆	本市出版物版本	2	公开出版物发行后2个月内	在接到出版物之后进行公开展陈,展陈时间不得少于2个月
内蒙古自治区公共图书馆管理条例	当地盟市以上公共图书馆	面向社会出版发行出版物	1~3	自出版物正式出版发行之日起30日内	鼓励在自治区外出版作品的个人,自愿呈缴。有收藏和研究价值的内部出版物的呈缴制度,由自治区人民政府另行规定
上海市公共图书馆管理办法	上海图书馆	本市出版社、报社、杂志社等出版单位出版的书刊资料	—	自本单位出版书刊资料之日起30日内	除特殊种类或者出版数量较少的出版物外

续表

政策法规	受缴主体	呈缴范围	呈缴数量/份	呈缴时限	备注
浙江省公共图书馆管理办法	省图书馆是全省地方文献资料呈缴样本收藏单位,各市、县(市、区)图书馆是所在地地方文献资料呈缴样本收藏单位	地方文献资料:出版单位出版的出版物和其他单位编撰、绘制、印刷的具有保存价值的资料	1	出版、编印之日起30日(非合订本报纸在出版之日起7日)内	—
山东省公共图书馆管理办法	省公共图书馆负责全省出版物样本的征集收藏工作,设区的市公共图书馆负责所在地出版物样本的征集收藏工作	所在地出版物	—	公开发行后的2个月内	除部分出版数量较少的出版物外;省内出版内部出版物的单位和个人以及省外的出版单位和个人,可以按照自愿原则向省公共图书馆和其他公共图书馆缴送样本。公共图书馆应当在接到出版物样本之日起专架陈列2个月
河南省公共图书馆管理办法	公共图书馆是本行政区出版物版本收藏单位	本行政区出版社、报社、杂志社等出版单位和有关单位出版的出版物	2	出版之日起30日内	
湖北省公共图书馆条例	省图书馆是本省出版物版本收藏单位,市、州图书馆是所在地出版物版本收藏单位	省内各出版社、报社、杂志社等出版单位所出版的出版物	2	出版30日内	鼓励省内出版内部出版物的单位和个人以及在省外出版作品的个人自愿呈缴
广州市公共图书馆条例	广州图书馆、广州少年儿童图书馆	在本市依法登记注册的出版单位出版的图书、报纸、期刊、音像制品、缩微制品、电子出版物等少年儿童出版物	2	出版之日起六十日内	各级人民政府以及所属职能部门编印的内部资料性出版物,应当在编印之日起六十日内,向本级公共图书馆呈缴四册(件)作为资料保存。鼓励自然人、法人或者其他组织通过各种方式向公共图书馆捐赠其出版或编印的各类出版物和资料。受缴、受赠公共图书馆应当向出版、编印单位出具接受呈缴或者捐赠凭证,定期编制呈缴本、受赠本目录并向社会公布
深圳经济特区公共图书馆条例(试行)	深圳图书馆	市各出版单位和各企业、事业单位所出版的公开及内部出版物	2	—	
广西壮族自治区公共图书馆管理办法(修订稿)	广西壮族自治区图书馆、广西桂林图书馆	广西各出版社、报社、杂志社等出版单位所出版书刊资料	2	出版书刊资料之日起30日内	除特殊种类或者出版数量较少的出版物外;各地县应参照此规定将出版物送当地图书馆收藏
四川省公共图书馆条例	省公共图书馆、所在地公共图书馆	省内出版单位所出版的图书、报纸、期刊、音像制品、电子出版物等	不少于2册(套、件)	出版之日起30日内	鼓励单位和个人向省公共图书馆和所在地公共图书馆免费送交所编印的资料样本。鼓励单位和个人将在省外出版的作品向省内公共图书馆捐赠。接受送交的公共图书馆应当向出版机构出具接受送交凭证,向单位和个人出具接收送交或者捐赠证明

续表

政策法规	受缴主体	呈缴范围	呈缴数量/份	呈缴时限	备注
乌鲁木齐市公共图书馆管理办法	市图书馆	图书、报纸、期刊、音像制品、电子出版物等	—	出版之日起30日内	除特殊种类或者出版数量较少的出版物外

表3-3 地方制定的出版管理规章制度简表

政策法规	受缴主体	呈缴范围	呈缴时限	备注
天津市图书报刊管理条例（2010修正）	国家图书馆、国家版本图书馆和市出版行政部门	图书、报刊（含内部资料）	—	依照《出版管理条例》《印刷业管理条例》和其他法律法规的有关规定予以处罚
天津市电子出版物管理条例	国务院出版行政部门、市出版行政部门、国家图书馆和中国版本图书馆	电子出版物	发行前	按照法律、法规规定纳入音像制品管理的除外。依照《出版管理条例》和其他法律法规的有关规定予以处罚
吉林省出版管理条例	省新闻出版行政管理部门和其他规定的有关部门	图书、期刊、报纸、音像制品	出版后	—
黑龙江省出版管理条例	规定的国家和省有关部门和单位	出版物	发行前	
江西省出版监督管理条例	省人民政府出版行政部门	报纸、期刊、图书、音像制品、电子出版物等	出版之日起30日内	—
湖南省地图编制出版管理办法（2004年）	省测绘行政主管部门和出版管理部门及其他有关部门	地图出版物	发行前	
青海省地方志工作规定	本级和上级方志馆、档案馆、公共图书馆	地方志书、地方综合年鉴	出版后3个月内	—
云南省地方志工作规定	本级和上级方志馆、国家综合档案馆、公共图书馆	地方志书、地方综合年鉴	出版后3个月内	—
新疆维吾尔自治区人民政府办公厅关于转发《新疆维吾尔自治区地方志、年鉴编纂管理办法》的通知	国家图书馆、中国版本图书馆和有关出版行政部门、方志馆	地方志、年鉴	出版后	—

表 3-4　地方制定的地方文献规章制度简表

政策法规	受缴主体	呈缴范围	呈缴数量/份	呈缴时限	备注
山西省人民政府办公厅转发省文化厅关于进一步做好征集地方文献工作的意见的通知	山西省图书馆地方文献部	山西地方文献是指山西的出版物、山西人著述和内容涉及山西的出版物，其中包括正式出版物和非正式出版物，纸质型出版物和非纸质型出版物，公费、自费集资等各种筹资方式形成的出版物	—	正式出版物应在出版后30天内，非正式出版物一般应在20天内送缴	—
宝鸡市人民政府办公室关于做好地方文献资料征集工作的通知	宝鸡市图书馆	同陕西省地方文献工作要求，只是更限定在宝鸡市范围内	4	发行前	—
内蒙古自治区人民政府办公厅关于印发内部出版物呈缴暂行办法的通知	旗县级以上公共图书馆	自治区行政区域内任何语言文字的内部出版物	1～3	自出版之日起30日内	各级图书馆可向呈缴主体和个人颁发呈缴证。对呈缴成绩特别突出的单位和个人，各级图书馆可提请上级主管部门给予适当的表彰奖励
呼和浩特市人民政府办公厅转发自治区人民政府办公厅《关于印发内部出版物呈缴暂行办法的通知》的通知	呼和浩特市图书馆和各旗县区图书馆	内部刊物（音像制品、电子出版物）	1～3	—	市政府对呈缴内部出版物成绩特别突出的地区、单位和个人予以表彰奖励；对违反新闻出版法及内部出版物呈缴暂行办法的单位或个人予以通报批评
巴彦淖尔市人民政府办公厅关于印发地方文献出版物典藏本缴送办法的通知	巴彦淖尔市图书馆	图书、期刊、报纸、图片、画册、磁盘、计算机软件、电子出版物、音像制品等	1～2	出版后30日内	由国家政府设置的各类单位机构编印的出版物应当必须缴送样本，鼓励其他单位、组织和个人自愿呈缴有关文献资料。凡缴送的典藏样本，都将注明缴送单位或缴送个人姓名及缴送日期，并颁发《巴彦淖尔市地方文献出版物典藏证》，同时赠送借阅"优待证"
沈阳市地方文献样本缴送办法	沈阳市图书馆	本市境内出版、编印的地方文献	2	正式出版物在出版后三十天内，非正式出版物在编印后二十天内	以下不纳入缴送范围：不足五十页的油印资料；简报、情况反映等内部资料；不足二十页的通俗读物。对违反本办法的规定，拒不缴送地方文献样本的单位，市文化行政部门应给予批评教育，令其改正；其上级主管部门应督促改正
抚顺市地方文献呈缴办法	抚顺市图书馆	我市区域内出版、编印出版物的单位及个人所出版、编印的地方文献	2～5	出版后二十日内	对违反本办法规定，拒不缴送地方文献样本的单位和个人，其上级主管部门应督促改正；市文化行政管理部门应给予批评教育，令其改正

续表

政策法规	受缴主体	呈缴范围	呈缴数量/份	呈缴时限	备注
合肥市人民政府关于印发合肥市地方文献样本缴送办法的通知	合肥市图书馆	本市行政区域内出版、编印的地方文献	2～3	出版后30日内	由国家政府设置的各类单位机构编印的出版物应当必须缴送样本；鼓励其他单位、组织和个人自愿呈缴有关文献资料。对积极呈缴地方文献样本且有突出贡献的单位和个人，由政府有关部门对其进行表彰和奖励。不缴送地方文献样本的单位，由市文化局（新闻出版局、版权局）责令改正，并可提请有关部门对主管人员和直接责任人员给予相应纪律处分
厦门市人民政府办公厅转发市文化局、市新闻出版局关于厦门地方文献征集管理办法的通知	厦门市图书馆	厦门出版的、厦门人士著述的和内容涉及厦门的各类型出版物	最少2本（件）	非合订本报纸在出版后7日内，其余类型在出版后30日内	鼓励公民捐赠其个人出版或收藏的厦门地方文献。属征集范围的出版物，原则上以无偿形式缴送；某些大型的、特殊的或价值较昂贵的文献，可视实际情况与厦门市图书馆商谈具体购买事宜。凡缴送或捐赠各类厦门地方文献的单位和个人，由厦门市图书馆予以颁发收藏证书；在征集厦门地方文献工作中做出显著成绩的单位和个人，由相关部门给予表彰和奖励。查阅、翻拍本单位或本人缴送的资料，一概免费服务
威海市人民政府办公室转发市文化局《关于建立地方文献缴本制度的意见》的通知	威海市图书馆地方文献部	本市各单位编印的、威海籍（或寓居威海）人士的各种著作及史料；印刷型出版物、非书型的视听资料、机读资料、缩微资料等	2～5	发行后30日内	专人管理，定期编辑《威海市地方文献目录》
平顶山市人民政府办公室关于建立平顶山市地方文献呈缴本制度的通知	平顶山市图书馆地方文献部	各级、各部门、有关单位编印的各种图书资料、平顶山籍（或寓居平顶山）人士的各种著作及史料。印刷型出版物、非书型的视听资料、机读资料、缩微资料等	2～3	发行后30日内	专人管理，定期编辑《平顶山市地方文献目录》
洛阳市人民政府办公室关于建立地方文献呈缴本制度的通知	洛阳市图书馆地方文献部	各级、各部门、有关单位编印的各种图书资料、洛阳籍（或寓居洛阳）人士的各种著作及史料。印刷型出版物、非书型的视听资料、机读资料、缩微资料等	2～3	发行后30日内	专人管理，定期编辑《洛阳市地方文献目录》

续表

政策法规	受缴主体	呈缴范围	呈缴数量/份	呈缴时限	备注
广西壮族自治区人民政府批转自治区文化厅《关于重申做好地方文献资料征集工作意见》的通知	广西壮族自治区图书馆、广西桂林图书馆、广西少年儿童图书馆	自治区和各地、市、县及其直属单位和报社、出版社、科研机构、厂矿、学校等企事业单位编印的各类出版物；有关少年儿童读物	2	—	欢迎专家、学者（含在外地工作的广西籍作者）将自己的著作、书画作品等赠送给上述三个图书馆；乡（镇）级及其以下单位的地方文献资料，可由各县、市图书馆负责征集，不再由自治区（省）级图书馆直接征集
关于开展地方文献征集工作的通知	渝北区图书馆	地方史志、地方资料、地方人士著述、革命文献、家谱族谱、非图书资料、古籍图书、其他具有保存价值的正式或非正式出版物	2	非合订本报纸在出版后一周内；其他出版物在出版（或印刷）后一个月内	对所有捐献者一律颁发渝北区图书馆《地方文献收藏证书》，对贡献突出者予以通报表彰或给予适当的物质奖励。一般情况下均为无偿捐赠。特殊情况可向区图书馆提供目录，由区图书馆酌情购买
新疆维吾尔自治区人民政府办公厅关于做好自治区地方文献呈缴报送工作的通知	自治区图书馆和本级公共图书馆	自治区各有关单位正式出版的图书、报纸、杂志（刊物）、文稿、图片、画（像）册、电子音像等	3		采取邮寄方式报送时，应在包装外，封皮、报头、扉页等明显部位，加盖或写明×××单位捐赠字样；通过邮寄方式提供地方文献发生的邮寄费用，可将正式凭据寄给接收文献的单位报销邮资。以个人名义为本地公共图书馆捐赠地方文献（史料）的，各级公共图书馆要给公民个人颁发捐赠荣誉证书。向当地政府报告，并通过网络、媒体等多种方式向社会公布

（一）法律效力等级分析

在36项相关规定中，11项属于地方性法规，11项属于地方政府规章，14项属于地方规范性文件。地方性法规使得地方的呈缴工作有法可依、有章可循。

在所涉11项地方性法规中，9项由省级人大常委会颁布实施，分别是：北京、天津（2项）、内蒙古、吉林、黑龙江、江西、湖北、四川；2项由市级人大常委会颁布实施，分别是广州市和深圳市；6项属于针对图书馆的专门法规，另外5项属于针对出版管理的法规，其中虽然都涉及了出版物呈缴的相关规定，但规定的目的、内容侧重各有不同。

在所涉11项地方政府规章中，6项属于针对图书馆的专门规章，5项由省级人民政府颁布实施，2项是针对地方文献（沈阳市和抚顺市）呈缴做出的专门规定。青海省和云南省针对地方志规定了相应的呈缴办法，湖南省针对地图规定了相应的呈缴办法。

在所涉14项地方规范性文件中，均是围绕地方文献的呈缴或征集工作而制定，相关措施和办法规定更为明确，从呈缴执行方面看，地方规范性文件更具有业务指导意义。

（二）呈缴管理方式分析

涉及出版物呈缴管理规定的地方性法规、规章等主要有三类：一是关于图书馆的专门规章（表3-2），二是关于出版管理方面的相关规定（表3-3），三是关于地方文献的征集或呈缴工作的各类规范性文件（表3-4）。

从规定内容的细化程度来看，出版管理方面相关规定的表述较为简略，一般仅明确受缴主体及呈缴主体、客体，对于呈缴数量及呈缴方式等细节规定较少。针对地方文献征集或呈缴的规定则相对较为具体，对征集或呈缴目的、呈缴主体、客体、受缴主体、呈缴方式、呈缴工作流程、鼓励呈缴措施、处罚措施等大多做出了具体而详细的规定。以《新疆维吾尔自治区人民政府办公厅关于做好自治区地方文献呈缴报送工作的通知》（新政办发〔2011〕114号）为例，其中规定了"通过邮寄方式提供地方文献发生的邮寄费用，可将正式凭据寄给接收文献的单位报销邮资"。对于呈缴活动而言，对各个环节详细而具体的规定，也就意味着权责划分明确和操作规范能够得到保障，这有利于呈缴制度的有效运行。

图书馆专门规章主要围绕图书馆自身的资源建设与管理展开。对于呈缴工作，各项规章的主要出发点在于鼓励出版单位或个人自愿呈缴，同时，也鼓励内部资料能够通过呈缴方式入藏公共图书馆。因此，图书馆专门规章重点在鼓励呈缴方面做了一些规定，比如要求展陈呈缴样本不少于2个月，要求发放相关的证书等。另外，在例外条款中，上海、山东、广西、乌鲁木齐等地的图书馆法规中明确指出"特殊种类或者出版数量较少的出版物"不列入呈缴范畴，这是基于现实情况而采取的变通措施，使相关规章更具有可操作性。

（三）呈缴主体、呈缴客体与受缴主体分析

在地方性法规、规章以及政策性文件中，对呈缴主体和客体的规定更具有针对性。

呈缴主体要求基本一致，即：主要针对该地方行政区域内的出版单位进行约束，除了需要遵照高级别的法律法规规定执行以外，本地域范围内的出版单位还需要遵照地方性法规执行。对于地方文献，其呈缴主体要求适用于各地方管辖区域内出版、编印出版物的单位及个人，也有规定中指出由政府设置的各类单位机构属于强制呈缴主体，除此之外的单位、组织和个人属于自愿呈缴主体。

关于呈缴客体范围，在出版管理相关规定中一般涵盖广泛，包括图书、期刊、报纸、音像制品和电子出版物，与《出版管理条例》及各类型出版管理规定基本保持一致。在地方文献征集或呈缴的规范性文件中，呈缴范围相当明确，从文献的内容、收藏价值、保存价值和服务价值而言，只要符合地方文献特征要求即纳入呈缴，不但包括正式出版物，同时也包括非正式出版物，而且基本不限制文献形式、载体以及组织方式以及创作者，这一策略为各地建立完备的地方文献收藏体系奠定了坚实基础。除此以外，在个别规定中也明确了呈缴客体例外。例如，"特殊种类或者出版数量较少的出版物""不足五十页的油印资料；简报、情况反映等内部资料；不足二十页的通俗读物"等不纳入呈缴范围。呈缴客体例外的规定有利于减轻呈缴主体负担，同时也有利于受缴主体在明确范围内开展呈缴出版物管理和服务，但各地对例外范围的规定存在一定差异，在全国范围内规则不一致容易带来统筹协调的困难。

受缴主体集中在图书馆和当地出版行政管理部门，在12个针对图书馆的专门规章制度规定中，所呈缴出版物的指定收藏机构均为相应级别的公共图书馆，甚至根据出版物类型和服务群体进行更为细致、明确的划分。例如，广州市所出版的少年儿童出版物要求呈缴至广州少年儿童图书馆。在出版管理相关规定中，所指定受缴主体除按照上级法律法规规定的中国版本图书馆和国家图书馆以外，一般不包括当地的公共图书馆，而是当地出版行政管理部门。

（四）呈缴出版物数量分析

在不同类型的地方性法规中，对呈缴出版物数量的规定有所不同。在图书馆专门的规章制度中，大多数明确规定了呈缴出版物的数量，一般要求呈缴2册（套、件）；在地方文献征集或呈缴的规范性文件中，一般要求呈缴1~5份；在出版管理方面的相关规定中，有些未对呈缴出版物数量做出明确规定。对呈缴出版物数量的规定不但应考虑出版情况、收藏和服务需求，同时也要照顾到呈缴义务人的承担能力，对此，需要进行科学、严谨的调查分析，才能保证数量规定的可操作性。

（五）呈缴出版物期限分析

在图书馆专门的规章制度中，一般对呈缴期限做出了明确规定，这与图书馆担负的收藏、保存与服务职能有密切关系。例如，《北京市图书馆条例》《山东省公共图书馆管理办法》及《广州市公共图书馆条例》均中规定在公开出版物发行后2个月内需呈缴，而其他公共图书馆管理办法或条例中则规定"自出版发行之日起30日内"完成呈缴，对报纸则要求"非合订本报纸在出版之日起7日内"进行呈缴。

在出版管理方面的相关规定中，对于呈缴期限的规定大多较为模糊，有的文件表述为"发行前""出版后"等，只有个别关于地方志工作的相关规定中，提到地方志在"出版后3个月内"需要呈缴。

在地方文献征集或呈缴的规范性文件中，对于正式出版物的呈缴期限基本与图书馆相关规章制度一致，但也有文件中包含对非正式出版物呈缴期限的要求。例如，"非正式出版物一般应在20天内送缴"。

（六）激励政策分析

为保障出版物呈缴制度的有效运行，图书馆和地方文献征集或呈缴规范性文件中规定了若干由受缴主体实施的激励措施，主要包括以下几种：

（1）对呈缴出版物进行展陈；

（2）出具接受呈缴或者捐赠凭证或证明；

（3）定期编制呈缴出版物目录并通过网络、媒体等多种方式向社会公布；

（4）对呈缴成绩特别突出的地区、单位和个人予以表彰奖励；

（5）赠送借阅"优待卡"，并且查阅、翻拍本单位或本人呈缴的资料，一概免费服务；

以上激励措施基本能到达对出版物和出版单位宣传推广和扩大影响力的效果，但在社会媒体甚为发达的时代，这些鼓励措施对呈缴义务人的吸引力明显不够。此外，个别与地方文献征集相关的规章制度中规定了相应的经济补偿措施，主要有以下两种方式。

（1）以购补缴：《厦门市人民政府办公厅转发市文化局、市新闻出版局关于厦门地方文献征集管理办法的通知》中规定："某些大型的、特殊的或价值较昂贵的文献，可视实际情况与厦门市图书馆商谈具体购买事宜。"重庆渝北区的《关于开展地方文献征集工作的通知》

中规定:"一般情况下均为无偿捐赠。特殊情况可向区图书馆提供目录,由区图书馆酌情购买。"经济补偿措施在一定程度上能够有效激励呈缴活动,促使呈缴义务人能够主动自愿呈缴一些高价值的出版物。

(2)补偿邮资:在实体出版物呈缴活动中,邮资也是一笔不小的支出,因此,个别地方性法规中做出了补偿邮资的规定,以减轻呈缴义务人的经济负担。例如,在《新疆维吾尔自治区人民政府办公厅关于做好自治区地方文献呈缴报送工作的通知》中规定:"通过邮寄方式提供地方文献发生的邮寄费用,可将正式凭据寄给接收文献的单位报销邮资。"

(七)处罚措施分析

图书馆专门规章制度中均未制定处罚措施,这也是由我国现阶段图书馆的功能而决定,图书馆不具备行政处罚权,对于未按规定履行呈缴义务的呈缴义务人没有约束力。而通过其他类型的规定或规范性文件分析则可以看出,各地新闻出版行政主管部门拥有行政处罚权,处罚措施基本遵照《出版管理条例》和其他法律法规的有关规定予以处罚。

三、香港和澳门地区相关法律法规

香港、澳门地区法律体系的特殊性也体现在出版物呈缴制度上,分析香港、澳门地区法律法规中关于出版物呈缴的相关规定,对于全面建立和完善我国各类型出版物的呈缴制度具有一定的参考意义。

(一)香港特别行政区呈缴相关法律法规

香港特别行政区并未针对出版物呈缴进行专门立法规定,相关内容包含在1976年9月26日第246号法律公告颁布的《书刊注册条例》中,其中明确指出该条例的颁布目的是"就首次在香港印刷、制作或出版的书刊的注册及保存订定条文"。

在该条例第2条中对"书刊"进行了明确的范围限定,书刊的出版形式多样,但是不包含报纸、电子出版物、音像制品等较新的出版类型。该条例所管理的新书刊均为首次在香港印刷、制作、出版、影印的书刊。其第2条还对"出版人"进行了明确的范围限定,约束了出版人、出版人在香港地区的代理人、印刷或制作人、影印人的行为,对呈缴义务人所涉范围限定较为广泛,且更加明确。

该条例第3条规定(宪报编号L.N. 192 of 1998;L.N. 206 of 1998),新书刊的出版人,应于新书刊制成后1个月内,将该书刊5本连同附属物免费交送民政事务局局长,并且要求其使用最佳纸张制作,可以说对呈缴期限、呈缴数量和最优版本都有着较为明确的规定。同时也规定了相应的处罚措施,违反呈缴规定属于犯罪行为,并罚款2000港元。

同期修订的该条例第4条则对这5本的呈缴出版物去向做出了进一步规定,也就是指定受缴主体,主要包括香港大会堂图书馆或民政事务局局长所批准的其他图书馆及局长所选定的任何公共文化或教育团体或以民政事务局局长认为适当的其他方式予以处置,可以说这部条例给予了民政事务局局长极大的处置权利。

(二)澳门特别行政区呈缴相关法律法规

澳门地区的"法定收藏"含义相当于内地的"法定呈缴"。澳门地区早在1931年即开始建立了法定收藏制度。随着澳门地区机构职责的变化,在1989年10月31日颁布的第72/89/M

号法令,《关于重新整理法定收藏制度 —— 撤销三月九日第一九／八五／五号法令第一至第四条及第六至第九条条文事宜》中规定了出版物呈缴目的、呈缴主体与客体、受缴主体、呈缴的数量及期限、呈缴管理、惩罚措施等。2008年5月5日澳门特别行政区立法会对第72/89/M号法令进行了修正,颁布了《法定收藏制度(修正)》(2008-05-05 第 10/2008 号行政法规,法规编号 65526)。

在一系列法律法规的保障下,澳门特别行政区建立了相对专门的法定收藏制度,将呈缴义务主体限定为住所或总办事处设于澳门地区的自然人、法人或出版社,而对呈缴客体并未限制出版形式,在澳门特别行政区内出版的各类型出版物均被纳入呈缴范围,但是不包括在澳门地区以外的印制品。澳门地区对于呈缴期限的规定较为严格,要求刊物在出版5日内必须呈缴,且免邮资,给予呈缴义务人较为优惠的呈缴政策。对未按规定流程呈缴和标注信息的行为均制订了明确的处罚措施,并且设定了专门的监督条款,中央图书馆可以要求其他政府部门协助,负责监督该项法令的执行。

表3-5 澳门特别行政区法定收藏制度要素析出表

制度要素	法规内容
呈缴目的	一、对在澳门发行的一切刊物的收集加以组织及保存 二、制作及宣传常用书刊的目录 三、统计在澳门地区出版之刊物 四、丰富中央图书馆的藏书量
呈缴主体	一、为适用第三条的规定,住所或总办事处设于澳门的自然人、法人或出版社,不论其是否为拟送缴作品的作者,均视为送缴人 二、倘为电影作品,其制作者有责任将其作品送交作法定收藏
呈缴客体	一、凡在澳门特别行政区出版的作品,不论其形式、类别、复制方式,以及作为销售或免费派发,均为法定收藏的对象 二、必须收藏的对象尤指以印刷形式或电子形式制成的图书、期刊、地图资料、节目表、展览会场刊、明信片、邮品、海报、多媒体资料及缩微资料等 三、上款所指必须收藏的对象,不包括名片、信件、有印记的封套、商业发票、有价证券、标签、标纸、月历、填色画册、代用券、商业印刷品及与该等同类的其他资料。
受缴主体	澳门中央图书馆
呈缴数量	如送缴数量超过法定收藏量,澳门中央图书馆可将余下的数量分送予其他公共图书馆或文化机构
呈缴期限	刊物出版后五天内
处罚措施	一、对于没有按照第四条的规定和期限送交应作法定收藏的刊物样本的出版社或从事同类活动的机构,将被处以二百至二千元澳门币之罚款 二、公开发行的刊物上缺少第六条一款所载任何部分,同样地将处以一百五十至一千五百元澳门币之罚款 三、以上两款所规定的罚款额不能低于应送交法定收藏的每本刊物的公开售价,倘刊物内无标明定价时,则罚款额不能低于中央图书馆馆长在听取澳门政府印刷署的意见后订定的价值 四、在中央图书馆馆长的建议下,澳门文化学会主席负责订定罚款等级并执行罚款 五、罚款的最高和最低额可由训令修改

附加要求及注意事项	一、所有刊物应在首页背面或代替首页的另一页,最后一页或其他适当的地方标明:
	  a. 政府或私人出版机构的名称;
	  b. 出版的地点和日期;
	  c. 印刷厂或印务工场或印制机构的名称;北京大学互联网法律中心
	  d. 印制的地点和日期。

续表

制度要素	法规内容
附加要求及注意事项	二、除上款所指的要求外，当技术和艺术上可行的话，刊物将包括： a. 刊物的标题； b. 作者的姓名； c. 翻译者或参与编制文件工作的其他关系人的姓名； d. 作者的作品提要； e. 采用的印制技术； f. 出版或再版的次数说明； g. 公开售价
提高呈缴率的措施	中央图书馆可以要求其他政府部门协助，负责监督本法令的执行
有关补偿金的规定和呈缴相关费用的承担者	为法定收藏的目的，如经澳门特别行政区的邮政服务邮递作品，且在邮品封面上标明是向澳门中央图书馆送交"法定收藏本"，可豁免邮资

四、台湾地区呈缴相关规定

台湾地区相关部门在实践过程中采取了一系列举措推动出版物呈缴工作，对出版物呈缴的主体、客体、数量、期限、处罚措施等都进行了研究和规定，同时也在呈缴流程和管理上进行了约束，从而使社会各界对呈缴工作增加了信赖度，积极参与和支持呈缴工作的贯彻执行。

对于免缴出版物规定如下："下列出版品不纳入送存范围：（一）不具实质内容之笔记书、日记簿、行事历、家计簿、商品目录、展览目录、价目表、商品说明书等。（二）连续发行之艺文活动资讯表或折页、博弈类报纸。（三）网络文献、个人数位文件档案、电子布告栏、电子邮件、电子广告促销资料及其他通信联系之文件、各类软体、搜索引擎、线上电脑游戏、线上资料库。"其对于呈缴的操作规程也做出了较明确的规定，包括"送存"字样，对送存清单也提出了格式要求，并要求送存本版本完整；而对于呈缴期限，该文件明确规定在发行后三十日内送存（期刊报纸于十四日内），对于有争议的标示的出版日期则提出了判别办法，可见，在该要点中台湾地区对于呈缴工作的规定更加细致严格，最值得一提的是在要点中对数字出版物提出了明确的要求，除了按照有形载体的方式管理呈缴工作，还要求将数字出版物档案上传至"电子书刊送存阅览服务系统"，要求格式不加密，并且不能设置任何阅读期限。

中国台湾地区为了更好地促进数字出版物呈缴工作顺利开展，其完成了"电子书刊送存阅览服务系统"的建设与运作，使台湾地区数字出版物的呈缴机制更加灵活，拓展了网络呈缴机制。为了使呈缴制度更具操作性，台湾地区规定，从电子书国际标准书号编订、电子书呈缴、电子书出版认证、电子书云端服务等方面，明确规定数字出版物呈缴的流程与服务内容。

从台湾地区呈缴制度的组织形式上来看，台湾地区成立了专门的负责小组，规划方案，研究计划与规范，对相关工作开展学习培训，并与出版者进行充分的沟通与协商。设立专门机构与组织来研究呈缴制度、呈缴流程、呈缴管理，并充分考虑到各方的利益是呈缴制度中非常重要的因素。为了表扬按规定呈缴的义务主体，还采用颁发"感谢状"、举办"感恩茶会"等方式来推动呈缴工作的顺利开展，形成良好的社会效益，并帮助更多机构和个人充分全面地认识数字出版物呈缴制度的重要意义所在。

台湾地区对出版物呈缴工作的积极推动取得了较好的成效，使数字出版物呈缴数量逐渐增加，推动了台湾地区民众的电子化大众阅读，促进了数字出版业的发展，学术界的深入研究和探讨为出版物呈缴流程和制度完善提供了大量的积极建议。但台湾地区的出版物呈缴工作也存在一定问题，调查显示，虽然台湾地区纸本呈缴率能够达到80%，但出版人对于数字出版物呈缴的意义认识不够充分，而且后期电子版本的利用方面也存在很多值得进一步探索的问题，比如费用问题、著作权纠纷的解决等。

五、我国出版物呈缴制度主要特点分析

在以上对中央层面、地方层面以及港、澳、台地区的法律法规或相关规定系统梳理的基础上，分析目前我国出版物呈缴制度存在以下主要特点。

（一）法律保障不够充分

我国已经针对公共图书馆活动确立了法律制度，但尚未出台专门的出版物呈缴制度法律，关于呈缴行为的具体规定主要出自行政法规、部门规章和地方性法规，不但法律位阶不够，对出版物呈缴制度的执行只能通过行政手段进行约束，缺乏强制性的约束力，而且相关规定较为分散，对呈缴制度中关键要素的规定难以适应快速发展变化的环境，不利于出版物呈缴制度的运行。

在我国业已建立的出版物呈缴制度中，主要由出版者承担呈缴义务，呈缴客体类型从图书、期刊发展到音像制品和电子出版物。但在数字信息技术发展的背景下，无论是呈缴主体还是呈缴客体所覆盖的范围都不再能够满足呈缴制度建立的目的，应尽快建立针对数字出版物呈缴的相关制度，根据数字出版物的特点和保存要求确定适当的呈缴主体和呈缴客体范围，使出版物呈缴制度真正成为推动文化传承与发展的重要保障力量。

（二）制度设计问题阻碍呈缴执行

我国已经初步建立了以传统出版物呈缴为中心的出版物呈缴制度，从中央到地方不同层面出台了一些相关的政策法规，这些政策法规构成了目前呈缴制度的基本框架，也是呈缴制度运行的全部依据，但在实际运行中，这项制度的问题也逐渐暴露，对呈缴活动极为不利，主要表现在以下几个方面。

1. "多头呈缴"问题

来自中央层面的法律法规与地方规定对出版社同时发生作用，造成出版社必须同时向多个机构呈缴出版物的现象，导致经济成本、管理成本和人力成本负担较重，影响了呈缴义务人对出版物呈缴的积极性，最终导致各个层面的出版物呈缴率都难以达到目标。

2. 呈缴方式规定模糊

呈缴义务人的呈缴行为较为分散，多样化的呈缴方式虽然具有灵活便捷的优势，但同时也带来管理上的困难，在没有明确定位和方式要求的情况下，容易造成呈缴活动的拖延，不利于呈缴制度的规范化运行。

3. 权利和义务的缺失与不对等

受缴主体由于其公益性和非营利性的属性，可以享有免费接受呈缴出版物的权利，但在现有呈缴制度中却没有具体规定受缴主体需要履行的义务。对于呈缴主体而言，情况恰恰相反，其承担在规定时间内向受缴主体呈缴出版物的法定义务，但呈缴制度中却没有对其所应该享有权利进行规定。呈缴制度的不完整性，导致目前制度中相关主体在一定程度上陷入尴尬的处境。一方面，由于呈缴主体权利缺失，造成其义务和权利不对等，制度本身的合理性受到质疑，但在行政处罚规则约束下，监督体系却非常乏力，呈缴主体在权衡中采取的应对行为，易出现机会主义倾向引导下的消极对待；另一方面，受缴主体在享受免费接受呈缴出版物权利的同时，法律法规并未规定相应的强制性义务，受缴主体接受出版物呈缴的权利得不到有力的保障，导致其催缴工作非常被动。在这种情况下，受缴主体采取的应对行为，往往是在经费压力与追求非财富最大化公益性目标驱使下的被动维持。

4. 罚则不公平

受缴主体对呈缴出版物的保存、利用等过程，既没有来自呈缴主体等相关权益方的监督规定，也缺少处罚规则，因而即使在这个过程中出现了问题，监管主体对受缴主体也无从处罚。对呈缴主体不履行呈缴义务的处罚规则在呈缴制度中有相应的规定。例如，《出版管理条例》《音像制品管理条例》等相关行政法规规定，对不缴送样本或不按期缴送样本的出版单位，"由出版行政部门责令改正，给予警告；情节严重的，责令限期停业整顿或者由原发证机关吊销许可证"。

5. 监督机制不畅

目前，在我国现有呈缴制度体系中，出版社作为主要的呈缴主体，基本上隶属于新闻出版主管部门，图书馆作为主要的受缴主体，一般隶属于文化主管部门。对于呈缴执行不好或者拒绝呈缴的呈缴主体，受缴主体虽然可以直接向其上级行政部门申诉，但是这种跨部门的单向、间接的监督受到诸多条件影响，不仅流程复杂，而且一般历时较长，大大减弱了监督的效力，使这项制度的强制性和权威性都受到挑战，最终导致呈缴效果不佳。

（三）缺乏权威统计分析规则

一直以来，出版物的呈缴量、呈缴率和缴全率等都是衡量呈缴主体呈缴情况的几项重要指标。但是，一方面由于正式公布的权威出版信息非常有限，造成受缴主体与呈缴主体之间信息不对称，而且很多出版信息存在混乱和错误，使受缴主体无法获取完整、准确的出版信息；另一方面，对于考核指标的设定、考核数据的来源、考核方法确定等都缺乏权威的规则，受缴主体的评价与考核遵从不同标准，评价结果往往出现较大偏差，使监管主体的监督和处罚缺乏权威的依据，也严重削弱了监管主体考核与监督的能力。

（四）呈缴出版物功能不断丰富

在我国出版物呈缴制度的发展历程中，早期呈缴出版物最重要的作用主要是用于出版物的控制与检查，更侧重行政功能。随着这项制度的发展和社会文化的进步，如今出版物呈缴已经成为国家文化发展和信息安全战略的需要。尽管缺乏强有力的法律保障，但是国家图书馆等受缴主体仍然通过不懈努力，利用呈缴制度收集本国出版物，建立国家级馆藏，编制国家书目，保存优秀文化遗产，使呈缴出版物的功能不断得以丰富和强化。

第二节　中国数字出版物呈缴工作现状

一、国家图书馆呈缴历史回顾和现状分析

国家图书馆作为国家总书库，担负着为国家全面、完整地收藏国内出版物并妥善保存的职责，履行这项职责的基本保证之一，就是接受国内出版的中外文图书、期刊、报纸、音像制品和电子出版物的呈缴。建馆以来，国家图书馆积极通过接受呈缴、采购等多种形式不断丰富馆藏，使得大量珍贵的、具有文献价值的出版物得以有效地保存下来，成为国家和民族的宝贵财富。同时，国家图书馆以其丰富的馆藏资源，也成为我国对外开放和文化交流的一个重要窗口。

（一）国家图书馆呈缴历史回顾

从 1916 年起，我国开始建立真正意义上的出版物呈缴制度，国家图书馆的前身京师图书馆正式成为出版物受缴馆。目前，作为我国出版物呈缴的法定收藏单位之一，国家图书馆接受呈缴的范围包括国内所有正式出版的图书、期刊、报纸、音像制品、电子出版物以及以其他载体形式的出版物。[1]

国家图书馆从 1987 年开始正式接受电子出版物的呈缴，从 2001 年开始正式接受音像制品的呈缴，载体形式涉及 CD、VCD、DVD、录音带等。目前，电子出版物呈缴执行的依据是 2008 年新闻出版总署发布的第 34 号令《电子出版物出版管理规定》。该规定第 35 条中明确指出："电子出版物发行前，出版单位应当向国家图书馆、中国版本图书馆和新闻出版总署免费送交样品。"随着数字化水平的提高，国内出版的电子出版物数量急剧增长，国家图书馆接受电子出版物实体的呈缴和各出版单位自愿呈缴的其他形式的电子产品，国家图书馆国内出版物呈缴办公室同新闻出版行政管理部门和全国各电子出版单位保持密切联系，共同开展电子出版物和音像出版物的呈缴与收藏管理工作。

（二）国家图书馆呈缴现状分析

目前，国家图书馆接受的数字出版物呈缴客体是电子出版物（即离线数字出版物，如光盘等），尚未有网络出版物（即在线数字出版物）呈缴；呈缴主体主要是电子出版物出版者，包括电子资源、网站、机构知识库、移动内容、游戏、地图等类型资料的出版者。国家图书馆开展数字出版物呈缴工作采用的模式有两种，一种是出版者主动向国家图书馆提供CD-ROM 等实体的载体，另一种是国家图书馆开展自动采集，在实际执行中以第一种方式为主。由于目前呈缴制度的各项政策法规并没有赋予国家图书馆监管和处罚的权力，国家图书馆也缺乏相应的经费来源对呈缴义务人实行经济鼓励，为确保达到呈缴目的、不断提高呈缴率，国家图书馆每年开展走访催缴工作，近年来国内出版物呈缴工作取得很大进展。根据《国

---

[1] 国家图书馆出版物缴送情况简介［EB/OL］.［2015-06-16］. http://jsgl.nlc.gov.cn/Pages/upload/国家图书馆出版物缴送情况简介 20120709180014.html.

家图书馆年鉴》记载，2017年全年图书全品种缴送率74.1%，中文期刊、报纸缴送率分别为95.8%和70.6%；外文期刊、报纸缴送率分别为96.8%和100%；音像制品和电子出版物缴送率分别为53.4%和98.7%。[1]对照历年呈缴情况发现，图书呈缴率稳步上升，期刊和报纸呈缴率基本稳定，音像和电子出版物呈缴率近年来略有波动。

二、各地图书馆呈缴现状和对呈缴制度的看法

目前，我国出版物呈缴的主要受缴主体是各级公共图书馆。为深入分析各级图书馆接受出版物呈缴的现状，了解图书馆对于呈缴制度的看法，课题组面向全国40家省、市级公共图书馆发出了调查问卷，共回收21份。调研结果表明，我国出版物呈缴制度尚有待完善，图书馆对改善传统出版物呈缴制度和建立数字出版物呈缴制度具有强烈需求，并且也有意愿积极参与到相关制度建设中来。

（一）各地图书馆呈缴现状分析

1. 政策法规了解与运用

在调查中，有11家图书馆表示本地没有出台关于出版物呈缴的法规条例；10家图书馆表示本地已有关于出版物呈缴的法规条例，这10家中有3家图书馆说明了相关内容涉及数字出版物，其余7家没有提及。调查反馈情况与对我国地方性法规的调研结果基本一致，可见图书馆能够较好地掌握并运用出版物呈缴相关政策法规开展相关工作。

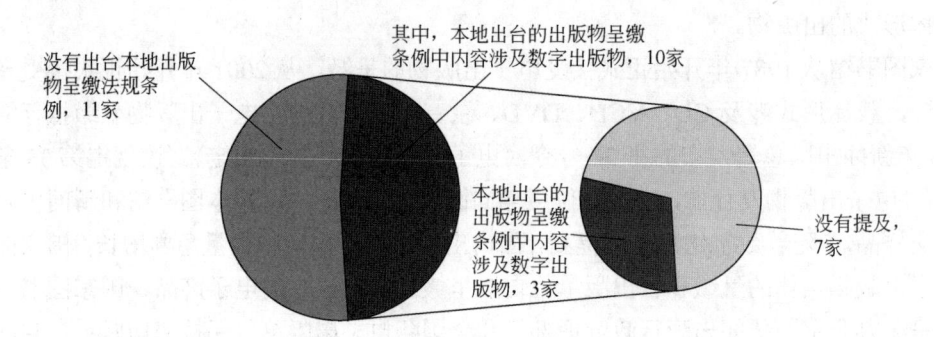

图3-1 呈缴相关的地方性法规情况

2. 呈缴出版物整体情况

在对2010—2014年图书、期刊、报纸、电子出版物、音像制品的出版量、呈缴量、缴全率的调查中发现，各地图书馆接受呈缴出版物的情况整体并不理想：

（1）11家图书馆由于本地没有出台出版物呈缴相关的地方性法规条例，因此没开展相关受缴工作，相关数据均为零。

（2）10家图书馆根据本地出台的出版物呈缴地方性法规条例接受呈缴的出版物，但呈缴工作开展的整体效果不佳，因此图书馆没有系统地统计各年度呈缴量和缴全率，个别图书馆仅反馈了其中某一年的数据。

（3）10家已经接受呈缴出版物的图书馆表示，纸质出版物（主要是图书、期刊、报纸）虽然呈缴工作进展缓慢，但也有一定的呈缴量，而在电子出版物方面，则几乎没有呈缴。

---

[1] 汪东波.国家图书馆年鉴（2017）[M].北京：国家图书馆出版社，2017：8-9.

以广西壮族自治区图书馆的反馈为例，在 2010—2014 年间，该馆报纸呈缴率为 100%，期刊呈缴率在 95.6%～97.3%浮动，而电子出版物呈缴量为 0。纸质图书呈缴方面，虽然当地出版量有所波动，但呈缴量呈逐年递增的趋势，呈缴率也逐步增加（图 3-2），在音像制品呈缴方面，出版量同样呈现上下波动的趋势，而该馆的呈缴量在 2011 年有所下降，随后几年又逐步上升，呈缴率逐年增长（图 3-3）。

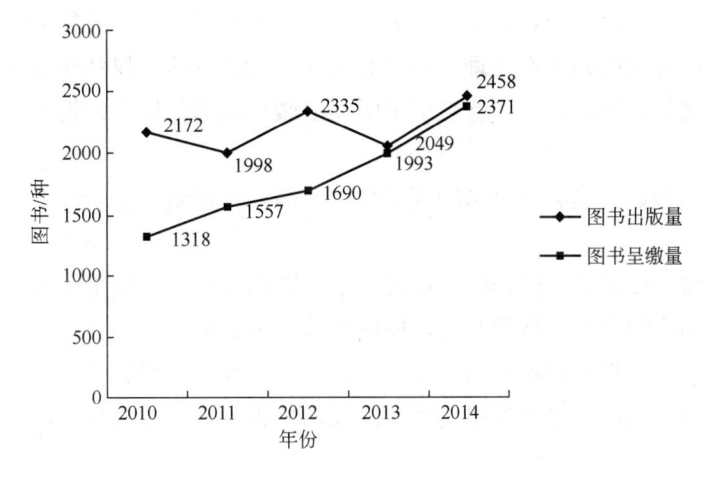

图 3-2　广西壮族自治区图书馆图书呈缴情况

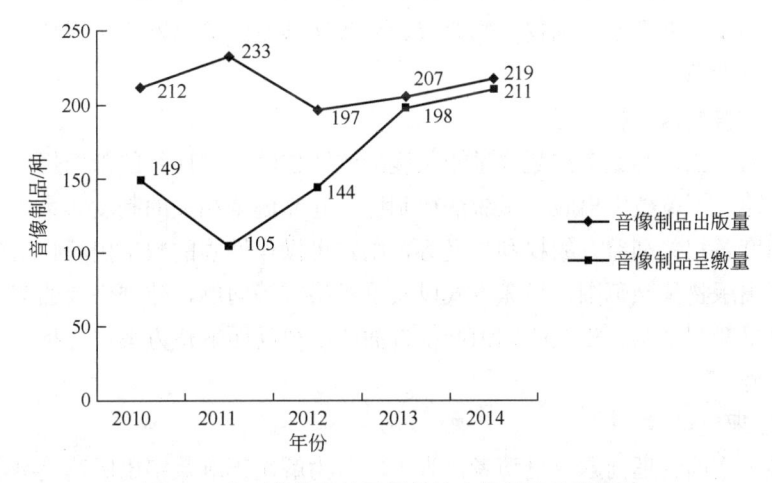

图 3-3　广西壮族自治区图书馆音像制品呈缴情况

3. 呈缴主体与呈缴方式

本次调查对象中，尚未有图书馆收到呈缴的网络出版物，仅有 7 家图书馆收到了呈缴的电子出版物。电子出版物的呈缴主体主要有三类：个人（作者）、电子出版物出版者、电子出版物发行者，其中电子出版物出版者是主要的呈缴主体，占比为 66.67%。目前，电子出版物呈缴主体都是采用提交 CD-ROM 等实体载体的方式完成呈缴。

4. 呈缴激励措施

在现有的相关政策法规中，并未规定受缴主体应建立呈缴激励机制。因此，接受调查的图书馆普遍未采取针对呈缴义务人的激励措施，仅有河北省图书馆这 1 家图书馆设立了呈缴奖励。该馆将呈缴活动与捐赠活动相结合，提出的主要鼓励措施有：对单位和个人捐赠者颁发入藏证书，设立捐赠功德榜，在借阅本馆文献时给予一定优惠，并通过媒体进行宣传表扬。

（二）各地图书馆对呈缴制度的意见和建议

1. 整体认识

受访的 21 家图书馆普遍认为我国出版物呈缴制度基础薄弱，有 8 家图书馆认为现有呈缴制度执行情况一般，13 家图书馆则认为执行很差，占反馈总数的 61.9%。在对我国现有呈缴制度存在主要问题的调研中，80%的受访者认为目前关于数字出版物呈缴的法律制度尚没有真正建立，而现有制度构成不合理，对呈缴主体、受缴主体的权利和义务没有明确说明，缺乏约束机制和奖惩措施；并且现行数字出版物呈缴是以部门规章作为依据，法律调整范围有限。

在关于影响我国数字出版物呈缴制度实施的关键要素调研中，受访者的意见集中在以下三点。

（1）现有呈缴制度缺乏可操作性。内容过于原则和笼统，对数字出版物的呈缴方式、呈缴格式等均缺乏明确的规定，缺乏具有可操作性的实施细则。

（2）缺乏数字出版物呈缴制度的实施环境。政府以行政管理的手段而非法律手段调整数字出版物呈缴事项，因而不能有效协调数字出版物呈缴各相关方的利益，导致制度实施效率不高。

（3）缺乏数字出版物呈缴制度实施的相关配套制度的解决方案，如在线电子出版物（即数字资源）长期保存涉及的复制权、修改权、服务所涉及的信息网络传播权等法律问题应在制度建设中予以考虑。

2. 呈缴制度建设建议

受访者认为，应提升数字出版物呈缴制度的法律位阶，由现行的部门规章提升为由全国人大制定的法律，规范数字出版物呈缴法律制度。建立健全相关的制度体系，妥善协调数字出版物呈缴制度各相关利益方的权利与义务，制定可操作性强的数字出版物呈缴制度实施细则，明确数字出版物呈缴范围、呈缴方式以及呈缴格式等问题，建立必要的奖惩制度。提出与数字出版物呈缴制度实施相关的知识产权方面的法律问题解决方案，并推动其在现有法律框架下得以实施。

3. 呈缴管理建议

关于呈缴工作的管理问题，受访者认为，应着力解决影响数字出版物呈缴制度实施的各种制度性和管理性障碍，建立由国务院统筹协调的跨部门管理咨询机构十分必要，负责对数字出版物呈缴业务的宏观管理和业务指导。同时，应开展数字出版物呈缴制度实施的评估和监督工作，加强宣传数字出版物呈缴制度的重要意义，构建和营造有利于数字出版物呈缴制度的实施环境和良好氛围。

4. 呈缴相关技术标准建议

受访者建议建立数字出版物在线提交与发布、知识资源集成管理与共享服务的数字出版物呈缴平台，规范数字出版物呈缴流程和管理体系，制定融入数字出版物呈缴、服务生命周期全过程的标准体系。研究制定满足数字出版物呈缴及其管理、数字资源长期保存等方面的标准规范，如数字出版物呈缴格式规范、元数据规范以及传输和编码规范等一系列技术标准。

5. 呈缴内容建议

受访者普遍认为，应明确界定呈缴的内容范围，即说明呈缴客体边界。受访者中 57.14% 的图书馆界同人认为应该采取无选择性的呈缴策略，所有数字出版物全部纳入呈缴范围；42.86% 的受访者则认为应该有选择性呈缴。同时，他们也给出了呈缴排除范围建议，在不必呈缴的数字出版物中，计算机程序占据最大比例，持该观点的受访者占 88.89%；其次为内部资料和非正式出版物，持该观点的受访者比例分别为 44.44% 和 33.33%，还有 11.11% 的受访者认为同样内容有如果已有其他载体的数字出版物则可以不用呈缴。

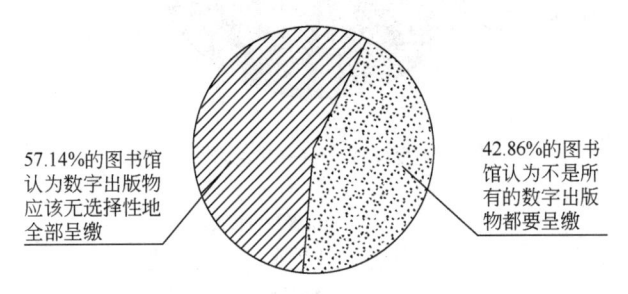

图 3-4　数字出版物呈缴排除范围建议分布

三、对呈缴主体的调研

在对我国数字出版物呈缴制度分析研究的过程中，必须充分了解来自呈缴主体的意见和建议，因此，课题组针对数字出版物呈缴制度中的可能涉及的呈缴主体分别开展了深入的调研，包括作为个人（作者）、出版者以及数据库提供者。

（一）对作者的调研

课题组面向不同行业的人群发放了问卷，主要覆盖高等教育、政府机关、银行金融、科研院所、媒体、法律等工作领域。共计发放问卷 80 份，回收有效问卷 71 份，回收率达到 89%。

1. 受访者基本信息

受访者中年龄在 50 岁以上的有 3 位，40～50 岁的有 3 位，30～39 岁的有 25 位，30 岁以下的有 40 位，占受访者的一半以上（图 3-5）。

受访者的受教育程度主要集中在硕士及以上学历，共有 50 人，占总数的 70% 左右。本科学历有 18 人，大专学历有 3 人（图 3-6）。

2. 呈缴意愿

有 58 位受访者表示，愿意向图书馆等相关机构呈缴自己的作品，占反馈总数的 81.69%。其余 13 位受访者表示不愿意呈缴自己的作品。

在愿意呈缴自己作品的受访者中，课题组调研了他们期望呈缴的方式，在根据国家立法呈缴、出版单位自愿呈缴、政府指定的专门机构主动采集这三种方式中，其中 31 位受访者表示期望根据国家立法呈缴自己的作品，20 位受访者认为应该由政府指定的专门机构主动采集，6 位受访者认为应该是出版单位自愿呈缴。还有 4 位受访者认为，只要是作者个人有意愿呈缴并授权，三种呈缴方式都可以接受（图 3-7）。

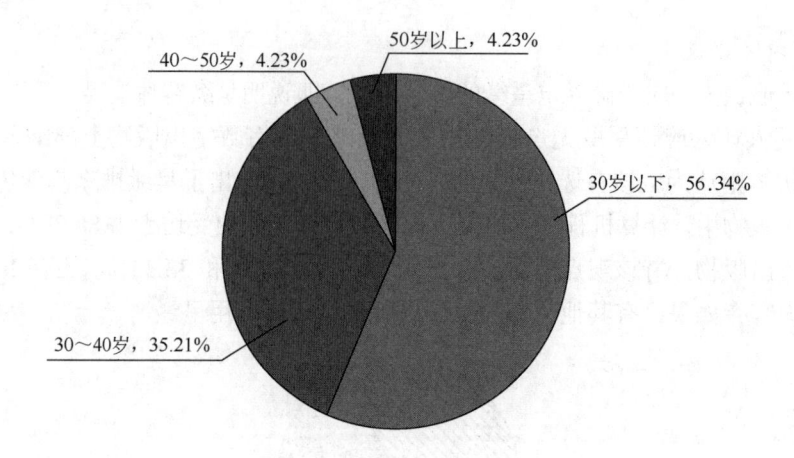

图 3-5 受访个人（作者）年龄分布

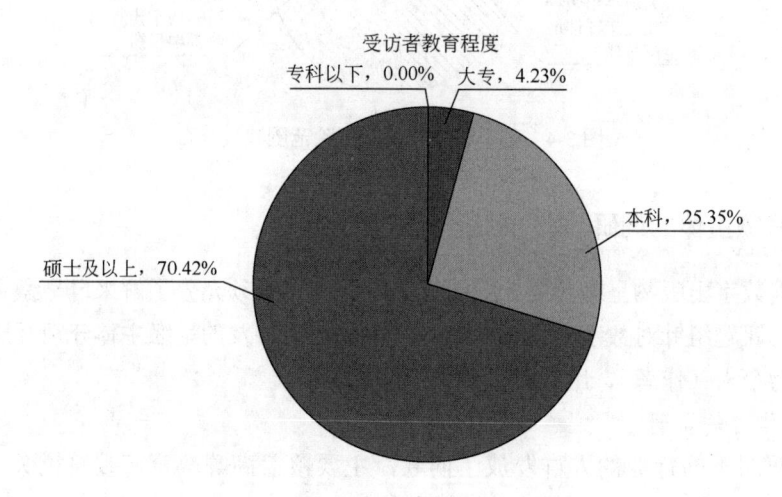

图 3-6 受访个人（作者）学历分布

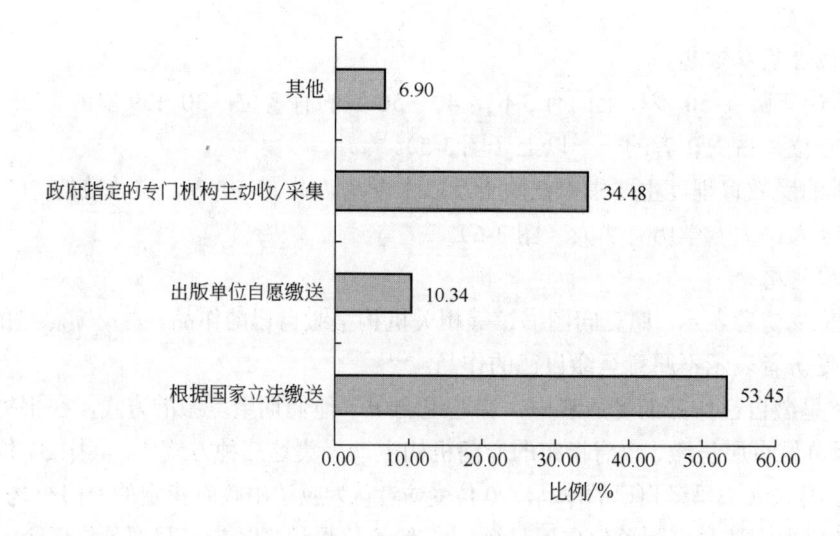

图 3-7 个人（作者）呈缴方式意愿分布

对于不愿意呈缴自己作品的受访者,他们的担心主要集中在经济、管理和版权三方面(图 3-8)。其中,一半以上不愿意呈缴作品的受访者担心管理问题影响,他们认为没有相关制度和法律依据必须进行呈缴,所以他们没必要这么做。此外,受访者还担心呈缴后会影响实体出版物销量,造成经济损失,其作品也存在被非法使用的风险。

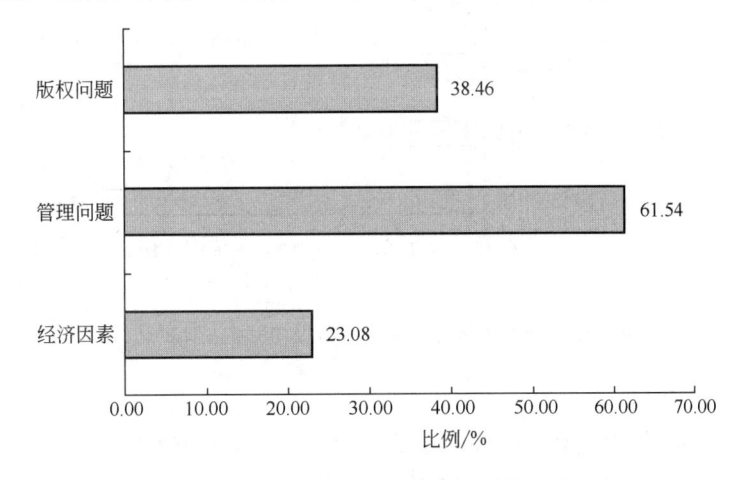

因素	比例/%
版权问题	38.46
管理问题	61.54
经济因素	23.08

图 3-8 影响个人(作者)呈缴意愿的主要因素

3. 呈缴主体建议

对于数字出版物的呈缴主体,在个人(作者),数字资源出版者(包括电子资源、网站、机构知识库、移动内容、游戏、地图等),数字资源发行者和数字资源进口者 4 个选项中,数字资源出版者作为呈缴主体的呼声最高,占 70.42%,其次是个人作者(图 3-9)。

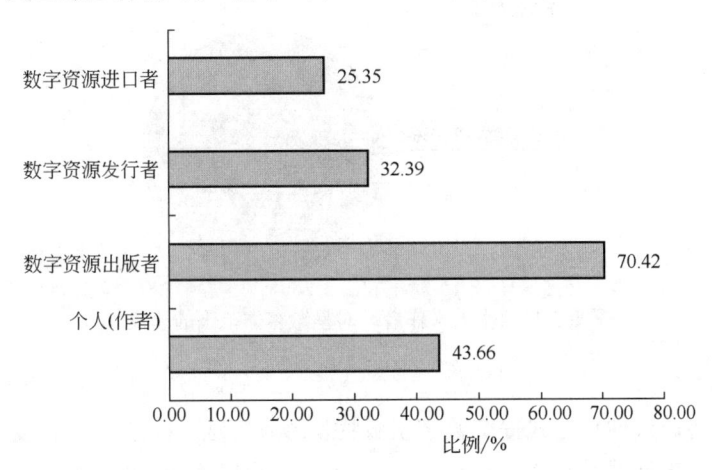

主体	比例/%
数字资源进口者	25.35
数字资源发行者	32.39
数字资源出版者	70.42
个人(作者)	43.66

图 3-9 个人(作者)对数字出版物呈缴主体的建议

4. 接受呈缴主体

对于接受呈缴主体的选择,大部分受访者认为国家图书馆应该承担受缴主体的职责,少量受访者认为同时可以由国家图书馆以及其他单位共同作为受缴主体,极少数受访者选择了其他单位,投票排名为:国家图书馆 62 票,出版单位所在地公共图书馆 12 票,中国版本图书馆 9 票,档案馆 8 票,出版主管部门 5 票,其他机构 2 票(专业对口机构)(图 3-10)。

其他机构 2.82
档案馆 11.27
出版主管部门 7.04
中国版本图书馆 12.68
出版单位所在地公共图书馆 16.90
国家图书馆 87.32

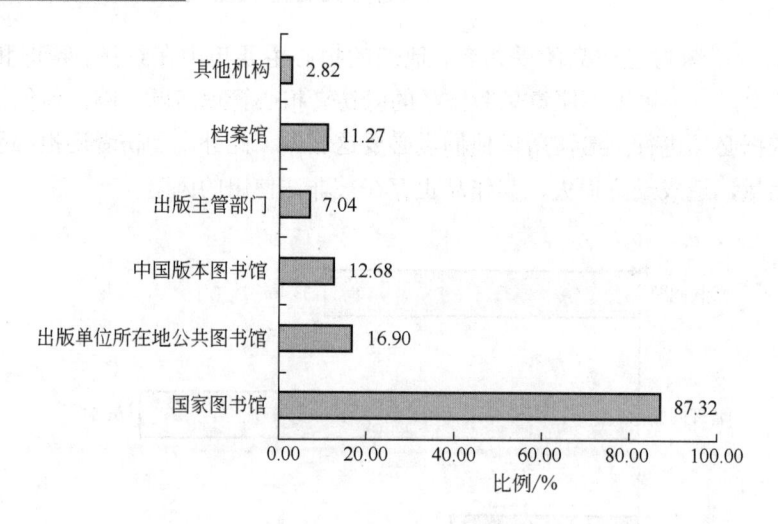

比例/%

图 3-10　个人（作者）对数字出版物受缴主体的建议

5. 呈缴客体范围

在数字出版物是否应该无选择性的全部呈缴问题上，9.86%的受访者认为应该全部呈缴，其余 90.14%的受访者认为应该有选择性呈缴。在数字出版物呈缴排除范围的问题上，79.56%的受访者认为非正式出版物不必呈缴，59.38%的受访者认为内部资料不必呈缴，40.63%的受访者认为计算机程序不必呈缴。此外，也有受访者认为同样内容如果受缴主体已经收藏有其他载体的数字出版物则不必呈缴，内容更新频繁的出版物也可以不用呈缴（图 3-11）。

选择性呈缴，90.14%
全部呈缴，9.86%

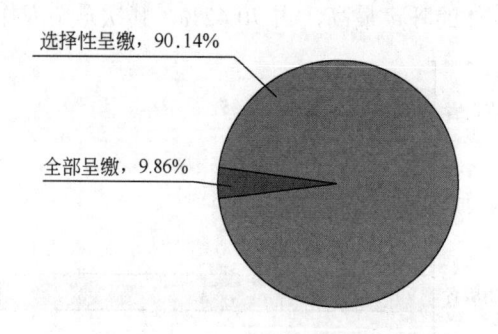

图 3-11　个人（作者）对呈缴客体范围的建议

6. 呈缴方式

面对"最希望通过何种方式提交数字出版物呈缴本"这一问题，47 位受访者期望通过接受呈缴的机构搭建的在线系统平台提交；10 位受访者期望接受呈缴的机构能提供开放接口，自动采集信息；9 位受访者期望通过 E-mail 提交，3 位受访者期望通过 CD-ROM 等实体载体形式提交（图 3-12）。调研显示，年龄偏大的受访者倾向于通过 E-mail 和实体载体形式完成呈缴；年龄偏低的受访者则期望通过自动采集或者系统平台来提交。还有 2 位受访者期望由出版机构来代办呈缴事宜。

7. 呈缴出版物使用与奖励措施

71.8%的受访者认为应该在受缴主体的馆舍内提供阅览服务，约 60%的受访者认为可以作为文化遗产进行长期保存,供国家立法、司法和行政机关查询使用,以及供专业人员研究使用。受访者表达了对受缴主体采用鼓励措施的期许,希望有政府主管机构或依法由受缴主体对呈缴情况进行评估并在其网站公布结果,以示褒奖,或者设立呈缴补偿金制度。

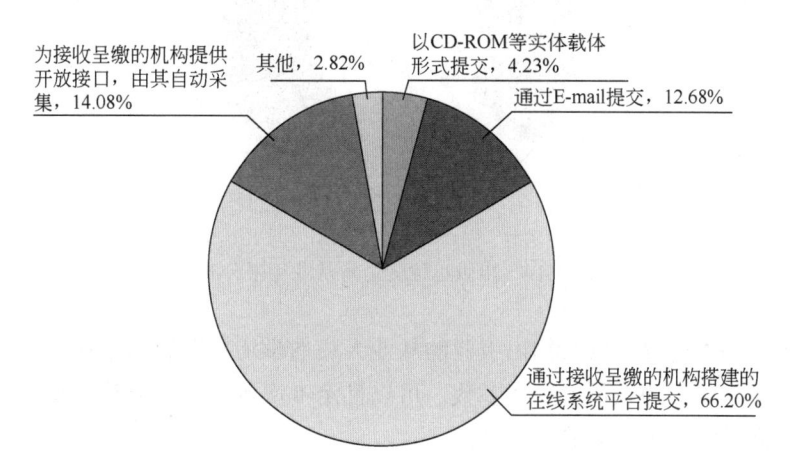

图 3-12　个人(作者)对呈缴方式的建议

（二）对出版单位的调研

出版社是目前我国出版物呈缴制度中最主要的呈缴主体,也是本次调研的重点对象。课题组面向图书、期刊、报纸、音像制品等不同类型出版单位发放了问卷,共发放问卷 60 份,回收有效问卷 47 份,回收率为 78%。

1. 受访者基本信息

出版单位范围内受访者的受教育程度主要集中在本科学历,共有 25 人,约占总数的 53%;硕士及以上学历 14 人,大专学历 7 人,专科以下学历 1 人(图 3-13)。

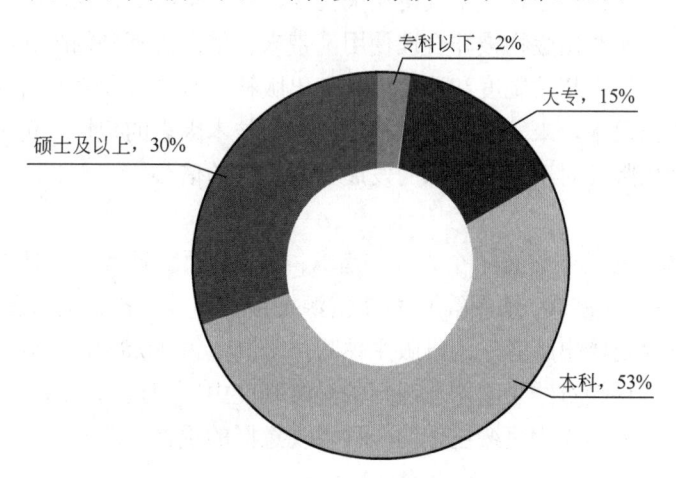

图 3-13　出版单位受访者受教育程度分布

受访者从事出版业的从业年限普遍较长,从业 15 年以上的 17 人,从业 5～10 年的 14 人,从业 10～15 年的 11 人,从业 5 年以下的 5 人(图 3-14)。

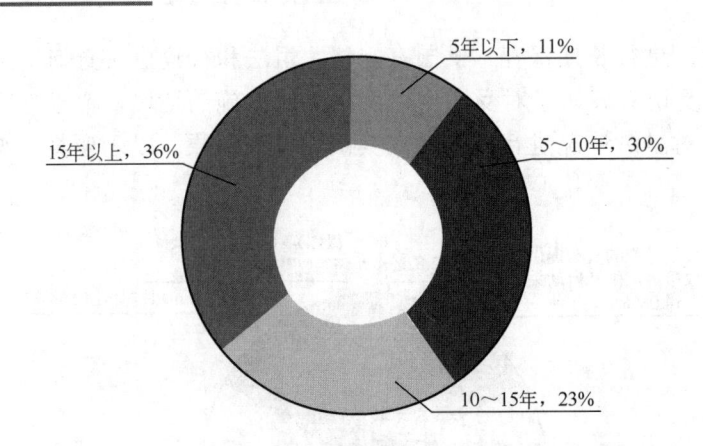

图3-14 出版单位受访者从业年限分布

从受访者的基本情况可以获知出版业的从业人员的学历大多数为本科及以上学历，而从从业年限来看5年以上的人员占绝大多数，可以推定本次调查基本能够客观真实了解出版界对于数字出版物呈缴的主观意愿及态度。

2. 呈缴意愿

13位受访者表示愿意呈缴数字出版物，占反馈总数的28%，其余34位受访者表示不愿意呈缴出版物。可见，在出版领域对数字出版物的呈缴意愿比较低迷。

在愿意呈缴数字出版物的受访者中，其中8位受访者表示期望根据国家立法进行呈缴，3位受访者认为应该由政府指定的专门机构主动收集或采集，3位受访者认为应该由出版单位自愿呈缴，还有1位受访者表示同时还应该有其他方式来开展呈缴工作。

对于不愿意呈缴数字出版物的受访者，他们的担心主要集中在经济、管理和版权因素。其中，对版权问题的担忧者占多数，这些受访者认为数字出版物的版权可能属于作者或者合作出版单位，受访者所在出版社并未获得相关授权，一旦呈缴后，权利人无法控制对数字出版物的传播和使用，担心出版物被非合理使用，带来一些意想不到的版权风险；对于管理因素的担忧主要是出于缺乏相关制度和法律依据，出版社没有必要冒着经济和版权的双重风险进行呈缴。在调查结果中，未发现有出版社提出对于技术因素的担忧，可见呈缴已具备技术上的客观条件或者出版社对于呈缴技术的发展具备足够的信心。

3. 呈缴主体

对于呈缴主体，问卷中设置了个人（作者），数字资源出版者（包括电子资源、网站、机构知识库、移动内容、游戏、地图等），数字资源发行者和数字资源进口者及其他5个选项。调查结果显示，数字资源出版者作为出版主体呼声最高，占80.85%；其次是个人（作者），占19%（图3-15）。该调查结果基本与现行的呈缴制度中所规定的呈缴主体大致相似，只是增加了对于个人（作者）作为呈缴主体的一种主观意愿的反馈。

4. 接受呈缴主体

对接受呈缴的单位，受访者投票选出的排名为：国家图书馆39票，中国版本图书馆32票，出版主管部门10票，出版单位所在地的公共图书馆6票，档案馆2票（图3-16）。该结果基本与现行的出版物呈缴制度中的传统出版物呈缴的接受单位保持一致。

图 3-15　呈缴主体分布

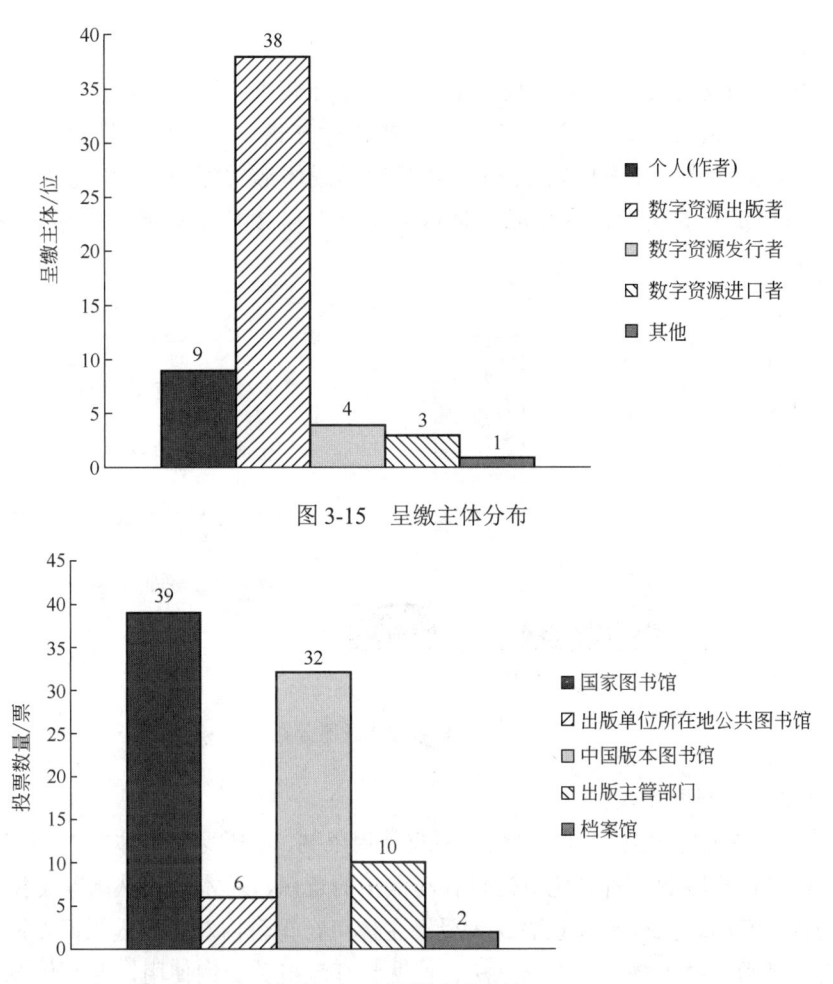

图 3-16　受缴主体分布

5. 呈缴客体

在呈缴客体方面，关于数字出版物是否应该无选择性地全部呈缴的问题，受访者中 20%的人认为应该全部呈缴；约 80%的人则认为应该有选择性呈缴。这 80%受访者中，认为不需呈缴同样内容有其他载体数字出版物的受访者占比 28%，不需呈缴内部资料的受访者占比 23%，不需呈缴非正式出版物和内容更新频繁出版物的受访者各占比 17%，不需呈缴计算机程序的受访者占比 10%，其他占比 5%（图 3-17）。

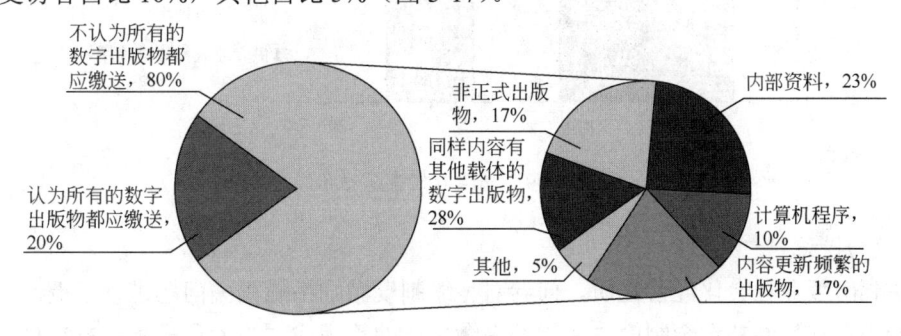

图 3-17　呈缴客体分布

6. 呈缴方式

来自出版业的受访者所希望的数字出版物呈缴方式中，通过接受呈缴主体搭建在线系统平台提交的方式最受欢迎，33 位受访者选择该种方式，这对接受呈缴主体提出了更高的要求；其次，8 位受访者选择以 CD-ROM 等实体载体形式提交；5 位受访者表示愿意为接受呈缴主体提供开放接口，由受缴主体自动采集；仅 3 位受访者选择通过 E-mail 方式提交（图 3-18）。

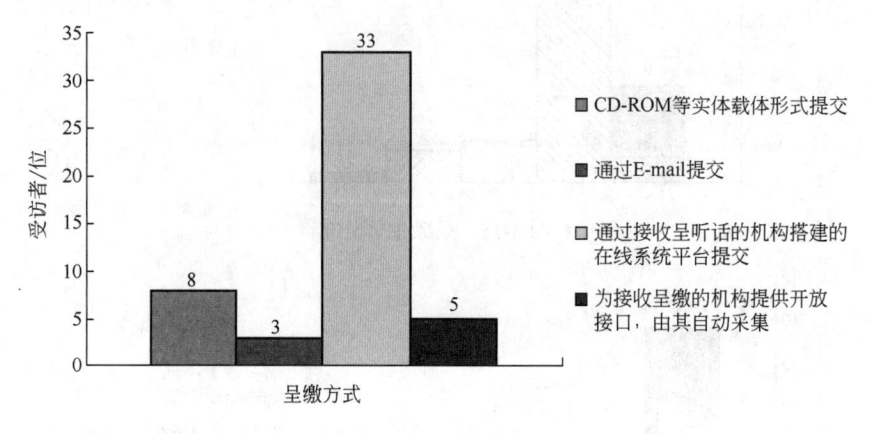

图 3-18 呈缴方式意愿分布

7. 呈缴出版物利用方式

36 位受访者认为呈缴数字出版物受到版权使用限制，希望受缴主体能作为文化遗产长期保存下去。可见，出版业具备文化资源保存与保护的意识，基本能够从国家文化遗产的角度来认识和理解呈缴活动；24 位受访者认为受缴主体可在馆舍内对读者提供阅览服务；其余受访者则认为呈缴数字出版物可供国家立法、司法和行政机关查询使用，并可供专业人员研究使用（图 3-19）。

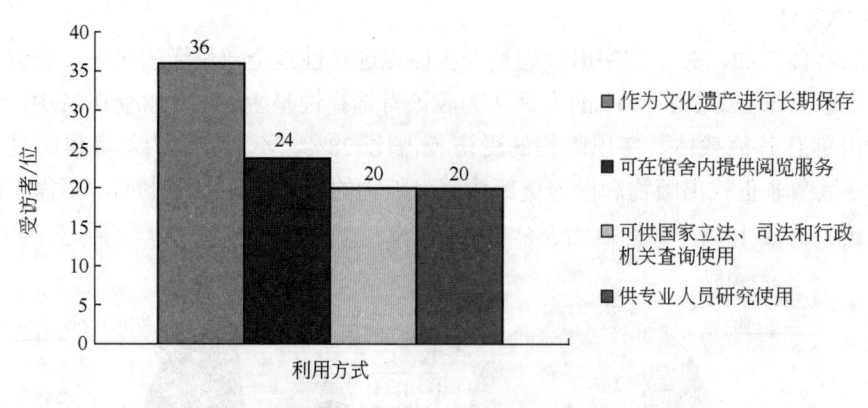

图 3-19 利用方式意愿分布

8. 激励措施

考虑到出版业社会化经营性质，问卷对呈缴制度激励措施相关问题进行了调研。62%的受访者希望设立呈缴补偿金制度，来弥补呈缴主体的管理成本与人员成本；31%的受访者希望由政府主管机构或受缴主体对呈缴情况进行评估并在其网站公布结果，以示褒奖；另外 7%

的受访者希望通过"呈缴 1 套+采购复本"的方式进行补偿及激励，该方式在性质上与补偿金制度类似（图3-20）。

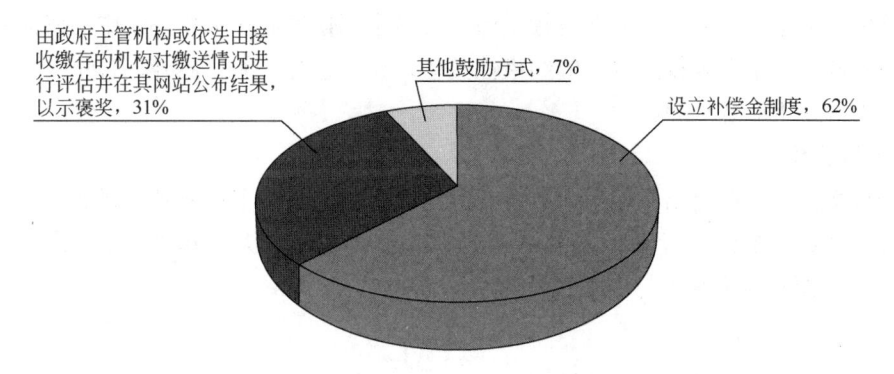

图3-20　出版社受访者期望的奖励措施分布

（三）数据库商调研分析

目前，数据库商是出版数字出版物的重要群体，其身份可能是出版社，也可能是数据库的代理商或者集成商。针对数据库商的调研，共发放问卷33份，回收有效问卷20份，回收率为60%。

1. 受访者基本信息

受访者的受教育程度主要集中在本科学历，共有 10 人，占总数的 50%；硕士及以上学历有9人，大专学历有1人。本次调查数据库商的受访者比出版业的受访者受教育程度偏高。

从受访者的从业年限来看，有 9 人从业 5~10 年，有 8 人从业 10~15 年，15 年以上从业者2人，5年以下从业者仅1人（图3-21）。数据库商受访者的从业年限普遍低于出版业受访者的从业年限。

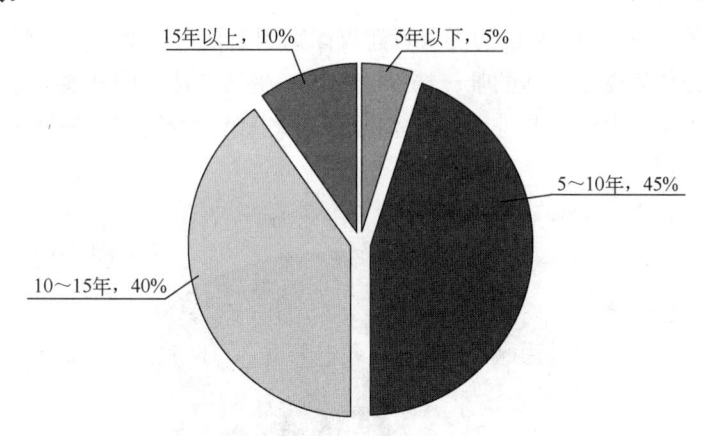

图3-21　数据库商受访者从业年限分布

2. 呈缴意愿

有 7 位来自数据库商的受访者表示愿意呈缴数字出版物，占反馈总数的 35%，其余 13 位受访者表示不愿意呈缴出版物。对比发现，数据库商的呈缴意愿略高于传统出版单位。

在愿意呈缴数字出版物的受访者中，全部受访者均表示期望根据国家立法呈缴。

对于不愿意呈缴数字出版物受访者表示，不呈缴的原因比较复杂。一是担忧管理和版权两个方面。其中，8位受访者选择了管理因素，由于缺乏相关制度和法律依据而担忧；7位受访者选择了版权因素，担心出现非合理使用的情况。二是调查中的外资数据库商没有国内出版资源的电子版本，因而表示无法进行呈缴。三是个别代理商在版权协议中明确规定了使用范围及使用方式，根据版权约定中的约束性条款，无法进行呈缴。此外，1位受访者表示出于经济因素考虑不愿意呈缴。

3. 呈缴主体

对于呈缴主体，调查结果显示，数字资源出版者作为呈缴主体的呼声最高，占受访者的70%；其次是数字资源发行者，占受访者的35%；再次是个人（作者），占受访者的30%（图3-22）。该调查结果基本与出版领域的意愿一致。

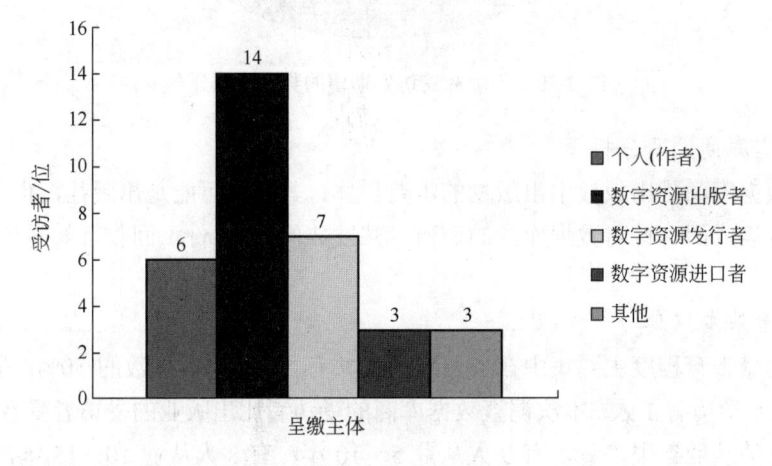

图3-22 呈缴主体分布

4. 接受呈缴主体

对接受呈缴的单位，有14位的受访者建议国家图书馆作为受缴主体首选，其中6位受访者把国家图书馆作为受缴主体的唯一选择。其次，受访者选择的其他受缴主体也包括出版主管部门和中国版本图书馆，此外，选择本地公共图书馆和档案馆作为受缴主体的受访者各占9%（图3-23）。

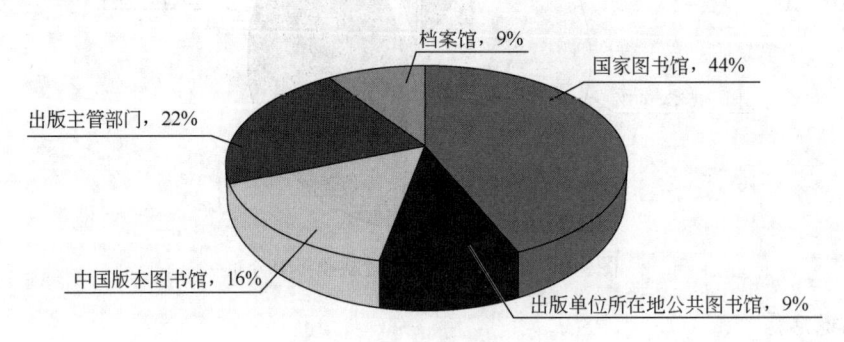

图3-23 接受呈缴主体分布

5. 呈缴客体方面

在呈缴客体方面，关于数字出版物是否应该无选择性的全部呈缴的问题，仅有10%

的受访者认为应该全部呈缴；其余 90%的受访者都认为应该有选择性呈缴。在支持选择性呈缴的受访者中，认为不需呈缴内部资料的受访者占 29%，不需呈缴非正式出版物和计算机程序的受访者各占 25%，不需呈缴内容更新频繁出版物的受访者占 15%。认为不需呈缴同样内容有其他载体数字出版物的受访者仅占 6%，这与出版领域受访者的反馈存在较大差异（图 3-24）。

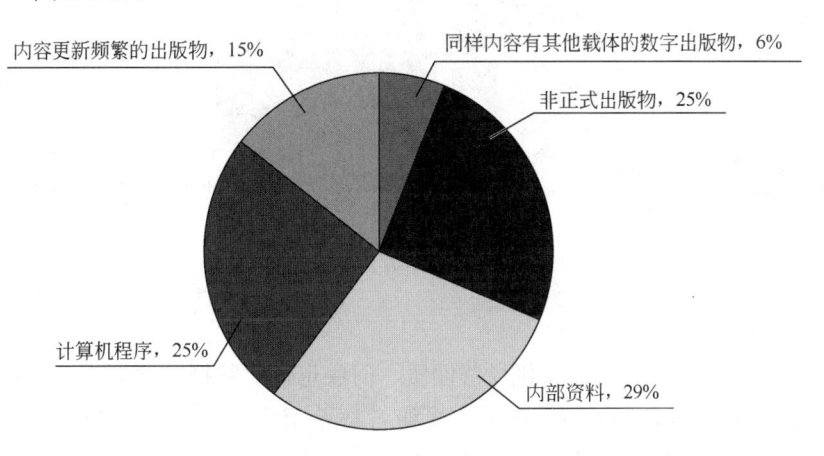

图 3-24　呈缴客体分布

6. 呈缴方式

受访者所希望的数字出版物呈缴方式中，通过受缴主体搭建在线系统平台提交的方式最受欢迎，赞成的受访者占比 70%，与出版社受访者所占比例相似；其次，20%的受访者表示愿意为受缴主体提供开放接口，由受缴主体自动采集；而只有 10%的受访者选择以 CD-ROM 等实体载体形式提交呈缴出版物；通过 E-mail 方式提交则受到了数据库商的冷落，没有人选择（图 3-25）。

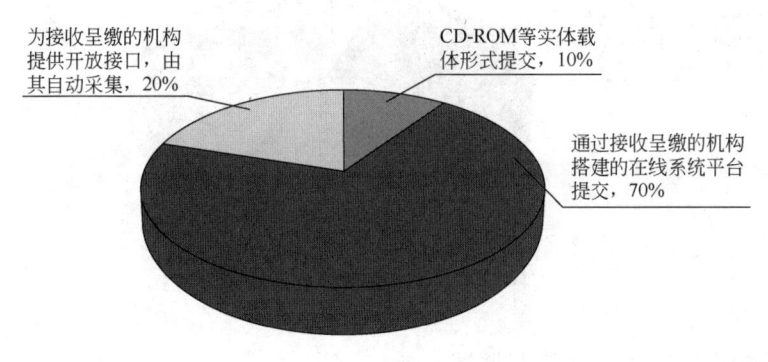

图 3-25　呈缴方式意愿分布

7. 呈缴出版物利用方式

75%的受访者希望受缴主体能够将呈缴数字出版物作为文化遗产长期保存下去，该趋势基本与出版领域对国家文化遗产重要性的认识保持一致；55%的受访者认为呈缴数字出版物可供国家立法、司法和行政机关查询使用；45%的受访者表示允许受缴主体在馆舍内对读者提供阅览服务，同样 45%的受访者表示呈缴数字出版物可供专业人员研究使用。对比图 3-26 可以发现，同意可供国家立法、司法和行政机关查询使用及供专业人员研究使用的受访者比例略高于出版领域；而支持馆舍内对读者提供阅览服务的受访者比例却低于出版领域。

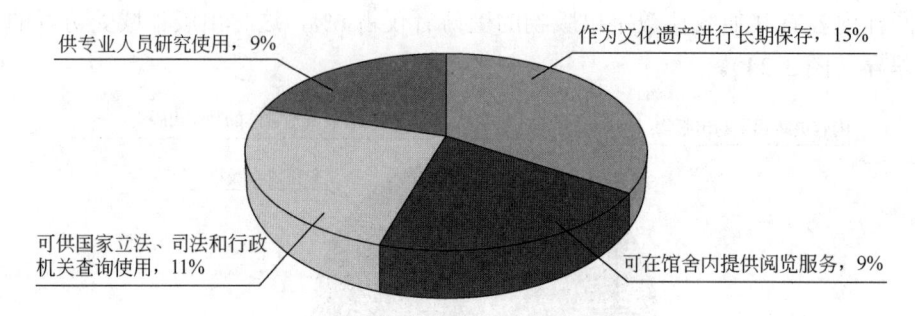

图 3-26　利用方式意愿分布

8. 激励措施

同样，考虑到数据库商的社会化经营性质，问卷也针对数据库商调查了其对数字出版物呈缴制度中激励措施设置的看法。64%的受访者都希望设立呈缴补偿金制度，与出版社受访者的比例保持一致；32%的受访者希望由政府主管机构或受缴主体对呈缴情况进行评估并在其网站公布结果，以示褒奖，该比例也与出版社受访者保持一致；另外 4%受访者希望建立国家呈缴名录数据库，也有数据库商提出希望建立完善的数字出版物呈缴制度，保证数字出版物能作为文化遗产得到保护，同时又不损伤著作权人的合法利益，建议采取精神激励和物质奖励相结合的方式，对于积极参与呈缴的企业除给予政策扶持外，再给予奖金鼓励（图 3-27）。

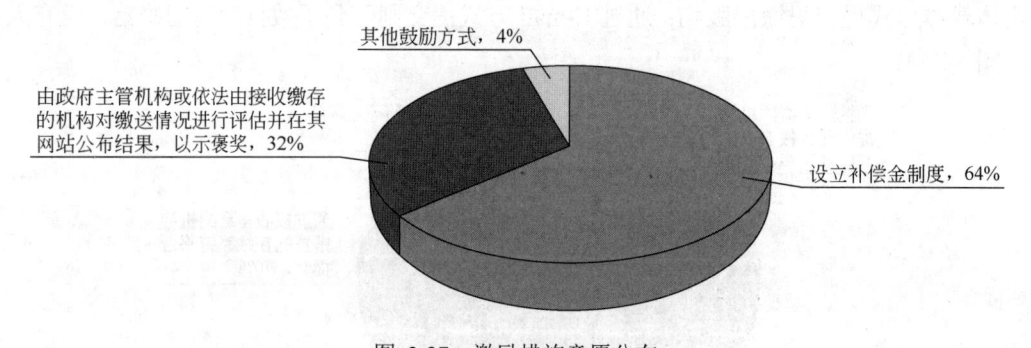

图 3-27　激励措施意愿分布

四、我国数字出版物呈缴现状概述

国家图书馆是我国呈缴出版物的法定收藏单位之一，调研显示，出版单位向国家图书馆呈缴的传统出版物逐年递增，传统出版物呈缴工作已经取得了一定的成效，也得到了社会公众和相关机构的普遍认可。但是，在数字出版物呈缴工作方面，总体情况不尽如人意，不但呈缴的客体范围有待扩展，而且呈缴程序、管理等机制也有待建立。对于各地公共图书馆而言，虽然在一些地方性法规规章中将其指定为了本地出版物的受缴主体，但是调研结果显示，各地公共图书馆的呈缴工作成效并不明显，传统出版物呈缴量与出版量相比尚有较大差距，而数字出版物方面，则几乎没有开展呈缴。从整体上看，我国出版物呈缴制度的运行效果不够理想，传统出版物呈缴虽有行政法规和地方性法规规章的保障，但通过呈缴量和缴全率反映出整体呈缴效果不佳，数字出版物呈缴存在较大盲区。

对图书馆界相关人士的调查显示，图书馆界对建立数字出版物呈缴制度的相关问题认识基本趋于一致，认为我国出版物呈缴制度现有结构不合理，对呈缴主体、受缴主体的权利和义务没有明确说明，缺乏约束机制和激励措施，呈缴制度实施效果差，需要完善和优化出版物呈缴制度，建立针对数字出版物的呈缴制度，并且通过立法的形式保障呈缴制度，以法律手段而非行政管理手段来调整数字出版物呈缴事项。

针对个人（作者）、出版者和数据库提供商的调研也反映了丰富的信息。围绕数字出版物的生产与传播过程，存在众多不同性质的潜在呈缴主体。这些主体的呈缴意愿各不相同，作为数字出版物内容创作者的个人（作者）呈缴意愿最为强烈，而出版者和数据库商的呈缴意愿相对较弱，尤其是出版者，仅有30%的出版者表示愿意作为数字出版物呈缴制度中的呈缴主体。这种现象值得深思，连同受访者所反映的其他问题，都应当成为设计数字出版物呈缴制度的重要参考信息。只有透过现象看本质，深入剖析问题形成的原因，思考应对策略，才能真正保证制度的科学性、可操作性和有效性。

第三节　中国数字出版物呈缴的制约因素分析

我国数字出版物呈缴工作受到多种制约因素影响，既有来自宏观层面的制度和机制制约，也有微观层面的实施方法和执行程序制约，主要包括法律制度因素、管理因素、经济因素、版权因素、技术因素。这些制约因素共同作用，相互影响，对数字出版物呈缴制度相关的各个主体产生不同程度的影响与制约。

一、法律制度因素

法律制度是指推动数字出版物呈缴的法律保障体系，是国家通过立法对数字出版物呈缴进行规范的各种法律、法规的总和。法律制度是对数字出版物呈缴活动进行管理的法律依据，也是开展有效管理的重要保障。当前，世界各国主要通过三种方式来确立数字出版物呈缴制度的法律保障。一是颁布独立的呈缴法，如法国和南非。法国《文化遗产法典》中规定了《法定呈缴本法》的内容，法定呈缴的客体涵盖了从一般意义上的网站到视频、声音记录或是任何一种形式的数字出版物（电子期刊、电子图书、博客等）。南非议会于1997年颁布了新的呈缴法，将实体电子出版物和网络电子出版物及将来可能产生的其他载体出版物都纳入了呈缴范围；二是通过修改版权法或者图书馆法来实现，如美国、加拿大、日本等国；[1]三是没有出台专门的呈缴法律的国家，往往采用协议呈缴或者自愿呈缴的方式。采用协议呈缴主要是指某些国家按照呈缴协议实现数字出版物的呈缴，虽然不是以法律的强制力执行，但对呈缴与义务人同样具有一定的约束力，目前采用协议呈缴的国家主要有意大利和荷兰，采用自愿呈缴方式收集电子出版物的国家主要是澳大利亚。建立完善的数字出版物呈缴法律

---

[1] 李英，侯鹏娟，靳丽．电子出版物呈缴制度运行机制研究［J］．图书馆工作与研究．2011（10）：67-69．

制度对呈缴活动具有明显的强制力,在具有呈缴法律保障的国家一般其呈缴活动也取得了较好的效果。

在我国,由法律法规、地方规章等构成的呈缴制度一来法律强制性约束不够,不适应当前形势的发展,二来主要在传统出版物领域发挥作用,对于数字出版物的呈缴问题关注较少。《电子出版物出版管理规定》第35条中明确指出:"电子出版物发行前,出版单位应当向国家图书馆、中国版本图书馆和新闻出版总署免费送交样品。"而《电子出版物管理暂行规定》中的电子出版物概念不包括网络文献。文化部起草的《中国图书馆法征求意见稿》对包括网络资源在内的数字信息的呈缴问题曾作出比较明确的表述。[1]这些规定和探讨仅涉及数字出版物呈缴活动中的冰山一角,目前我国还没有真正建立调整数字出版物呈缴法律关系的完备的法制体系,法律制度成为影响数字出版物呈缴活动的重要制约因素。[2]实现一国数字出版物的完备收藏和永久保存需要依靠数字出版物呈缴制度,而数字出版物呈缴制度必须依靠立法建立,需要创新性地发展和完善现行呈缴制度,设计科学合理、符合惯例又适合国情的数字出版物呈缴制度。

二、管理因素

漏缴、拒缴、逾期呈缴一直是我国呈缴制度实施中遭遇的最大难题,折射出呈缴制度的实施和管理困境。在一项行之有效的数字出版物呈缴制度中,不仅对数字出版物呈缴涉及的主体、客体、呈缴方式、呈缴格式、呈缴数量以及奖惩措施的规定至关重要,而且对相关主体建立健全有效的管理机制也应做出明确要求。无论对于呈缴主体还是受缴主体而言,都应在满足制度要求的基础上,根据自身承担的职能和实际情况,制定一整套工作规范,以加强呈缴工作管理。

数字出版物呈缴的潜在主体包括出版者、发行者等,分布在数字出版物生命周期的不同环节上;呈缴范围正待扩展,涉及电子出版物、网络出版物等多种类型;受缴主体分布也呈多元化,除了国家图书馆外,新闻出版相关部门和公共图书馆等也是合法的受缴主体;与传统出版物载体唯一的特性相比,数字出版物可以通过多种方式呈缴,并且同一种出版物可能具备多种格式,如何选择呈缴方式和呈缴版本也是数字出版物呈缴制度中必须解决的一个特殊问题。以上这些管理问题是非常复杂且棘手的,在我国目前缺乏强有力的数字出版物呈缴法律保障的情况下,不同系统的机构之间各自为政,既没有建立有效的监管体系对数字出版物生产、流通和呈缴过程进行监督管理,同时也缺乏积极的沟通和协调,使管理问题尤为突出,成为制约数字出版物呈缴制度建立和发展的重要因素。

三、经济因素

影响到数字出版物呈缴制度的经济因素反映在两个方面,一方面是受缴主体的呈缴工作及相关系统平台的日常维护成本,另一方面是呈缴主体的呈缴成本。

受缴主体需要对呈缴的数字出版物进行管理、保存、维护和服务。与传统出版物保存不

---

[1] 胡耀光. 从立法角度试论我国电子出版物呈缴若干问题 [J]. 新世纪图书馆,2010(2):47-48.
[2] 王运显. 国外电子出版物呈缴制度及对我国的启示 [J]. 现代情报,2007(1):166-168.

同，数字出版物技术淘汰率很高，其在创建之后就需要不断地进行格式调整、载体迁移、重新保存等，才能保证其被长期读取和利用，在数字出版物生命周期的各个阶段都有直接或间接的成本支出，技术发展速度越快，用于数字出版物维护和长期存取的累积费用支出可能会越高。这对受缴主体而言是不小的经济负担，因此，数字出版物呈缴制度的长期稳定发展必须解决受缴主体的日常维护成本支出，通过国家财政保障充足的经费支持受缴主体完成呈缴出版物接受、管理和保存利用的使命。

对于呈缴主体而言，无论以何种方式呈缴，无论呈缴何种格式的数字出版物，都需要投入一定的材料成本、人员成本和管理成本才能完成呈缴活动，客观上看呈缴活动会带来一定的经济负担。在某些特殊情况下，制度设计不合理和操作不慎，数字出版物的呈缴活动也可能给呈缴主体带来影响经济收益的风险，这也是影响呈缴主体呈缴积极性的原因之一。因此，国外一些国家的呈缴制度中，建立了呈缴补偿金机制，通过支付呈缴主体一定的经济补偿，利用经济、法律、行政等多种手段，引导和规范数字出版物呈缴制度，平衡版权人、出版者、利用者各方的利益。在我国现有的呈缴制度中，并未实行呈缴补偿金制度，对于呈缴主体即出版者而言，呈缴出版物是无偿的义务。在建立数字出版物呈缴制度的过程中，必须充分考虑到数字出版物与传统出版物在呈缴成本方面的差异，特别是在对呈缴数字出版物服务利用方面，如何做到既符合信息资源发展的开放性要求，同时不伤害呈缴主体的经济利益，协调公众利益和呈缴主体利益之间的平衡，维护市场经济秩序的平等公正原则，使数字出版物呈缴制度持久而稳定地执行。

四、版权因素

一些国家的出版物呈缴制度从一开始就同版权制度密切联系，至今仍有很多国家的出版物呈缴制度是通过版权法体系保障的。在呈缴制度发展初期，出于系统、完整地收集本国出版物的主要目标，在一些制度中，往往是将呈缴作为出版者享有版权或邻接权的前提条件。随着出版物呈缴制度的深入发展，其越来越多地在出版相关法律中得到体现，也出现了针对出版物呈缴的专门立法，反映出国际法学界开始倾向于将呈缴作为出版者对社会应尽的一项义务，而与超越版权或邻接权的范畴。

尽管如此，数字出版物呈缴制度与版权的关系又密切起来，当然并不涉及出版物本身版权的获得与否问题，而是关于受缴主体对呈缴出版物的拥有和使用问题。[1]数字出版物由于其复制便利和传播速度快，加大了侵权风险，版权保护问题越发重要。受缴主体对呈缴出版物的拥有和使用问题成为数字出版物呈缴制度与版权保护的关键所在，版权问题无疑是影响数字出版物呈缴制度的又一重要因素。

当然，出版物呈缴法与版权法并不冲突，呈缴主体根据呈缴相关法律规定承担呈缴数字出版物的义务，但这并不代表受缴主体可以不顾版权法的规定，而无限制地利用数字出版物。一项设计科学、运行良好的数字出版物呈缴制度，必须能够实现呈缴活动与版权保护的平衡，使受缴主体拥有有限的存取权，在这个前提下，其可以开展数字出版物的采集、长期保存和管理，包括利用新技术对数字出版物进行必要的更新、仿真、迁

---

[1] 秦珂. 试论电子出版物呈缴制度设计的若干问题 [J]. 科技情报开发与经济，2005（18）：71-73.

移等,并且在一定范围内有权提供公众服务。对于数字出版物的版权所有人而言,法律限制了受缴主体的存取权利,既有利于数字出版物的保存和传播,同时也为版权保护保留了空间。

五、技术因素

中国互联网络信息中心的研究表明,32%的网页的生命周期为1~3个月。网页增长的速度与消失的速度在加速背离,导致越来越多有价值的网络信息面临着消失的危险。如何让数字化的资料永久保存,以提供全面真实的信息,是制约我国数字出版物呈缴的一个重要因素。数字出版物在呈缴以后,如果受缴主体不能很好解决数字出版物的长期保存问题,那么数字出版物呈缴制度就会降低甚至失去存在的意义。

目前,数字出版物呈缴制度中对技术因素的要求主要体现在四个环节。一是在数字出版物呈缴的环节,无论是由呈缴主体提交,还是由受缴主体主动采集,都需要强有力的软硬件技术支持,特别是面对海量数字出版物呈缴时,对提交或采集技术的效率要求更加突出;二是在呈缴数字资源的保存环节,要求受缴主体建立行之有效的数字出版物长期保存机制,确保各种各样的数字出版物能得到有效保存,并且能够适应未来的技术迭代;三是在呈缴数字出版物的组织管理环节,实际上,在数字出版物呈缴的各个相关环节都涉及管理问题,通过技术手段实现呈缴数字出版物的自动化管理,对呈缴数字出版物进行科学组织和高效整合,是受缴主体应当承担的义务之一;四是在呈缴数字出版物的服务利用环节,不但要实现数字出版物的流畅发布服务,而且必须具备版权保护能力,通过技术手段控制呈缴数字出版物的服务利用,使之符合呈缴制度相关要求。

在技术因素方面,不但要重视研发数字出版物呈缴制度相关的新技术、新应用,而且建立一套技术标准规范体系也十分重要,唯其如此,才能使数字出版物呈缴制度顺利运行并逐步规范化发展。

第四章

数字出版物呈缴制度的基本要素

●●●●●●●

根据新制度经济学的理论，制度是一种社会博弈规则，是人们所创造的用以约束主体间相互交往行为的框架。[❶]数字出版物呈缴制度是国家通过立法规定呈缴义务人在规定的期限内，向国家指定机构无偿呈缴规定数量与质量的数字出版物的一项制度，是各国为数字文化保存与传承而创制的有组织的规范体系。以数字出版物的呈缴行为为基点，数字出版物呈缴制度的基本要素包括：数字出版物呈缴的相关主体、一般范围、呈缴方式、呈缴流程以及数字出版物的长期保存体系。建立数字出版物呈缴制度必须正确认识现存问题，研究科学、有效的解决之道，针对数字出版物特性创新其呈缴相关制度设计。

第一节 数字出版物呈缴相关主体

在推动构建数字出版物呈缴制度以实现对这些资源进行妥善收集、保存和利用的过程中，数字出版物呈缴的相关主体作为呈缴制度中关键性因素，其范围的界定和利益诉求的表达，都将对数字出版物呈缴制度的有效实施起到决定性作用。

一、相关主体类型

数字出版物呈缴的基本流程涉及四个主体和两个参与对象。四个主体分别是呈缴主体、受缴主体、监管主体和协调主体；两个参与对象分别是数字出版物用户和保存机构。

呈缴主体是出版物的所有者、出版者、作者等，即对出版物负有呈缴义务的机构或个人。呈缴主体需要承担呈缴职责，主动或者被动地将出版物呈缴至受缴主体，并在过程中主动配合受缴主体，按照标准或者规范完成呈缴工作。受缴主体是法定的或者由法定机构指定的负责接收呈缴出版物的机构。该机构需要承担呈缴出版物的格式要求制定、资源检查并提交给长期保存机构等职责，并且其有义务建立畅通的数字出版物提交渠道，确立严密合理的提交流程，并制定规范的提交管理章程。

[❶] 卢现祥. 西方新制度经济学 [M]. 北京：中国发展出版社，2004：4-6.

呈缴主体承担向受缴主体提供呈缴客体的义务，受缴主体需要接受呈缴客体。在这个过程中，监管主体主要行使对呈缴主体和受缴主体的监管职责，协调主体则主要负责协调监管主体和呈缴主体之间的关系。当然，呈缴主体与受缴主体之间的关系也在协调主体的协调范围内，当呈缴活动进行不顺利时，受缴主体可以依法向呈缴主体催缴，也可以向监管主体进行申诉，或者同时向协调主体汇报及请求开展沟通协调。

在数字出版物呈缴制度的作用下，呈缴主体、受缴主体、监管主体以及协调主体之间存在密切的、多样的管理性业务沟通，如图4-1中实线箭头所示。数字出版物在呈缴主体、受缴主体、用户以及保存机构之间按照一定规则进行流通，其数据流向如图4-1中双线箭头所示。

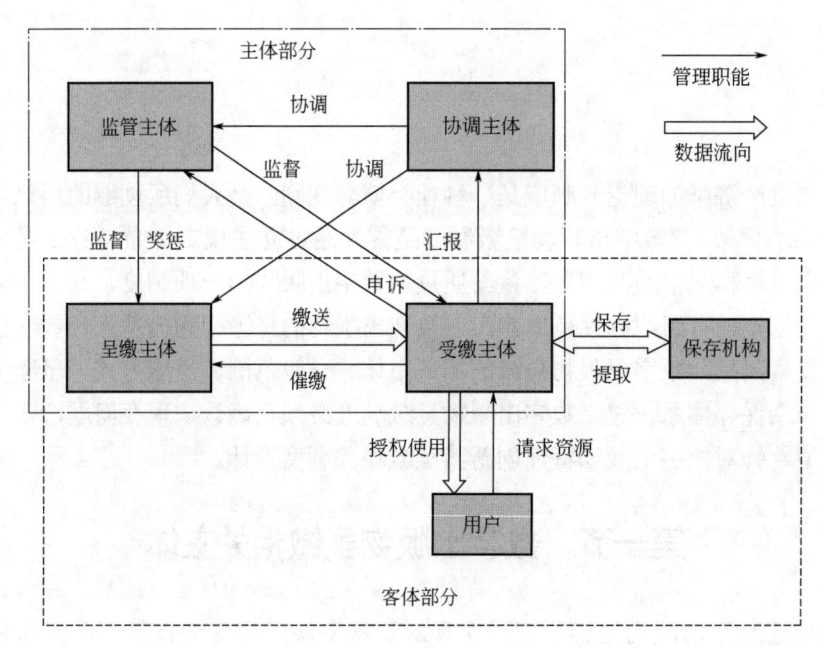

图4-1 数字出版物呈缴相关主体关系图

（一）呈缴主体

出版物呈缴主体类型呈现多元化发展态势，在各国出版物呈缴相关法律法规中，对呈缴主体的规定各有不同。世界知识产权组织（World Intellectual Property Organization，WIPO）在对世界上不同国家出版物呈缴制度实施情况的调查中发现，总体上出版物的呈缴主体比较多样，包括出版者、生产者、传播者、版权所有者等。[1]

1. 国外法律规定的呈缴主体

各国出版物呈缴相关的法律法规中[2][3]，对出版物呈缴主体的规定各有侧重，覆盖范围不一而足，主要类型见表4-1。

---

[1] 吴钢. 数字出版物法定呈缴制度研究[M]. 武汉：湖北人民出版社，2013：128.
[2] 《世界主要国家出版物缴送制度及状况比较研究》课题组. 世界主要国家出版物缴送制度及状况比较研究[R]. 国家图书馆内部研究报告，2005.
[3] 国家图书馆数字资源部. 国外图书馆电子音像出版物缴送调研报告[R]. 国家图书馆内部研究报告，2010.

表 4-1　各国出版物呈缴相关法律中规定的呈缴主体

国家	呈缴主体	类型
美国	著作权持有人、享有专属出版权的人以及广播、电视节目的传播权所有人	出版者（著作权人等）
加拿大	加拿大的所有出版者，包括个人、协会、商业出版机构、联邦政府机构等	出版者
南非	所有出版者，包括任何在南非从事出版、发行、生产、进口出版物的个人或团体（无论公立还是私立机构）	出版者
日本	出版者、报社、相关出版团体、唱片公司、音像公司、国家机关（包括国会图书馆各分馆和各独立行政法人），地方公共团体（包括都道府县的事务局），国立大学、公立大学、私立大学（均包含短大）/学会、协会等	出版者
澳大利亚	所有出版机构和个人，包括商业出版者、私人出版者、网络出版物的出版者（控制网站或网站部分内容的人）、俱乐部、教堂、协会、社团等机构	出版者
新西兰	凡在新西兰出版任何书刊的出版者	出版者
英国	英国（大不列颠及北爱尔兰联合王国）的所有出版者	出版者
新加坡	所有出版者，包括所有商业和非商业的出版者	出版者
韩国	国家机关、地方自治团体或其他出版者	出版者
奥地利	奥地利出版或印刷的所有出版物的出版者	出版者
马来西亚	所有马来西亚的出版者	出版者
荷兰	出版者、政府机构、协会或基金会，同时，荷兰国家图书馆也欢迎公众呈缴个人出版物	出版者
德国	德国的所有商业性和非商业性出版者及电子文献的生产者，包括出版者、经销商、版权代理商或个人出版社	出版者、发行者
瑞典	任何复制、出版电子出版物（如 DVD、磁盘、录像带、录音带、CD 等音像制品），并打算主要在瑞典发行其产品的单位或个人	出版者、生产者、发行者等
法国	法国所有的出版者、生产者、发行者和进口商（如果其进口的出版物被要求呈缴的话）	出版者、生产者、发行者和进口商等
俄罗斯	在俄境内从事文献生产、加工和传播活动的各类机构	出版者、生产者、发行者和进口商等
丹麦	生产者、出版者、进口商和部分法定呈缴机构（指由接受呈缴的机构对广播、电视节目进行复制，然后进行长期保存）	出版者、生产者、进口商等
挪威	出版者、生产者、进口商及经法律授权或在媒体行业工作的人（主要指挪威广播公司）	出版者、生产者、进口商等
芬兰	境内呈缴主体为印刷者，在海外印制的出版品由进口商负责	生产者（印刷者）、进口商

上述各国呈缴主体可简要归纳为以下三种情况：

（1）仅由出版者进行呈缴，包括所有商业性和非商业性的机构及个人出版者（著作权人等），如美国、加拿大、南非、日本、澳大利亚、英国、新西兰、新加坡、韩国、奥地利、马来西亚和荷兰等；

（2）除由出版者进行呈缴外，呈缴主体还包括出版物的生产者、发行者、进口者等其中之一或者全部，如德国、瑞典、法国、俄罗斯、丹麦和挪威等；

（3）呈缴主体不包含出版者，而是由生产者（印刷者）、进口者等进行呈缴，如芬兰等。

其中，有一些国家对呈缴主体有自己独特的规定，比如美国呈缴制度被称为"Copyright Deposit"（版权呈缴），其核心概念是"版权"，无论是 1976 年颁布的《美国版权法》(Copyright Law of the United States)还是 1988 年颁布的《国家广播电视保存法》(The National Film Preservation Act),所规定的呈缴主体始终围绕"版权"这一核心概念进行界定❶❷;俄罗斯从职能角度出发,规定从事文献生产、加工和传播活动的各类机构都需要履行呈缴义务;日本则是从机构类型角度出发,采用列举的方法对呈缴主体进行描述,涵盖出版机构、媒体行业、国家机关和高等院校等多种机构。各国的法律法规都试图让呈缴主体的覆盖范围趋于全面,从而达到尽可能完整获取本国出版的各类型、各载体出版物的目的。从整体上看,出版物呈缴主体始终是围绕"出版者"这一"核心主体"来进行扩展的。

2. 国出版物呈缴主体设置

在我国出版物呈缴制度中,传统出版物的呈缴主体主要是根据《出版管理条例》《音像制品管理条例》等依法批准设立的图书、报纸、期刊、音像制品等的出版机构❸;另外,也包括按照《中华人民共和国学位条例暂行实施办法》等呈缴学位论文和博士后研究报告的学位授予单位和博士后设站单位❹❺,以及经国务院出版行政主管部门审批成立的其他依法从事出版活动的国家机关、企事业单位、社会团体等❻。从整体上来看,我国传统出版物的呈缴主体可以归于"出版者"一类,包括出版图书、期刊、报纸、音像制品等正式出版物的"专业出版者"和出版学位论文等非正式出版物的"非专业出版者"。

3. 数字出版物呈缴主体设置

数字出版物类型复杂多样,国外法律规定的呈缴主体一般是参照传统出版物从"出版者"角度出发来界定。在数字技术与网络环境下,"出版者"的内涵与外延都已大为扩展,较传统出版者而言其边界变得模糊。从"出版者"出发而定义的数字出版物的呈缴主体,依照出版客体的不同可以大致分为两类:一类是出版离线型数字出版物的出版者,也就是通常所说的出版"电子出版物"❼的出版者;另一类是出版网络出版物的出版者。

---

❶ Copyright Law of the United States〔EB/OL〕.〔2015-02-26〕. http://www.copyright.gov/title17.

❷ Library of Congress Collections Policy Statements〔EB/OL〕.〔2015-02-26〕. http://www.loc.gov/acq/devpol/motion.pdf.

❸《出版管理条例》第二十二条:出版单位应当按照国家有关规定向国家图书馆、中国版本图书馆和国务院出版行政主管部门免费送交呈缴本;《音像制品管理条例》第十二条:音像出版单位应当按照国家有关规定向国家图书馆、中国版本图书馆和国务院出版行政主管部门免费送交呈缴本。

❹《中华人民共和国学位条例暂行实施办法》第二十三条规定:"已经通过的硕士学位和博士学位的论文,应当交存学位授予单位图书馆一份,已经通过的博士学位论文,还应当交存北京图书馆和有关的专业图书馆各一份。"俄罗斯《俄罗斯联邦文献缴送本法》规定:缴送内容包含学位论文等非正式出版物。

❺《关于印发〈博士后管理工作规定〉的通知》(国人部发〔2006〕149 号)第二十九条:"博士后人员工作期满,须向设站单位提交博士后研究报告(以下简称报告)和博士后工作总结等书面材料,报告要严格按照格式编写。设站单位应将报告报送国家图书馆。"

❻《关于征集图书、杂志、报纸呈缴本的办法》第三条第四款:机关团体、厂矿、高等院校等单位出版的出版物中,有研究参考及保存价值的图书,有关出版单位应向版本图书馆选送呈缴本,或由版本图书馆主动向有关单位征集。第四条第二款:机关团体出版有研究、参考、保存价值的刊物,出版单位应向版本图书馆选送呈缴本,或由版本图书馆主动向有关单位征集。

❼《电子出版物管理规定》第二条:本规定所称电子出版物,是指以数字代码方式将图文声像等信息编辑加工后存储在磁、光、电介质上,通过计算机或者具有类似功能的设备读取使用,用以表达思想、普及知识和积累文化,并可复制发行的大众传播媒体。媒体形态包括软磁盘(FD)、只读光盘(CD-ROM)、交互式光盘(CD-I)、照片光盘(Photo-CD)、高密度只读光盘(DVD-ROM)、集成电路卡(IC Card)和新闻出版署认定的其他媒体形态。

（1）电子出版物出版者。离线型数字出版物与传统类型出版物在出版发行方式、传播流通途径、呈缴管理等方面均比较类似，其出版者也与传统类型出版物的出版者一样，边界相对比较明晰。我国《出版管理条例》和《电子出版物管理规定》等相关行政法规和部门规章中，对此类呈缴主体的范围和职责做出了明确的规定。[1]

（2）网络出版物出版者。网络出版物的生产发布、传播流通、载体形态等均与离线型数字出版物及传统类型出版物有很大不同。从"出版者"角度来看，网络出版物的呈缴主体可以由两部分构成：一种是开展网络出版的传统出版单位，另一种是互联网服务提供商。前者是合法的出版机构，后者是合法的网络实体。[2]在国家广播电视总局目前通过行政许可的方式认定的800余家互联网出版单位中，既包括出版图书、报纸、期刊、音像制品、电子出版物的传统"专业出版机构"，也包括网络技术公司和网络服务商等"新型出版机构"。[3]

通过网络发布的信息资源类型复杂多样，相关法律法规在从"出版者"角度出发来具体确定由哪些主体承担呈缴责任的过程中，还需要结合网络信息资源的实际特征进行规范，以协调好数字出版物呈缴主体"范围宽泛"的特征与"边界清晰"的要求之间的矛盾。只有这样的呈缴制度设计，才能够在保障将更多数字出版物资源纳入国家信息资源总库保存体系的同时，又能降低制度实施运行的成本，提高制度实施的效率。[4]

（二）受缴主体

受缴主体的核心任务是承担保存国家文化遗产的职责，通过各种呈缴方式连续、完整地获得本国各类型出版物并对其进行长期有效的保存。从世界各国呈缴制度的发展历史来看，承担出版物受缴主体职责的主要是本国的国家图书馆或者承担国家图书馆功能的机构，这是由国家图书馆的社会分工和历史使命所决定的，也有一些国家规定由多个机构共同行使承担受缴职能。

1. 国外法律规定的受缴主体

在各国出版物呈缴相关的法律法规中，对出版物呈缴的受缴主体规定不一，大部分是以国家图书馆作为主要的受缴主体，具体如表4-2所示。[5]

表4-2 各国出版物呈缴的受缴主体

国家	受缴主体
丹麦	丹麦皇家图书馆、国家和大学图书馆、丹麦电影研究院
德国	国家图书馆的莱比锡分馆、法兰克福分馆和柏林分馆——国家音乐档案馆
俄罗斯	俄罗斯中央书库、市政图书馆、"信息索引"科技中心、联邦工业产权研究所

---

[1] 《出版管理条例》规定："条例所称出版物是指报纸、期刊、图书、音像制品、电子出版物等。"《电子出版物出版管理规定》第三十五条："电子出版物发行前，出版单位应当向国家图书馆、中国版本图书馆和新闻出版总署免费送交样品。"

[2] 陈生明.网络出版概论[M].南京：南京大学出版社，2011：55.

[3] 互联网出版单位名单[EB/OL].(2014-11-26)[2016-05-08]. http://www.gapp.gov.cn/govservice/1628/232702_8.shtml.

[4] 吴钢.数字出版物法定呈缴制度研究[M].武汉：湖北人民出版社，2013：128-130.

[5] 《世界主要国家出版物缴送制度及状况比较研究》课题组.世界主要国家出版物缴送制度及状况比较研究[R].国家图书馆内部研究报告，2005.

续表

国家	受缴主体
法国	国家图书馆、国家电影资料中心、国立视听资料馆
荷兰	国家图书馆、国家音像研究所
挪威	国家图书馆、挪威电影学校、奥斯陆大学图书馆
瑞典	国家图书馆、哥德堡大学图书馆、隆德大学图书馆、斯德哥尔摩大学图书馆、乌普萨拉大学图书馆等7家版本图书馆
英国	英国国家图书馆及5家版本图书馆，即牛津大学图书馆、剑桥大学图书馆、国立苏格兰图书馆、国立威尔士图书馆和都柏林三一学院图书馆
奥地利	国家图书馆
加拿大	国家图书档案馆
美国	国会图书馆（美国版权局）、州立图书馆
南非	国会图书馆、国家图书馆比勒陀利亚分馆和开普敦分馆、布隆方丹图书馆服务机构、纳塔尔社团图书馆以及国家电影音像档案馆
澳大利亚	国家图书馆、州立图书馆、其他图书馆
日本	国立国会图书馆、东京国立近代美术馆文件中心
韩国	国立中央图书馆

澳大利亚规定，除国家图书馆以外，各州的州立图书馆也根据地方立法接受呈缴。俄罗斯图书局负责接收、分配个别视听读物的联邦呈缴本；"информрегистр"科技信息中心负责接收和分配免费电子出版物的呈缴本；跨部门科研机构"интеграл"负责计算机软件和数据库软件产品呈缴本的收藏和登记；联邦工业产权研究所负责接收并分配免费电子版专利文献的呈缴本；声像和影视作品的呈缴本由俄罗斯相应的机构负责接收和保存。法国主要由国家图书馆负责接受呈缴，为了更好地进行呈缴，法国还设立了"法定呈缴科学协会"，此机构由很多代表机构组成，以确保呈缴制度的一致性和手续的统一性，同时也为国家图书馆馆长提供呈缴相关问题的咨询服务。在南非，经各省图书馆工作执行委员会委员推荐，由南非文艺科技部部长在各省指定一个专门的政府出版物呈缴处，接受所有政府出版物的呈缴；除了国会图书馆，如果南非文艺科技部部长认为可行的话，政府出版物的呈缴处也可以是现有的一家法定呈缴处；另外，南非国家图书馆比勒陀利亚分馆享有电子出版物的优先受缴权，而南非国家电影音像档案馆享有多媒体和音视频资料的优先受缴权。挪威的电子文献、缩微制品和广播、电视节目的录制品呈缴到挪威国家图书馆的 Rana 分馆，实体音频出版物（包括唱片、盒式录音带、CD 等）呈缴到奥斯陆大学图书馆，电影和录像制品呈缴到挪威电影学校，并且各存放地点会及时对呈缴的资源进行登记，若文献内容不是很重要，就只进行分类存档，不记录详细信息。瑞典依据《呈缴法》的相关规定将电子文献的呈缴本呈缴到瑞典国家图书馆、哥德堡大学图书馆、隆德大学图书馆、斯德哥尔摩大学图书馆、乌普萨拉大学图书馆等七家图书馆。日本由东京国立近代美术馆文件中心接受电影胶片的呈缴，其余的电子出版物均由国立国会图书馆接受呈缴。

分析以上各国出版物呈缴的受缴主体，可见主要有以下6种情况：
（1）由国家图书馆统一接受呈缴，如德国和加拿大；

(2）国家图书馆与地方图书馆均接受呈缴，如澳大利亚；

(3）国家图书馆与电影研究院、国立视听研究所等专门机构相结合，如丹麦、荷兰；

(4）国家图书馆下设机构，专门负责呈缴，如美国国会图书馆下设的版权局，为强制呈缴制度的直接执行机构；

(5）根据电子资源的种类呈缴到其相应的受缴处，若不确定呈缴到哪个存放地点，可将呈缴本同时寄送到多个受缴处，如挪威；

(6）由一个统一的机构受缴，然后进行分发，如俄罗斯中央书库。

2. 我国出版物受缴主体设置

我国传统出版物呈缴的受缴主体，在国家层面主要是国家图书馆、中国版本图书馆等国家法定的出版物呈缴本保存单位以及新闻出版行政主管部门[1][2]；在地方层面，还包括地方出版行政主管部门、地方图书馆和方志馆等地方性法规规定的地方出版物呈缴本保存单位[3]；在行业层面，还包括中央及地方各级相关行业行政主管部门或业务部门等[4]。

呈缴制度中呈缴主体的多样化和分层化，其好处是同一出版物可以在多个地方保存多个备份，降低了因其中某个受缴主体发生灾难性事件而导致文化遗产毁损的风险，但缺点是增加了呈缴主体的负担，如果没有合理的补偿和约束往往会导致呈缴主体缺乏呈缴的积极性而被动应付。因此，数字出版物呈缴制度构建时，需要确定较为合理的受缴主体范围，这将会影响到呈缴制度实施的效果和效率。

另外，长期以来作为国家重要的公共信息管理机构，图书馆、博物馆、美术馆、档案馆、资料馆等文化机构均在各自领域内开展了不同类型的信息资源采集、管理、保存、保护与服务等工作。在数字环境下，随着馆藏内容的数字化和用于管理这些馆藏的元数据逐渐以电子形式出现，图书馆与档案馆、博物馆等机构之间的管理内容交叉日益显著，网络上众多类型的信息资源很难明确其唯一归属到底是图书馆还是档案馆等其他机构的保存职责范围。因此，在数字环境下要实现全面完整地保存本国的数字文化遗产，应当考虑图书馆与博物馆、美术馆、档案馆、资料馆等各类文化机构的协作发展模式，使在合作中发挥文献信息收藏与保存的中坚作用。正如《21世纪国会图书馆数字战略》中高度强调的那样：作为单个图书馆的美国国会图书馆已经不可能依靠独自的力量收藏全部的信息资源了，信息资源的全面收藏唯有靠图书馆之间的合作，通过资源共享、分布式收藏等手段才能实现。[5]

---

[1] 我国《出版管理条例》规定："出版单位应当按照国家有关规定向国家图书馆、中国版本图书馆和国务院出版行政主管部门免费送交呈缴本。"

[2] 《关于印发国家海洋局科技期刊管理办法的通知》第二十四条：期刊出版后，必须按期向局科司和国家海洋信息中心缴送样刊各一份，正式期刊还须向中国版本图书馆、国家科委科技情报司、中共中央宣传部出版局、北京图书馆、新闻出版署期刊司和当地出版管理机关及图书馆缴送样刊。

[3] 《天津市图书报刊管理条例》第二十二条：图书、报刊的出版单位和内部资料性图书、报刊的申办单位，应当按照规定向国家图书馆、国家版本图书馆和市新闻出版行政管理部门缴送呈缴本；《新疆维吾尔自治区地方志、年鉴编纂管理办法》第七条：地方志、年鉴出版后，按照国家有关规定，向国家图书馆、中国版本图书馆和有关出版行政部门、新疆方志馆免费送交呈缴本。

[4] 《地图编制出版管理条例》第二十一条：地图出版物发行前，有关的中央级出版社和地方出版社应当按照国家有关规定向有关部门和单位送交呈缴本，并将缴本一式两份报国务院测绘行政主管部门或者省、自治区、直辖市人民政府负责管理测绘工作的部门备案。

[5] 美国国会图书馆信息技术战略委员会等. 21世纪国会图书馆数字战略 [M]. 北京：北京图书馆出版社，2004.

（三）监管主体

监管主体一般具有一定的独立性，主要负责对出版物呈缴制度中各个主体行使自身权利和履行义务的过程进行监督与管理，并执行激励、惩处等动作。在将呈缴制度纳入立法体系的国家中，监管主体则可能由司法部门或仲裁部门担任，数字出版物呈缴的监管主体也不例外。在国外建立的出版物呈缴制度中，由于对呈缴主体和受缴主体的规定不同，对出版物呈缴活动监管主体的设立也各有特色，主要有呈缴主体本身、呈缴主体上级主管机构、司法部门、仲裁部门等几种类型。

在我国目前的传统出版物呈缴活动中，呈缴活动的监管主体主要由各类呈缴主体本身或者其上级行政主管部门来承担。这种设置并非源于法律规定，也不属于呈缴制度建设和实施的内容，而是由我国的行政体制而决定的。由于我国尚未出台规范出版物呈缴活动相关的法律（指由全国人大和全国人大常委会通过的法律），出版物呈缴活动的依据主要是国务院、各级政府文化主管部门或新闻出版主管部门等出台的相关行政法规和部门规章，依靠政府的行政力量予以推行和保障，而不是借助国家的司法力量，这导致在出版物呈缴监管方面出现两个方面的不利情况：一是监管主体职责不明确，相关主体的监管职能得不到重视，使呈缴监管存在很大盲区；二是监管执行力度不够，与市场监管相比呈缴监管力度远远不够，同时也由于缺乏配套的奖惩机制，呈缴监管难以达到预期效果。

（四）协调主体

协调主体主要负责对出版物呈缴过程中的责权划分以及履行情况进行协调，保证呈缴工作能够顺利进行。在出版物呈缴制度中，设置协调主体并不是一种普遍现象，其可能与监管主体重合，也可能是由具备协调职能的管理机构、学/协会组织或是中介机构来承担。特别是在数字出版物呈缴制度中，承担协调职能的主体应当与数字资源出版活动的各个环节具有紧密关联。

目前，我国传统出版物呈缴的协调主体其协调职能并不明显，主要是由受缴主体的上级主管部门担任，这种格局与我国的行政体制密不可分。我国出版物的呈缴主体与受缴主体类型繁多，二者大多数情况下都是由不同的行政部门主管。在目前新闻出版属地化管理、出版物呈缴主要靠国家行政力量予以保障的背景下，当呈缴主体不履行呈缴义务或者义务履行不充分的情况下，与呈缴主体分属不同行政管理体系或者级别相对较低的受缴主体，在与呈缴主体沟通的过程中就很容易出现衔接问题，除了直接向呈缴主体的上级行政主管部门申诉外，同时也需要向自己的上级行政主管部门汇报，寻求其与呈缴主体的上级行政主管部门之间进行沟通协调、督促下属出版机构依规呈缴。

出版物呈缴制度协调主体的出现，是我国文化与出版分属不同行政管理体系、出版物呈缴目前主要依赖行政力量予以保障背景下特有的一种现象。在数字出版物呈缴活动中，由于数字出版物的出版者的多样化和分散性分布，不但要求协调主体发挥更重要的协调功能，而且也使协调机制变得更为复杂，很大可能超出呈缴主体和受缴主体上级主管部门的职能范围，在这种情况下，引入相关的学/协会组织或第三方机构担任主要的协调主体，也是未来建立数字出版物呈缴制度可考虑的一种模式。

（五）参与对象

数字出版物呈缴制度的两个参与对象分别是保存机构和用户。保存机构是具体承担数字出版物长期保存功能的机构。在一般的呈缴模式中，应该由受缴主体负责资源的保存，但是在实践操作中，数字出版物长期保存是一项复杂并且花费昂贵的工作，尽管也有少数受缴主体独立承担数字出版物长期保存的职能，但是从世界各国情况来看，更多的受缴主体选择形成联盟或者联合第三方机构来专门负责数字出版物的长期保存工作。

用户参与了数字出版物呈缴的最后一环即服务利用环节，也可以认为，用户是呈缴数字出版物服务环节的主要参与者。对于依照数字出版物呈缴制度所收集和保存的数字出版物，通常会由法律或协议约束对呈缴数字出版物的使用进行限制，用户使用呈缴数字出版物必须在这些限制下进行。

（六）主体之间的关系

呈缴制度相关主体之间存在密切交织的关联。经过前述调研发现，我国现行呈缴制度中各个相关主体的制度完整性不足，严重制约了呈缴制度的运行和发展，具体见表 4-3。

表 4-3　呈缴制度中相关主体制度完整性比较

相关权益方	权利	义务	罚则	监督
呈缴主体	无	按法规呈缴	略	年检等
受缴主体	接收呈缴本	无	无	无
监管主体	监督	无	无	无
协调主体	协调	无	无	无

在数字出版物呈缴制度中，应处理好相关主体之间的关系。在出版物呈缴主体、受缴主体、监管主体和协调主体四类主体中，呈缴主体与受缴主体是数字出版物呈缴制度实施过程中的具体执行者，是数字出版物呈缴制度的核心主体；在不同的行政体制中，监管主体和协调主体的设置一般差异比较大，监管主体在部分职能上可能与受缴主体重合，而协调主体则并不一定是数字出版物呈缴制度中必需的主体角色，因此，监管主体与协调主体二者属于数字出版物制度的一般主体。各主体之间存在密切的影响与促进关联，如图 4-2 所示。❶

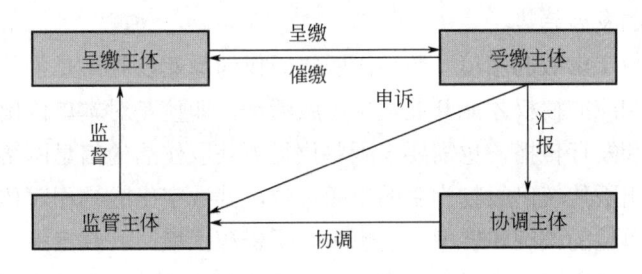

图 4-2　出版物呈缴制度相关主体

二、相关主体的基本诉求

（一）呈缴主体

1. 呈缴主体的呈缴意愿

本书针对不同的潜在呈缴主体开展的调研表明，出版领域对数字出版物呈缴的意愿比较

---

❶ 赵志刚. 对国家图书馆接受呈缴本的思考——基于新经济学视角的分析［C］. 第二届全国图书采访工作研讨会论文集，2007：141-142.

低迷。2012—2014 年，国家图书馆组织人员赴 14 个省份的 290 家出版单位开展了出版物呈缴的催缴工作，通过走访调查和问卷调查方式所获得的信息，也反映了出版单位不愿意呈缴数字出版物的态度趋势。在这次催缴调研中，只有 65%的出版单位认为呈缴出版物是出版社应尽的义务，28%的出版单位认为呈缴只是一项行政命令；有 49%的出版单位表示愿意将数字出版物交由国家机构保存，51%的出版单位则表示不愿意。在愿意呈缴的出版单位中，37%的出版单位表示希望能够由出版单位自愿呈缴，27%的出版单位希望能够由政府等相关部门主动收集，14%的出版单位希望能够通过强制立法的方式进行呈缴，22%的出版单位提出了其他要求。在不愿意呈缴数字出版物的出版单位中，38%出版单位是出于对版权问题的担心，18%的出版单位担心管理方面出现问题，13%的出版单位担心经济因素，另外有 20%的出版单位表示担心其他方面出现问题。这种态度趋势与本书开展的问卷调查结果基本一致（图 4-3）。

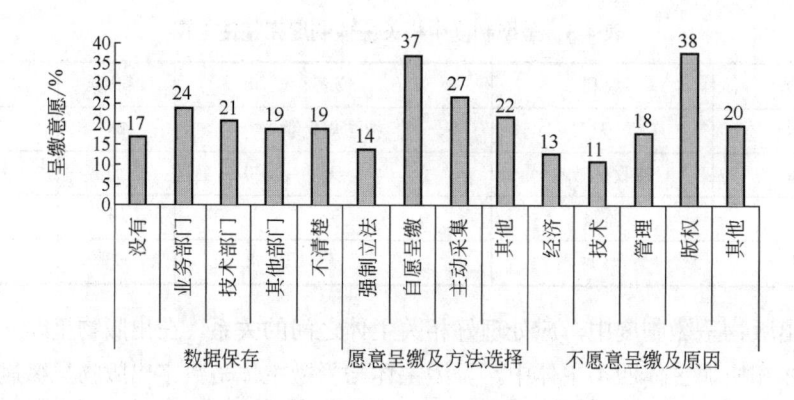

图 4-3　数字出版物保存及呈缴意愿

数据来源：《国家图书馆国内出版物呈缴办公室外出催缴调研报告》（2012—2014）。

分析出版领域出现这种态度背后的原因，需要深入分析出版领域当前面临的主要问题，思考出版领域未来的发展趋势。

（1）出版单位数字出版的困境。数字出版物版权的原始权利人是创作作品的作者，出版单位必须获得作者相应的授权才能开展数字出版活动，即使是对本单位出版的传统出版物以数字形式进行出版和发行传播，也需要出版单位另外获取作品的信息网络传播权才能实行。因此，对于过去以出版传统出版物为主的出版单位，其数字出版物相对传统出版物而言资源较少。另外，出版单位的改制和转型发展也带来了资源困境，一些出版社联合组建了出版集团，并成立了专门的数字出版公司，将数字出版业务从传统出版业务中剥离而独立发展，但其内容来源却不得不依靠传统出版资源，如果不能建立合理的制度和有效的协调机制，则容易导致传统出版与数字出版对接不顺，数字出版物的内容资源数量无法满足发展的需求。

目前，"免费使用"模式和意识在我国数字资源传播环境中占据主要地位，这对于出版单位发展数字出版业务带来一定的不利影响。数字出版物营销的平台商和渠道商一般拥有充裕的资金、强大的技术保障和庞大的用户群等优势，凭借这些优势在与出版单位的合作中表现强势，而出版单位因自身资源规模和营销渠道有限，在合作中往往十分被动。随着数字出版和网络营销的发展，一些出版单位也建立了本单位直接经营的网络平台，免费服务与盈利服务相结合，是出版单位在盈利模式探索方面的一种尝试。总体而言，在数字出版方面，传统的出版单位仍然面临着盈利困境，新兴模式的数字出版单位也处在不断探索的过程中。

（2）出版单位呈缴数字出版物的顾虑。在国家图书馆开展的催缴调研以及本书组织的问卷调查中，出版单位均反映了对呈缴数字出版物的顾虑主要集中在版权、管理和经济因素这三个方面，前文对相关的背景和原因进行了分析，在此不再赘述。需要强调的是，数字出版不但涉及发表权、复制权和发行权的让渡，更重要的是信息网络传播权的转让和流动。为了规避侵权风险，出版单位的主体地位较传统时代相比处于相对弱化的趋势，这是出版单位版权顾虑的现实因素。而呈缴相关管理因素和经济因素是影响出版单位呈缴积极性的主要因素，是出版单位产生对呈缴经济补偿期待的催化剂，也是要求呈缴制度必须建立技术标准规范的现实需求。

对不同类型出版物，呈缴制度制约因素对出版单位的作用方式并不完全相同。例如，与图书相比，报刊出版单位在出版过程中就建立了信息网络传播权的集中获取和管理机制，在其大规模掌握所出版报刊的信息网络传播权的背景下，对于呈缴过程中的版权顾虑就与图书出版单位不同，报刊社更多关注的是呈缴数字出版物传播和利用中的版权保护问题，而图书出版单位在出版物制作、出版、传播、利用、呈缴等流程中的每一个环节的版权情况都存在复杂的多样性，比报刊出版单位面临更大的风险。又如，学术类出版物由于其传播群体相对固定，并且盈利压力相对较小，这类出版物的出版单位对呈缴中的版权问题相对不太敏感，而大众阅读类出版物情况恰好相反，这类呈缴出版物的使用与出版单位的经济效益之间的矛盾相对突出，因此，这类出版物的出版单位在呈缴过程中版权敏感性更高一些。

呈缴数字出版物的客体范围是目前出版单位亟待明确的一个问题。传统出版单位一般都保存排版文件或者高清晰度的PDF文档，在数字出版转型期亦如此。以图书为例，出版单位虽然拥有几乎所有正式出版图书的数字版本，但能够用于数字出版的仅仅是其中获得信息网络传播权的一部分，而真正用于制作电子书的又是其中一小部分畅销类或者市场类图书，图书从数字版本到电子书的数量呈金字塔形分布，如图4-4所示。仍以图书为例，从出版物完整保存的角度考虑，如果以出版单位作为呈缴主体，则应要求出版单位呈缴图书的数字版本，而不仅仅是市场形态为"电子书"的那一部分数字出版物。如果以图书的版权所有者（可能是出版单位，也可能是图书作者）作为呈缴主体，则呈缴主体过于分散，图书作者可能并不保存图书的数字版本，以图书的数字版本作为呈缴客体就很难实现。因此，在以出版者作为呈缴主体的数字出版物呈缴制度中，获得数字版本的版权是一种思路。另外一种思路是根据数字版本的版权状态划分呈缴出版物的使用等级：在实现呈缴制度保存功能的层次上，尽量不牵涉版权问题或与版权问题剥离；在实现呈缴制度利用的层级上，在数字版本的版权约束下进行使用。

当前，出版领域越来越多运用互联网思维和新的信息技术推动出版业的发展繁荣，数字化进程正加速推动出版产业的转型发展，数字形态的产品数量越来越多，形态越来越丰富。在此背景下，数字出版物呈缴的相关主体也越来越多样化和潜在化，其基本诉求也处在发展变化过程中。一方面，图书馆等受缴主体采集数字出版物需要法律的授权与支持；另一方面，出版单位等呈缴主体需要了解和信任受缴主体对呈缴数字出版物的使用，需要在立法层面规定受缴主体的义务。另外，数字出版物呈缴制度的目的不仅在于出版物的保存，也要考虑呈缴数字出版物的应用，因此，数字出版物制作与呈缴相关的技术规范也是构成数字出版物呈缴制度的重要内容。

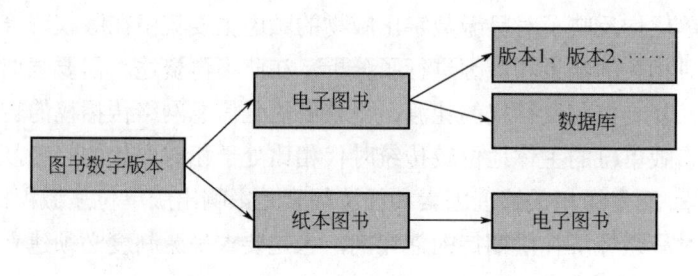

图 4-4　图书数字版本流向分布图

2. 呈缴主体的责任分担

为保证数字出版物的完整传承、规范保存和开发利用，呈缴主体在具体呈缴过程中需要承担相应的法定义务。

（1）保证呈缴出版物完整性。呈缴主体依法呈缴的数字出版物，应包含其完整附件，并且应保证呈缴数字出版物本身及其附件均不得有任何缺损。配套出版的数字出版物，应同时配套呈缴。

保证呈缴出版物完整性是我国目前呈缴制度中已经开始实践的一种思路，在新闻出版总署发布的《关于加强音像制品和电子出版物样本缴送工作的通知》中，有多处关于完整呈缴的规定。例如："样本缴送要及时、完整。音像制品和电子出版物出版发行后，30 日内须向新闻出版总署音像电子出版物样本征集办公室、国家图书馆和中国版本图书馆缴送样本各 1 套，所缴送的呈缴本必须完整，不得有缺失。""对于配合本版出版物出版的音像制品和电子出版物，也要按规定缴送样本。"

（2）提交呈缴出版物元数据。呈缴主体不但要依法呈缴数字出版物，同时应当提交出版物对应的元数据，包括书目性元数据和管理性元数据。为此，受缴主体或监管主体应制定统一的元数据标准规范，便于呈缴主体制作规范的元数据，同时也方便受缴主体和监管主体对呈缴出版物进行统计和管理。

在现阶段，无论是对传统出版物还是数字出版物，元数据的呈缴还未被纳入呈缴制度中，仅规定了呈缴主体应提交类似的"清单"，如《关于加强音像制品和电子出版物样本缴送工作的通知》规定，"凡缴送的出版物样本，应附有单位盖章的《音像制品缴送样本清单》或《电子出版物缴送样本清单》，一式三份。各样本征集办公室核收后，应在清单上签字、盖章，并在 10 天内将清单返回出版单位，以备查验。"清单虽具备一定的统计和管理功能，但仍达不到元数据的规范和管理要求，特别是对于数字出版物，由呈缴主体提供元数据不但有利于准确地揭示出版物信息，提高呈缴效率，而且在出版物保存和权利管理方面都将发挥重要作用。

（3）承担呈缴费用。对于数字出版物，常用的呈缴出版物提交方式主要是网络传输和光盘或硬盘载体邮寄。围绕呈缴数字出版物的加工、制作和提交都会产生一定的费用，由哪一方来承担这些费用成本在数字出版物呈缴制度的设计中也很重要。IFLA《法定呈缴立法指南》（2000年修订版）中指出，受缴图书馆不对呈缴主体承诺经济的或其他形式的补偿，在该指南第四章"补偿"部分也指出："原则上法定呈缴应当是无偿的，补偿不是立法的必需部分，可视受缴主体自身财力自行确定。"在我国目前的呈缴制度中，并未规定受缴主体给予经费补偿的相关内容，在实际执行中，主要是由呈缴主体自行承担相应的呈缴费用。

（4）技术措施解除的义务。数字出版物与传统出版物在表现形式上有很大的不同，也就造成了比传统出版物更多的呈缴和使用技术关隘。对于阅读、复制或者存储受加密等技术保护措施限制的数字出版物，为了能够顺利依法进行呈缴数字出版物的保存、管理和利用，呈缴主体应在呈缴之前解除相关的技术保护措施。

3. 呈缴主体的豁免权利

呈缴主体在承担呈缴责任的同时，应享有相应呈缴豁免的权利。由于受到版权、管理、经济等因素的制约，对于因出版物复本量有限、制作出版成本较高或者其他可能导致因履行法定呈缴义务而对呈缴主体造成不合理负担的，呈缴主体有权根据一定程序申请减少呈缴数量或免于呈缴。例如，在1990年新闻出版署发布的《重申〈关于征集图书、杂志、报纸样本办法〉的通知》中曾规定：凡单册定价超100元，成套定价超1000元的图书向北京图书馆呈缴1份，其余2份由北京图书馆付款购买。法国和比利时规定受缴图书馆可以对第二个精装版/限量版复本支付全款。

呈缴豁免是一种例外权限，法律应当规定明确的豁免条件和豁免程序，使呈缴主体能够有效行使其权利。在豁免程序中，监管主体应该充分发挥其监管作用，呈缴主体在规定的数字出版物呈缴期限内由向监管主体提出书面申请，要求减少或免除该出版物的呈缴义务，申请材料中应详细列明所涉出版物的出版信息及申请减免事由，监管主体根据法律规定判定是否允许免除呈缴。

（二）受缴主体

1. 受缴主体完整保存出版物的需求

出版物是文化的载体，完整保存出版物是传承文化的一种重要方式，也是出版物受缴主体的核心任务与职责。所谓"完整"，包含几个方面的含义：一是数量完整，即出版物品种齐全，不缺藏；二是载体完整，即包含出版物的所有载体形态；三是出版物个体完整，即完整保存出版物个体全貌，包括外包装等。目前出版物保存单位在"古籍"的保存保护中对这三个方面的完整性极为重视，出现了印本原本保存（以古籍征集回流、书架书函套一体保存等形式），印本复制保存（以再造善本等形式），缩微化保存（以缩微胶片形式），数字化保存（以古籍数字化形式）等多种完整保存方式。对于现当代文献的保存过去更多关注数量完整性，近年来才逐渐重视载体完整性和出版物个体完整性的保存。在数字出版物呈缴中，首先应当明确应该由谁来承担完整保存的职责？是出版者（呈缴主体）、图书馆（受缴主体）、数据商还是其他主体？

通过对各个相关主体的广泛调研发现，目前从整体情况来看，作为出版物源头的出版者，对其出版物无论是传统载体版本还是数字版本一般都会进行一定的保存，但却较少开展完整保存，大多是选择性保存，在长期保存策略方面规划和措施也不是很完善，而且整体上缺乏有效管理，缺藏现象较为明显。

（1）图书保存。一般而言，出版者并不完整保存其所出版图书的纸版或数字版本，❶例如：一些出版者不保存教辅类出版物的纸版和数字版本，纸版按照国家相关规定登记后只保留两年，之后全部销毁处理，数字版本一般由排版公司保存 2～3 年，其后主要以题库形式存在。普通图书有保存胶片（菲林版）和数字版本的习惯，但因胶片老化和软件升级而使胶片和数字版本无法使用的情况也较为常见。目前，很多图书数字版本由排版公司排版后交由出版者保存，但合作出版图书的合作方一般不愿意向出版者提交数字版本。图书数字版本的保存方式主要是刻录光盘或以硬盘形式存储，一是保存原排版文档（PS 版），二是保存 PDF 文档，因 PS 版可修改、可直接印刷，目前以保存排版文档为主。

（2）报刊保存。由于期刊和报纸发展历史、保存空间和人手有限等因素影响，期刊社和报社对其出版报刊的保存并不完整。在数字化时代，数字期刊和数字报纸的长期保存情况也不容乐观。针对历史报刊，以往报刊社存留的数字版本也常常出现因软件升级等原因导致无法读取还原的情况，利用纸版文献进行数字化成为制作数字版本并进行保存的重要方式，《人民日报》《参考消息》《经济日报》《河南日报》等均是通过纸版报纸数字化的方式开展历史报纸的整理和保存工作，中国知网等一些商业公司也利用纸版回溯数字化的方式建设了大型的期刊和报纸数据库。针对现刊现报，报刊社开始重视排版文件的保存，并利用排版文件通过不同形式建设了报刊数据库。尽管如此，目前及今后的一段时间内，期刊和报纸数字版本还是受到软件和技术的制约，保存格式不统一，内容和形式变化前后的不同版本不进行全部保存，目前主要通过光盘和硬盘介质的保存方式也并不安全。

（3）音像制品和电子出版物保存。在过去相当长的一段时间内，音像制品和电子出版物的载体形态是以光盘为主，出版者对其保存情况并不理想，一是保存并不是出版者的首要职能，由于管理和经济等因素影响，在音像制品和电子出版物的保存方面很难做到数量完整；二是受光盘介质的保存年限影响，理论上光盘介质的保存年限能到达到 100 年，但在实际上，由于光盘制作质量、保存环境和使用次数的影响，光盘的损坏率比较高，有些甚至保存年限仅为 20 年，而出版者较少开展载体迁移工作。目前，随着数字技术和存储硬件设备的发展，一些出版者也开始在服务器硬盘中保存 ISO 等格式文件。

与出版者相比，资源保存是图书馆承担的一项基本职责，图书馆在各类型出版物的保存保护方面都建立了坚实的基础，在技术、管理以及人员方面都拥有天然优势。由于缺乏数字出版物呈缴制度的保障，图书馆在数字出版物保存方面还面临一系列的困难，主要表现在以下几个方面：一是由于经费和出版信息的影响，图书馆在数字出版物的获取和收集方面存在一定困难，特别是缺少对原生性网络资源进行采集和保存的法律支持，影响数字出版物完整性保存的目标实现；二是传统出版物的数字版本来源大多是通过馆藏文献数字化的方式，较少有直接利用传统出版物制作过程中的数字版本的机会，重复劳动造成浪费；三是数字出版物完整保存需要大量的软硬件设备和经费支持，国家对此投入还远远不够，在现有条件下，图书馆以一己之力所做有限，正如美国国会图书馆在《21 世纪数字化发展机遇》所说的那样，如果我们成功地建立起由国家图书馆统筹的、分布式的电子资源库的原则，那么我们将可以

---

❶ 国家图书馆调研发现，83%的出版者对其所出版图书的数字版本进行保存，其中由业务部门保存的占 24%，技术部门保存占 21%，其他部门保存占 19%。

更好地应对可能将我们淹没的、洪水般的数字出版物。

2. 受缴主体的责任分担

受缴主体代表国家来承担完整采集与保存数字文化遗产的责任,在具体呈缴过程中,为保障这项职责的顺利履行,一般应具有主动采集、检查完整性等基本权利。

(1) 接受呈缴与主动采集。受缴主体在数字出版物呈缴制度中承担的最根本的责任就是按照一定程序接受由呈缴主体呈缴的各类型数字出版物。此外,针对网络资源,应允许受缴主体采集境内互联网上向公众开放且无获取限制的数字出版物。例如:加拿大立法中有"互联网取样"(Sampling from Internet)条款,规定:国家图书档案馆馆长为行使法律授予的获得出版物和档案资料或者管理、保管或者控制它们的权力和保存之目的,可随时以他们认为合适的方法,从互联网或者类似载体上提取对公众开放且无限制的与加拿大有关的文献资料(Documentary Materials)的呈缴本。芬兰《法定呈缴法》第3章第6节第(1)项规定:"赫尔辛基大学图书馆有义务利用软件检索和存储第2节第(1)项第3款(在芬兰境内产生的通过开放网络环境为公众所获取的在线资料)规定的对公众开放使用的在线资料;该被检索和存储的在线资料所构成的具有代表性的不同呈缴本资料可为公众在不同时间获取。"第(2)项规定:"赫尔辛基大学图书馆应制定年度计划以确定前项所述在线资料检索和存储的内容。"丹麦《出版物法定呈缴法》第4部分(在电子交流网络中出版的资料)第8条第(1)款规定:"在电子交流网络中出版的丹麦资料应当依法呈缴。该法定呈缴义务由有权请求或制作资料复本的法定保存单位履行。"

针对向公众开放但通过身份限制(需要注册或授权)或有偿服务等方式设有获取限制措施的数字出版物,受缴主体认为应当呈缴的,可向相关的呈缴主体发出呈缴通知,相关的呈缴主体应在收到该通知之日起一定时间内直接向受缴主体提交通知呈缴出版物,或者向受缴主体提供获取应呈缴出版物的渠道。例如,英国相关法律规定,呈缴主体可以在接到受缴图书馆的书面形式的请求书后再组织呈缴;美国相关法律规定,呈缴主体可在美国版权局发出呈缴通知时再组织呈缴;丹麦法律规定,法定受缴主体有权自动收割对公众开放获取的互联网资料。对于在主动采集过程中遇见的设有控制读取措施且属于采集范围的资料,所有人须根据受缴主体的书面通知进行呈缴。芬兰《法定呈缴法》相关的规定非常具体,包括:在第3章第7节第(1)项规定:"在线出版者应确保在网络环境下对公众开放获取的在线资料可以被检索和存储。如果在线出版者有此意愿,可以向图书馆提供该资料。如果该资料不能被检索和存储,则该资料必须提供。"第(4)项规定:"在线资料出版者应使其资料可被用来检索和存储。如该资料不能被检索和存储,出版者应自接到赫尔辛基大学图书馆通知之日起30日内向该图书馆提供该资料。自在线资料可被检索和存储之日起14日内该图书馆必须对该资料进行检索和存储,除非该图书馆与出版者另有约定。"第(5)项规定:"本节规定的应当提供资料的要求亦可适用于尚未对公众开放的在线资料。在此情形下有关资料检索和存储的30天期限自该资料向公众开放之日起开始计算。"

对逾期未按要求提供呈缴出版物或者其获取渠道的,受缴主体可以通过技术手段规避其存取限制获得相关资料,但不得向他人提供规避该限制的技术、装置或者部件,不得侵犯权利人依法享有的其他权利。对此,美国法律规定,如果呈缴作品包含限制获取或使用的技术措施,呈缴主体应予以解除。奥地利法律规定,由于技术原因致使国家图书馆无法对其实施采集的在线资料，呈缴主体应根据国家图书馆的书面通知呈缴该资料并同时提交移除技术保护措施的资料。

受缴主体收到依法呈缴的数字出版物以后，应及时以机构名义向该出版物的呈缴主体发送正式回执，以确认呈缴工作节点。

（2）检查呈缴出版物质量。为达到对呈缴出版物管理和保存的目的，受缴主体应制定呈缴出版物质量标准，或联合监管主体、呈缴主体共同制定通用的标准规范，对呈缴出版物的完整性、格式等技术指标提出明确要求，并根据标准规范对呈缴出版物进行质量核查，发现问题及时与呈缴主体沟通，予以补充或更换。

（3）检查与催缴。受缴主体作为呈缴出版物的管理机构，应及时检查出版物的呈缴情况，并将检查结果及时向呈缴主体、监管主体等相关方进行反馈，必要时应向社会公众公开呈缴统计与检查信息，作为对呈缴制度中奖惩机制的响应。

（4）组织与管理。受缴主体作为呈缴数字出版物的保存者和管理者，必须建立有效的管理机制，对呈缴数字出版物进行有序组织，不仅包括从载体层面对存储介质的组织，同时也包括从知识层面对出版物内容的组织，提升呈缴数字出版物的价值。

《中华人民共和国著作权法》规定，图书馆、档案馆、纪念馆、博物馆、美术馆等为陈列或者保存版本的需要而复制本馆收藏的作品，属于合理使用的范畴。在《信息网络传播权保护条例》中，规定了图书馆等可以不经著作权人许可，通过信息网络向本馆馆舍内服务对象提供本馆收藏的合法出版的数字作品和依法为陈列或者保存版本的需要而以数字化形式复制的作品，但是这类允许合理使用的作品提出的严格条件，即必须是"已经损毁或者濒临损毁、丢失或者失窃，或者其存储格式已经过时，并且在市场上无法购买或者只能以明显高于标定的价格购买的作品。"虽然图书馆有权以合理使用方式复制呈缴出版物，但相关的条件限制仍然需要结合数字出版物的特征进行拓展，不但应当允许受缴主体因保存需要对呈缴的数字出版物进行复制，对因不可抗力造成呈缴出版物损毁或者濒临损毁的、因技术原因或自然因素需要更新的等其他情形也应有所考虑，保障受缴主体为储存的目的，拥有复制、重订格式、翻新和转移储存呈缴数字出版物的权限。

受缴主体承担了保存呈缴数字出版物的职责，在对呈缴出版物进行系统化组织和管理的过程中，由于受到保存空间、保存经费等条件限制，应允许受缴主体设置呈缴数字出版物的剔除机制，但必须制定明确的剔除标准，该标准应当在监管主体或呈缴主体等一定层面上得到认可，同时，还应明确剔除方式，以及剔除出版物用于交换、赠送或者调拨的流向管理方式，避免无序剔除带来的保存和管理风险。

（5）数字出版物服务。受缴主体保存的呈缴数字出版物，应当在尊重著作权人的合法权益的前提下，按照一定条件面向公众提供服务。根据著作权法和呈缴制度相关法律的规定，对不同类型或等级的呈缴出版物，受缴主体可提供不同的服务模式，最基本的服务是在受缴主体馆舍内向到馆用户提供阅览服务，在此基础上，在法律允许的范围内，受缴主体可逐步扩大合法的用户范围和服务方式，包括文献传递、馆外浏览、下载等多种方式。受缴主体提供的呈缴数字出版物服务应当确立公益性服务的性质，为用户提供无偿服务，但是可根据实际情况收取一定的成本费用。

（6）设备设施保障。受缴主体应当为呈缴数字出版物的长期保存和合法利用提供设备、设施保障，切实发挥国家文化资源保存保护的功能，如：为呈缴出版物的长期保存配备符合标准的储存空间；为呈缴出版物的存储和利用配备必要的软、硬件设备；为呈缴出版物提供灾备保障；为呈缴出版物的长期保存和合法利用配备必要的其他设备、设施。

3. 技术保护措施解除的权利

对呈缴主体未解除技术保护措施的出版物，受缴主体可通过技术手段规避该限制，但不得向他人提供规避该限制的技术、装置或者部件，不得侵犯权利人依法享有的其他权利。

我国《信息网络传播权保护条例》规定：为了保护信息网络传播权，权利人可以采取技术措施。任何组织或者个人不得故意避开或者破坏技术措施，不得故意制造、进口或者向公众提供主要用于避开或者破坏技术措施的装置或者部件，不得故意为他人避开或者破坏技术措施提供技术服务。但是，法律、行政法规规定可以避开的除外。因此，如果不通过立法明确受缴主体解除技术保护措施的权利，则受缴主体就不能充分发挥其功能和作用。

（三）监管主体

1. 有序管理数字出版物呈缴活动的需求

监管主体应依法开展数字出版物呈缴制度执行情况的监督管理活动，监督对象包括数字出版物呈缴制度相关主体和参与者，监督的内容是监督对象遵守数字出版物呈缴相关法律、法规、规章以及执行决定、命令的情况。监管主体的主要功能是通过科学有效的监管活动，推动数字出版物呈缴活动的有序开展，在整体上把握数字出版物呈缴活动的发展脉络。

2. 监管主体的责任分担

监管主体的责任主要是对呈缴主体与受缴主体的呈缴相关活动进行监督管理并开展奖惩活动。不但要依据法律规定履行监管职责、制定监管办法与标准，同时也应该发挥监管主体在呈缴活动中的能动性，在必要的情况下，制定监管相关法律规定的实施细则并确保有效执行，避免出现因监管方面的疏忽和过失而影响数字出版物呈缴活动顺利开展的情况。

现阶段，我国出版物呈缴的监管主体同时一般也是受缴主体之一，承担新闻出版物审读和审查的职责，也同时也承担了一部分协调主体的职责，具有检查与催缴的义务。对于呈缴主体在报送出版行政主管部门备案时存在的漏缴或缺缴情况，监管主体应及时书面通知呈缴主体限期补缴。

3. 监管主体的行政性

监管主体一般具有一定的独立性，根据法律规定制定监管标准或者实施办法，对监管对象的活动进行规范与控制，并通过行政或者准行政的程序执行。因此，监管主体具有一定的行政特性，特别是在我国的行政体制与市场经济环境下，对涉及数字出版物出版者和公益性文化服务机构的数字出版物呈缴活动，宜指定相应的行政机构作为监管主体。

（四）协调主体

1. 协调主体的调节功能

由于数字出版物呈缴活动涉及相关主体类型多样，覆盖范围广泛，目前，相关的标准规范也不尽完善，因此，在呈缴活动各个环节出现因沟通不畅而影响制度效果的可能性很大。从这个意义上说，协调主体所承担的协调职能实际上是一种管理职能，目的是通过协调沟通来调节呈缴活动中的矛盾和冲突。

2. 协调主体的责任分担

研究国内外出版物呈缴制度相关主体可以看出，协调主体并非呈缴制度中必需设置的一类主体。只有在呈缴活动相关主体构成复杂、主体之间沟通存在较大障碍的情况下，才需考虑协调主体的问题。协调主体的主要职责就是进行不同类型主体之间、相同类型不同级别主体之间的协调和沟通，理顺各个方面的关系，解决其中的矛盾冲突，使数字出版物呈缴制度能够顺利推行，并实现制度目标。

三、相关主体约束机制

针对相关主体建立相应的约束机制是数字出版物呈缴制度有效执行的必要条件。约束机制实际上是一种救济措施，其直接作用在于通过制度约束来指导相关主体的呈缴行为：对相关主体不按照法律规定承担其法定责任的情况进行管制和处罚，对相关主体完成法定责任承担的情况进行鼓励和表彰。

（一）国外法律法规相关规定

一些国家在相关法律法规中规定了呈缴相关的约束措施，典型规定见表4-4。这些措施以处罚机制为主，罚则规定较为明确和细化，很多法规中都规定了具体的罚金额度。

表4-4　国外法律中关于出版物呈缴奖惩的相关规定

国别	奖惩措施
美国	《图书馆复本或录音制品的法定呈缴》规定： 呈缴义务人应当自收到书面要求起3个月内完成呈缴，否则呈缴义务人须承担下列责任， （1）每件作品处以250美元以下的罚款 （2）向国会图书馆专门指定的基金缴纳应呈缴的复本或录音制品的零售总额，未确定零售价的，应缴纳国会图书馆获取复本或录音制品的合理成本 （3）如果呈缴义务人故意或屡次未能履行或拒绝履行呈缴义务的，除依照第（1）项和第（2）项的规定罚款外，还应处以2500美元的罚款
俄罗斯	《俄罗斯联邦文献呈缴法》规定： 未呈缴、未及时和全部呈缴本的，根据俄罗斯联邦法有关行政法规，由文献制作者承担责任
法国	《法定呈缴本法》规定： 法定呈缴义务人如故意逃避呈缴义务，均可被处以75 000欧元的罚款。如果出现了违反法定呈缴义务的情况，刑事法庭在确定被告有罪后，可暂缓对其宣判，要求被告按照法庭规定的期限，停止违法行为并赔偿由此造成的损失，并视情况规定逾期罚款
丹麦	《出版物法定呈缴法》规定： 违反本法规定的，应处以罚款。违反本法规定的公司（法人）等，可根据《刑法典》第五章的规定追究其刑事责任
澳大利亚	《著作权法》规定： 任何在澳大利亚出版的且依据本法具有著作权的图书馆资料，其出版者都应当在出版之后1个月内，自费将该资料的复本呈缴给国家图书馆，否则罚款100澳元
日本	《国立国会图书馆法》规定： 发行者无正当理由不按法律规定呈缴出版物时，应该处以该出版物零售价额（在无零售价时，则取与之相当的金额）5倍以内的罚款。当发行者为法人时，则向其法人代表处以罚款

（二）我国法律法规相关规定

在我国已经实施的相关法规中，提出了针对不履行呈缴义务的行为的相关处罚办法，一般是行政处罚，主要规定见表4-5。对呈缴活动执行得较好的情况我国法律法规中没有提出奖励措施。

表 4-5 我国呈缴制度相关规定中的约束措施

法规名称	奖惩措施
《出版管理条例》	第六十一条 有下列行为之一的,由出版行政主管部门责令改正,给予警告;情节严重的,责令限期停业整顿或者由原发证机关吊销许可证: (三)出版单位未依照本条例的规定送交出版物的样本的
《音像制品管理条例》	第四十四条 有下列行为之一的,由出版行政主管部门责令改正,给予警告;情节严重的,并责令停业整顿或者由原发证机关吊销许可证: (四)音像出版单位未依照本条例的规定送交样本的
《关于缴送音像、电子出版物样品的通知》	出版单位缴送样品的情况,将被列为音像、电子出版单位考核和年检的重要内容。对不按期缴送样品的出版单位,将视情节轻重给予通报批评、核减中国标准音像制品编码和标准书号,情节严重的,予以停业整顿或吊销出版许可证
《电子出版物管理规定》	第六十条 有下列行为之一的,按照《出版管理条例》第六十一条处罚: (四)出版单位未按照有关规定送交电子出版物样品的
《重申〈关于征集图书、杂志、报纸呈缴本办法〉的通知》(已失效)	图书、杂志、音像出版物出版后1月内缴送样本(以邮寄日期为准);报纸要在出版后一周内寄送,合订本(含缩印本、目录和索引)出版后1月内寄送。出版单位逾半年不按规定要求缴送样本的,给予警告处分;此后仍不送样本的,给予应缴送样本定价金额1倍的经济处罚;情节严重者,予以停业整顿

分析研究国内外出版物呈缴制度发现,其中约束制度主要针对呈缴主体而设立,较少针对受缴主体、监管主体和协调主体设立约束措施。从制度的科学性和公平性角度而言,对受缴主体、监管主体和协调主体的约束也是数字出版物呈缴制度必不可少的内容。对受缴主体的责任履行情况应进行管理约束,如果受缴主体未能履行其接受呈缴、主动采集、组织管理、服务以及设备设施保障责任,应受到不同程度的惩处;如果受缴主体未能按照规定妥善保管呈缴数字出版物,致使呈缴数字出版物毁损、灭失或者丧失利用功能的,属于严重的失职行为,受缴主体应承担相应的法律责任,并且其上级主管部门或监管主体也可通过行政管理手段,对直接责任人员予以处分。对行使相应权利、履行相应义务到位的受缴主体,也同样应定期给予通报表扬、评奖等相应奖励。对于监管主体而言,约束机制包含两个方面的含义:一是按照法律规定的标准,对包括呈缴主体和受缴主体在内的监管对象进行不同程度的奖励和惩处活动;二是对各级监管主体履行监管职能的情况进行奖励和惩处,对其监管主体在履行职责过程中出现的懒政、怠政、过失等行为进行相应的惩处,对表现突出、监管成效明显的监管主体进行相应的奖励。

第二节 数字出版物呈缴的一般范围

数字技术和互联网的发展给数字资源出版和呈缴提供了极大便利。数字技术促使数字资源类型极大地丰富,互联网的出现让信息的出版和访问有了更多可能。相对于印本时代的出版控制,数字资源的出版更加轻松随意,任何互联网用户都可以让自己的作品在网络中获得公众的访问,成为事实上的出版者。传统出版物的出版者开始探索出版业务模式的转型,数字出版正在快速发展,由于传统出版物呈缴制度已经不能适应互联网时代出版行为的特点,因此数字出版物呈缴制度的设计和执行都面临着巨大挑战。

数字出版物呈缴制度的有效构建是一项系统工程,需要考虑诸多方面的内容,其中确定数字出版物呈缴客体的含义、界定呈缴课题范围是核心工作。[1]正如美国研究者阿德里安·谬尔 Adrienne Muir 所言：对纳入法定呈缴范围的数字出版物的定义问题贯穿法定呈缴制度制定与实施的整个过程，许多已经被有效定义的概念不能反映在数字环境中，需要重新定义。[2]这是数字时代出版物呈缴制度的最基本问题。

一、不同视角的数字出版物

本书在明确研究范围阶段，已经界定数字出版物的概念内涵，认为数字出版物具体包括两大类：一是离线出版物，即狭义上的电子出版物；二是在线出版物，即通常所说的"网络出版物"。对数字出版物概念内涵分析，可以看出数字出版物覆盖的资源类型非常丰富，从不同维度可以划分为不同的类型，其中，与呈缴制度研究最为密切相关是体裁分类和载体分类。

（一）按照文献体裁分类

从出版内容的文献体裁角度看，数字出版物可以划分为以下类型。

1. 原生数字资源

在网络环境下催生了海量的原生数字资源，一般主要用于生活、娱乐信息获取。

（1）门户网站。主要是提供定题信息服务的网站。门户网站的内容包括新闻、图片、视频等资源，资源类型多样，包含信息非常丰富。

（2）数字音乐。包括数字音乐作品、手机铃声等，常伴随视频资源同时应用。

（3）网络文学。指以网络为出版载体的文学作品，其体裁可以是小说、日记或者诗歌。网络文学作品在一定程度是也是传统出版物的数字化延伸，之所以将网络文学划分为原生数字资源，主要是由于其打破了传统载体文学作品出版的框架，不经过新闻出版行政管理机构的内容审核，而是作者可以直接在网络上发布，压缩了出版流程。

（4）网络地图。是利用数字技术生成、以数字方式存储和使用的地图。大多数网络地图以矢量图片方式保存，在使用中可以放大缩小和旋转。

（5）网络动漫。是以计算机互联网和移动通信网等信息网络为主要传播平台，以电脑、手机及各种手持电子设备作为接收终端的动画、漫画作品，包括 FLASH 动画、网络表情、手机动漫等。[3]

（6）单机游戏和网络游戏。单机游戏指一个人可以全部完成的游戏。网络游戏又称在线游戏，是指由软件程序和信息数据构成，通过互联网、移动通信网等信息网络提供的游戏产品和服务。[4]

（7）机构网站。是指政府机关、企事业单位、社会组织等为介绍和推广本机构以及机构的信息或产品而设置的网站。

（8）社交媒体（Social Media）。指允许人们撰写、分享、评价、讨论、相互沟通的网站

---

[1] 吴钢. 数字出版物法定呈缴制度客体研究 [J]. 中国图书馆学报，2014（1）：93-101.

[2] MUIR A. Legal deposit and preservation of digital publications：A review of research and development activity [J].Journal of Documentation，2001（5）：652-682.

[3] 动漫企业认定管理办法（试行）[EB/OL]. [2016-3-27]. http://www.gov.cn/gzdt/2009-01/17/content_1207772.htm.

[4] 网络游戏管理暂行办法 [EB/OL]. [2016-3-27]. http://www.gov.cn/flfg/2010-06/22/content_1633935.htm.

和技术，如博客、论坛、播客等。在社交媒体中，出现了一类"自媒体"，即利用社交媒体的网络出版功能，由个人进行的新闻、知识传播的方式。区别于传统媒体，自媒体不需要传统媒体的运作，内容多为分享事实和新闻。

2. 再生数字资源

再生数字资源是传统出版物的数字化延伸。通过数字化加工的手段，可以将各种类型的传统出版物转换为数字出版物，这类出版物在内容展现形式上仍保留了传统出版物的形式特征，但可以借助数字化发布平台的信息技术增加服务功能，提升读者的阅读体验。这一类数字出版物主要包括：数字图书（电子图书）、数字期刊（电子期刊）、数字报纸（电子报纸）、音视频资源等。

（1）数字图书（电子图书）。数字图书是以数字化形式出版的图书出版物，包括传统纸本图书的数字化内容，但是阅读和传播方式上有所不同。数字图书由三部分要件构成：一是数字化的内容，即数字化图书；二是数字化阅读设备，可以使计算机终端、个人手持阅读器、手机等；三是数字图书阅读软件。数字图书必须通过数字媒介存储，通过数字设备阅读，其阅读方式可以根据读者的阅读习惯、浏览思路和数字图书的内容关联，利用数字技术进行优化。

（2）数字报纸（电子报纸）。在过去相当长的一段时间内，数字报纸主要是纸质报纸的数字化呈现。现在，越来越的数字报纸开始探索增加新型的信息获取手段，例如在纸质报纸原有的版式中插入音频、视频和动画等多媒体效果，增加阅读的便利性。

（3）数字期刊（电子期刊）。数字期刊包含两种主要类型：一种是传统纸质期刊的数字化产品。另外一种是以传统纸质期刊结构为表征的连续性数字出版物，它将文字、图像、音频、视频、游戏等相互融合，通常具有超链接、即时互动等网络元素，丰富读者的阅读体验。

随着移动互联网技术的发展，从以上数字资源中衍生出在移动端对应的资源类型，即手机书、手机报和手机刊。手机书是在手机上阅读的数字化图书，依托移动通信网络传播，利用手机移动式、碎片式阅读的特性，可以更好地满足读者的个性化需求；手机报是在手机上阅读的数字化报纸，它是将纸介质报纸内容和其他多媒体内容编辑加工后，以数据包形式发送的一种数字出版产品，其传播方式主要有短信或彩信形式、按无线应用协议（WAP）访问形式和基于 3G/4G 的推送形式这三种。手机刊是依托移动通信网络的多媒体数字化期刊，通过手机安装客户端、WAP 和彩信传播，有的是由电信运营商和出版社、期刊社合作经营，将纸质期刊内容经过整合后发布在移动通信网络上，也有的是由专门设立的手机刊出版单位经营，有自己的制作、技术和运营团队和发行渠道。

3. 学术研究数字资源

学术研究数字资源主要面向科研领域人员，用于科学研究资料的出版和发行。这些资源出版的目的较为单纯，主要是为特定的群体提供信息与资料，具有较高的科技含量、知识含量和劳动含量，通常经过了同行的评议或者实践的验证，权威性较高，其出版单位也较为集中，一般是出版商、发行商、科研或者教育机构。

（1）数据库出版物。数据库出版物是按照一定的数据结构存储和管理内容的检索型出版物，主要供公众检索查询和阅读。数据库按照数据模型的不同，分为网状数据库、层次数据库和关系型数据库，数据库出版物在科学、技术和医学等学术领域的出版和应用尤为活跃。

（2）机构知识库。机构知识库是利用网络及相关技术，依附于特定机构而建立的数字化学术数据库，它收集、整理并长期保存该机构及其成员所产生的学术成果，并将这些资源进行规范、分类、标引后，按照开放标准与相应的互操作协议，允许机构及其内外的成员通过互联网来免费地获取使用。[1]

（3）网络教育出版物。网络教育出版物是以网络为载体、以教育为目的的数字出版物，主要包含网络教材、网络教育资源、网络教辅资源等，这些资源通常通过科研和教育机构的网站进行出版。

（二）按照出版物载体类型分类

数字出版物的生产、传播和保存需要依赖特定的载体，载体类型很大程度上决定了数字出版物的呈缴方式以及呈缴实施办法。从载体类型角度分类，数字出版物大致可以分为实体出版物、网络出版物和移动出版物。

1. 实体出版物

实体出版物是指出版资源以数字形式保存在实体载体中，以实体载体为依托进行展示、传播和流通。实体载体主要是指电、磁、芯片等媒体以及光媒体和电子存储设备，包括磁盘、硬盘、磁带、USB设备、存储卡、光盘等。这里所谓的"实体出版物"即前文所讨论的"电子出版物"，信息内容存储在固定物理形态的磁、光、电等介质上，目前我国已有相关法律法规规定这类实体出版物应纳入呈缴范围。

2. 互联网出版物

互联网出版物以互联网为主要出版渠道，用户通过互联网对资源进行公开的访问。通过互联网访问，也包括基于互联网技术协议的非浏览器访问方式，如FTP、Gopher等。

3. 移动出版物

移动出版物是指通过移动网络出版的资源，同时通过移动设备进行接收和阅读、播放，如彩信、智能手机软件及应用（App）等。

（三）呈缴制度视阈下的分类思路

数字出版物的载体类型是确定其呈缴方式和方法的重要因素之一，对数字出版物呈缴制度也具有重要影响。从呈缴制度确立与立法角度出发，宜将数字出版物按照载体类型分类以规定相应的呈缴方式，即将数字出版物首先划分为在线出版物和离线出版物，对应以上谈到的互联网出版物与移动出版物，以及实体载体出版物。

需要在这里指出的是，互联网出版物与移动出版物虽然均属于本书所称的在线出版物，但是就基本属性而言，二者既有相似的地方，也有不同的地方。移动网络被称为第五媒体，面向的是移动设备中的碎片时间阅读，目前获取方式主要依靠定向推送进行，可以实现通过移动设备的GPS定位等进行精准推送，用户也习惯于被动地获取资源；互联网被称为第四媒体，资源获取方式主要依靠搜索引擎的发现能力进行，用户习惯更具有主动性。此外，移动媒体和网络媒体对于资源格式要求不同，展示方式也有所区别，移动媒体需要对应不同的移动设备出版不同的内容，而互联网出版物基本不需要考虑这方面的问题。

在世界范围内，关于移动出版物的呈缴，目前理论研究成果和实践案例都比较缺乏。因此，尽管本书将互联网出版物和移动出版物都作为在线出版物进行处理，但是考虑到互联网

---

[1] 柯平，王颖洁．机构知识库的发展研究[J]．图书馆论坛，2006，26（6）：243-248．

出版物和移动出版物之间的差异性，在呈缴制度框架设计中还应注意不同类型数字出版物的特殊化和个性化，有针对性地设计相关规范。

二、呈缴客体的一般范围

数字出版物类型多样，数量巨大，尤其是网络资源，其更新频率快，资源总量大，受缴主体一般很难实现对所有数字出版物的全面受缴。从数字出版物发展和保存的需求看，也确实没有必要对全部数字出版物进行呈缴和保存，而是应以选择性的方式，有重点有目的地进行数字出版物呈缴。因此，界定数字出版物的呈缴范围就十分重要。数字出版物外延的泛化，导致呈缴客体和主体也出现泛化，对呈缴主体和客体的界定带来了困难。

（一）离线出版物呈缴范围分析

离线出版物在其呈现方式和载体特性上都与传统出版物具有高度相似之处，其具备以独立、固定的载体进行呈缴的基础。分析国外呈缴制度发现，各国规定的离线出版物的呈缴范围与传统出版物的呈缴范围均具有较强的一致性。按照我国现行出版制度要求，离线出版物在出版之前需要经过较为严格的审批，必须经过明确备案的出版机构进行出版，这种制度为确定离线出版物的呈缴范围提供了便利条件，总体上可以参考实体载体出版物呈缴范围而确定。我国针对离线出版物（狭义电子出版物）初步建立了呈缴制度，在《出版管理条例》和《电子出版物管理规定》中规定，我国所有出版物都需要向国家图书馆、中国版本图书馆和国务院出版行政部门免费送交呈缴本。因此，离线出版物的呈缴范围目前是与经过新闻出版行政部门审批的出版物范围保持一致，基本遵从"出版即呈缴"的原则，其呈缴方式和呈缴流程也可以参考传统出版物呈缴。

（二）在线出版物呈缴范围分析

相对于离线出版物，在线出版物的情况就要复杂得多。造成这种复杂局面的原因主要来自两个方面：第一，数字出版的渠道丰富，如何针对丰富的出版渠道确定相应的呈缴方式，是建立数字出版物呈缴制度过程中需要解决一个难题；第二，在线出版物变化频率高，导致传统出版物的版本概念不再适应在线出版物体系。举例来说，如果一个已经呈缴的网站其中一个网页内容发生了变化，那么只呈缴单独页面，还是需要呈缴整个网站？诸如此类问题造成了在线出版物呈缴范围确定的困难。

1. 国外在线出版物呈缴范围规定

在一些国家现行的呈缴制度中，对在线出版物的呈缴范围有一定的界定。通过对世界上主要国家在线出版物呈缴范围的研究，我们发现，各国界定呈缴客体的基本思路大多是从资源内容价值角度出发，选择"对文化知识传承有重要意义的资源"，英国、澳大利亚、丹麦等国家都在相应的法律或规范中对在线出版物的采集或呈缴范围进行了界定。

表4-6 国外在线出版物呈缴范围规定

国家	呈缴客体规定	详细说明
加拿大	在线出版物或数字出版物	图书馆员或者档案馆员认为在加拿大公开出版的资料有历史和存档价值，则由图书馆员向呈缴义务人发送请求获取资源

续表

国家	呈缴客体规定	详细说明
英国	网站、电子出版物，包括电子期刊、电子书、数字出版的新闻、杂志以及其他类型出版物	对于资源状态和内容都有限定。如不需呈缴声音记录、电影、包含个人信息的作品等
澳大利亚、大洋洲地区	各种电子出版物。移动出版物自愿呈缴	
法国	网站	采集属于法国国家域的网站
丹麦	各种电子出版物，包括网络出版物	丹麦国家域名内或者内容有关丹麦社会的在线出版物

（1）加拿大。加拿大国家图书档案馆的呈缴规范中将在线出版物和数字出版物纳入了呈缴范围，并在出版物法定呈缴规范（Legal Deposit of Publications Regulation）中进行了详细说明。[1]图书馆员或者档案馆员认为在加拿大公开出版的资料有历史和存档价值，则由图书馆员向呈缴义务人发送请求获取资源。

（2）英国。2013年，英国实施了《非印本法定呈缴法案》，其中规定，法定呈缴内容包括数字出版物和在线出版物，这样法定呈缴图书馆可以为英国的非印刷出版物提供一个国家级别的档案馆，内容包括网站、博客、电子期刊和光盘。同时，法案规定了英国国家图书馆以及其他受缴图书馆可以收集和保存英国的在线出版物，因此英国国家图书馆目前对整个英国互联网域（.uk）进行周期性采集。[2]

从2004年开始，英国国家图书馆就开始选择性地对网站进行保存，主要目标是反映英国社会历史和文化的内容。但是，也有一些资源从英国法定呈缴中被排除了，如英国国家图书馆对如何识别英国网站和电子出版物制定了一个规范，其中对于英国在线资源呈缴的范围进行了较为细致的规定：资源可以被公众访问，而且域名同不列颠相关或者同英国的地域相关则应呈缴；由个人放置在网络上供公众访问的资源，而且该个人同资源创建、发布有关的行为发生在英国范围内则应呈缴；只能由英国之外访问的资源无须呈缴。[3]

在英国《非印本资源法定呈缴排除联合策略》（Joint Policy on Non-Print Materials Which Are Out of Scope for Legal Deposit）中，对于呈缴出版物的状态和内容都进行了限定。如果所出版的声音CD属于一个已经被呈缴的完整作品的一部分就不需要被呈缴。在内容方面，该策略进行了严格的限定，共列出了6条规则：①在其他呈缴图书馆已经有了该资源，则不用重复呈缴；②属于某一个更大集合的资源不用单独呈缴；③对于联合网络网站的采集采取域采集的方法；④统一作品的来自不同出版者的不同版本可以呈缴；⑤对于出版者进行评估，如果出版者的出版内容很大程度上与已经呈缴资源重合，则该出版者的作品也许会被完整拒绝；⑥目前不接受呈缴的类型包括：带有明显广告内容的离线电子出版物，如推广用CD-ROM等；未出版的数字作品，如数字家庭相册；计算机游戏；移动应用；离线软件安装包，如字处理、E-mail内容包；持续更新的出版物，如动态数据库，数字地图等；以图书馆无法处理

---

[1] Legal Deposit of Publications Regulations（SOR/2006-337）[EB/OL].［2016-04-13］. http://laws-lois.justice.gc.ca/eng/regulations/SOR-2006-337/index.html.
[2] Web Archiving [EB/OL].［2016-04-13］. http://www.bl.uk/aboutus/stratpolprog/digi/webarch.
[3] Identifying UK websites and electronic publications [EB/OL].［2016-04-13］. http://www.bl.uk/aboutus/legaldeposit/websites/faq/ukmaterial/index.html.

的格式进行出版的出版物。

（3）美国。美国国会图书馆采用了主题采集的方式，选择与美国政治、经济、军事相关的网络资源进行采集，采集资源类型包括网站、新闻、图片等。

（4）法国。法国国家图书馆对于网络资源的呈缴范围进行了规定，要求呈缴网站在法国国家域内注册（.fr），或者其他类似的法国行政区域（如法属留尼旺岛等）、法国区域内的生产商制造的网站（该网站可能不在.fr 域内），或是用于展示在法国区域内生产的信息内容的网站，该类型网站需要同呈缴图书馆以及网站的生产者进行协商确定。❶

（5）丹麦。丹麦采用了对国域网站（.dk）进行采集的策略，并在内容方面对采集对象进行了规定。具体内容包括两个方面：经由那些特定分配给丹麦的互联网域名出版的；经由其他互联网域名出版的，但内容指向丹麦社会的。

特定分配给丹麦的互联网域名管理者必须承担呈缴义务，以电子形式将这些域名提交给法定受缴机构，由呈缴义务人付费。

2. 在线出版物呈缴范围分析

互联网打破了传统出版概念中"地域"限制，只要连接互联网，任何人都可以在任何地点进行内容的出版活动。参与到在线出版流程中的相关实体较多，资源作者、资源上传者、资源发布者、资源整合者、网站所有者等角色都在在线出版流程发挥了不可或缺的作用。因此，界定在线出版物的呈缴范围比较复杂，角度也较多。一般来说，可以从以下几个角度进行界定。

（1）资源创建者角度。资源创建者是生产在线出版物的个人或者单位。在设定在线出版物呈缴范围时，可以考虑将创建者的国籍和所在地等因素纳入呈缴范围考虑。

（2）资源出版者角度。资源出版者是指将在线出版物提供公众访问的机构或者个人。对于离线出版物来说，资源出版者一般就是出版社。对于在线资源来说，出版者有多种。例如：对于网络新闻资源来讲，出版者是网站；对于机构网站来讲，出版者是机构本身；对于社交媒体来讲，出版者是社交媒体平台。对于个人来讲，出版者有可能是个人网站。一般可以从出版者的国籍、所在地位置、注册国家等角度进行呈缴资源范围的限定。

（3）资源内容角度。从资源内容所反映的价值或地域作为在线出版物呈缴的判断依据。例如：在线出版物内容是一国文化的体现，或与一国文化、经济、社会等方面高度相关，或以专题作为内容主题，选择指定专题的在线出版物进行采集。

（4）域名角度。当网站域名符合呈缴要求时，进行网络资源呈缴。很多国家采取国域作为域名是否进行呈缴的判断标准，如新西兰使用.nz，英国使用.uk 作为国家域的判断标准。

（5）其他角度。在数字出版物呈缴范围确定方面，除了以上常用的界定角度以外，还有一些可以借鉴的标准。例如，剑桥大学图书馆排除了一些数字出版物的呈缴必要，规定创业型公司或者员工人数小于 10 人的公司的相关出版物在 2014 年 3 月前可以不呈缴；主要内容为电影或者声音记录的音视频资源不呈缴；保存个人资料且只向特定机构或群组公开的资料无须呈缴。Youtube 等纯视频流网站也不在呈缴范围内。❷丹麦规定，计算机程序不在呈缴范

---

❶ Lasfargues F，Oury C，Wendland B. Legal deposit of the French Web：harvesting strategies for a national domain[C].International Web Archiving Workshop, 2008.

❷ Electronic Legal Deposit：Frequently Asked Questions［EB/OL］.［2016-04-13］. http://www.lib.cam.ac.uk/collections/departments/legal-deposit/electronic-legal-deposit-frequently-asked-questions.

围内，除非计算机程序的副本形成了作品的一部分，并且该作品已经同时出版。这些规定也可作为确定在线出版物呈缴范围的参考。

第三节　数字出版物呈缴常见方式

为完整保存和传承本国数字文化遗产，数字出版物的呈缴主体负有遵照本国相关法律法规完整呈缴数字出版物的使命和责任，承担这种使命和责任的方式主要有直接呈缴、委托呈缴、自愿呈缴等多种形式。

一、直接呈缴

根据法律规定，呈缴主体作为数字出版物的生产者或出版者，直接负有呈缴责任。呈缴主体直接向受缴主体提交法律规定的应呈缴的数字出版物。

传统出版物呈缴制度大多采用直接呈缴的方式，由出版社直接向图书馆等机构提交应呈缴的出版物。直接呈缴对离线出版物呈缴较为适用，当然，也不排斥在线出版物呈缴，例如：挪威《文献法定呈缴法》规定了直接呈缴方式，既适用于离线出版物，也适用于在线出版物。

二、委托呈缴

对于接受第三方单位或个人委托为其上传并公开传播数字出版物的机构，可以作为呈缴主体承担呈缴责任。在这种情况下，呈缴主体接受委托提供公开的数字出版服务时，应主动向委托方说明其呈缴责任并取得权利人授权。

丹麦的互联网出版物呈缴采用的就是委托呈缴模式，其《出版物法定呈缴法》第九条规定：对于在专门分配给丹麦的互联网域名上出版的资料，其法定呈缴义务由该域名的登记者履行；而对于在其他互联网域名上出版的资料，其法定呈缴义务由该资料的出版者履行。即域名登记者和出版者成为被权利人委托的实际呈缴主体。

三、自愿呈缴

上传到局域网的资料，或者本国公民和组织在本国境外出版的合法数字出版物，以及法律规定呈缴范围之外的数字出版物，法律可鼓励其资料所有者、版权所有者或者出版者自愿向受缴主体呈缴相关内容。

相对于法律规定的呈缴范围之内的互联网资源和国内出版物等资源而言，个人发布在局域网的资料、本国公民与组织的境外出版物以及法律排除呈缴范围的资源数量和规模可能较小，并且保存价值相对较低，不构成呈缴制度保存和保护的主体内容。因此，自愿呈缴一般是作为法定呈缴的一种补充方式。自愿呈缴的典型代表国家是澳大利亚，目前澳大利亚对于电子出版物和网络出版物的呈缴均以自愿呈缴为原则。

四、配套呈缴

在线电子地图、有检索查询功能的数据库等数字出版物，其数据内容与表现平台不可分割，在这种情况下，可采取数据内容和表现平台配套呈缴的方式。

IFLA《法定呈缴立法指南》（2000年修订版）指出，呈缴应当确保"在线资料"的用户访问。从技术角度，就意味着要确保这些信息在当前和将来都可以进行访问，因此要求任何相关的软件、手册和附随材料都应一并呈缴。英国《法定呈缴图书馆法》规定：出版者呈缴的在线出版物必须是以最适合保存的质量或格式，由出版者、受缴图书馆协商来确定，如果没有进行协商，则由出版者自行选择格式进行呈缴；对于收费出版物和公众获取受限的在线出版物，呈缴义务人在呈缴作品的同时需呈缴一套获取作品或读者阅读作品所需的计算机程序或其他读取工具及资料的复本。

五、协议保存

受缴主体可与呈缴主体签订馆外保存协议，保存协议应明确规定该数字出版物的保存质量不低于受缴主体对同类出版物的保存质量要求。如果出版机构决定停止对该数字出版物的更新或维护，应及时将该数字出版物呈缴本移交给受缴主体保存。

IFLA《法定呈缴立法指南》（2000年修订版）指出：法规中可以依法要求出版者定期发送其动态出版物的"快照（简介）"。当一个动态出版物不再提供在线服务，其最终版本也应呈缴。一些出版者认为过早呈缴会影响到他们的商业利益，对这部分内容建议可以采取协议呈缴方式。例如：美国国会图书馆与ProQuest公司签订合作协议，该公司的数字论文数据库被指定为正式的馆外保存本库，如果ProQuest公司停止对该数据库的维护，该论文馆藏将移交给国会图书馆，使国会图书馆获得全套论文。1999年，荷兰国家图书馆与荷兰出版者协会签署了电子出版物和网络出版物的呈缴协议，荷兰国家图书馆和若干出版社签约，由图书馆向出版社支付手续费，获得电子出版物物理载体。

六、依通知呈缴

受缴主体经审查认为有研究参考及保存价值的，可以向监管主体（一般为新闻出版行政主管部门）提出申请，监管主体审核批准后，可向相关单位或个人发出呈缴通知，相关单位或个人应在接到通知之日起在规定时间内向受缴主体呈缴数字出版物。

以我国为例，在1979年由国家出版局发布的《关于征集图书、杂志、报纸样本的办法》中就曾规定：对"机关团体、厂矿、高等院校等单位出版的出版物中，有研究参考及保存价值的图书"以及"机关团体出版有研究、参考、保存价值的刊物"，有关出版单位应向版本图书馆选送呈缴本，或由版本图书馆主动向有关单位征集。

第四节 数字出版物呈缴工作流程

数字出版物呈缴活动主要遵循线性流程，其基本流程是指呈缴主体向受缴主体提交呈缴客体的主要过程，其延伸流程包括受缴主体对呈缴客体的整理、保存和利用。呈缴工作流程的确定受到数字出版物载体类型的重要影响。

一、呈缴前期准备

在开始呈缴之前，呈缴主体和受缴主体都需要进行相应的准备工作，以保证呈缴过程顺利进行。这些准备工作主要包括法律准备、标准准备和技术准备。

（一）法律准备

受缴主体在接受呈缴之前，需要获取接受呈缴的法律许可。一般情况下，根据数字出版物呈缴制度，受缴主体可以在法律框架下自动获得许可，否则，受缴主体就必须提前与资源所有者或出版者沟通，获取明确的呈缴许可。在一些国家，对数字出版物采用法定呈缴和自愿呈缴相结合的方法，根据出版物具体情况而定。例如，在2013年之前，英国国家图书馆一直通过主动联系获取授权来进行网站资源的呈缴。加拿大同时规定了对于某些资源可以强制呈缴，对于其他一些资源，如生产少于四个备份的资源、由纸质资源加工的电子报纸等，由图书馆员提前同相关人员沟通获取呈缴许可。

（二）标准准备

受缴主体需要分析研究呈缴数据，提出呈缴相关数据的格式标准、完整资料要求等。而呈缴主体需要及时从受缴主体处获取这些内容，并按照规范对数据进行整理。为了保证可以长期使用呈缴的数字出版物，受缴主体应该有权利在资源类型、复本量、数据格式、呈缴时间等许多方面作出比较详细的规定，要求资源提供方在提交内容数据的同时，还应该提供与内容数据的存储和使用相关的元数据，以及保存数据的支撑运行环境。如果呈缴主体提供的是裸数据，则法律应允许受缴主体有权要求呈缴主体按照标准或市场通用格式进行提交。

英国国家图书馆制定了数字出版物呈缴的相关标准，例如，其要求出版者在进行呈缴的同时，需要同时呈缴同数字出版物相关的计算机程序、工具、手册以及其他信息，包括元数据、登录信息以及消除保护措施的方法。❶英国国家图书馆向Portico提交呈缴电子期刊时，需要呈缴XML或者SGML格式。❷

对于数据格式，一般法律会要求呈缴主体呈缴资源的最优格式。如美国著作权法规定，作品出版后三个月内，出版者应向版权局提交2件最优版本的复制品。最优版本的审定一般由管理监督机构发布，如日本《关于呈缴高密度电子出版物的最后版本的报告》中，列举了相关资源的最优版本要求。呈缴最优版本有利于对数字出版物的长期保存，也可以减轻呈缴过程中出版者的经济负担和沟通成本。

呈缴复本数量的设定也是呈缴相关标准的重要内容。不同国家呈缴制度规定的呈缴复本数量不同。对数字出版物，挪威等国家需要呈缴2份，日本根据资源情况需要呈缴的复本数量由5~30份不等。而网站等网络资源的呈缴数量则由受缴主体根据资源的重要程度和变化频率等进行设定。

（三）技术准备

数字出版物呈缴和数字技术密切相关，如果需要用技术方法完成呈缴，则必须进行相应的技术准备，主要包括信息解密、去除访问限制、准备基础设施等。如加拿大《出版物法定呈缴规范》中要求，非印本资源进行呈缴时，为了使出版物及其内容可以让图书馆员和档案馆员进行访问，在进行呈缴之前，呈缴主体应该对加密数据进行解密，并且停用限制资源访

---

❶ Depositing electronic publications［EB/OL］.［2016-06-01］. http://www.bl.uk/aboutus/legaldeposit/websites/elecpubs/.
❷ Collecting plans for 2013-14［EB/OL］.［2016-06-01］. http://www.bl.uk/aboutus/legaldeposit/websites/collectingplans/index.html.

问的安全系统或者硬件设备；❶在进行呈缴时，呈缴主体应该提供其开发的用于访问出版物的必要的软件备份，并且提供对于访问出版物必要的技术或者其他信息，包括同出版物一同出版的手册，并且提供出版物的描述性数据，包括题名、建立者、语言、出版时间、格式和版权信息。

1. 信息解密

与传统出版物不同，数字出版物在出版者或者所有者手中可以以加密形式保存，在商业性传播过程中，加密形式可能一直存在。对于这类出版物，受缴主体一般会要求呈缴主体将资源进行解密成为通用的格式之后才能进行呈缴，以确保受缴主体能够正常开展呈缴数字出版物的保存和服务。在丹麦《出版物法定呈缴法》中明确规定，呈缴主体应当按照受缴主体的要求提供访问密码或其他相关信息，以便于受缴主体访问并制作该作品的复制品供公众使用，呈缴主体有权要求受缴主体合理保存上述密码及相关信息，并不被第三方知晓。

2. 去除访问限制

在数字出版物呈缴制度中，有些数字出版物需要受缴主体以技术方式主动进行采集，如网站等在线出版物。对于这类出版物，呈缴主体需要将设定在资源内容中的访问限制去除，包括蜘蛛协议、IP 控制、目录控制等，以使受缴主体能够运用数据采集技术自主完成呈缴活动。

3. 基础设备准备

在开展数字出版物呈缴活动之前，无论是呈缴主体还是受缴主体，都必须完成相应的基础设备准备，例如数字出版物呈缴系统平台、服务器、网络带宽、存储空间等等。

二、在线呈缴流程与离线呈缴流程

数字出版物以数字方式存储、出版和传输，通过互联网传输是数字出版物呈缴区别于传统出版物呈缴的显著特征，因此数字出版物的呈缴方式可以根据传输的载体进行区分。在线出版物与离线出版物的出版方式和传输方式均不相同，其呈缴方式和流程也存在较大差异：在线出版物主要利用网络进行呈缴，离线出版物主要利用实体媒介进行呈缴，也可分别称为在线呈缴和离线呈缴。当然，这并不意味着离线出版物对应离线呈缴，在线出版物对应在线呈缴。由于数字出版物可复制的特性，其呈缴方式也是灵活多变的，离线出版物可以暂时转化为在线出版物，通过 FTP、社交媒体客户端的文件传送等方式进行呈缴；在线出版物也可以暂时转化为离线出版物，复制到数字媒介中以离线呈缴方式进行呈缴。以下内容仅基于一般情况下的分析，具体呈缴方式的选择，需要根据数字出版物情况、呈缴主体和受缴主体的具体情况来选择最合适的方式进行。

（一）在线呈缴流程

在线呈缴指呈缴主体通过互联网网络，将在线出版物传送到受缴主体指定位置的一种呈缴方式。根据呈缴行为动作发起者不同，又可以分为主动在线呈缴和被动在线呈缴。

1. 主动在线呈缴

主动在线呈缴的呈缴行为一般由资源的出版者或者所有者发起，以主动的方式提交数字

---

❶ Legal Deposit of Publications Regulations[EB/OL].[2016-06-01]. http://laws-lois.justice.gc.ca/eng/regulations/SOR-2006-337/page-1.html#h-2.

出版物相关数据，主要呈缴方法包括电子邮件发送、FTP上传、网站提交、系统接口方式等。

电子邮件发送即呈缴主体通过发送Email向受缴主体呈缴数字出版物的方法。这种方法较为便捷，但是受到的限制很多，不但受到电子邮件服务器附件容量的限制，无法发送体积较大的电子邮件，而且不利于受缴主体的自动化管理。

FTP上传即受缴主体通过技术手段架设受缴FTP站点，并将呈缴所需的地址、账号等信息提供给呈缴主体，呈缴主体根据这些信息主动将数字出版物按照受缴主体的要求发送到指定位置。在网络稳定的情况下，FTP上传适用于多个大型文件的传输，其速度较快，成本低廉。但是这种方式也存在一定弊端。例如，系统无法监控上传文档的质量，需要人工进行审核。

网站提交方式一般依托于受缴主体开通的受缴网站，呈缴主体访问网站，通过表单的方式上传呈缴数字出版物。网站上传的方式可以较好地控制呈缴数字出版物的格式、内容等，在一定程度上可以监控呈缴数字出版物的质量，但是上传过程并非自动化，呈缴主体和受缴主体可能都出现重复劳动。例如，如果呈缴数字出版物文件较多，就可能出现大量的重复行为。

系统接口方式是指呈缴主体和受缴主体在系统层次达成一致，开发数字出版物呈缴接口，由呈缴主体利用开放接口的呈缴平台以自动化形式将符合格式要求的数字出版物发送到受缴主体。这种方式自动化程度较高，所需消耗人工成本较低，也有利于呈缴主体和受缴主体双方在自己的职责范围内控制资源质量。同样，这种方式也需要一定的技术条件基础，关键是适用的呈缴平台以及开发呈缴标准和协议，需要投入一定的成本。

2. 被动在线呈缴

被动在线呈缴的呈缴行为由受缴主体发起，是受缴主体依照法律规定或是资源呈缴主体的要求，将数字出版物传送到指定位置的过程。被动在线呈缴的主要方法包括爬虫采集、FTP下载等。

爬虫采集一般是由受缴主体自行开发或者委托第三方机构，利用爬虫机器人，通过网络协议对呈缴主体需要呈缴的在线出版物进行采集的过程。这种方法适用于网络资源呈缴，如网站、网络视频、音频、社交媒体等呈缴，前提是法律应赋予受缴主体针对特定资源进行采集的权利，并且呈缴主体应配合受缴主体采集而去除采集限制。这种方式易于开发和实施，呈缴主体所需准备工作较少。但是目前，这种方式技术并未达到十分成熟的水平，很多资源无法通过爬虫进行收集。

FTP传输方法一般是由呈缴主体自行架设FTP服务器，按照受缴主体的要求将资源放置在FTP服务器中，并提供给受缴主体访问的地址、账号密码等信息。受缴主体根据这些信息主动到相应位置对数字出版物进行下载的过程。这种方式成本相对较低，但是无法很好地控制资源质量。

（二）离线呈缴流程

离线出版物的出版方式与传统出版物的出版方式十分类似，都是将出版内容复制在一定载体上，通过市场发行机构，以赠送、付费等方式由买受方获得，所不同的是数字出版物的载体主要是U盘、光盘、硬盘或者其他数字媒体。因此，离线出版物的呈缴方式与传统出版物的呈缴方式十分类似，可以通过寄送等方式进行。

寄送指呈缴主体主动将数字出版物复制到特定载体后，将载体寄送到受缴机构的过程。寄送时使用的载体有多种选择，例如光盘、硬盘、U盘、磁带等。光盘具有不可修改的特性，因此使用光盘可以保证资源不会被轻易更改，但是光盘介质比较脆弱，容易在运输过程中损坏，这是在离线呈缴中应当注意的问题。硬盘、U盘、磁带等设备都属于可以自由读取的媒体设备，因此，这种方式存在数字出版物内容被有意或无意修改的风险，但是这些设备的防震性能要普遍好于光盘。对于某些具有较高价格或较高成本的数字出版物，一些国家采取了在政策上进行呈缴支持或对呈缴出版物进行经济补偿的措施。

（三）在线呈缴与离线呈缴比较分析

不同的呈缴方式和流程在经济成本、时效性、技术成本、数据准备难度和数据质量几个方面都存在差异（表4-7）。

表4-7 在线呈缴与离线呈缴比较分析

呈缴方式	经济成本	时效性	技术成本	数据准备难度	数据质量
在线被动呈缴	较小	较小	较大	较小	高
在线主动呈缴	较小	较小	较大	较大	较低
离线呈缴	较大	较大	较小	较大	较低

经济成本指在呈缴过程中所需要的经济投入，不包括数字出版物本身的价格因素。虽然在线呈缴通过互联网传送数据，使用的是受缴主体和呈缴主体的固定网络设备和服务器等，不需要额外投入设备费用，但需要相关软件建设费用。离线呈缴由于需要额外准备资源载体用于运送，因此需要投入一定的资金。

技术成本指呈缴过程中所需的技术准备。在线呈缴需要自行配置服务器、相关软件等，尤其利用爬虫进行采集时，需要对呈缴出版物进行深度分析，因此技术成本较高。而离线呈缴不需要特定的技术，技术成本较低。

时效性指从呈缴行为开始，呈缴数字出版物到达受缴主体的时间。在线呈缴通过互联网运行，具有很强的时效性，但是在资源总量较大时，受带宽影响可能会持续很长时间。离线呈缴不受网络带宽限制，可以一次传送大量资源。但是离线呈缴的数字出版物需要通过物流或者类似方式进行，载体运输时间影响其时效性。

数据准备难度指呈缴主体为了使呈缴数字出版物的格式、类型等满足受缴主体的要求而进行的准备工作的难度。在线主动呈缴和离线呈缴都需要呈缴主体进行数据整理，因此数据准备难度较高。而在线被动呈缴由受缴机构发起，呈缴主体只需要开放资源允许访问即可，因此数据准备难度相对较小。

数据质量指所成交的数据的完整性、可读性以及出现错误的概率。在线被动呈缴由受缴主体发起，可以在爬虫工具中设定资源格式、类型等，但是由于受到技术限制，有些网络资源无法通过爬虫方式进行呈缴，因此数据质量较高，但是可能不够完整。在线主动呈缴方式中，需要呈缴主体整理数据后提交，存在呈缴过程中数据丢失的风险，也有可能出现遗漏或者数据质量不合格的情况，因此数据质量一般。离线呈缴通过各种媒体进行数据传送，过程中有可能出现数据丢失、媒体损坏的情况，同时也有可能出现数据遗漏或者质量不合格的情况，因此数据质量期望最低。

三、数据检查

在呈缴数字出版物到达受缴机构后，受缴主体需要进行一系列的数据检查工作，以保证呈缴数字出版物符合相关的标准，主要包括：安全性检查、错误检查、格式检查以及完整性检查等。

安全性检查是对呈缴数字出版物进行深度的病毒检查，以免新呈缴的出版物包含病毒，激活后造成严重的数据丢失事件，损害到更多的呈缴数字出版物。一般直接通过杀毒软件进行安全性检查。

错误检查是指检查数字出版物相关的数据是否在传输过程中出现了错误，导致数据不可读。一般错误检查手段是通过检查MD5值等方式进行。

格式检查是检查数据格式是否满足呈缴要求。从数字出版物保存需要出发，数据格式有两种要求：数字出版物的原始格式和最适合保存的格式。数字出版物的原始格式指数字出版物出版时的格式，数字出版物最适合保存的格式指数字资源长期保存中推荐使用的格式，这类格式一般是开放格式，有清晰的标准规范要求。

完整性检查是指检查呈缴主体所提交的数据是否完整。呈缴出版物不能仅提交数字出版物本身，也需要提交数字出版物的标准说明等附加信息，受缴主体需要检查这些内容是否完整。

受缴主体在完成数据检查后，一般需要向呈缴主体反馈相关信息，说明出版物数据接收情况以及是否需要重新提交等。

四、数字出版物组织整理

对于呈缴主体而言，其完成呈缴客体的提交即意味着呈缴义务基本完成，提交节点可视为呈缴流程结束的节点。但对于受缴主体而言，其接收呈缴客体仅仅是呈缴工作的开始阶段，其主要职责和工作内容还包括对呈缴客体的组织、整理、保存以及服务利用。

受缴主体所接收到的呈缴数字出版物，不但数量庞大，而且呈缴主体分散，文献类型和载体类型多样，格式各异，无论从哪个角度看，受缴主体面对的呈缴客体都是多样、复杂、海量的数字出版物集合。因此，受缴主体必须解决这个复杂集合内的内容单元的组织与整理问题，首要工作就是制定一套技术规范体系，使组织和整理工作在规范体系内科学、有序地进行。

在出版物的组织和整理方面，数字出版物的组织整理难度远超过传统出版物。受缴主体不但要开展数字出版物形式上的组织，并且应针对数字出版物的知识内容开展深度组织，一方面作为充分发挥数字出版物价值的有效方式，另一方面，也只有建立这样的思路才能适应数字技术和数字出版物呈缴制度未来的发展。

五、数字出版物保存

数字出版物保存是建立数字出版物呈缴制度的根本目的。开展数字资源长期保存既是呈缴工作流程中的一个重要环节，同时也是数字出版物呈缴制度的一项核心要素，因此，在本章第六节专门针对数字出版物的长期保存问题进行了深入讨论，在此不再赘述。

六、数字出版物服务利用

对呈缴的数字出版物的服务利用是数字出版物呈缴制度中至关重要的问题，也是呈缴工作必不可少的流程，各国呈缴制度对呈缴数字出版物的服务和利用问题从不同角度进行了规定。例如，法国《法定呈缴本法》规定：对呈缴的公开网络资源，国家图书馆和文化部部长通过法令授权提供查阅服务的机构，由法国国家图书馆或授权机构提供的配有访问、检索和处理界面的独立机位，并且使用严格限于通过认证的研究人员。受缴主体根据本国呈缴制度的相关规定开展服务和利用是其应承担的责任和义务，在服务和利用的过程中，首先必须严格执行制度规定，其次也要解决服务规范问题。

第五节 数字出版物长期保存体系

数字出版物长期保存是数字出版物呈缴制度的重要组成部分，也是这项制度文化传承作用的直接体现。关于数字出版物的长期保存，各界已经有了很多的相关研究，本节重点研究数字出版物长期保存中与呈缴相关的内容，即长期保存在出版物呈缴制度中的地位与作用，呈缴的模式、各角色在长期保存中的权利和义务，以及相关的经济问题。

一、长期保存的需求和原则

（一）数字出版物长期保存的需求

数字出版物长期保存的目的是让所保存的数字出版物在相当长的时间内可以访问、理解和使用，因此可以总结为保证数字出版物的可访问性、可理解性和完整性。所谓长期保存是指可访问、可理解和保持完整性的时间段一般要大于 10 年。

1. 数字出版物的可访问性

数字出版物可访问性的主要目标是，在未来可以通过某些手段获取当前保存的数字出版物。数字出版物具有易失性，其载体寿命和容错能力决定了数字出版物可访问性能的高低。如果保存不当，数字出版物就会丧失生命，无法访问的数字出版物将会失去其一切价值。进行数字出版物的长期保存，首要工作就是保证数字出版物内容在今后还可以通过某种技术方式获取。

2. 数字出版物的可理解性

数字出版物可理解的含义是，重新获取的文档可以通过技术手段转化为人类感官可以理解的信号，如文字、图像、视频、声音等。数字出版物的长期保存不同传统出版物的长期保存，其从生产、传输到存储都是通过数字技术手段实现的，数字出版物本身不能让用户直接感知到。在未来，除了数字出版物可以获取访问外，还需要利用数字技术将资源转化成为人类可以感知的信号，如文字、声音、图像等，才能被人类所理解。而由于数字技术的发展与更新速度非常迅速，一种数字出版物所依赖的软件、网络环境可能很快就会被淘汰。因此，数字出版物的长期保存除了保存出版物本身之外，还需要对出版物的使用环境进行保存，使用环境包括软件、设备甚至操作系统等。另外，由于数字技术发展迅速，文件格式、软件等都会频繁更替，在这种情形下，如何让未来的用户更容易地使用，也是长期保存需要考虑的问题。因此，数字出版物的长期保存还涉及技术更新的问题。

3. 数字出版物的完整性

保持数字出版物的完整性是指在保存数字出版物内容的同时，还需要保存与内容数据的存储和使用相关的信息，即元数据。这些元数据对于未来数据的理解和使用非常重要。

在短期内利用现有条件保证数字出版物的可访问性、可理解性和完整性较为容易，但是一旦时间跨度扩展到了数十年，就会面临较大的困难。数字出版物的数字形态取决于出版物出版时的通用数字技术，因此技术的进步就决定了不同时间的数字出版物的形态是不同的。从这个角度来讲，如何保证使用几十年前数字技术生产的数字出版物在几十年后可以获取并使用，是数字出版物长期保存的核心需求。

（二）数字出版物长期保存的原则

为了满足数字出版物长期保存中的可访问性、可理解性和完整性，需要在进行长期保存工作时设定满足核心需求的工作原则，包括标准化原则、安全性原则、严格使用原则等。

1. 标准化原则

为了保证所保存的数字出版物在长时间跨度中都可以正常使用，长期保存工作中的业务标准化原则是重中之重。只有清晰地规范了长期保存业务体系中的各种标准，所保存的数字出版物才能在频繁的人员更替、系统更新、技术进化等外界条件的变化中保持稳定。标准化原则既包括系统标准化、元数据标准化、文档格式标准化，也包括业务流程标准化。在目前的数字出版物长期保存系统中，广泛参考了系统规范 OAIS、元数据规范（PREMIS）等标准规范。但由于数据差异化明显，数据打包规范（SIP、AIP、DIP）等变化较多，尚未达到统一标准。

2. 安全性原则

数据的安全性是长期保存工作中首先要遵循的原则。数字出版物的保存机构需要设定一系列的规范和预案来确保各类数据的安全性，包括多数据副本、云存储、资源的日常自动校验等，保证其不发生变化，数据内容安全稳定。

3. 严格使用原则

数字出版物长期保存的主要目的是文化的保存与传承，而数字出版物服务是保存系统的一个附属功能。所保存数字出版物的使用需要进行严格控制，遵循按需服务原则，明确所需要的数字出版物目标后由保存系统提取出来。长期保存的呈缴数字出版物不同于受缴机构中提供日常服务的资源，其目的是永久保存，以便后世子孙可以进行访问。进行长期保存的数字出版物的主要目的不是满足当前阶段公众的频繁访问，因此，一般针对长期保存资源保存机构都会进行严格的访问控制。

（1）使用方式控制。对于长期保存的数字出版物，由于频繁访问会降低数字出版物的安全性，因此，为最终保存数据可避免提供检索、浏览等复杂服务，而是首先面向公众开放出版物目录，满足公众了解数字出版物信息的需求。对于根据呈缴法律规定公众有权利获取全文内容的数字出版物，保存机构也应当制定适当的服务策略，在不影响长期保存数据安全性的前提下，可开放备份资源并进行使用方式控制，限制访问、浏览、下载、打印、文本内容复制量以及使用场所等。例如，仅允许用户进行网络浏览、打印但不能下载，或者仅可进行有字数限制的内容复制等。

进行呈缴数字出版物使用方式控制也应同时注意经济效益与版权制度的影响。数字出版物的市场利润一般随时间而递减，版权保护也有一定的期限，对于已经超过版权保护期以及数字出版物市场价值已经较小的数字出版物，可考虑在不影响数据安全和质量的前提下放宽其使用限制。

（2）使用地点和数量控制。目前许多国家对呈缴数字出版物的使用都设置了数量控制。例如，英国《法定呈缴图书馆法》规定，应对在同一时间使用相关资料的读者人数做出限制（可以是对呈缴图书馆内读者同时访问电子出版物的终端数量进行限制，也可以是其他方式）。法国《法定呈缴本法》规定，对于采集的公开网站资源和视听媒体网站资源可在如下馆区内提供查阅服务：一是法国国家图书馆和文化部部长通过法令授权提供查阅服务的机构；二是由法国国家图书馆或授权机构提供的配有访问、检索和处理界面的独立机位，且使用严格限于通过认证的研究人员。根据美国国会图书馆网站上提供的信息，美国国会图书馆规定使用呈缴的数字资源最多有 5 个并发用户。

（3）使用时间控制。使用时间控制主要是指呈缴数字出版物自呈缴起什么时间可以对用户服务。一般规定在进行加工处理后即可向用户开放，但也有出版者认为使用时间对其经济利益影响很大，因此要求与受缴主体协商延后使用。

（4）使用目的控制。使用目的控制主要是指仅允许用户为教学、个人学习和研究、欣赏之目的而使用呈缴数字出版物，不支持除此以外的其他目的使用，特别是出于商业性目的而使用资源。这一规定主要源于著作权法中的合理使用规定。目前我国《信息网络传播权保护条例》中对图书馆、档案馆等公益性机构合理使用数字出版物做出一些规定，但仍需要进一步完善，使其更加明确。

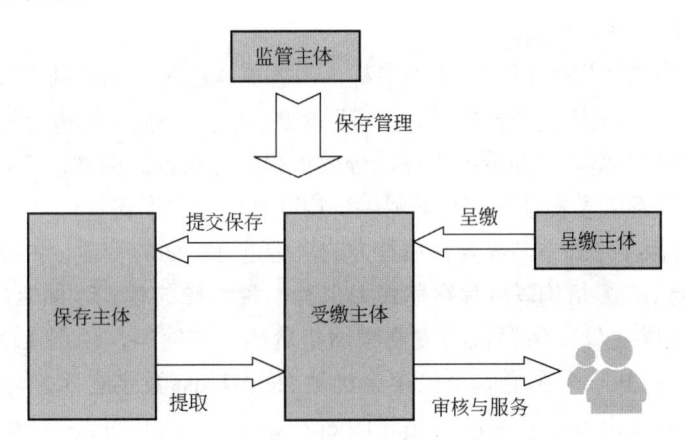

图 4-5　数字出版物长期保存各主体关系

二、长期保存相关主体及其职责

数字出版物长期保存是一个复杂的过程，涉及多个相关主体的合作和沟通，这些主体主要包括受缴与保存主体、监管主体以及使用长期保存资源的用户。

受缴主体与保存主体指负责接收呈缴数字出版物并进行保存的机构。受缴主体一般是图书馆或者档案馆等立法指定接受呈缴出版物的机构，但是也有可能是非官方保存机构。保存机构是直接对数字出版物保存负责的机构。承担受缴职能的机构与承担保存职能的机构并不一定是同一个机构，保存主体可能是专门保存数字出版物的组织机构，也有可能就是受缴主体本身。例如，长期保存机构Portico，就是向受缴主体提供保存服务的第三方保存主体。

在数字出版物的长期保存与服务环节，受缴主体需要制定数字出版物长期保存的相关标准规范，包括数据规范、业务规范等，并监督保存主体顺利完成保存工作。受缴主体进行长期保存数字出版物的服务时，需要制定服务策略，对用户的使用目的、身份、使用时间和位置等进行规定并按照规定对用户进行审核，确定用户有资格使用资源时，向保存主体发送出版物的提取请求，接收响应出版物并提供服务。保存主体负责按照受缴主体的要求，对数字出版物进行长期保存，并在必要时提供服务。保存主体同时也应承担为受缴主体制定长期保存规范和提供建议的义务，保存主体必须保证数据的安全与正确。

用户主体可以提出数字出版物请求服务，并在受缴主体允许的情况下获取呈缴数字出版物，但是需要严格遵守受缴主体制定的呈缴数字出版物使用规定。

监管主体主要是对数字出版物保存负有管理责任的机构，可能是政府部门或者受缴主体的上级主管机构。监管主体需要从技术、法律、组织和经济资助等各个方面制定各种措施，推动数字出版物长期保存的发展。

三、长期保存的模式选择

数字出版物长期保存面对的是海量的数字资源、迅速发展变化的信息技术和多层次用户的信息需求，长期保存工作可能由单一机构独立承担，也可能由多个机构联合承担，或是采用外购服务的模式完成。

（一）多机构联合保存模式

由于呈缴数字出版物数量巨大，类型多样，内容更新迅速，单个机构通常无法独立完成保存工作。因此，可以采用多个机构形成保存联盟的形式，不同机构进行明确的分工，共同运营数字出版物保存工作，共同承担责任，分散承担保存成本。例如，HathiTrust保存电子期刊、Chronopolis保存教学资源等都是采用多机构联合保存的模式。

在多机构联合保存模式中，需要有强有力的机构进行全面的管理、主导和协调，保证联合保存模式的稳定。在多机构联合保存模式中也有一种特殊的模式，即全球LOCKSS网络模式，由斯坦福大学主导，保存机构需要缴纳年费加入该网络，使用LOCKSS网络进行资源的长期保存。另外一个典型联合保存案例是HathiTrust数字仓库，这个项目由美国机构合作委员会（Committee on Institutional Cooperation，CIC）的13所大学联盟及加利福尼亚大学（University of California，UC）系统的11所大学机构共同发起，通过成员单位的合作，共同收集、组织、保存、交流人类知识成果，建立由各个成员共同拥有、管理、共享的数字仓库。

（二）单机构保存模式

单机构保存模式是由单个机构独立承担数字出版物的呈缴和保存功能，这种模式对受缴主体的技术能力和经济实力提出了较高的要求。受到受缴主体技术能力、经济实力以及数字出版物呈缴和保存战略的限制，采用单机构保存模式进行数字出版物保存，通常只能保存有限内容、有限格式、有限数量的数字出版物。

（三）外购服务保存模式

外购服务保存模式是指受缴主体通过市场化行为，采购保存服务，对呈缴的数字出版物进行长期保存。这种模式中的典型代表 Portico 保存服务，由出版者每年缴纳年费采购 Portico 的保存服务。Portico 采用了一种依靠第三方组织进行数字出版物长期保存的模式，项目启动于 2005 年，由美国梅隆基金会资助，与全球知名的学术期刊出版社以及图书馆合作，采用了一种责任与利益兼顾的运行模式，帮助图书馆对电子期刊进行长期保存。[1]目前，Portico 合作出版者达到 314 家，合作图书馆达到 922 家，Portico 已经保存了 2 万多种电子期刊和 50 万余种电子图书。在电子期刊长期保存方面，Portico 为出版者保存各种数字出版物，并提供对资源的无障碍获取。出版者与 Portico 合作，允许 Portico 代替其进行长期保存，在其向 Portico 提交出版物的同时需同步提交元数据、索引以及其他与资源相关的数据，并向 Portico 缴纳年度保存费用。图书馆与 Portico 合作，Portico 对图书馆提供资源对比服务，帮助图书馆确定哪些资源需要长期保存，图书馆委托 Portico 进行长期保存。在委托过程中，图书馆需要明确出示从出版者处获得的出版物保存授权证明，如果图书馆尚未获得授权可以由 Portico 代为申请。图书馆按照年度向 Portico 缴纳一定数量的保存费用。在这项委托协议中，图书馆享有对内容完整性和正确性审校的权利，并可享受 Portico 提供的内容对比服务。[2]

四、数字保存的经济问题

毫无疑问，呈缴数字出版物的长期保存需要耗费较多的人力物力等资源，必须有持续的资金支持。因此经济可持续性是数字出版物长期保存持续进行的重要保障。BRTF SDPA Final Report 报告对于数字保存的经济可持续性进行了分析，提出了可持续性的数字保存需要具备 5 个条件，分别是：①决策者能够认识到数字保存的利益；②在选择需要保存的资源方面，要有判断其长期价值的眼光；③决策者需要提供激励机制来保证公共利益相关的数字资源；④对数字保存活动进行适宜的组织和管控；⑤建立可靠的资源保障机制，可以持续有效地为数字保存活动配置所需要的资源。

因此，在设计数字出版物呈缴制度时，应该同时设计好数字出版物长期保存的资金来源以及提供方式，以免造成呈缴数字出版物保存的经济困境，影响呈缴制度的施行，带来知识和文化资源的丢失。

---

[1] About Us [EB/OL]. [2016-06-01]. http://www.portico.org/digital-preservation.
[2] 丁艳君，郑建程. Portico：第三方数字资源长期保存模式初探 [J]. 图书情报工作，2009（3）：74-77.

第五章

中国数字出版物呈缴制度框架设计

第一节　数字出版物呈缴制度定位

数字出版物呈缴制度是国家文化资源建设战略的一部分，是数字出版物生产、传播、管理和保存功能的系统集合。针对数字出版物生产和保存的分散化问题，数字出版物呈缴制度以集中管理和永久保存为基本原则，在国家层面上对数字出版物所涉及的采集、管理、保存、利用等内容，以立法的方式，同时采取计划、组织、协调、监督等管理手段，实现国家文化资源管理和保存目标。

一、数字出版物呈缴制度的属性

（一）数字出版物呈缴行为特征

出版物法定呈缴是一种法律义务，通过法律规定任何商业机构、公共组织或个人，只要是以大量复本制作的任何形式的文献，都有义务向指定的国家机构呈缴一份或数份。[1]呈缴主体向国家指定的机构呈缴出版物的行为，就其法律性质而言属于行政征收或公益征收，即行政主体为了公共利益目的，以国家强制力为后盾，从处于被管理者地位的公民或组织处有偿或无偿地取得一定财物、金钱或劳务的单方行为。[2]在网络环境下，数字出版物的呈缴呈现出新的资源类型、表现形式、呈缴方式，但呈缴行为的法律性质并没有发生改变，数字出版物呈缴行为仍然属于行政征收的一种方式，因此也具备行政征收的主要特征，即程序性、目的公益性和强制性。

1. 程序性

数字出版物呈缴代表着政府权力也就是公权力对私人财产的一种限制，从一定意义上说，私有财产意味着个人利益。因此，当公共利益和私人利益发生冲突的时候，哪一种利益具有优先获得保护的特性也不是很容易加以决定的，这就需要依据法律来做出严格的判断，"通过法律和基于法律所确定的程序来限制财产权"，因此数字出版物呈缴必须依据一定的程

---

[1] Jules Larivière. Guidelines for legal deposit Legislation [EB/OL]. [2015-12-23]. http://www.ifla.org/files/assets/national-libraries/publications/guidelines-for-legal-deposit-legislation-en.pdf.
[2] 熊文钊. 现代行政法原理 [M]. 北京：法律出版社, 2000：372.

序进行。[1]

2. 目的公益性

衡量法治的主要标准就是看它是否以公共利益为目的，是否具有公益性。由于数字出版物呈缴的根本目的是保存和传承国家数字文化，本质上是出于对公共利益的考量而对公民财产权的合法限制，因此实施目的的公益性是数字出版物呈缴的一个最基本特征。

3. 强制性

从世界范围看，很多国家都依靠法律文书的形式来确保呈缴文献搜集的全面性。一些国家通过"法定呈缴法"对出版物法定呈缴的实施予以规定，如法国、希腊、挪威、秘鲁、南非、瑞典等。有些国家则将出版物法定呈缴的实施规定在其他相关法律中。例如，澳大利亚、英国、美国等国规定在版权法中，加拿大、日本、尼日利亚、委内瑞拉等国规定在国家图书馆法中，塔斯马尼亚规定在一般的图书馆法中。此外，在智利、古巴、尼日利亚等国，出版物法定呈缴的实施则是以行政法令或条例的形式规定。制度的一个最重要的特性在于它是可执行的，为确保所有呈缴义务人都重视和遵从数字出版物呈缴的相关要求，国家可以利用其宪法授予的权力来强制社会成员、个人和组织来遵守制度。

（二）数字出版物呈缴制度的法律特征

制度是要求一定范围内社会成员共同遵守的办事规程或行动准则，在不同领域建立相应制度的目的是保证社会有序发展。法律是由国家强制力保证实施的、以规定当事人权利和义务为内容的具有普遍约束力的社会规范，是制度的一种重要形态，包括管理个人之间的关系（私法），国家与个人之间的关系（公法）和国家之间的关系（国际法）。从利益保护的重心来看，公法以维护公共利益即"公益"为主要目的，私法则以保护个人或私人利益即"私益"为依归；从调整的社会关系即对象来看，公法调整的是国家与公民之间、政府与社会之间的各种关系，主要体现为政治关系、行政关系及诉讼关系等。私法调整私人之间的民商事关系即平等主体之间的财产关系和人身关系。因此可以说，数字出版物呈缴法律法规应当属于行政法的公法范畴，其法源依据则是我国根本法——宪法，而不是协调平等民事主体之间的私法范畴。

首先，建立数字出版物呈缴制度是为了全面收集和保存本国文化遗产，并确保其被长期保存和利用。数字出版物呈缴制度着重保护的公共利益，超越了个体的具体和特殊的利益，相关法律法规是为维护社会的最高利益和根本利益而制定。

其次，数字出版物呈缴制度协调的是呈缴义务人与呈缴权利人之间的关系，呈缴权利人代表国家履行职能，其权力的取得和行使都必须从法律中获得其来源，不得行使法律没有授予和禁止行使的权力。

二、数字出版物呈缴制度的作用

（一）实现全面保存国家数字文化遗产的有效方式

IFLA《法定呈缴立法指南》（2000年修订版）中明确指出，法定呈缴是一种国家公共政策，也就是以法律保障国家文献之搜集、记录、保存与使用。通过法定呈缴保障建设的国家

---

[1] 臧燕. 行政征收的构成要件研究 [D]. 上海：华东师范大学，2008：5.

文献库毫无疑问是一个国家文化政策的重要组成部分，同时应该被视为言论自由和信息获取自由的国家政策的基础。其目的在于：①保存国家文献；②编制国家书目；③提供学术研究。[1] 由此可见，建立出版物呈缴制度的首要意义便在于"保存"。对于数字出版物而言，由于数字出版物记载着某一国家的历史与文化，承担着使民族文化遗产能够完整保存、世代传承的责任，同样需要法律保障和约束的法定呈缴制度。[2]目前，采购、呈缴、交换、赠送等是世界各国国家图书馆或相关机构获取本国文化资源的主要途径，但是在采购经费放缓、资源类型不断变化并增加的情况下，呈缴的地位变得越来越重要。[3]仅仅通过采购等非强制性的方式获取和保存数字出版物，无法确保国家数字文化遗产的全面保存，建立数字出版物呈缴制度有助于实现保存目标。

（二）确保相关依法行事的保障

立法是顺利执行呈缴制度的重要因素，不同国家的出版物呈缴体系虽不尽相同，但大部分都利用法律的形式来确保数字出版物的法定呈缴相关主体按照法律规定来行事。数字出版物呈缴制度所起的主要作用应当包括如下两个方面。

1. 对相关主体的约束和保护作用

数字出版物法定呈缴制度是以规定呈缴双方权利义务为主要内容的法律制度，既要维护受缴主体的权利，也要尊重和保护呈缴主体的权利；既要指导呈缴主体切实履行呈缴义务，也要约束受缴主体严格履行自己的义务，立法的权威性、规范性和适用性有助于保障权利和义务的正确、顺利履行，实现法定呈缴的目标。

2. 对呈缴行为顺利实施的保障作用

随着数字化、网络化的飞速发展，数字出版物内容逐渐丰富，类型复杂多样，与传统出版物相比，其呈缴面临的困难更多。数字出版物呈缴制度的建立，有助于厘清纷繁复杂的数字出版物情况，而确定呈缴范围、呈缴数量、呈缴期限、呈缴数字出版物版本、呈缴实现方式等，则有助于确保呈缴行为的规范性和有效性。

（三）实现利益平衡的重要机制

从利益上来说，数字出版物作为呈缴客体，是私益性质；而数字出版物呈缴行为的目的是公益性的，呈缴行为本质上是私人权利对公共权力的让渡，收效良好的呈缴制度设计大多基于利益平衡的理念。法律意义上的利益平衡是指"通过法律的权威来协调各方面冲突因素，使相关各方的利益在共存和兼容的基础上达到合理的优化状态"。[4]

法律不应当只关注公共利益或私人利益，而应当努力在二者之间寻找最佳结合点。立法必须保护利益，要去平衡相互竞争的、相互冲突的利益。立法者的职责是在公共利益和私人利益之间、不同私人利益之间进行调和，这就需要法律的利益平衡机制。不同社会利益主体的客观存在即意味着彼此的利益需要可能发生冲突甚至某种程度的对立，需要平衡机制去分配、调和上述各种利益冲突和对立。良好的数字出版物呈缴制度设计能有效平衡呈缴主体、

---

[1] Jules Larivière. Guidelines for legal deposit Legislation[EB/OL].[2015-12-23]. http://www.ifla.org/files/assets/national-libraries/publications/guidelines-for-legal-deposit-legislation-en.pdf.
[2] 李国新. 中国图书馆法治若干问题研究[D]. 北京：北京大学，2005：71.
[3] 黄红华. 国外数字出版物缴存制度研究[D]. 北京：北京大学，2014：6.
[4] 陶鑫良，袁真富. 知识产权法总论[M]. 北京：知识产权出版社，2005：17-18.

管理者、受缴主体、社会公众等诸多主体的利益，使各方权益得到保障，调动他们的积极性，使数字出版物呈缴制度得以有效实施，进而实现呈缴制度的立法目标。

第二节　数字出版物呈缴制度框架构建

数字出版物呈缴制度并不是一项全新的制度，我国现行的法律法规、政策措施当中已经涉及了离线数字出版物呈缴的相关内容。建立数字出版物呈缴制度，实际上是在现有的基础上，充分考虑我国当前及未来可能面临的文化资源保存和文化安全问题，针对现有制度与机制存在的不足，充分参考借鉴国外相关领域的先进经验，从宏观战略层面对我国数字出版物呈缴的模式、相关主体、程序等进行系统化设计。

一、制度框架的设计思路

基于我国当前数字出版物呈缴的实际需求，分析数字出版物呈缴制度构建的关键要素，进行制度的框架设计，分析制度框架构建前期需重点解决的问题，对于探索我国数字出版物呈缴制度建设的具体途径具有重要意义。

一项运行良好的数字出版物呈缴制度必须有机地嵌入现有的出版管理和文化资源建设制度大框架内，在探索、创新、革除现有制度弊端的同时，承接和保持现有相关制度中合理、实用的规制手段。根据这个思路，应以解决当前面临突出问题为突破口，开展数字出版物呈缴制度探索和构建工作，将制度构建初期设定为问题导向型的重点应对阶段，工作焦点在于发现和分析现有制度中存在的问题与弊端；在此基础上，逐步过渡到相关工作的阶段性推进阶段，有计划地完成关键要素的建设工作；最后，以针对性、指导性、前瞻性为基本原则，构建全面完整的数字出版物呈缴制度，并在实践中不断完善和发展。

二、制度框架主要内容

数字出版物呈缴制度框架应以严格呈缴责任的立法为核心，以相关工作机制和技术规范体系为依托，以经费保障机制为补充，以实现数字出版物呈缴目的为目标，是一个完整体系。从制度的完整性和科学性角度考虑，与国外相比，我国在数字出版物呈缴立法方面存在很大不足，现有的法律法规难以保障实现数字出版物呈缴制度的目的；在工作机制、技术规范体系以及经费保障机制方面，目前也缺乏强有力的工作基础，需要加强研究、加快探索。

（一）数字出版物呈缴立法

数字出版物呈缴制度需要依托严格的责任体系，必须加快数字出版物呈缴相关的立法工作日程，积极探索相关立法工作。一是对现有法律体系中出版物呈缴相关的制度进行修改，例如电子出版物呈缴相关法律法规、著作权法相关内容等；二是采取"实体和程序一体化"的立法模式制定数字出版物呈缴的专门法，实体内容包括数字出版物呈缴的定义、范围、责任主体等，程序规定包括数字出版物呈缴方式、基本程序、相关行政处理方式等，规定呈缴主体、受缴主体以及监管主体和协调主体的权利、义务、责任等。

（二）相关工作机制

在数字出版物呈缴工作机制方面，针对相关主体类型多样、数量庞大及分散分布等方面的特点，建议从有利于解决呈缴相关问题的角度出发，构建有利于政府部门、出版者、文化资源建设机构、行业协会相关资源部门发挥各自职能优势的工作机制，完成法制相关工作，同时开展协调、监督和评价考核，通过合理的工作机制，保障数字出版物呈缴工作的顺利开展。同时，针对呈缴过程中出现的矛盾与问题，在这种覆盖全面、作用深入的工作机制下，业务协调、行政执法、纠纷调解、司法诉讼等救济途径功能能够得到有效发挥。

（三）技术规范体系

数字出版物呈缴活动很大程度的内容属于信息技术活动。因此，建立实用、科学和可操作的技术规范体系是数字出版物呈缴制度框架的必然组成部分，也是这项制度在顶层设计时必须规划和解决的重要问题。当然，除了数字出版物相关的信息技术以外，在制度的技术规范体系中也应包括数字出版物呈缴活动相关的工作程序规范。目前，我国数字出版领域和文化资源建设领域都建立了一定的技术规范基础，但与数字出版物呈缴制度的需求相去甚远，有待于加强体系建设规划和进一步投入研制。

（四）经费保障机制

开展数字出版物呈缴工作是需要投入成本的。为承担法定的呈缴相关职能，呈缴义务人、受缴主体、监管主体等可能都需要额外的经费支出，经费保障问题涉及政府财政拨款、市场化运作等多方面问题，在宏观层面上关系到国家财政制度问题，在微观层面上关系到每个主体的经费运行问题。因此，有效的经费保障机制也是顺利实施数字出版物呈缴制度的关键内容。针对数字出版物呈缴制度相关的经费保障机制，首先需要解决的是要通过多种渠道保障相关经费的来源；其次要谨慎对待行政执法和司法实践中涉及的罚款，提出恰当的处理办法；最后，在条件具备的情况下，推动建立呈缴责任保险体系，设立行业保证金或强制责任险，作为经费保障的补充方式。

三、初期重点问题

数字出版物呈缴制度的建立是一个长期的过程，并且需要不断优化完善。根据我国现阶段的数字出版物呈缴需求，在数字出版物呈缴制度框架下，初期应在以下三个方面重点开展工作。

（一）研究编制数字出版物呈缴工作战略规划

开展数字出版物呈缴工作战略规划相关的前期研究，全面总结国内外数字出版物呈缴制度构建和数字出版物呈缴实践的相关经验，根据我国文化信息和社会环境的特点与现实需求，开展数字出版物呈缴工作战略规划的理论和方法研究，探索数字出版物呈缴工作的新思路、新方法。在数字出版物呈缴制度建立和运行初期，可选择重点领域开展数字出版物呈缴工作战略规划试点，通过规划为局部环境内开展数字出版物呈缴活动进行顶层设计，解决突出的矛盾问题，提高呈缴主体、受缴主体、监管主体和协调主体对制度的把握和实施，最终通过先试先行总结积累数字出版物呈缴工作战略规划编制与实施的经验，为国家层面战略规划的编制和实施提供借鉴。

（二）管理数字出版物呈缴相关主体基本信息

在数字出版物制度框架下，能够明确呈缴主体、受缴主体、监督主体和协调主体的范围及其职责。在此基础上，需要建立相关主体资质认证机制，一一认定依法应当承担数字出版物呈缴相关职能的主体，采集其生产经营或运行活动的基本信息，根据主体类型和级别对相关主体实施分类分级管理，加快建立相关主体基本信息数据库，确定各类各级主体清单，作为开展数字出版物呈缴管理的重要线索。此外，在必要情况下，初期可引入社会化管理机制，配套建立从业人员资质认证制度，对相关主体机构、从业人员实施双重资质认证和注册机制，提高数字出版物呈缴制度运行的规范性和管理的可靠性。

（三）加强数字出版物呈缴制度基础研究

尽管我国数字出版物呈缴制度的基础研究已经积累了一定的成果，但是还远未达到支撑数字出版物制度全面和可持续发展的程度，特别是在这项制度建立的前期，有关基础理论研究、标准规范等尚处于研究盲区，不利于制度的建立和发展。因此，应加快数字出版物呈缴制度与相关机制研究，围绕我国数字出版物呈缴制度的需求，从宏观、中观、微观层面分别开展数字出版物的生产、传播、管理、保存与服务机制研究，以及数字出版物呈缴相关的法律法规、政策、措施、技术规范研究，兼顾理论与实践领域，夯实数字出版物呈缴制度的支撑基础。

第三节　数字出版物呈缴制度立法

数字出版物呈缴制度的建立不可能一蹴而就，需要长期的、循序渐进的发展过程。在这个过程中，立法工作是核心也是重要基础，需要大量扎实的基础性研究作为支撑，最终建立起全面、系统、有效的数字出版物呈缴法律保障体系。

一、数字出版物呈缴立法原则

基于对数字出版物呈缴法律相关问题的考虑，综合其他相关因素的考量，IFLA《法定呈缴立法指南》（2000年修订版）中发布了对各个国家和地区出版物呈缴的立法建议，提出出版物呈缴立法的基本原则和法律制定原则，这些原则对我国数字出版物呈缴立法具有借鉴意义。[1]

（一）IFLA立法原则

1. 基本原则

（1）法定呈缴应作为法律义务，即使条件允许，也不宜实行自愿呈缴机制。

（2）法定呈缴是国家的责任，但如果地方政府打算发展本地区的法定呈缴制度，国家也不应阻止。

（3）呈缴出版物为国家财产，接受呈缴出版物的机构应该担负起妥善保管的责任。

（4）出版资料都应该呈缴，除非法律指明某些类型无须呈缴。

（5）法定呈缴为法律义务，呈缴义务人不应要求任何补偿。

（6）无论是受缴主体（图书馆）的馆内使用还是馆际互借，呈缴出版物都应免费提供读者使用。但可以收取一定的、合理的行政管理费，这并不违反前述免费使用的原则。

（7）应该修改著作权法，允许接受呈缴出版物的机构拥有复制权的例外，这样有利于国

---

[1] Jules Larivière. Guidelines for legal deposit Legislation [EB/OL]. [2015-12-23]. http://www.ifla.org/files/assets/national-libraries/publications/guidelines-for-legal-deposit-legislation-en.pdf.

家文献的长期保存。

2. 法律制定原则

（1）法定呈缴法律可以是独立的法源，也可以是其他法律的一部分。

（2）法律要反映上述所有基本原则。

（3）法定呈缴的目标（包括保存国家文献、编制国家书目、提供学术研究），应明确体现在法律条文中，以避免出现接受呈缴出版物的机构可能将各目标的重要性区别对待的情况，甚至忽略其中某一目标。

（4）法律要规定法定呈缴是强制执行的法律义务，并且要规定罚则。

（5）法律条文用语应准确、结构严谨、条理分明，便于阅读，文字并且简洁。通常，法律的文本由立法专家来起草。但是国家图书馆或国家法定接受呈缴出版物的机构应作为重要主体参与到法定呈缴立法过程中，以确保立法的全面性和准确性。

（6）法律条文中的名词，都要有精确的定义，以确保立法者的意志被充分了解。

（二）中国立法原则

中国的立法原则包括以下几点。

（1）确立数字出版物呈缴为法律规定的强制性义务，不实行自愿呈缴机制，但可将自愿呈缴作为收集数字资源的补充方式。

（2）面向公众公开出版发行的数字出版物都应纳入呈缴范围，只有私人范围内发布的以及尚未形成完整产品形态的数字出版物无须呈缴。

（3）规定多种呈缴方式，但是必须以呈缴义务人主动呈缴为主，同时也允许受缴主体开展在线出版物采集。

（4）受缴主体应独立或联合其他单位承担呈缴数字出版物的保存职能。

（5）呈缴是法定义务，无须对呈缴义务人实行经济补偿。

（6）保障呈缴数字出版物的利用，在数字出版物呈缴法、著作权相关法律中设置支持呈缴数字出版物服务的例外条款。

二、数字出版物呈缴立法模式

从立法技术角度看，对立法模式的归纳所应考虑的因素包括法律的调整对象，同时还涉及法律体系的构成、法律的内部结构、法律的调整方式等诸多复杂因素。而对立法模式的选择，其标准则是何种模式的立法更有利于实现法律既定的目标和功能。对于数字出版物呈缴立法模式的选择，应考虑以下四个方面的问题。

（一）单独立法还是纳入其他法律

就行为形式而言，出版物呈缴是根据一定规则完成出版物转移的一系列活动，因此，具备单独立法的条件，丹麦、德国、法国、俄罗斯等国都是采用了针对出版物呈缴进行单独立法的模式；从组织机构管理的角度看，出版物呈缴一般属于出版社、图书馆等机构的一项工作内容，因此，一些国家将出版物呈缴的相关规定纳入了图书馆法、著作权法等相关法律法规中进行规制，如韩国、澳大利亚等。

我国现行著作权法中并没有设置出版物呈缴的相关规定，而图书馆法尚未出台，为更有效地达成数字出版物呈缴制度目标，适宜采用针对出版物呈缴进行单独立法的模式，对传统出版物呈缴和数字出版物呈缴进行统一规制，或根据数字出版物呈缴的发展需求针对数字出版物呈缴进行立法。

（二）采用一法囊括还是多法并行

数字出版物呈缴行为与公共文化、信息技术乃至市场经济领域的活动密切相关，涉及的相关主体包括出版者、发行者、作者、网络服务提供者、图书馆等多个主体，这些主体分属于不同行业领域，在行政管理方面隶属关系也各不同相同。在这种情况下，既可以选择针对呈缴行为过程进行专门立法，也可以选择针对不同主体将呈缴要求分别体现在不同的法律当中。德国、法国、日本、南非等国采用了一法囊括的方式，而韩国则采用了多法并行的方式，在《图书馆法》《国会图书馆法》等法律法规中分别加以规定。

我国目前图书馆法处于缺位状态，《中华人民共和国著作权法》设置了图书馆提供数字出版物服务的若干例外条件，而呈缴相关法规和政策规定主要集中在新闻出版领域，这种分散规制的情况也是造成我国目前呈缴制度困境的因素之一。根据我国数字出版物相关领域的现实情况，适宜采用一法模式，以呈缴行为为主线，规范数字出版物呈缴相关的所有主体和全部流程。

（三）采用统一立法还是分类立法

数字出版物类型多样，离线出版物与在线出版物由于其形态、特性的差异，导致其呈缴方式和呈缴流程也存在差异，电子图书、音视频出版物等细分类型的数字出版物呈缴活动除了共性特征以外，个性特征也是非常明显的。针对不同类型的数字出版物呈缴，采用统一立法模式还是分类立法模式也是必须考虑的问题。德国、挪威等大部分进行出版物呈缴专门立法的国家采用了统一立法模式，而印度、新西兰等国则是针对不同类型的出版物分别出台了呈缴规定。

数字出版物目前不但呈现多样化的形态，而且是不断发展变化的，未来还可能出现新形态的数字出版物，而立法活动常常具有滞后性，导致针对呈缴制度的分类立法成本较高。因此，我国适宜从数字出版物的本质属性出发，抽象概括全部呈缴活动而进行统一立法。

（四）公法私法分离还是公私一体

数字出版物呈缴制度所涉及的法律关系，既包括为国家文化保存而开展数字出版物收集、保存的公法关系，也包括因数字出版物利用而产生的版权等相关的私法关系。但其根本目的是维护公共利益，前文对此亦有论述，因此，在我国数字出版物呈缴制度更适用于在公法范畴内进行调整。

根据以上分析，我国的数字出版物呈缴制度立法模式，建议进行单独立法，制定一部适用于数字出版物呈缴相关各级各类主体、公法范畴的统一立法。在统一立法的基础上，再由国务院及其部门视需要来制定实施性的法规、规章。

三、数字出版物呈缴法律的调整范围

法律以一定的社会关系为其调整对象，不同的法律所调整的社会关系的性质和范围各不相同。法律的调整范围是指法律调整和规范的社会关系，只有纳入法律调整范围的社会关系，才能使其受到法律的调整。任何一部法律都需要具体规定该法的调整范围，以解决法律规范的约束力所及的范围问题，使得该法所要解决的问题和所要规范的社会关系成为明确的、有限的目标，防止约束范围无限扩大或者因约束范围不确定而无法解决问题，从而影响立法目标的实现。因此，立法规范数字出版物呈缴活动必须首先研究解决法律调整范围的问题。

如果从字面意思简单理解数字出版物呈缴法，其实质就是一部调整数字出版物呈缴活动中法律关系的法律。作为一部独立的法律规范，数字出版物呈缴活动或经其引起的各种法律关系应作为数字出版物呈缴法在一般意义上的调整对象，具体包含内容和所涉及的权利义务关系则是确定数字出版物呈缴法的调整范围时应进一步探讨的问题。

（一）确立调整范围的总体要求

在立法活动中，确定法的调整范围是焦点问题。与传统出版物相比，数字出版物形式更为多样，新的出版模式层出不穷，在这种背景下，明确数字出版物呈缴法的调整范围，对于实现该法的立法宗旨、发挥数字出版物呈缴制度的作用是十分必要的。数字出版物呈缴制度发展的特点决定了数字出版物呈缴法调整范围的基本要求。

（1）数字出版物呈缴法的调整范围应当契合数字出版物呈缴活动的一般规律，这里包含两方面的含义：一是针对数字出版物做出明确界定，当新型出版物出现时，应为其是否纳入数字出版物呈缴法的调整范围而提供明确的判断标准，尽量避免出现模棱两可的情形；二是针对数字出版物相关呈缴行为的普遍规律而界定调整范围，能够指导判断非典型的呈缴行为是否纳入该法的调整范围。此外，对于非正式出版的数字资源或类似呈缴行为的法律监管问题也应在数字出版物呈缴法中有所体现。

（2）数字出版物呈缴法的调整范围必须与相关法律在调整范围上做出妥当的区分。数字出版物呈缴活动同时与出版物管理、文化发展、著作权保护等多个领域密切相关，目前出台的法律、法规、规章、政策文件等多项法律规范在不同程度上涉及了数字出版物的相关方面内容，在此背景下开展数字出版物呈缴立法活动，就必须把握其调整范围与其他法律的衔接关系，一是尽量避免与相关法律规范的冲突，进而防止法律规范出台后对有关部门现有的职能划分带来较大影响；二是尽量避免法律冲突的同时也要考虑到法律覆盖的全面性，避免出现因法律空白而导致遇到问题无法可依的窘境。

（3）数字出版物呈缴法的调整范围应当体现完整性，覆盖数字出版物生产、呈缴、传播、管理、保存等生命周期的各个环节。数字出版物呈缴法的重要目标之一就是保障呈缴行为的有效进行。因此，首先，该法的调整范围就要考虑呈缴环节的相关要素，必须能够囊括对呈缴活动涉及的全部社会关系的调整；其次，呈缴是由利益相关方的一系列活动共同作用而完成，并对相关产业进行规范。

（4）数字出版物呈缴法的调整范围应充分体现法的约束力。根据法学一般理论，法是通过其效力来调整人们之间的相互关系，控制和维护社会秩序。法的效力是由适用对象、适用时间和适用空间三个要素所构成的法的约束力，不但涉及立法意图的实现，同时也体现了法律权威，是对公民权利和国家利益的保障，是守法、司法和执法的前提。法的效力范围即法的适用范围、生效范围，具体包括三种：时间效力、空间效力和对人的行为效力。因此，数字出版物呈缴法的调整范围也应在时间效力范围、空间效力范围和对象效力范围三个方面做出明确界定。

（二）时间效力范围

法的时间效力是指法的效力起始和终止的期限以及对其实施前的行为和事件有无溯及力的问题，是确立法的效力范围时首先需要考虑的问题。

1. 效力起始时间

法的效力起始时间一般有几种情况：①法律自公布之日起生效；法律本身规定一个具体生效时间；②该法律具备某种条件后生效；③以法律文本送达的时间生效；④该法规定试行，待试行后生效。其中，第一种情形是目前在我国立法过程中最为常见的形式。

数字出版物呈缴制度的建立是一个长期发展的过程，相关立法已经具备了必需的基础条件，其必要性和紧迫性已无须赘述。因此，无论是从立法目的出发，还是从法律技术的角度而言，上述第二种、第三种情形的法律生效时间都很难适应目前对于数字出版物呈缴法的需求，而第四种情形因在强制性约束力较为薄弱，难以真正发挥法律作用，因此应当慎重选择。

2. 效力终止期限

法的终止即法的效力绝对消灭，法的效力终止期限主要表现为两种情况：一是明示终止，法明确规定效力终止时间；二是默示终止，即当事实上发生法律冲突时，按照本国确定的法律原则使该法实际上终止。

从宏观层面来看，文化发展是生生不息的动态过程；就中观层面而言，在快速发展的信息技术的推动下，信息生产呈现出不断推陈出新的态势；从微观层面看，数字出版的产业形态受到宏观层面、中观层面等各种因素的共同影响，其发展速度之快、发展趋势之复杂也带来了复杂的社会关系，数字出版产业已经呈现出可持续发展的态势，并且极大可能在未来的发展中逐步延伸产业范围。因此，伴随着数字出版产业的发展而出现的数字出版物呈缴活动，其对立法保障的需求并非阶段性需求，而是需要长期有效的保障，明示终止法的效力这种模式不能适用于数字出版物呈缴法的客观情况，而是应当根据对数字出版物呈缴法的实际效果、立法目标的实现程度、立法价值等方面的评估，决定法律和制度的延续、修正或终结。综合来看，数字出版物呈缴法适宜以法律公布之日起或指定具体生效时间作为法律生效的起始时间。

3. 法的溯及力

法的溯及力是指新法颁布后对在此前的行为和事件是否适用的问题，如果适用，则该法有溯及力，反之则没有溯及力。在法的溯及力问题上，我国法律体系基本上适用"从旧兼从轻"原则，"从旧原则"即新法无溯及力，"从轻原则"即比较新旧两法，适用其中对被处罚人处理较轻的法律。

在当前的立法环境下，同时考虑数字出版物呈缴活动的特点，数字出版物呈缴法应当灵活适用溯及力原则。既然在数字出版物呈缴法出台之前，利益相关方无法预知未来法律将要规范什么，也就无从遵守。那么，数字出版物呈缴法也就不应当调整过去的行为，而应当仅适用于将来的行为，即数字出版物呈缴法不应当具有溯及既往的效力。

（三）空间效力范围

法的空间效力范围是指法有效的地域范围。法的空间效力直接体现了国家主权，其主要由国际法规则、国情、法的效力等级、法的调整对象或内容等因素决定。法的空间效力一般分为域内和域外两个方面。在域内，法的空间效力范围有三种情况：一是由全国人大、全国人大常委会和国务院制定的规范性法律文件在全国范围内有效；二是由地方国家机关在法定范围内制定的法在其管辖范围内有效；三是由全国人大通过的《中华人民共和国香港特别行政区基本法》和《中华人民共和国澳门特别行政区基本法》对香港特别行政区和澳门特别行政区分别有效。

1. 法律和行政法规

法律是由全国人大及其常委会制定的规范性法律文件，行政法规是我国最高行政机关即国务院依照宪法规定的权限和法定程序制定和修改的规范性法律文件，国务院常务会议通过的决议、决定和发布的行政命令也同样属于行政法规。法律和行政法规在全国范围内有效。

在传统出版模式中，出版物的生产、传播、利用和管理等各个环节的相关主体联系非常紧密，比较容易集中。而在数字出版模式中，其产业规模不断扩大，产业的发展规律决定了数字出版物的生产、传播、利用和管理等各个环节的相关主体都可能是分散分布的，不同行业、不同地域的相关主体承担不同的职能，相对而言，他们之间的联系略为松散，数字出版物的呈缴行为无论是其主体的性质还是属地都几乎很少表现出集中的特点。

针对出版物呈缴的相关活动，我国陆续出台了若干项在全国范围内行之有效的行政法规和政策文件，逐步完善了对于呈缴主体、呈缴客体、呈缴模式等的相关规定，但是至今为止，尚未制定一部关于呈缴的法律，行政法规等法规和政策文件在法的效力体系中位阶相对较低，对相关主体的行为约束力较弱，导致多年以来呈缴制度的运行效果受到不利影响，从法律功能的角度拉看，也需要制定在全国范围有效的法律来统一规范数字出版物的呈缴行为。

2. 地方性法规

根据《中华人民共和国立法法》规定，地方人民代表大会及其常务委员会根据本行政区域的具体情况和实际需要，在不与宪法、法律、行政法规相抵触的前提下，可以制定地方性法规。地方性法规的立法主体包括省、自治区、直辖市、省级人民政府所在地的市和国务院批准的较大的市的人民代表大会及其常委会。地方性法规内容广泛，但只能在本行政区域内具有法律效力。

无论是在文化发展方面，还是在图书馆或出版管理方面，都不乏地方性法规的身影。目前，专门规范出版物呈缴活动的地方性法规、规章、政策文件已达 40 个，北京、天津、内蒙古、吉林、黑龙江、江西、湖北、四川等地均已颁布实施关于呈缴管理的地方性法规，极大地促进了地方出版物呈缴工作的开展。相比于全国性的法律法规，地方性法规的针对性更强，规范内容更加灵活，在执法效果方面也具有特殊的优势。因而，针对数字出版物呈缴的地方立法有着充分的实践基础，在推动全国性法律法规制定的同时，也应当同样重视发挥地方立法的重要作用，从各地发展特点出发，加强各地针对本行政区域的数字出版物呈缴行为的法律保障。

（四）对象效力范围

法的对象效力范围是指法适用于哪些人和行为，主要涉及两个方面：一是对人的效力，包括对我国公民的行为效力和我国法对外国公民或无国籍人的行为的效力；二是对事的效力，即法对什么事项有效，这是确立不同法律之间调整范围界限的重要依据。数字出版物呈缴法有其特定的调整对象，确定数字出版物呈缴法的对象效力范围应当突出数字出版物呈缴法的基本功能，达到平衡协调文化发展、出版物生产和保存的目的，同时也反映数字出版呈缴制度发挥功能的基本方式，也就是规制数字出版物呈缴中的行为。简而言之，数字出版物呈缴法是调整数字出版物呈缴过程中的社会关系的法律规范。

四、数字出版物呈缴的法律关系

法律关系属于社会关系的范畴，它以法律规范为基础，以法律权利和义务为内容，体现法律主体之间的社会关系。法律关系主体是指在法律关系中享有权利和履行义务的个人或组织，具体有个人（自然人）、组织（国家机关、企事业组织、政党和社会团体）、国家（如作为国际法的主体）。法律关系客体是指法律关系的主体发生权利义务的中介，是法律关系主体的权利义务所指向、影响和作用的对象，包括物、人身、人格、行为、精神产品等。法律关系的内容即是权利义务关系。[1]

（一）数字出版物呈缴法律关系主体

法律主体是在法律关系中享有权利和义务的人，是法律关系中的主导因素，主要分为自然人、组织和国家三类。不论是哪类法律关系主体，都必须同时具备法律上所认可的权利能力和行为能力。数字出版物生命周期各个环节涉及主体范围非常广泛，其中与呈缴行为相关的主体也较为复杂，涉及数字出版物生产者、传播者、利用者、保存者和管理者，他们的身份可能是自然人、组织，也可能是以国家主体的身份参与呈缴活动，因此，在确立法律调整范围的过程中必须明确呈缴活动相关的主体范围，简明、清晰地指出哪些主体享有法定呈缴相关的权利和义务，而哪些主体并不纳入法律调整的范围。

在数字出版物呈缴法律关系中，主体既包括呈缴权利人（或称受缴主体），即根据法律规定有权利接受呈缴数字出版物的图书馆等类型的文献收藏与保存机构；也包括呈缴义务人（或称呈缴主体），即根据法律规定有义务呈缴数字出版物的出版社等机构及相关生产纳入呈缴范围的个人。数字出版物呈缴涉及的义务人主要有作者、出版者、发行者和进口商。呈缴权利人和义务人共同构成了数字出版物呈缴法律关系的主体。同时，监管主体和协调主体也承担一定的法律责任。以下主要讨论呈缴的权利人和义务人相关的问题。

1. 呈缴权利人（或称受缴主体）

数字出版物呈缴权利人主要是指承担接收或主动采集数字出版物的机构，是数字出版物呈缴制度实施过程中的具体参与者，其核心任务是通过不同的呈缴方式获得各种类型的数字出版物，对其开展长期有效的保存工作，并承担保存国家文化遗产的职责。从国际呈缴制度发展来看，呈缴权利人主要是各国的国家图书馆，这是由国家图书馆的社会分工和历史使命所决定的。有些国家在开展出版物呈缴相关立法时，会确定多个出版物呈缴权利人，这样可以对同一种出版物同时保存多个备份，降低了因其中某个受缴主体发生灾难性事件而导致文化遗产损毁的后果，但这种做法也会在一定程度上增加呈缴成本和负担。

在我国现行的以传统出版物呈缴为核心的呈缴制度中，指定了多家呈缴权利人："图书出版单位、电子出版物出版单位应当按照国家有关规定向国家图书馆、中国版本图书馆、新闻出版总署免费送交样书或样品""期刊、报纸出版单位须分别向新闻出版总署、中国版本图书馆、国家图书馆及所在地省、自治区、直辖市新闻出版行政部门缴送样刊（本）"，上海等

---

[1] 赵思思. 试论法律关系的构成 [J]. 法制与社会，2012（5）：1-2.

省市出台的政策规定了本省辖区内的新闻出版单位须向省级图书馆呈缴图书等出版物。这种"多头呈缴"为呈缴主体带来了成本负担,是造成事实上的呈缴困境的主要因素之一,在数字出版物呈缴立法中应注意避免出现这个问题。

数字出版物具有复制和传播上的技术优势,一方面导致呈缴主体对呈缴活动损害自身利益的忧虑,但另一方面这种优势也为建立基于呈缴的合作机制带来了便利。在我国,国家图书馆是国家总书库、国家书目中心,履行国内外图书文献收藏和保护的职责,通过国家数字图书馆工程的实施,国家图书馆具备了较强的数字资源采集和长期保存能力。目前,国家图书馆启动了"国家文献战略储备库"项目建设,有能力承担海量复杂数字资源的受缴、保存和利用的任务。因此,我国数字出版物呈缴制度可建立以国家图书馆为主导的呈缴合作机制,通过立法确立国家图书馆作为唯一呈缴权利人,并作为数字出版物长期保存主体,以避免"多头呈缴"的弊端。同时,由国家图书馆牵头建立协作机制,通过合作采集与互为备份的方式,确保依法全面收集数字出版物并保存在安全的环境中。

2. 呈缴义务人(或称呈缴主体)

传统出版物的呈缴主体一般是出版者或者是国外出版物的进口者。世界知识产权组织曾对不同国家法定呈缴制度的实施进行过调查,发现总体上法定呈缴的主体比较多样,包括出版者、生产者、传播者以及版权所有者。[1]

对离线出版物,由于其有形载体的特征非常突出,与传统出版物生产、传播及保存方式比较类似,因此可以通过立法规定由离线出版物的出版者承担离线出版物的呈缴义务。

在线出版物呈缴主体的确定相对复杂。由于通过网络发布传播的信息资源类型多样,因此必须结合网络信息资源的实际特征进行规范。对于某些有明确生产主体的在线出版物,如电子期刊、电子图书、网站等,应规定由相应的出版者(生产者)履行法定呈缴义务。电子期刊、电子图书等出版物的出版管理部门以及网站域名管理部门配合提供出版者(生产者)信息,以便确定呈缴义务人身份。对于由用户个人创作、生产,并发布在网络平台上进行传播的在线出版物,作者可以授权网络服务提供商将其在平台发布的、可公开获取的信息资源提交至法定的受缴主体。

对于合作创作、生产或出版的数字出版物,应由呈缴主体协商确定一个具体的呈缴执行者。

(二)数字出版物呈缴法律关系客体

客体是与主体相对的范畴。法律关系客体是主体的权利和义务所指向、所影响和作用的对象。法律关系客体是一定利益的法律形式,包括物(有形物)、人身人格、智力成果、行为和信息,这几类客体在数字出版物呈缴活动中均有所涉及。法律关系建立的目的就是为了保护某种利益、获取某种利益或者分配转移某种利益,因此客体所承载的利益本身才是法律权利和法律义务联系的中介。

数字出版物是附着于一定的载体而存在的,那么哪些载体纳入法律调整范围是应当明确界定的,不但应当对现有载体进行规定,对于未来新出现的载体是否纳入法律调整范围也应

---

[1] WIPO summary of the responses to the questionnaire for survery on copyright registration and deposit system [R/OL]. [2016-01-12]. http://www.wipo.int/copyright/en/registration/pdf/legal_deposit_summary_responses.pdf.

当提供判断标准和制度支持，事实上是一种延伸监管的思路。

由于数字出版物的载体是与其内容密不可分的，呈缴制度的目的也包括对内容的利用和管理，因此，人身与人格也成为数字出版物法律关系客体之一，特别是人格属于名誉权、著作权等权利所指向的客体，也是禁止侵权等法律义务所指向的客体，在确立数字出版物呈缴法的对象效力范围时不容忽视。此外，行为也是一类重要的法律关系客体，在数字出版物呈缴制度所确立的法律关系中，法律关系主体的权利和义务都是围绕着呈缴行为而建立起来的，作为法律关系客体的行为也就是义务人按照法定或约定的义务而必须实施的行为，规范这些行为是立法的直接目的之一。

在出版物呈缴的法律关系中，客体是指法律关系主体之间的权利义务共同指向的对象——符合条件的各类出版物，包括但不限于记录知识或者信息的纸质、声像、胶片、电子、网络等载体。具体到数字出版物呈缴法律关系中，各类数字出版物，不论何种载体、生产技术工艺、出版和发行方式，一旦向公众提供，即须进行呈缴，可分别从离线出版物和在线出版物两个方面进行规定，同时也应指明对呈缴客体的限制、数量、格式以及版本等各项要求。

1. 离线出版物

离线出版物是狭义上的电子出版物，主要是指原生的和平行出版物（即同时出版纸质版和电子版）中以个体电子实物形式出版和发行的电子出版品（如各类光盘等）。所有在本国境内出版的离线出版物和本国公民或机构在境外出版的离线出版物均应纳入法定呈缴客体范围。

2. 在线出版物

在线出版物即通常所说的"网络出版物"，主要是指登载在互联网上或者通过互联网发送到用户端，供公众浏览、阅读、使用或者下载的图文声像作品。除了在本国网域内的在线出版物以外，由本国公民或机构在本国网域外出版的在线出版物也应纳入法定呈缴客体范围内。

在一定时期内，我国数字出版物特别是在线出版物的出版和市场管理规范化程度还处于相对较低的水平，带来呈缴制度执行上的困难。随着我国新闻出版领域对互联网出版物管理的规范化发展，新闻出版行政主管部门实行了互联网出版资质认证制度，截止到 2021 年 6 月，共认证了 930 余家网络出版服务单位。在数字出版物呈缴制度建立初期，可以结合我国新闻出版管理的发展，以网络出版服务单位为线索，重点对这些单位出版的在线出版物进行依法缴存。

3. 呈缴限制与例外

在规定数字出版物呈缴制度的法律关系客体时，应从内容、权利等角度出发，对客体做出限制。从数字出版物呈缴制度的目标来看，属于私人的或者不完整的数字出版物无须呈缴，主要包括以下五类。

（1）为满足私人目的的数字出版物。

（2）仅限于特定群体内部使用的且未面向社会公众公开发布的数字出版物。

（3）基于网络的、没有事实和任务相关的交流、讨论或报道工具。

（4）无网络存档的、由电子邮件推送的新闻。

（5）不具备完整产品形态的在线出版物。

4. 呈缴数字出版物的形式

一些数字出版物的显示、保存与利用需要在特定的技术环境或系统平台下进行，对于这类数字出版物,应确定其呈缴的形式,仅需呈缴记录数字内容的裸数据还是连同系统环境整体呈缴,在立法阶段应该确立相应的处理原则。

5. 呈缴数字出版物的格式

呈缴数字出版物的格式直接影响了其在当前以及未来的保存和应用问题,可以说格式问题是呈缴制度中必须解决的关键问题之一。在数字出版物格式标准化未全面实行之前,数字出版物呈缴制度立法应要求呈缴主体以市场通用格式进行呈缴,对于特殊格式,应配套呈缴其保存和利用所必需的相应辅助工具。同时,要求受缴主体积极探索解决多格式数字出版物的管理、保存和服务问题,避免信息丢失或失效。

6. 呈缴数字出版物的数量

由于数字出版物具有复制上的优势,在法律能够确保受缴主体拥有复制权利的前提下,从减轻呈缴主体成本负担的角度出发,无论是对在线出版物还是对离线出版物,均可要求呈缴1个复本,由受缴主体筹措经费履行其复制、保存和服务职责。

7. 呈缴数字出版物的版本

依法呈缴的数字出版物复本必须保证质量优良,并且与向公众提供的出版物保持一致。此外,应着重解决最优版本和多版本数字出版物的呈缴问题。

(1) 最优版本。最优版本是指对运用同一原版或母版记录某一特定信息,并于同一时期发行的两个以上的版本,以适用性为原则,规定呈缴其最优版本而免除其他版本的呈缴。[1] 最优版本的规定是国外数字出版物呈缴制度中一项常见内容,不但有利于呈缴主体降低呈缴成本,而且也有利于受缴主体开展呈缴出版物的长期保存和服务利用。采用最优版本呈缴策略必须以建立最优版本鉴定标准为前提。

(2) 多种版本。数字出版物可能存在多个版本,如果新版本数字出版物在内容、格式、使用功能等方面都没有发生改变,且原有版本已经呈缴,则新版本则无须呈缴。在呈缴程序上,应由呈缴主体向受缴主体提出申请,经受缴主体认定和同意后,可免除新版本数字出版物的呈缴义务。如果不同版本数字出版物的格式不同,则应允许受缴主体根据相关技术规范选择性接受其中一个或多个版本。

(3) 重复资源。按照数字出版物的内容、形式以及格式标准判断,数字出版物可能存在大量重复对象,特别是由传统出版物数字化加工而形成的再生数字出版物,由于数字化加工和出版主体较多,极有可能出现被多个呈缴主体重复呈缴的现象,而在线出版物也存在因转载而导致的重复资源。对此,一方面可根据最优版本原则进行处理,另一方面,可要求受缴主体加强这类情况的处理能力,减少重复数字出版物占用存储资源的情况发生。

(三) 数字出版物呈缴法律关系内容

根据法律规定内容的不同和价值取向的差异,法分为实体法和程序法。实体法是规定和确认法律关系主体权利、义务或职权和责任为主要内容的法律,以追求实体正义为主要内容,如宪法、行政法、民法典等。程序法一般是规定以保证法律关系主体的权利和职权得以实现或行使,义务和责任得到履行的有关以程序为主要内容的法律,例如:民事诉讼法、刑事诉讼法等。数字出版物呈缴法必然会涉及数字出版物呈缴主体的权利、义务职权和责任的相关

---

[1] 缪园. 日本呈缴本制度的新动向 [J]. 国家图书馆学刊, 2001 (3): 76-78.

内容，同时也包括完成数字出版物呈缴的所应遵循的程序机制，因此，其调整对象既包括实体内容，也包括程序内容，兼具实体法与程序法的特征。在对数字出版物呈缴法的调整范围进行界定的过程中，必须确保对数字出版物呈缴的特征与规律予以明确，从而实现对核心的呈缴模式从内容和程序上进行有效规制。

法律关系的内容，是指法律关系主体间在一定条件下依照法律或约定所享有的权利和承担的义务，是主体之间利益的获取或付出的状态。从本质上看，权利是指法律保护的某种利益；从行为方式上看，权利表现为要求权利相对人可以怎样行为，必须怎样行为或不得怎样行为。义务是指主体必须履行的某种责任，表现为必须怎样行为和不得怎样行为两种方式。在法律调整状态下，权利是受法律保障的利益，其行为方式表现为意志和行为的自由。义务则是对法律所要求的意志和行为的限制，以及利益的付出。权利和义务是法律调整的特有机制，是法律行为区别于道德行为最明显的标志，也是法律和法律关系内容的核心。

数字出版物呈缴法律关系中，法律关系的内容包括受缴主体的权利义务与呈缴主体的权利义务。

1. 受缴主体的权利

（1）接受呈缴和采集的权利。数字出版物呈缴法的法律关系内容应包括呈缴方式和呈缴流程的确定。传统出版物呈缴实践中暴露了现行呈缴方式和呈缴流程存在的若干问题，在数字出版物呈缴中应避免再次出现类似问题，并且应当根据数字出版物的特性设置适合的呈缴方式和流程。我国现阶段宜采取强制呈缴方式，以自愿呈缴法定客体以外资源作为呈缴的补充方式。

受缴主体有权按照法定呈缴方式和呈缴流程接收由呈缴主体依法呈缴的数字出版物，即以呈缴主体主动呈缴为主，同时，允许受缴主体按法律规定主动在互联网上采集向公众开放的在线出版物。视数字出版物的不同情况采集可定期开展，一般每年至少开展1次，对于更新快、价值高的在线数字出版物，可适当加快采集频率。例如，加拿大立法中规定"互联网取样（Sampling from Internet）"条款，允许国家图书馆和档案馆馆长为行使法律授予的获得出版物和档案资料或者管理、保管或者控制它们的权力和保存之目的，可随时以他们认为合适的方法，从互联网或者类似载体上提取对公众开放且无限制的与加拿大有关的文献资料（Documentary Materials）的样本。芬兰《法定呈缴法案》第3章也规定了"赫尔辛基大学图书馆有义务利用软件检索和存储在芬兰境内产生的通过开放网络环境为公众所获取的在线资料。"

（2）通知呈缴的权利。受缴主体有权利向相关的网络出版机构、国家机关、企事业单位、社会团体或者个人发出呈缴通知。例如，英国规定呈缴主体在接到受缴主体书面形式的呈缴请求书后应组织呈缴；美国规定美国版权局对呈缴主体提出呈缴通知时其再组织呈缴；丹麦规定受缴主体可自动收割对公众开放获取的互联网资料，但对于在主动采集过程中遇到的设有控制读取措施且属于采集范围的资料，呈缴主体须根据受缴主体的书面通知进行呈缴；奥地利规定国家图书馆自行进行在线资料采集，呈缴主体根据国家图书馆的书面请求来进行在线资料呈缴。

（3）技术限制解除的权利。呈缴主体未解除数字出版物的技术保护措施的，法律应允许受缴主体可以通过技术手段规避该限制，但不得向他人提供规避该限制的技术、装置或者部件，不得侵犯权利人依法享有的其他权利。我国《信息网络传播权保护条例》第四条规定："为保护信息网络传播权，权利人可以采取技术措施。任何组织或者个人不得故意避开或者破坏技术措施，不得故意制造、进口或者向公众提供主要用于避开或者破坏技术措施的装置或者部件，不得故意为他人避开或者破坏技术措施提供技术服务。但是，法律、行政法规规定可以避开的除外。"也就是说，现有法律法规规定了解除技术限制的例外情形，因此，立法规定受缴主体有权解除呈缴数字出版物技术限制与现行法律法规并不冲突。

（4）检查与催缴的权利。受缴主体需及时检查数字出版物的呈缴情况、呈缴数字出版物的完整性和可用性，发现复本质量问题应及时通知该出版物的呈缴主体予以补充或更换，并将检查结果及时报送相关主管部门备案。

（5）再操作的权利。再操作权利反映在两个方面，一是受缴主体可以因保存需要对呈缴数字出版物复本进行复制和格式转换。我国《信息网络传播权保护条例》第七条规定：图书馆等可以不经著作权人许可，通过信息网络向本馆馆舍内服务对象提供本馆收藏的合法出版的数字作品和依法为陈列或者保存版本的需要以数字化形式复制的作品。但这些作品必须是"已经损毁或者濒临损毁、丢失或者失窃，或者其存储格式已经过时，并且在市场上无法购买或者只能以明显高于标定的价格购买的作品"。这样的限制不能满足数字出版物呈缴制度的需求，因此，呈缴制度需要现行著作权法做出相应调整，将复制权利扩展到以下情形：①呈缴数字出版物已经损毁或者濒临损毁的；②呈缴数字出版物因技术原因或自然因素需要更新的；③为满足受缴主体的长期保存需要而进行的备份或载体迁移。在这方面 IFLA 给出了原则性的指导意见，其发布的《法定呈缴法立法指南》（2000 年修订版）指出：法定呈缴条款应当规定，受缴图书馆为储存的目的，拥有复制、重订格式、翻新和转移储存呈缴出版物的权限。

另一项再操作权利是指，受缴主体可根据出版物建设和管理的需要，对呈缴数字出版物进行剔除，剔除的呈缴数字出版物可用于交换、赠送或者调拨。但受缴主体的剔除标准和剔除流程应获得受缴主体主管政府部门或数字出版物呈缴制度监管批准，并向此类机构报备剔除呈缴数字出版物的流向。

（6）制定呈缴工作细则的权利。由于数字出版物呈缴活动涉及主体广泛，工作环节较多，对法律法规原则性规定覆盖不到的相关方面，受缴主体有权针对具体情况制定操作细则，呈缴主体应当遵守。

2. 受缴主体的义务

（1）发送回执的义务。受缴主体在收到依法呈缴的数字出版物以后，应及时以机构名义向该数字出版物的呈缴义务人发送正式回执，确认其呈缴情况。

（2）设备、设施保障的义务。受缴主体应当为各类呈缴数字出版物的长期保存和合法利用提供设备、设施保障，包括：为呈缴数字出版物的长期保存配备符合标准的储存空间；为呈缴数字出版物的存储和利用配备必要的软、硬件和设备；为呈缴数字出版物提供灾备保障；为呈缴数字出版物的长期保存和合法利用配备必要的其他设备、设施。

（3）建立数字出版物国家仓储的义务。受缴主体应妥善接收和管理呈缴数字出版物，承担数字出版物呈缴长期保存主体的职能，加强数字技术处理能力，在人员力量、设备环境、工作机制方面满足受缴管理要求，最终实现国家层面的数字出版物集中采集、管理与保存，编制数字出版物国家目录，补充国家数字文化资源储藏库。

（4）提供服务的义务。受缴主体应免费发布数字出版物国家仓储的目录信息，对其保存的呈缴数字出版物，应当免费提供公众使用，但必须处理好服务范围和服务时限问题。

考虑到对著作权人合法权益的保护，在开展服务方面，必须首先处理好数字出版物呈缴法与著作权法的关系，使受缴主体服务可根据出版物著作权情况采取不同的服务模式，以在本单位馆舍范围内向到馆的注册用户提供阅览服务为基础，在获得著作权人许可的情况下，面向馆外注册用户提供远程服务。IFLA《法定呈缴法立法指南》（2000年修订版）第七章"国家法定呈缴方案的法律框架"中提出，受缴主体应通过馆内借阅或馆际互借确保呈缴材料可被免费获取，但受缴主体可合理收取一定数量的管理费用。

考虑到对呈缴主体经济利益的保护，实现呈缴制度中利益平衡，可根据出版物的形态、市场销售等情况，规定受缴主体延迟公开发布呈缴数字出版物，给予一定时段的经济利益保护期限，以减缓因呈缴服务而带来的经济利益冲突。

3. 呈缴主体的权利

（1）呈缴豁免的权利。因出版物复本量有限、制作出版成本较高或者其他可能因履行法定呈缴义务而对呈缴主体造成不合理负担的，呈缴主体可以在规定的呈缴期限内，向监管主体（一般为呈缴工作的政府主管部门）提出书面申请，要求减少或免除该出版物的呈缴义务，申请材料中应详细列明所涉出版物的出版信息及申请减免事由。监管主体收到书面申请以后，应在一定期限内做出是否同意减免的决定，并及时通知呈缴主体和受缴主体。监管主体也可授权受缴主体代为审查和批复呈缴豁免申请。对于免于呈缴的数字出版物，呈缴主体必须向受缴主体提供与该出版物相关的信息，即相关元数据，尽量降低对受缴主体履行法定义务的影响。对于未获豁免的数字出版物，呈缴主体在收到通知之后，应按通知要求继续履行法定呈缴义务。

（2）确定更新资源呈缴周期的权利。对于动态更新的数字出版物，呈缴主体有权根据更新频率确定其更新资源的呈缴周期，经与受缴主体协商达成一致后，可按此执行。

（3）呈缴资源利用的权利。呈缴主体有权向受缴主体申请获得单位或本人的呈缴统计资料。在特殊情况下，如果呈缴主体不慎丢失或损毁已呈缴数字出版物，呈缴主体可按照一定程序，向受缴主体申请免费获取其已呈缴的数字出版物的拷贝文件。

4. 呈缴主体的义务

（1）及时呈缴的义务。呈缴主体应在一定期限内按照法定的呈缴方式、呈缴流程以及呈缴制度技术规范的要求，向受缴主体提交数字出版物复本及相关数据。考虑到我国数字出版物发行和传播的实际情况，该呈缴期限设置为自数字出版物发行或对公众开发之日起30天内为宜。

（2）保证呈缴数字出版物完整性的义务。一是依法呈缴的数字出版物应包含其完整附件，出版物复本本身及其附件均不得有任何缺损。数字出版物配套出版的，应同时配套呈缴。二是明显从属于需呈缴数字出版物的部分需与数字出版物一起呈缴，即使它本身并无须呈缴，尤其是使用出版物和加工文献所必需的非市面通用的辅助手段和工具需要一起呈缴。

（3）提交出版物元数据的义务。依法呈缴的数字出版物，应随附提供呈缴主体制作的、符合数字出版物呈缴制度技术规范的元数据，关于数字出版物的描述性信息以及管理性信息都应以元数据的形式提供，同时，对于呈缴数字出版物使用和长期保存需要的其他不能直接从出版物上获取的信息，尤其是有关特殊技术安装说明的信息，呈缴主体必须按照受缴主体确定的程序提供相关信息。目前，我国《关于加强音像制品和电子出版物样本缴送工作的通知》规定的"样本清单"就是一种简单的元数据格式，但远不能满足数字出版物呈缴制度的技术需求，必须加强完善和细化。

（4）承担呈缴费用的义务。依法呈缴的数字出版物，可通过邮寄、直接送达受缴主体、网络传输等方式提交到受缴主体，相关费用应由呈缴主体自行承担。IFLA在《法定呈缴立法指南》（2000年修订版）中也建议，不对呈缴主体承诺经济的或其他形式的补偿。

（5）解除技术措施的义务。呈缴的数字出版物阅读、复制或者存储受加密等技术保护措施限制的，呈缴主体应在呈缴之前解除相关技术保护措施。例如，美国规定若呈缴作品包含限制获取或使用的技术措施，应予以解除；奥地利规定由于技术原因致使国家图书馆无法对其实施采集的在线资料，呈缴主体应根据书面请求呈缴该资料并同时提交移除技术保护措施的资料。

第四节　数字出版物呈缴工作机制

数字出版物呈缴制度相关立法是构建数字出版物呈缴制度的核心，但并非全部内容。在通过立法确立数字出版物呈缴的相关责任主体及其职责的同时，还需要建立一套覆盖全面、运行有效的工作机制，推动法律法规的执行，协调相关主体之间的复杂关系，并针对相关主体开展监督和考核评价活动，从不同角度共同推进，才能保证数字出版物呈缴制度目标的实现。

一、法制工作

（一）法制宣传教育

数字出版物呈缴制度的相关立法活动为数字出版物呈缴营造了一个良好的法治环境，要确保呈缴相关主体都受益于法治环境，首先就必须使相关主体了解法律法规，了解自身的权利和义务，能够按照法律要求履行自身的职责，同时也能通过法律手段来维护自身权利。因此，在数字出版物呈缴制度运行中，相关部门应注重加强法制宣传教育，建立法律法规宣贯机制，通过广播、电视、报刊、网络等新闻媒体宣传，采取灵活多样的宣贯形式，如法律讲座、法律服务和帮助等，将相关主体的广泛性和针对性相结合，使得普法教育能够有效覆盖各个层次，增强相关主体的呈缴自律意识。

（二）法律风险防控

数字出版物呈缴制度通过立法调整相关主体之间的关系，相关主体根据法律规定承担不同的法律责任，那么也面临着不同程度的法律风险。为了保证数字出版物呈缴制度的有效运行，以及维护相关主体自身的利益，相关主体应根据自身情况，做好法律风险防控工作，通过一定的机制、手段来发现、预防因不了解或违反法律规范而产生的不利结果。一是要多层级、多维度开展法律风险排查梳理，围绕数字出版物呈缴制度要求，全面、全程排查法律风险，厘清风险边界，明确风险行为，达到无盲点、无断层、无缝隙的排查要求；二是强化风险防控，针对重大风险行为，制定相关管理制度和防控预案，并定期进行风险评估，逐步实现对数字出版物呈缴制度风险的全程、全面防控，将风险防控各项步骤固化于制，推进法律风险防控体系建设制度化、常态化和长效化。

尽管法律风险防控事关数字出版物呈缴相关主体的切身利益，但并非全部是相关主体的个体行为，国家法制建设、新闻出版以及文化建设相关管理部门，应从国家层面上出台相应办法，通过一些切实可行的项目，提升相关主体的法律风险防控能力。

（三）依法呈缴实践

一旦通过立法，数字出版物呈缴制度就具备了"有法可依"的条件，那么在实践中就要做到"有法必依"，这也是全面推进依法治国政策的内容。对数字出版物呈缴制度在运行和完善过程中出现的各类矛盾，政府主管部门要引导相关主体通过法律程序、运用法律手段解决，推动在数字出版物呈缴活动中形成依法呈缴、依法解决问题和化解矛盾的良好环境，维护相关主体的合法权益。数字出版物呈缴制度涉及的相关主体，无论其性质如何，都要坚持依法办事，接受法律的约束，严格依照法律规定来行使职权、开展活动、规范行为和承担责任，自觉履行法律规定的义务，维护法律的尊严和权威，形成良好的数字出版物呈缴秩序和社会环境。

二、协调机制

顺利开展数字出版物呈缴工作需要法律法规、工作机制、技术规范等方面的有效衔接和配合，涉及立法、司法、行政、市场、文化建设等诸多机构的配合。建立数字出版物呈缴制度的协调机制，主要依靠协调主体或承担协调职能的监管主体的作用，以协调和引导为目标，协助相关主体建立数字出版物呈缴业务的联动机制，特别是针对数字出版物呈缴过程中出现的矛盾或突发情况，通过协调能够促进各方及时开展有效应对和救济。

（一）政府部门之间的协作配合

当前我国针对数字出版物、文献保存与服务的政府管理采取的是部门条块分割的模式，这种管理方式在深化资源开发建设、推进相关行业快速发展方面起到了重要作用，但是，在以集中管理和保存为基础的出版物呈缴活动中却存在明显的缺陷。因此，构建一套密切配合、运行高效的数字出版物呈缴工作的协调机制，必须充分考虑数字出版物呈缴工作的复杂性，建立解决呈缴活动复杂问题导向性的管理机制，依托现有立法、司法、行政、文化事业管理等部门在各自职权范围内的监管现状，从有利于出版物呈缴和联动管理的角度出发，在法律框架内，通过规章制度明确各类型问题发生后的牵头负责部门、配合解决部门和提供基础资料支持的政府相关部门，建立快速有效的沟通协商机制和行政救济途径。

（二）呈缴主体与受缴主体之间的协作配合

呈缴主体与受缴主体之间的协作配合是顺利开展数字出版物呈缴工作的重要前提。在工作机制上，需要双方工作流程和管理模式方面的密切合作，特别是对于受缴主体而言，其面对的是数量庞大、性质复杂的呈缴主体，有必要分析和掌握不同类型呈缴主体的工作规律和特点，从而有针对性地采取协作配合模式；在技术规范上，也要为数字出版物呈缴活动中各个环节的具体工作提供细致、科学且可行的方法支持，对呈缴主体和受缴主体现有的工作程序和工作方法进行有机整合，并推动规范化管理，在尽可能不增加各方工作制度成本的前提下开展数字出版物呈缴工作，探索数字出版物呈缴制度运行管理的有效手段和措施。

（三）受缴主体与社会公众之间的协作配合

受缴主体与社会公众之间的协作配合也是数字出版物呈缴工作机制建设的重要内容。呈缴数字出版物经由受缴主体组织整理之后，在进行长期保存的同时，也应当依法开展发布服务，因此，社会公众成为呈缴数字出版物服务的一类重要终端用户。协调受缴主体与社会公众之间关系更多的工作是对受缴主体的约束和要求，一方面受缴主体对其用户进行分级分类管理，并为不同层次用户分配相应的使用权限，用户可以使用相应权限的服务；另一方面，受缴主体应加强信息公开，使用户能够清晰地了解到呈缴数字出版物基本信息，以及自身权限范围内能够利用的服务内容。一旦用户对受缴主体提供的数字出版物及其服务提出异议，首先受缴主体内部应当建立用户意见收集和反馈机制，在此层次上，受缴主体的上级主管部门和数字出版物呈缴制度的监管主体及协调主体中，也应当建立相应的机制，以便畅通用户反馈渠道，促进提升数字出版物呈缴制度运行效果。

三、监管机制

数字出版物呈缴制度相关的监管机制主要有两种模式：自上而下监管和自下而上监督。自上而下监管是指在政府部门建立常设的监管机构，针对数字出版物呈缴制度立法和执法、制度运行过程、运行效果等开展监管。这种监管属于专门性监督，而且一般应经常性开展，监管机构有权针对违法违规情形提出建议或依法依规直接处置。自下而上监督是指来自各级各类主体对其上级机构或相关机构的监督，任何公民和相关机构都有权监督法律的实施，呈缴主体、受缴主体以及各级监督机构都应当充分听取广泛的监督意见和建议，推动建设关于数字出版物呈缴制度实施情况的述职制度，在制度实施运行中不断加强监督的深度和广度，形成透明高效的监督链，从而推动数字出版物呈缴制度不断校正问题，使制度得到优化和完善。

四、考核评价机制

数字出版物呈缴制度的考核评价机制可以作为其监督机制的延伸，既包括对制度整体的抽象内容的考核评价，同时也涉及对各个主体实施情况的具体评价。针对不同的评价对象，应指定适合的考核评价主体，由政府部门、行业协会、受缴主体等担任相应范围考核评价的主体机构。同时，由于评价对象差异较大，也需要分别建立相应的评价标准、评价指标体系以及评价方法。考核评价的结果对于数字出版物呈缴制度的运行与完善具有重要意义，对相关主体的数字出版物生产和呈缴行为发挥直接或间接的指导作用，因此，在数字出版物呈缴工作机制中必须重视考核评价机制的建立和实施；本书第六章专门就中国数字出版物呈缴制度的监管与评估问题进行了讨论。

第五节　数字出版物呈缴技术规范

数字出版物呈缴活动涉及数字出版物生产、采集、加工、组织管理、服务和保存全部流程，其最终目的之一是要实现数字出版物的集中管理和保存。数字出版物呈缴活动是一项庞大而复杂的系统工程，每个环节的参与者众多，涉及资源生产与传播、应用软件系统、硬件基础平台等多个方面。技术规范作为数字出版物呈缴活动有序进行的基础条件，是数字出版物传递、保存与服务的根本保障，是保证数字出版物及其服务在整个数字信息环境中可利用和可持续发展的基础。因此，在数字出版物呈缴制度建设中，必须重视首先建立相关的技术规范体系，加强顶层设计，以规范推动数字出版物呈缴活动科学、有效地开展，按照合作、开放与共建共享的方式建设数字出版物呈缴制度技术规范体系。

一、技术规范建设背景

（一）数字出版物相关技术规范现状

目前，在以出版社和数据库商为代表的数字出版领域，和图书馆为代表的数字出版物保存和服务领域，都分别建设了一系列相关技术标准规范，既包括国际标准、国家标准和行业标准，也包括若干在长期市场经济活动中形成的通用技术规范，这些标准规范建设成果为数字出版物呈缴制度技术规范体系建设奠定了基础，提供了一定的标准规范保障。例如，2014—2015年，国家新闻出版广电总局发布一系列关于电子图书、版权管理相关的行业标准，国家图书馆在国家数字图书馆工程建设中主持制定了一系列数字资源建设管理相关的技术规范，其中部分规范已经申报文化行业标准，分别见表5-1、表5-2。

表5-1 2014—2015年发布的部分新闻出版行业标准

标准编号	标准名称	实施日期	状态
CY/T 133—2015	电子图书版权信息检测方法	2015-6-29	现行
CY/T 134—2015	版权信息核心元数据	2015-6-29	现行
CY/T 135—2015	版权信息基础数据元	2015-6-29	现行
CY/T 136—2015	版权信息基础代码集	2015-6-29	现行
CY/T 110—2015	电子图书标识	2015-1-29	现行
CY/T 111—2015	电子图书质量基本要求	2015-1-29	现行
CY/T 112—2015	电子图书版权记录	2015-1-29	现行
CY/T 113—2015	电子图书阅读功能要求	2015-1-29	现行
CY/T 114—2015	电子图书质量检测方法	2015-1-29	现行
CY/T 115—2015	电子书内容版权保护通用规范	2015-1-29	现行
CY/T 116—2015	电子书内容平台基本要求	2015-1-29	现行
CY/T 117—2015	电子书内容平台服务基本功能	2015-1-29	现行
CY/T 126—2015	数字版权唯一标识符	2015-1-29	现行
CY/T 134—2015	版权信息核心元数据	2015-6-29	现行
CY/T 135—2015	版权信息基础数据元	2015-6-29	现行
CY/T 136—2015	版权信息基础代码集	2015-6-29	现行
CY/T 96—2013	电子书内容术语	2014-1-1	现行
CY/T 97—2013	电子图书元数据	2014-1-1	现行
CY/T 98—2013	电子书内容格式基本要求	2014-1-1	现行

表 5-2 国家数字图书馆工程标准规范体系

子项目名称	规范名称
汉字处理规范	汉字属性字典
	中文文献全文版式还原与全文输入
	XML 规范
	古籍用字规范（计算机用字标准）
	计算机中文信息处理规范
	生僻字、避讳字处理规范
唯一标识符	国家图书馆数字资源唯一标识符规范
对象数据	国家图书馆数字资源对象管理规范
	文本数据加工标准与工作规范
	图像数据加工标准与工作规范
	音频数据加工标准与工作规范
	视频数据加工标准与工作规范
元数据总则	国家图书馆元数据应用规范
	国家图书馆元数据置标规范
	国家图书馆核心元数据标准
	国家图书馆专门元数据设计规范
	CNMARC XML
	CNMARC-DC-国家图书馆核心元数据集的对照转换
	MARC21-DC-国家图书馆核心元数据集的对照转换
专门元数据规范——古文献	专门元数据标准与著录规范——拓片
	专门元数据标准与著录规范——舆图
	专门元数据标准与著录规范——甲骨
	专门元数据标准与著录规范——古籍
	专门元数据标准与著录规范——家谱
专门元数据规范——电子书刊	专门元数据标准与著录规范——电子图书
	专门元数据标准与著录规范——电子连续性资源
	专门元数据标准与著录规范——学位论文
	专门元数据标准与著录规范——期刊论文
专门元数据规范——网络及多媒体资源	专门元数据标准与著录规范——网络资源
	专门元数据标准与著录规范——音频
	专门元数据标准与著录规范——视频
	专门元数据标准与著录规范——图像
知识组织	知识组织规范
资源统计	数字资源统计标准
长期保存	国家图书馆数字资源长期保存规范
管理元数据	国家图书馆管理元数据规范

（二）现有相关技术规范的主要问题

认真分析研究现有相关技术规范可以发现，虽然数字出版物相关技术规范已经具备一定基础，部分规范已经进入研究与探索性应用层面，但与数字出版物呈缴制度的技术规范体系要求相比，还存在三个方面的问题：一是标准规范内容覆盖不全，数字出版物呈缴制度急需的一些技术规范在我国尚缺乏相应的国家标准和建设规范；二是标准规范缺乏系统性和开放性，目前行业标准或技术规范居多，而数字出版物呈缴制度是跨行业的协作行为，技术规范不一致可能带来不利影响；三是标准规范实践应用情况不够理想，一些标准规范并没有得到广泛的推广和应用。

二、技术规范体系建设目标

数字出版物呈缴制度的职责与目标决定了其相关技术规范体系具有广泛影响力，在数字出版、图书情报界，乃至博物馆、档案馆等相关行业都将起到一定的指导和约束作用。因此，在数字出版物呈缴制度建设中，应当将技术规范体系建设作为一项重要内容予以规划，一方面要满足数字出版物呈缴制度建设的需要；另一方面也要为相关行业的生产建设提供参考。针对现存问题，数字出版物呈缴制度技术规范体系建设的主要目标反映在全面性和系统性两个方面。

（一）建立内容全面的技术规范体系

基于数字出版物出版、传播、管理、服务和保存相关管理制度、运作机制，提出切实可操作数字出版物呈缴的程序规则，研制数字出版物呈缴制度建设需要的标准规范，并制订相应的实施细则，以实际指导数字出版物呈缴制度相关各个主体的技术活动，保证数字出版物呈缴制度建设和运行的规范化，提高制度运行效率。

（二）建立系统化的技术规范体系

通盘考虑数字出版物呈缴制度技术规范的整体性和阶段性，避免现在相关行业、部门各自制定技术规范的弊端，建立系统的数字出版物呈缴程序和方法体系，促进我国数字资源建设的标准化进程。

三、技术规范体系核心内容

数字出版物呈缴制度相关技术规范的制修订是一个长期的系统性工作，技术规范体系应以数字出版物从生产到呈缴的全部环节为主线进行构建，核心内容可包括唯一标识符规范、元数据规范、对象数据规范、知识组织规范、出版物统计规范、长期保存规范、工作程序规范等。

（一）唯一标识符规范

数字出版物作为呈缴的主要对象，不但数量丰富，类型多样，而且来源十分分散，如果没有统一的唯一标识符规范，那么在呈缴过程中乃至呈缴以后，就很难统一管理和调度这些数量巨大的数字出版物。制定数字出版物呈缴制度中的唯一标识符规范，主要目的是通过唯一标识符机制，实现对各类型数字出版物的统一管理和有效调用。在现阶段制定数字出版物呈缴制度唯一标识符规范，首要前提是必须充分考虑与各个行业、机构现有唯一标识符系统的兼容性，从兼容、适用的原则出发，设计唯一标识符的框架体系、语法规则、命名规则、解析规则等，并针对已有的数字出版物唯一标识符制定转换机制。

（二）元数据规范

元数据是关于数据的数据，整体上分为描述元数据和管理元数据，是数字出版物全部相关信息的抽象反映。元数据规范是数字出版物呈缴制度要解决的关键问题之一。目前，在各个行业或机构中，并不缺乏数字出版物相关的元数据规范，所缺乏的是受到大部分生产、传播、服务和保存单位认可和应用的、统一的元数据规范。目前，数字出版物从生产、呈缴到呈缴后管理应用的不同环节中，既无法采用统一规范的元数据标准，也没有相应的元数据映射机制，导致出现数字出版物信息丢失、错漏的情况，不利于呈缴工作的开展，不能满足基于数字出版物的国家数字文化信息资源的建设与服务需要。鉴于数字出版物的多样性与呈缴活动的复杂性，很难通过一项统一的规范满足全部元数据需求，有必要研制一系列有针对性的元数据规范，在尽可能广泛的范围进行推广应用。

（三）对象数据规范

数字出版物的数字对象包括文本、图像、音频、视频以及复合型多媒体资源等，不同数据所应用的生产和加工规范存在很大差异。目前关于各种类型数字对象的格式标准非常多，分别适用于不同的资源类型和应用环境。建设数字出版物呈缴制度的对象数据规范，一是要根据数字出版物不同来源数字对象的情况，建立一套完整的数字对象管理规范体系，包括数字资源采集、转换、检验、封装、存储等相关的管理规范；二是建立文本、图像、音频、视频等数字对象的加工标准与工作规范，确定采用的数字编码和内容标记标准，制定数字对象的格式体系及应用级别标准，以及各类数据的加工流程及操作指南规范。其中，对于以网络资源采集方式完成呈缴的在线数字出版物，其对象标准规范不但要制定数据层次相关标准规范，同时也涉及系统层次相关的标准规范。❶

（四）知识组织规范

对呈缴的数字出版物进行有效组织从而为用户提供高质量的信息服务，是数字出版物呈缴制度保存和服务的目标之一。在不同行业、机构和应用环境下，由于建设目的的不同，其所采用的知识组织方法也存在较大差异。例如，图书馆行业内对数字出版物往往采用传统出版物的分类、主题等组织方法，但在出版行业内，更常用的知识组织方法是基于用户的大众分类法或者自然语言标记方法。构建数字出版物呈缴制度的知识组织规范，其目的并不是为了消除这种差异，而是在国家知识信息库的层面上，更好地进行知识资源的整合和组织。为此，有必要在数字出版物呈缴制度技术规范体系内制定一套知识组织规范，建立呈缴数字出版物的知识组织体系结构，规范数字出版物包含的知识概念间的组织与连接，确立知识组织体系的构建与应用规范及互操作规范。

（五）出版物统计规范

对不同类型数字出版物的数量、呈缴和服务等进行科学合理的统计，并根据统计结果调整数字出版物呈缴活动，对数字出版物呈缴制度建设的科学性与规范性具有重要意义。目前，针对各类型数字出版物的统计尚缺乏系统的标准规范，对统计方法、统计指标和统计口径各个行业、机构之间都有不同的认识。因此，在数字出版物呈缴制度建设过程中，有必要建立

---

❶ 曲云鹏，等．网络信息采集与保存标准规范研究［J］．数字图书馆论坛，2009（7）：22-27．

一套针对数字出版物的统计规范，明确数字出版物的统计范围、分类标准、指标体系、统计方法等，为数字出版物呈缴活动的监管和评估提供基本保障。

（六）长期保存规范

建设数字出版物呈缴制度的最终目的就是保存国家文化资源，因此，数字出版物的长期保存规范也是数字出版物呈缴制度技术规范体系建设的重中之重。目前，由国际标准 ISO 14721确立的"2003空间数据和信息传递系统—开放档案信息系统—参考模型"（Spacedata and Information Transfer Systems—Open Archival Information System—Reference Model，OAIS模型）被普遍接受为数字资源长期保存系统的基本框架，在国内外图书馆界开展的若干数字资源长期保存项目中得到广泛应用。但 OAIS 模型并不能满足数字出版物长期保存的全部规范要求，在长期保存元数据、信息包封装、长期保存技术应用方案等方面还需要开展更多的研究和实践探索。

（七）工作程序规范

数字出版物呈缴的完成需要多个环节、不同主体的密切配合，其中既涉及载体的传递，也涉及信息的传递。实施主体的分散导致工作流程出现复杂性，如果不能较好地对工作程序进行规范，极易带来影响呈缴工作顺利进行的问题。因此，工作程序规范也应成为数字出版物呈缴制度技术规范体系的重要组成内容。无论是对于呈缴主体还是受缴主体，程序规范都应该至少包含两部分内容，一是内部工作程序规范，二是对外工作程序规范。重要的工作程序可以通过立法的形式进行规范，一般工作程序可作为行业标准或机构内部的执行守则，工作程序规范的执行情况可作为数字出版物呈缴工作监管与评估的依据。

四、技术规范建设原则

数字出版物呈缴制度技术规范体系既要保证满足数字出版物呈缴制度的需求，也要充分考虑与现有相关技术标准规范的兼容性。在数字出版物呈缴制度技术规范体系的建设与应用中，应充分依托全国图书馆标准化技术委员会、全国信息和文献标准化技术委员会等国内相关标准化组织，加强行业沟通与协作，加快数字出版物呈缴相关国家标准的制修订。

（一）急需先行原则

数字出版物呈缴制度的技术规范在建立初期，应首先从当前亟须解决的主要技术问题和典型需求出发，考虑和设计技术规范的制修订计划。

（二）参考借鉴原则

在数字出版物呈缴制度建设中应充分借鉴国内已有的相关技术规范研究与实践成果，对于已有成熟应用的国际标准、国家标准，或已被广泛接受的行业标准、事实标准，在研究确定其适用性的基础上，可考虑优先采用。

根据参考借鉴情况，数字出版物呈缴制度技术规范建设主要分为四种类型：一是遵循标准规范，即明确规定必须采用的现有国际标准、国家标准、行业标准或事实标准；二是修订标准规范，指需要在现有标准规范基础上进行修订，以适应数字出版物呈缴制度的需要；三是参考标准，在现有标准规范不能直接应用于数字出版物呈缴工作的情况下，可参考其研制数字出版物呈缴制度的技术规范；四是新建标准规范，即在缺乏现成的国际标准或国家标准的情况下，需要根据数字出版物呈缴制度需要而专门制定的相关标准规范。

（三）开放建设原则

数字出版物呈缴制度技术规范体系的开放建设原则包括两方面含义：一方面是以开放的姿态吸纳更多的研制主体，使那些在相关技术规范研制与实践方面有经验、有能力的机构主体参与技术规范建设，同时，技术规范成果面向社会公众或者全部利益相关方广泛征求意见。另一方面是技术规范内容的开放导向，考虑国内外相关标准规范的接轨，以及技术规范的普适性和前瞻性。

（四）核心建设原则

尽管数字出版物呈缴制度技术规范体系涉及数字资源生命周期的全部流程，但其核心是数字出版物呈缴，应围绕数字出版物呈缴活动有重点、有针对性地开展技术规范研制，有关出版发行以及网络、通信等软硬件基础支撑环境的标准可主要采用相关行业的通行标准。

（五）推广应用原则

数字出版物呈缴制度技术规范体系必须能够实际指导数字出版物呈缴工作，应用在数字出版物呈缴工作的各个环节中，因此，相关技术规范要兼顾实用性、科学性和可操作性，注重技术规范应用指南的研制开发，以利于技术规范在各行业实践中的推广和应用。

第六章

中国数字出版物呈缴制度监管与评估

第一节　数字出版物监管

作为一种新型出版模式，数字出版已经成为当前新闻出版产业的重要组成部分，对其进行有效监管引起了政府及行业的广泛重视。分析数字出版物监管制度，对构建我国数字出版物呈缴监管制度具有重要的借鉴意义。

一、数字出版物监管与评价体系现状

（一）数字出版物监管的理论基础

开展数字出版物监管的研究，需要深入了解管制经济学、政府宏观调控及政府管制等方面的理论。

1. 监管概念及类型

"监管"一词译自英文 regulation，又称为管制、规制。目前无论是理论界，还是实际监管部门对"监管"尚未形成统一称谓和概念界定。维斯卡西（Viscusi）等学者认为，监管是政府以强制手段，对个人或组织的自由决策的一种强制性限制。丹尼尔·F.史普博（Daniel F.Spulber）则认为，监管是行政机构制定并执行的直接干预市场机制或间接改变企业和消费者供需决策的一般规则或特殊行为。日本学者植草益对监管所下的定义是"社会公共机构依照一定的规则对企业的活动进行限制的行为。"[1]著名经济学家萨缪尔森（Samuelson）则认为，监管是政府以命令的方法改变或控制企业的经营活动而颁布的规章或法律，以控制企业的价格、销售或生产决策。我国学者对"监管"定义与上述基本一致，对 regulation 一词虽然有着管制、规制、监管等多种翻译，但并没有实质的区别，在实际操作过程中，我国相关法律法规中主要使用了"监管"一词。

综合上述观点，虽然监管这一概念目前尚未统一，但其内涵基本相近，主要涵盖了以下四个要素：一是监管主体是政府行政机关或其他法律授予承担监管职能的机构；二是监管客体是各类经济主体及其活动；三是监管依据是各种法律法规或制度；四是监管宗旨是通

---

[1] 植草益. 微观规制经济[M]. 北京：中国发展出版社，1992.

过法律和规则的建立，弥补市场失灵，确保微观经济的有序运行，实现社会福利的最大化。

根据监管对象和实施手段的不同，监管可分为经济性监管和社会性监管。经济性监管是指对市场进入和退出条件、产品和服务价格、特殊行业服务标准等方面的控制，是对某一个特定行业、特定产业进行的一种纵向管制。经济性监管主要适用于自然垄断和信息偏差等与国家经济社会发展息息相关的产业，以避免因产业和服务质量、价格不合理等因素产生的资源配置低效率和使用者利用不公平。社会性监管是指以保证劳动者和消费者的安全、健康、卫生、环境、保护、防止灾害为目的，对产品和服务的质量以及伴随着提供它们而产生的各种活动制定的一定标准，并禁止、限制特定行为的管制。[1]与经济性监管不同，社会性监管是一种可适用于多个行业的横向监管，具有一定的通用性。社会性监管产生的经济学根据是环境资产等外部性和安全保证中的信息不对称性。前者是市场交易双方在交易时，会产生一种由第三方或社会全体支付的成本，如环境污染、自然资源的掠夺性和枯竭性开采等。政府因此必须对市场主体进行严格的监督管理。后者是交易双方在交易过程中，信息严重不对称造成非合约成本由信息不足方承担，如假劣药品的制售、隐瞒工作场所的安全卫生隐患等，因此与安全相关的社会性监管成为必要。在实际监管活动中，经济性监管和社会性监管通常同时存在，特别是带有双边市场特质的数字出版物监管往往更为复杂，需要两种不同监管手段的有机结合。

2. 我国数字出版物的监管主体

随着我国数字出版的迅猛发展，数字出版产业在文化产业中的比重不断上升，已成为我国新闻出版业的战略性新兴产业及出版业未来发展的主要方向，是我国国民经济和社会信息化的重要组成部分。大力发展数字出版产业，是我国实现向世界新闻出版强国迈进的战略性任务。为保证数字出版产业的健康、快速、可持续发展，必须构建科学有效的监管体系，加强行业规范、引导和服务。与其他产业相比，数字出版产业承载精神财富和物质财富创造的双重任务，因此受到政府最为广泛及严格的监管和规范。

20世纪70年代末，随着新闻出版业的迅速发展，我国开始着手建立新闻出版行政管理体系。1985年7月25日，经国务院批准，文化部原出版局改称国家出版局，国家出版局与国家版权局为一个机构、两块牌子，这次变更标志着我国成立专门的行政管理机关对出版业进行管理。此后，我国新闻出版监管主体为适应行业和业务发展需要，经过了多次调整和变更。2013年3月，新闻出版总署、广电总局的职责整合，组建国家新闻出版广电总局，加挂国家版权局牌子。2018年3月，根据中共中央印发的《深化党和国家机构改革方案》，将国家新闻出版广电总局的新闻出版管理职责划入中央宣传部，中央宣传部对外加挂国家新闻出版署（国家版权局）牌子。国家新闻出版署是归口管理数字出版的行政管理部门，负责全国的数字出版活动的监督管理工作，县级以上地方新闻出版行政部门负责本行政区域内数字出版活动的监督管理工作，从而形成我国数字出版物监管的中央至地方的多级监管体制。数字出版产业作为信息时代出版产业的新型发展模式，涉及文化、信息技术等多个领域，因此还要受到其他机构监管，如出版内容要受到文化和旅游学部监管，内容传播所需互联网线路受到工业和信息化部监管。多重监管主体是我国数字出版物监管体制的重要特征，给我国数字

---

[1] 王俊豪. 管制经济学原理[M]. 北京：高等教育出版社，2007.

出版产业发展带来多方面的影响。

（二）我国数字出版监管体制

我国数字出版监管体制是国家按照出版事业发展的要求和管理体制改革的方向所设置和构成的出版管理机构设置、领导隶属关系、管理权限、管理制度和运行机制等方面的一系列制度，包括出版管理机关的机构设置及其法律地位，出版管理机关相互之间、上下级之间的职责划分，管理手段和管理方式，以及相应的法律、政策和工具。

1. 政府监管

我国电子出版物监管与传统出版物监管有着较多的相似之处，相关的监管政策也较为成熟。2002颁布实施的《出版管理条例》是我国第一部新闻出版行业法规，其中对电子出版的监管做出了相应的规定，是目前我国实施各项数字出版物监管的主要依据。为了适应数字出版物发展和行业需求，《出版管理条例》前后经历了两次修订，进一步完善了相应的管理规定。2008年原新闻出版总署以署长令的形式正式公布《电子出版物出版管理规定》，是第一部针对电子出版物监管的专门法规，进一步规范了电子出版产业的发展。相比较而言，网络出版作为一种新型的新闻出版形式，对其监管还处在初期，主要依据《互联网信息服务管理办法》《互联网出版管理暂行规定》《信息网络传播权保护条例》等规章条例。2016年3月开始实施的《网络出版服务管理规定》明确了网络出版服务和网络出版物的概念，明晰了新闻出版广电总局、工业和信息化产业部相应的监管职责，是我国数字出版监管的重大发展，对于我国网络出版物的发展具有巨大的指导意义。

我国数字出版的政府监管内容主要包含准入监管、数量监管、质量监管、标准监管以及评价和奖惩制度五个方面。

（1）准入监管。数字出版市场准入监管作为政府对数字出版产业进行的第一环节的干预，不仅是政府对市场监管的起点，也是数字出版产业后续监管的基础。2014年第三次修订的《出版管理条例》对出版单位的设立设置了六条基本要求，并进一步明确出版单位和编辑出版专业人员在编辑出版中应负有相应的刑事和民事法律责任。《电子出版物出版管理规定》《网络出版物服务管理规定》针对电子出版物、网络出版物和网络出版服务也分别设置了更为详尽的要求。

综合分析我国数字出版相关法律法规和规章制度，目前政府部门的准入监管主要体现以下四个方面：一是数字出版机构资格需经由国家新闻出版署审批，地方出版行政主管部门无权审批；二是设立数字出版单位必须有符合新闻出版行政主管部门认定的主办单位及其主管机关；三是需要有适应业务范围需要的人、财、物条件，即数字出版业务开展需要具备专业的技术人才、一定的基础资金和注册资本以及固定的工作场所；四是数字出版机构需接受相关主管部门的年度审核。

（2）数量监管。数字出版的数量监管包含两方面内容：一是对从事数字出版行业的机构的数量进行监管，这是我国现行体制下有效管理数字出版市场的重要手段之一；二是对数字出版物的数量进行监管，目前主要体现在对电子出版物的数量监管上。

对数字出版机构的数量监管，主要是通过对监管主体的准入监管来实现。数字出版机构的数量、机构和布局需要符合我国出版产业总体规划。例如，我国借鉴西方发达国家利用出版业振兴本国基础学科的相关经验，鼓励有较高科研水平的特色高校组建高校出版社并积极开展数字出版相关工作，使其总量有所上升。从总体上说，由于我国出版业的市场准入要求较高，我国对出版机构的数量限制仍较为严格。这一点在数字出版产业也不例外。

对数字出版物的数量监管，可以有效抑制低质量出版物的泛滥，不仅有利于提升出版物质量，也有利于形成更具文化积累和厚重历史凝聚力的价值。我国数字出版物的数量监管主要体现在电子出版物监管上。通过对电子出版物出版单位的规模、机构内人员结构和出版水平审核，核定下一年度国际标准书号（ISBN）、连续出版物号（ISSN）、音像制品号（ISRC）的数量，并通过税收等国家宏观调控手段，支持科技、文化、教育等领域数字出版物发展。

（3）质量监管。数字出版物的质量监管主要体现为产品本身的内容质量控制和相应服务质量的控制。

我国出版相关的法律法规规定，出版物不得含有违反国家利益和社会利益内容，具体禁止了十项内容，同时对出版物内容的真实性控制和以未成年人为对象的出版物内容均有详细的规定。此外我国数字出版实行重大选题备案制度，涉及国家安全、社会安定、重大革命题材和重大历史题材等方面的重大选题，需要按照相应的选题备案规定办理备案手续，未经备案的重大选题不得出版。

数字出版服务质量的控制可以参照《中华人民共和国产品质量法》《中华人民共和国价格法》《中华人民共和国消费者权益保护法》等相关法律中对服务质量、消费者权益保护的相关规定实施。针对不符规定要求的相关服务，消费者除针对产品进行申诉外，还可要求相关主管部门对出版物实施严格自律规范和质量要求。

（4）标准监管。标准化是实现数字出版产业快速、规范发展的必要基础保障。2011年是数字出版标准建设年，《数字出版标准体系研究》报告的发布，标志着我国数字出版标准化的整体框架已基本形成，数字出版标准体系建设进入新阶段。❶数字出版物标识、元数据规范、手机出版标准、电子书标准、数字有声出版物（MPR出版物）标准、发行信息流通标准等一系列标准研制与颁布实施，实现了多种载体和终端出版物从内容产品信息到产业链一系列环节的标准化控制。❷

由中国提出的首个新闻出版领域的国际标准《国际标准关联标识符（ISLI）》，已经由国际标准化组织（ISO）于2014年5月正式发布。ISO将ISLI国际注册中心的承办权授予总部位于中国香港的国际信息内容产业协会（ICIA），这也是首个落户中国的国际标准注册中心，为我国进行数字出版业的标准监管创造了有利条件。❸

（5）评价和奖惩制度。为构建和完善数字出版物评价体系和行业引导激励机制，原国家新闻出版广电总局开展了一系列数字出版物及相关机构的评价工作，通过"百强报刊"、100家转型示范单位、推荐优秀古籍整理图书等奖项的评选，重点培育和推出一批具有较强舆论引导能力、传播能力和市场竞争力的优秀数字出版物品牌和优秀数字出版机构。与此同时，

---

❶ 中国新闻出版研究院院长郝振省发布《2011-2012中国数字出版产业年度报告》[EB/OL].[2016-1-28].http://www.chuban.cc/rdjj/2012szcbnh/zlt19x/201207/t20120719_125647.html.

❷ 刘颖丽.数字出版标准的现状与思考[EB/OL].[2016-2-25].http://cips.chinapublish.com.cn/chinapublish/rdjj/13zhyth/tpxw/201108/t20110811_92192.html.

❸ 中国新闻出版研究院院长郝振省发布《2011-2012中国数字出版产业年度报告》[EB/OL].[2016-1-28].http://www.chuban.cc/rdjj/2012szcbnh/zlt19x/201207/t20120719_125647.html.

对于违反《中华人民共和国著作权法》《出版管理条例》等相关法律法规而开展数字出版的行为，也建立了严格的处罚制度，明确设有警告、罚款、停业整顿等处罚规定，情节严重者可追究相关出版机构和编辑出版人员刑事和民事责任。通过科学合理的评价与奖惩措施的实施，积极引导数字出版产业健康、快速和可持续发展。

2. 法律规章

新闻出版法规是我国对数字出版实施监管的主要依据，分为法律、法规和规章三个层次。为了解决实践中的具体问题，在信息网络传播诸多问题尚不明朗的情况下，相关部门先后制定或修改司法解释、行政法规，为数字出版产业的有序发展提供了坚实有力的法律保障。

目前，我国新闻出版行业尚未出台专门的法律，有关的法条及原则性指导主要散见于其他相关法律中，如《中华人民共和国宪法》的第三十五条、第三十八条和第五十一条，《中华人民共和国民法典》《中华人民共和国刑法》和《中华人民共和国广告法》中有关名誉权等的相关规定，《中华人民共和国著作权法》中有关出版的相关规定。2001年12月国务院颁布实施的《出版管理条例》，是我国第一部新闻出版行业的行政法规，对新闻出版领域的各项工作做出了全面系统规定，是新闻出版行为活动的主要准则，也是后续相关规章制度和规范性文件制定的主要依据。

2000年前后，随着互联网的普及，网络著作权纠纷迅速增加。为了适应数字化发展需要，加强行政管理与公共服务，国务院先后制定、修改了相关法规。如《中华人民共和国著作权法》第一次修订便增设了"信息网络传播权"，2014年第三次修订的《出版管理条例》减少了数字出版经营的限制；同时，有关行政管理部门还单独或联合发布了大量的部门规章，如《电子出版物出版管理办法》《互联网出版管理暂行规定》《计算机软件保护条例》等。2014年9月开始实施的《使用文字作品支付报酬办法》提高了原创作品的基本稿酬，并将使用文字作品付酬标准的适用范围从出版领域扩大到数字网络领域。2014年10月公布的《最高人民法院关于审理利用信息网络侵害人身权益民事纠纷案件适用法律若干问题的规定》，明确了利用自媒体等转载网络信息行为的过错及程度认定问题。为进一步加强网络出版服务和网络出版物的监督管理，2016年3月10日《网络出版服务管理规定》开始实施，原《互联网出版管理暂行规定》同时废止。这些法律法规与规章制度基本覆盖了互联网信息服务、视听节目、游戏、电子出版物等数字出版的方方面面，为数字出版物监管提供了明确有力的监管依据，详见表6-1。

表6-1 数字出版相关法律规章

序号	发布时间	名称	发布机关	相关内容
1	1990年（2001年、2010年修正，2012年发布第三次修订草案征求意见稿）	《中华人民共和国著作权法》	全国人大	第一次修正增设信息网络传播权；第三次修订草案主要为适应数字出版发展需要，大幅度调整相关内容
2	1991年、2001年（2011年、2013年修订）	《计算机软件保护条例》	国务院	为了保护计算机软件著作权人的权益，调整计算机软件在开发、传播和使用中发生的利益关系，鼓励计算机软件的开发与应用，促进软件产业和国民经济信息化的发展，根据《中华人民共和国著作权法》，制定本条例。 第二次修订遵循著作权法原理、结合计算机软件特点和我国软件产业发展的实际水平处罚原则，更具科学性、可操作性和前瞻性

续表

序号	发布时间	名称	发布机关	相关内容
3	1997年、2008年	《电子出版物出版管理规定》	新闻出版总署	是电子出版物出版活动的专门性法规，对促进电子出版事业的健康发展与繁荣具有重大意义
4	2000年（2003年、2006年修订）	《关于审理涉及计算机网络著作权纠纷案件适用法律若干问题的解释》	最高人民法院	为正确审理涉及计算机网络著作权纠纷案件，根据民法典、著作权法和民事诉讼法等法律的规定，对这类案件适用法律的若干问题进行解释
5	2000年（2012年发布修订草案征求意见稿）	《互联网信息服务管理办法》	国务院	为规范互联网信息服务活动，促进互联网信息服务健康有序发展，制定本办法。 为适应互联网发展需要、解决新问题，2012年发布修订草案征求意见稿，主要对以下内容进行修订：明确论坛、微博客等的许可审批；完善办网站准入条件，强化相关服务提供者的安全管理责任；强化相关服务提供者的记录留存义务；对用户用真实身份信息注册作出规定；加强个人信息保护；规范政府部门监督检查行为
6	2001年（2011年、2013年、2014年修订）	《出版管理条例》	国务院	为了加强对出版活动的管理，发展和繁荣有中国特色社会主义出版事业，保障公民依法行使出版自由的权利，促进社会主义精神文明和物质文明建设，根据宪法制定。是我国第一部新闻出版行业的专门法规
7	2001年（2011年、2013年修订）	《音像制品管理条例》	国务院	为加强音像制品的管理，促进音像业的健康发展和繁荣，制定本条例。适用于录有内容的录音带、录像带、唱片、激光唱盘和激光视盘等音像制品的出版、制作、复制、进口、批发、零售、出租等活动
8	2002年（2012年进行修订，发布《网络出版服务管理办法（修订征求意见稿）》；2016年3月废止）	《互联网出版管理暂行规定（网络出版服务管理办法）》	新闻出版总署、信息产业部	为加强对互联网出版活动的管理，保障互联网出版机构的合法权益，促进我国互联网出版事业健康、有序地发展，制定本规定。 为进一步规范网络出版、新闻出版行业标准化等有关活动的管理，2012年新闻出版总署会同有关部门对《互联网出版管理暂行规定》等规章进行了修订，起草了《网络出版服务管理办法》（修订征求意见稿），明确"网络出版""网络出版物"内涵，加强进入审批制度，明确中外合资经营、中外合作经营和外资经营的单位不得从事网络出版服务
9	2002年	《关于审理著作权民事纠纷案件适用法律若干问题的解释》	最高人民法院	计算机软件用户未经许可或者超过许可范围商业使用计算机软件的，依据著作权法的相关规定承担民事责任
10	2005年	《互联网著作权行政保护办法》	国家版权局、信息产业部	为加强互联网信息服务活动中信息网络传播权的行政保护，规范行政执法行为，根据《中华人民共和国著作权法》及有关法律、行政法规，制定本办法。适用于互联网信息服务活动中根据互联网内容提供者的指令，通过互联网自动提供作品、录音录像制品等内容的上载、存储、链接或搜索等功能，且对存储或传输的内容不进行任何编辑、修改或选择的行为
11	2006年（2013年修订）	《信息网络传播权保护条例》	国务院	为保护著作权人、表演者、录音录像制作者（以下统称权利人）的信息网络传播权，鼓励有益于社会主义精神文明、物质文明建设的作品的创作和传播。该条例共27条，包括合理使用、法定许可、避风港原则、版权管理技术等一系列内容，更好地区分了著作权人、图书馆、网络服务商、读者各自可以享受的权益，使网络传播和使用有法可依

续表

序号	发布时间	名称	发布机关	相关内容
12	2007年	《互联网视听节目服务管理规定》	国家广电总局、信息产业部	为维护国家利益和公共利益，保护公众和互联网视听节目服务单位的合法权益，规范互联网视听节目服务秩序，促进健康有序发展，根据国家有关规定，制定本规定
13	2010年	《网络游戏管理暂行办法》	文化部	首次系统地对网络游戏的娱乐内容、市场主体、经营活动、运营行为和法律责任做出明确规定。是我国第一部专门针对网络游戏进行管理和规范的部门规章，对中国网络游戏健康有序的发展，具有重大且深远的影响
14	2011年	《关于办理侵犯知识产权刑事案件适用法律若干问题的意见》	最高人民法院、最高人民检察院、公安部	规定了通过信息网络传播侵权作品行为的处罚标准
15	2014年	《使用文字作品支付报酬办法》	国家版权局、国家发改委	提高了原创作品的基本稿酬，并将使用文字作品付酬标准的适用范围从出版领域扩大到数字网络等领域
16	2014年	《最高人民法院〈关于审理利用信息网络侵害人身权益民事纠纷案件适用法律〉若干问题的规定》	最高人民法院	明确了利用自媒体等转载网络信息行为的过错及程度认定问题
17	2016年	《网络出版服务管理规定》	国家新闻出版广电总局、工业和信息化部	明确了本规定适用对象"网络出版服务"和"网络出版物"的概念、内涵。加大网络出版服务监管，指出从事网络出版服务必须取得《网络出版服务许可证》，同时对网络出版服务单位实行年度核验制度。新增了"人工干预搜索排名、广告、推广等"的限制，加大网络出版物内容管理控制及未成年人合法权益的保护范围。原《互联网出版管理暂行规定》同时废止

3. 数字出版政策

与出版法律法规相比，数字出版政策对产业的调节作用往往更直接有效。我国数字出版产业的发展得到了国家和各级地方政府的高度重视和大力支持。中央先后出台一系列产业规划方案和加快产业发展的指导意见，从行政、法律、经济等多个方面加强对数字出版产业的政策扶持，促进我国数字出版产业繁荣发展。各级地方政府也纷纷出台配套政策，为本地区数字出版产业发展作出明确规划，扶持本地区数字出版产业的发展。我国数字出版政策根据颁布机构和适用对象的不同，大体可分为国家层面的宏观产业政策和行业层面的专门产业政策两类。

（1）关于数字出版产业的国家宏观政策。在"十一五"规划之初，我国就在各类规划性文件中提出要把数字出版相关技术及体制创新作为未来文化产业改革与发展的重点。2006年，我国先后公布的《国民经济和社会发展第十一个五年规划纲要》《"十一五"时期文化发展纲要》等都强调了这一主旨。之后，国务院颁发《国家知识产权战略纲要》《文化产业振兴规划》等战略性文件，把发展数字出版、动漫产业以及电子阅读等提上重要日程，并开始加大扶持力度。"十二五"期间，国家对数字出版产业的重视程度再度提高，国民经济和社会发展第十二个五年规划纲要、"十二五"时期文化改革发展规划纲要和新闻出版业发展规划更是把数字出版作为大力发展、重点扶持的产业。国家宏观层面产业政策的颁布和实施，为我国数字出版产业快速发展提供了良好的社会环境。

（2）针对数字出版产业发展的专门性政策（表6-2）。2008年国务院出台新闻出版总署主要职责、内设机构和人员编制规定方案时，为加强数字出版的推进力度，在新闻出版总署机构设置中专门增设科技与数字出版司。2010年，新闻出版总署颁布《关于加快我国数字出版产业发展的若干意见》，对数字出版产业发展做出具体部署。该意见不仅界定了数字出版的概念，还明确提出了国内数字出版发展的主要任务和总体目标，并从十个方面给予全面支持。2010年，新闻出版总署又颁布了关于发展电子书产业的意见，规范并鼓励电子书产业的发展。2013年，国家新闻出版广电总局的"三定"方案则设立单独的数字出版司。在新闻出版总署印发的有关体制改革、产业发展的指导意见中，数字出版、网络出版、手机出版等以数字化生产和传输为主要特征的新生业态不断得到强调。2014年8月18日，中央全面深化改革领导小组第四次会议审议通过了《关于推动传统媒体和新兴媒体融合发展的指导意见》。2015年7月13日，财政部公示了2015年度文化产业发展专项资金拟支持项目，834个项目获得总额50亿元的中央财政支持，除了再度将新闻出版业数字化转型升级作为重点支持内容外，新增传统媒体和新兴媒体融合发展为八项重点支持项目之一。❶❷

表6-2 我国主要的数字出版政策

序号	发布时间	名称	发布机关	相关内容
1	2006年	《国民经济和社会发展第十一个五年规划纲要》	全国人大	鼓励教育、文化、出版、广播影视等领域的数字内容产业发展，丰富中文数字内容资源，发展动漫产业
2	2006年	《国家"十一五"期间文化发展纲要》	国务院	加快传统出版发行行业向现代出版发行行业的转换，积极发展电子书、手机报刊、网络出版等新兴业态
3	2006年	《国家中长期科学和技术发展规划纲要》	国务院	重点开发以视音频信息服务为主题的数字媒体内容处理关键技术，开发易于交互和交换、具有版权保护功能和便于管理的现代传媒信息综合内容平台
4	2008年	《国家知识产权战略纲要》	国务院	有效应对互联网等新技术发展对版权保护的挑战。妥善处理保护版权与保障信息传播的关系
5	2008年	《新闻出版总署主要职责、内设机构和人员编制规定》	国务院	设立科技与数字出版司
6	2009年	《文化产业振兴规划》	国务院	积极发展纸质有声读物、电子书、手机报和网络出版物等新兴出版发行业态
7	2009年	《关于进一步推进新闻出版体制改革的指导意见》	新闻出版总署	大力发展数字出版、网络出版、手机出版等新业态，努力占领新闻出版业发展的制高点
8	2010年	《关于进一步推动新闻出版产业发展的指导意见》	新闻出版总署	要加大版权保护力度，探索建立在新技术条件下科学合理的数字出版授权和使用机制；要积极发展数字出版、网络出版、手机出版等以数字化内容、数字化生产和数字化传输为主要特征的战略性新闻出版业态

---

❶ 2015年度文化产业发展专项资金拟支持项目公示[EB/OL].[2016-2-29]. http://vnetcj.jrj.com.cn/2015/07/13135319490348.shtml.

❷ 2015年度中央文化产业发展专项资金项目公示相关解读[EB/OL].[2016-2-29]. http://wzb.mof.gov.cn/pdlb/gzdt/201507/t20150716_1331027.html.

续表

序号	发布时间	名称	发布机关	相关内容
9	2010年	《关于加快我国数字出版产业发展的若干意见》	新闻出版总署	提出了国内数字出版发展的主要任务和总体目标,并从十个方面给予数字出版全面支持
10	2010年	《关于发展电子书产业的意见》	新闻出版总署	通过促进电子书产业更好地发展,带动数字出版产业发展,进而促进传统出版产业的数字化转型
11	2010年	《我国国民经济和社会发展第十二个五年规划纲要》	全国人大	加快完善版权法律政策体系,提高版权执法监管能力,严厉打击各类侵权盗版行为。以高技术的延伸服务和支持科技创新的专业化服务为重点,大力发展高技术服务业
12	2011年	《新闻出版业"十二五"时期发展规划》	新闻出版总署	加大版权保护力度,保护原创作品,保护权利人的权益,保护文化创新精神。深入开展"扫黄打非"、打击侵权盗版和非法出版活动,整治市场环境
13	2012年	《国家"十二五"时期文化改革发展规划纲要》	国务院	加快发展文化创意、数字出版、移动多媒体、动漫游戏等新兴文化产业
14	2013年	《国家新闻出版广电总局主要职责、内设机构和人员编制规定》	国务院	设立数字出版司,负责数字出版管理
15	2013年	《关于促进信息消费扩大内需的若干意见》	国务院	明确加快信息基础设施演进升级、增强信息产品供给能力、培育信息消费需求、提升公共服务信息化水平、加强信息消费环境建设、完善支持政策要求
16	2014年	《关于推动新闻出版业数字化转型的升级的指导意见》	国家新闻出版广电总局、财政部	传统出版业只有主动开展数字化转型升级,才能实现跨越与发展。主要任务是:开展数字化转型升级标准化工作,提升数字化转型升级技术装备水平,加强数字出版人才队伍建设,探索数字化转型升级新模式
17	2014年	《关于推动传统媒体和新兴媒体融合发展的指导意见》	中央全面深化改革领导小组	强化互联网思维,坚持传统媒体和新兴媒体优势互补、一体发展,坚持先进技术为支撑、内容建设为根本,推动传统媒体和新兴媒体在内容、渠道、平台、经营、管理等方面的深度融合
18	2015年	《关于申报2015年度文化产业发展专项资金的通知》	财政部	重点支持开展新闻出版业数字化转型升级和推动传统媒体和新兴媒体融合发展

二、我国数字出版物监管体系存在的问题

(一) 监管体制有缺失

1. 多头监管导致监管职责不明

由于数字出版物的特殊性,数字出版物监管多部门、多层级分工协作的特点更为突出,除了接受直接监管部门即国家新闻出版署的监管外,还受到文化和旅游部、教育部、工业和信息化部等多个国家部委的联合监督管理。管理条块分割、多个行政主管部门各管一块的现象十分突出,在一定程度上导致数字出版物监管主体重叠、权责不清。

2. 缺乏前端监管意识

我国现有监管体制主要强调纵向监管层面,缺乏前端监管意识,监管工作的重心放在对违法、违规行为的惩罚等事后监管上。数字出版行为之初,监管意识较为薄弱,缺乏相应的法律法规和管理规定,从而导致选题、出版计划的编制、执行、委托印刷或复制、发行、进口交易等方面存在一定的随意性。

3. 尚未建立完善的评价机制

目前我国数字出版物监管体系尚未有明确系统的评价机制。主管行政部门的监管活动除了在立法和具体执行过程中受到国家法律法规的限制外，政策制定、具体监管行为的合理性和有效性难以评估。而对被监管的数字出版物和出版机构的评价，往往通过特定出版领域的评优方式进行。这种评价方式较为松散随意，难以体现评价对象的整体水平和行业发展情况。

（二）版权保护尚不成熟

1. 数字版权制度不健全

虽然目前我国各级行政主管部门都在积极制定、颁布数字出版相关的法规规章，但是依然存在着法律制度上的缺失。首先，目前我国尚未出台数字出版版权保护专门性法律，主要依据《中华人民共和国著作权法》《信息网络传播权保护条例》等法律法规，法律效力和实施效果难以保证。其次，关于数字出版的现有法律法规还存在原则性指导多、可操作性不强的问题，如对合理使用、技术保护措施的规定多为原则性描述，没有详细的说明和具体的指导。法律条文模糊、界定不清等问题给具体的数字版权纠纷处理工作带了极大的困难。最后，数字出版监管法律法规分散于出版、互联网、电信等多业务领域，监管依据复杂繁多，难以实现宏观、全面的行业监管。

2. 版权保护意识薄弱

目前，我国公众的版权保护意识整体上仍然较为淡薄，互联网资源的免费思想较为普遍。自2001年加入世界贸易组织后，我国的版权侵权问题一直受到来自国外的压力。美国商务部部长埃文斯曾称知识产权保护状况被美国列为其承认中国市场经济地位需要讨论的重要问题之一。[1]2007—2009年的中美知识产权WTO争端，贾平凹、韩寒等50位作家诉百度文库侵权案，"人人影视和射手网被关停"，新闻App"今日头条"版权纠纷，土豆网擅播《舌尖上的中国》侵权案等事件，接连吸引着网络社会的关注，相对提高了公众对版权的认知，对增强公众版权保护意识有一定的积极作用。然而要从根本上改变我国公众长期形成的淡薄的版权保护意识，需要国家和相关部门进行有效的监管和引导，从意识层面提升版权认知。

（三）数字出版技术和标准有待完善

1. 数字出版技术格式多样化

为占领市场份额，提升行业地位，目前在数字出版领域占有一席之地的公司一般使用各自专有或带有技术保护措施的出版技术格式。例如，目前电子书市场中普遍存在的PDF、OBE、LIF及北大方正的CEB格式，如此之多的格式相互之间无法兼容，各自占领了一定的市场份额，在一定程度上阻碍了数字出版的发展。在阅读软件方面，汉王阅读软件、淘宝电子书客户端、卓越Kindle、中国知网CAJ等多重选择，辅助阅读的电子设备也有着安卓版、苹果版等不同的类型。用户进行阅读时，需要分别下载和使用不同的软件，影响了用户阅读体验，给数字出版的市场推广带来一定障碍。而同一技术领域的重复建设造成了行业资源的严重浪费，数字出版物的信息编码、产品表现方法及数据接口不同的技术标准，更是影响了产业整体的运行效率。

2. 出版标准规范缺失

我国传统的纸质出版物的出版发行有着详尽的标准和规范，从图书杂志的开本大小，到

---

[1] 赵烨韵. 中美知识产权纠纷评析 [J]. 法制与社会, 2013 (6)：147-148.

装订包装等细节均按照《图书和杂志开本及其幅面尺寸》《图书质量管理规定》等规章制度予以规范。作为一种新型的出版形式，数字出版目前尚未形成系统的标准规范，缺少数字出版相关的内容标准、格式标准、技术标准、产品标准、管理和服务标准等规定。数字出版领域的作品普遍存在着文化价值不高的现象，错字漏字现象十分普遍，甚至存在为了单纯追求点击率，发表虚假、暴力、淫秽内容的违法作品等个别现象。此外由于目前数字出版技术格式的不统一，数字作品在不同的阅读器中的排版设计以及阅读体验也存在一定的差距。

（四）数字出版物开发利用程度较低

1. 数字出版物文化价值有待提升

数字出版物由于其数量巨大、类型多样，对其监管存在着较大的困难。这一点在对在线出版物的内容监管上体现尤为突出，从一定程度上说目前我国在线出版物整体的文化价值参差不齐，如果通过加强监管提升在线出版物的文化价值是必须思考的一个问题。与传统出版物类似，数字出版物需要获得用户的喜爱才能拥有广泛的消费团体，进而实现盈利，这就无可避免地在出版内容上要迎合消费者的喜好。然而一味地迎合大众喜好，在一定程度上就降低了对高质量文化产品的追求。网络上充斥的低俗网络小说、歌曲等就是最常见的表现。另一方面，传统出版商对数字出版仍然抱有观望态度，不敢贸然转型，更多地将优质文化产品仍通过传统出版渠道发行。没有优质的资源内容与成熟的出版主体，难以形成高质量的数字出版物。

2. 数字出版物长期保存有待发展

与传统出版物形式不同，数字出版物的生命周期相对短暂，变化速度非常快。如果不对数字出版物进行及时保存与有效管理，那么大量承载信息时代文化财富将荡然无存，一国文化将缺少信息时代最为宝贵的资源内容。为了保存信息时代人类社会的记忆，美国、德国、澳大利亚等世界各国纷纷将数字信息资源长期保存纳入建设的重点。在我国，目前国家图书馆、清华大学图书馆、国家科技图书文献中心（NSTL）等机构纷纷开展了长期保存的研究与实践，国家图书馆于 2009 年加入了国际互联网保存保护联盟（International Internet Preservation Consortium，IIPC）。但由于数字出版物数量庞大、类型多样、质量参差不齐、技术问题繁杂等特点，需要充分考虑经济、技术和法律问题，对其开展长期保存提出了更高的要求。

三、数字出版物监管调整建议

随着经济和信息科技的发展，原有的数字出版监管体系越来越不适应日渐活跃的数字出版产业。弥补现有监管体系不足，借鉴国际先进经验，构建更为合理的、符合我国国情和行业发展需要的数字出版物监管体系，对数字出版产业的发展具有至关重要的意义，对数字出版物呈缴制度建立也具有重要的基础作用。

（一）理顺监管体制

1. 推进监管体制改革

近年来我国实施的一系列新闻出版体制改革，目的就是为了顺应行业发展需要而开展的有益尝试，并在实际监管过程中发挥了较大的积极作用。但不可避免的是，数字出版产业以其创新性、多样性和超乎想象的快速发展，不断地给监管带来新的挑战。逐步构建新型新闻出版监管体制，明晰各监管主体权责、有效整合各机构监管力量，是满足数字出版发展需要、推动行业发展的有力保障。

2. 构建立体监管体系

加强数字出版前端指导，从源头上开展整体宏观发展规划，有效引导数字出版。同时，加强对数字出版物出版、发行、交易及服务等活动的监管与控制，通过明晰的违法违规惩罚措施，形成数字出版物从创造到产生文化和社会价值全流程的有效监督管理。

此外，对数字出版物还需要整合监管力量，加强外部监管。通过政府部门、行业协会和其他监管部门的有效沟通协调，在权责明晰的前提下，实现相关监管部门的有机统一。同时，充分发挥审计、监察等部门的"外部监管"作用，通过严格的法律形式和直接的法律效力，起到明显的威慑和预防作用。此外，也需要加强公民和社会组织的监督力度，补充政府监管不足，使得出版监管无时不在、无处不在。

3. 构建我国数字出版物监管评价机制

为提升监管活动的合法性、规范性和有效性，必须构建我国数字出版物监管的评价体系。制定规范有效的监管评价体系和标准，针对监管活动中各监管主体、监管对象及其行为，以及监管效果开展评价，实现对监管活动本身的监督评价，从而体现行业发展水平，凸显数字出版物监管效果，有效引导监管活动实施。

（二）构建版权保护体系

1. 完善数字版权保护制度

目前对数字出版的法律约束多以行政法规和部门规章为主，法律位阶相对较低，缺乏权威性的专门法律。不但如此，部分法律规章还存着解释缺失、监管空白的问题，需要尽快出台数字出版版权侵权追责等司法解释，提升现有法律法规的可操作性。此外，针对互联网中的黑客、传播病毒等行为，也应当进行相关法律完善，在保护用户隐私的同时，营造安全可靠的数字出版产品发行传播网络环境。数字出版产业多元的特性给相关法律体系构建带来了难度，完善相关法律法规体系还有很长的路要走。

2. 提升社会公众的版权保护意识

虽然目前我国针对版权侵权问题实施了较为严格的违法违规惩罚措施，并开展了系列集中针对互联网的打击网络侵权盗版的活动，但单纯以行政部门实施的被动执法活动难以从根本上打击违法犯罪活动。只有提升社会公众的版权保护意识，使人们意识到版权的重要性，才能使盗版产品没有发展市场，违法活动时时处处接受监督，营造更好的数字出版环境。

（三）推进技术发展和行业规范的建立

1. 鼓励技术创新

要推动以数字技术和互联网技术为依托的数字出版产业的发展，必须推进相关基础设施建设，扩大互联网覆盖面积，从而实现数字出版物更大范围的推广和普及。同时，以企业自主研发为主的数字出版技术，造就了现在同类产品多种阅读形式，同样的服务各类不同的体验形式。其中存在的阅读和使用上不兼容的问题，需要新的技术来进一步解决。在开展数字出版产品本身出版的技术研发外，还应积极开展计算机技术、通信技术、网络技术、流媒体技术、存储技术、显示技术等高新技术探索。建议政府相关部门设立专项技术研发基金，鼓励数字出版领域人才进行创新，不断推动产业中技术的提升，能够带动行业内的良性竞争，有利于数字出版产品服务的升级,也有利于我国数字出版物与国外的数字出版产品进行竞争。

2. 建立统一的产业技术标准和规范

统一的数字出版产业技术标准和规范的建立,对行业的发展具有至关重要的作用:一方面,为了对数字出版市场进行必要的规范,通过对内容质量、表现形式等规范的控制,提升资源规范性和行业整体发展水平;另一方面,通过统一的规范,避免相关产业主体在技术研发和规范制定中的重复建设,减少不必要的资源浪费。数字出版产业技术标准和规范的制定,可以采取以政府相关主管机构或行业协会为主导、协同产业中成熟的企业共同制定的方式推进,提升标准和规范的科学有效性以及可操作性,在最大程度上减少制定和推广的阻力。

(四)构建数字出版物呈缴制度

数字出版物呈缴制度是开展数字出版物长期保存和利用探索的重要的制度保障。目前,针对电子出版物与传统出版物建立了基本的呈缴制度,对呈缴主体、客体、呈缴数量、呈缴方式等内容做出了具体规定,但对如何实现资源长期保存以及开发利用并没有加以规范。在线出版物更是尚未纳入法定呈缴范围,相关法律法规对数字资源保存机构开展资源采集与长期保存还存在着一定的制约,如《信息网络传播权保护条例》中对权利人技术保护措施权的规定,在一定程度上制约了对网络资源的采集与保存。

数字出版物呈缴制度构建是一个复杂的过程,需要充分考虑多方面因素:制度上要明确呈缴主体、受缴主体、呈缴范围、呈缴流程等一系列问题;法律上要完善版权保护体系,在充分保护版权所有者权利的前提下,尽可能为受缴主体开展资源采集、保存与开发利用创造适合的法律环境;经济上充分考虑呈缴活动中各方利益,降低呈缴主体与受缴主体的呈缴活动成本;技术上要探索数字资源获取、管理与保存技术,充分实现数字出版物的文化价值和经济价值。

第二节 数字出版物呈缴监管机制

将数字出版物纳入法定呈缴范围,对于保存信息时代人类文化遗产具有重要意义。要构建一个完善的数字出版物呈缴体系,实现数字资源的经济、文化和社会价值,就必须对呈缴活动及相关主体进行有效的监督管理。通过监管机制的搭建和法律、社会体系保障,推进数字出版物法定呈缴制度的有效实施。

一、数字出版物呈缴监管的界定

研究数字出版物呈缴监管机制,需要首先明确数字出版物呈缴监管的相关理论基础。

(一)数字出版物呈缴监管的含义

数字出版物呈缴监管包含广义和狭义两个层次。广义指能够代表国家履行数字出版物呈缴相关义务的机构和行业自律机构,为了提升数字出版物保存利用价值,构建国家数字文化体系,运用法律、经济和行政手段,对数字出版物呈缴的各类主体及其行为进行监督和管理的行为综合,包括政府监管和自律监管。狭义的数字出版物呈缴监管,也称为政府监管,指能够代表国家履行数字出版物呈缴监管职能的机构,依据法律授权,为了既定的监管目标,制定相应的法规和政策并监督执行,查处违法行为,对开展数字出版物呈缴过程中的呈缴活动参与者、呈缴实施过程和呈缴成果进行监督管理。狭义的数字出版物呈缴监管不包含自律监管，但是政府监管和自律监管必须紧密配合并实现有效的权利配置才能实现高效监管，达到最优监管效率，这也是实现数字出版物呈缴监管的重要问题。本书中的数字出版物呈缴监管指的是广义上的监管。

1. 监管目标

数字出版物呈缴制度的有效制定和实施，可以极大地丰富纳入国家数字信息资源长期保存体系中资源的数量和质量，对于保存国家文化遗产、开展数字资源开发利用具有重要意义。因此，对其监管的目标主要包括：构建国家数字文化保存体系，实现国家数字文化遗产有效保存；加强对数字出版物呈缴流程中各主体的监督管理，实现监管合法有效，保障呈缴流程顺畅；加强呈缴出版物的质量控制，实现高质量呈缴出版物的长期保存与有效开发利用；推动数字出版物呈缴法律建设，构建完善的数字出版物呈缴制度体系。

2. 监管对象

数字出版物呈缴的监管对象是数字出版物呈缴活动的各类主体及其行为。数字出版物呈缴监管对象按照不同的标准，可以划分为不同的类别：按照行为是否合法可以分为合法呈缴行为和非法呈缴行为；按照呈缴行为的主体性质可以分为数字出版物呈缴主体、数字出版物受缴主体及其他主体的行为；按照呈缴活动流程可以分为出版物生产行为、出版物呈缴行为、出版物受缴行为、出版物管理行为、出版物保存与利用行为。

3. 监管手段

数字出版物监管的手段主要包括法律手段、经济手段和行政手段。依据监管手段产生的效果，又可以分为直接监管手段和间接监管手段。直接监管手段包括对进入监管的数字出版物呈缴的主体类型、呈缴数量等限制，间接监管手段主要是采用经济补偿、行政制裁等手段间接影响监管对象的活动。

（二）监管原则

为保障数字出版物呈缴的高效、稳定、有序、顺利运行，围绕数字出版物呈缴监管目标，数字出版物呈缴的有效监管必须确立基本原则，包括以下四个方面。

1. 依法监管原则

依法监管是监管主体开展各种行业、领域监管必须遵守的首要原则。数字出版物呈缴监管必须依据现行法律法规，保持监管的严肃性、权威性、强制性和一致性。有关部门制定数字出版物呈缴监管相关法律法规、行业政策、技术标准等工作时，必须坚持法制、民主和科学原则，严格依据我国立法程序，切实体现行业发展需求。同时数字出版物呈缴监管主体及工作人员在开展监管工作，在确定呈缴主体、呈缴范围核定、呈缴工作评价等系列工作的过程中，应该坚持依法办事、严肃执法，坚持执法的连续性、一贯性和不可例外性。

2. 公平、公正、公开原则

数字出版物呈缴监管对象，即数字出版物呈缴主体和受缴主体，不论其性质、规模和背景如何，都要在统一的标准下按照公平、公正、公开的监管标准和监管方式实施监管，加强监管的透明度。在具体监管工作中要明确数字出版物呈缴制度的法律法规、政策和监管要求，提高信息公开程度，使各呈缴主体和受缴主体在明确监管目的、要求和内容的前提下接受监管。

3. 综合监管原则

综合监管原则要求实施监管的过程要对监管工作中涉及的方方面面进行综合考量，围绕监管工具使用、监管机制制定、监管流程控制等方面，提高综合思考和监管工作能力。坚持综合监管原则需要监管主体做到：综合运用法律、经济、行政等监管工具，实现有效监管；提高监管方法和工具的现代化、系统化水平，坚持日常监管与重点监管相结合，事前督导、事中控制与事后检查同时运用；监管机制和方案要科学化、系统化和最优化，确保数字出版物呈缴监管制度的有效实施。

4. 有机统一监管原则

有机统一监管原则的具体要求包括：第一，数字出版物呈缴涉及新闻出版、文化、教育、互联网、通信等多个领域，呈缴实施过程中相应的监管主体共同监管，必须坚持监管的有机统一原则，避免多头监管，影响监管的效果和效率；相关监管主体要统一监管标准和原则，避免出现各自为政、各行其是、重复监管、自相矛盾或监管真空的情况。第二，国内监管与国际监管要统一，国内监管政策、法规法律、标准规范要与国际接轨，提高数字出版物的标准性、开放性，为呈缴数字出版物的受缴、保存和开发利用奠定基础。

二、监管导向

监管导向是指制定监管原则，构建监管体系和实施监管活动时以何种理念作为这一系列活动的指导思想和基本前提，是监管活动实施的最根本原则和出发点。对于数字出版物呈缴监管，主要体现为规则导向监管和原则导向监管。

（一）规则导向监管

规则导向监管是指监管主体以具体、明确的规则作为监管依据，从而规范数字出版物呈缴活动各相关活动主体的行为，原则仅具有昭示监管目标的意义。在这种监管导向的监管体系中，监管主体对不同的机构、机构运行的不同阶段、不同的市场、不同的数字出版物分别制定描述性的详细规则，并根据该详细规则采取具体的监管措施。规则在监管规范体系中居于主导地位，是监管主体对数字出版物呈缴活动各监管客体实施监管的主要依据。规则导向监管是一种过程控制式监管，重点是监管对象的业务流程和程序，而不是监管对象业务活动的结果或者经营行为。规则导向监管特点要求数字出版物呈缴活动必须建立起全面而标准化的法规体系，运用这一体系规范数字出版物呈缴各项活动。

规则导向监管适用于数字出版物呈缴制度发展初期，对于规范市场活动、加强监管效力等方面可以发挥重要作用，其优点主要体现在：第一，全面细致的规则为数字出版物呈缴监管工作提供了检查的依据，具有较强的操作性，尽可能地减少监管人员主观因素的影响，提高监管工作的透明度和公正性；第二，全面细致的规则为数字出版物呈缴各相关主体开展呈缴活动提供了标准，相关主体在从事呈缴活动的过程中只要不违反监管法律法规和规章制度就可以放手开展相关工作；第三，有利于数字出版物呈缴活动整体的稳定推进，全面细致的规则可以有效规定各活动主体的权责，协同各主体在数字出版物呈缴、资源保存与开发利用中开展分工合作。

随着数字出版物呈缴制度的不断发展，呈缴资源、活动主体、呈缴流程日益复杂多样，以刻板规则为主要监管依据的规则导向监管的弊端会逐渐显现。第一，规则导向监管过于重视法律形式，忽视了呈缴活动中复杂的主体行为。一方面，虽然详细的监管规则具有操作性强的优点，但过于具体、缺乏弹性的规则也往往意味着可能出现更多的漏洞，监管规则往往难以覆盖所有相同或者相似的监管事项，遗留监管"盲点"。另一方面，规则导向监管中详尽的规则往往被视为监管的最高标准，使得监管者和被监管者过于重视规则要求，认为没有规定的就不必特别关注而疏于管理。第二，规则导向监管过于依赖详细的规则，缺乏对数字出版行业的敏感性。随着数字出版行业的发展，规则导向监管必然需要制定越来越多、越来越细的监管规则，而行业环境的变化永远领先于监管主体的行动，监管规则无论多么详尽周密，注定要滞后于行业环境的变化和数字出版物创新的发展。这些规则在确保监管准确性的同时牺牲了监管的效率，对行业变化的反应速度越来越慢。第三，过细的监管规则容易使监管者和被监管者之间的关系紧张，使监管对象对监管者产生对抗和恐惧的心理，不利于监管工作的互动和良性开展。

（二）原则导向监管

原则导向监管模式是指以概括性的、具有普遍适用性的原则作为监管的依据，规范机构的行为，而不依赖于具体的、详细的法定规则。原则导向监管意味着监管主体在监管过程中更多地依赖原则，而不是具体的规则。原则导向监管并非要求完全以原则取代规则，而是旨在提升原则在监管规范体系中的地位，使之在建立和发展监管标准方面发挥基础性的作用。对于某些事项，即使原则所确立的监管标准不明确，也不再制定规则来解释原则的要求。同时原则可以作为独立的执法依据，原则本身就是一种监管规范，有能力并且也的确可以单独依据原则采取监管措施。原则导向监管体现了结果导向的监管理念，监管主体不重视监管对象的活动过程，而是关注实现的结果。

原则导向监管通过原则性的规定，减少了刻板规则的约束，其优势主要体现在三个方面：第一，原则导向监管允许监管者考虑不同监管对象的特殊情况，灵活运用法律中的监管尺度，制定特定的监管标准，有利于维持数字出版物呈缴制度的稳健运行；第二，即使是设计再严密的监管体系，颁布再多的法律法规都不免存在漏洞，而对原则导向监管制度的灵活运用能够填补法律法规的漏洞；第三，这种监管体系减少了对数字出版物开发与利用时条条框框的限制，赋予了数字出版物生产、保存、利用机构更多自主经营的权力，有利于发挥主动性和创新的积极性。

同样，由于原则的特殊性，原则导向监管也存在着不可避免的问题：第一，原则导向监管中缺乏详尽、有力的法律规定，往往造成监管不严格，法规的弹性也会造成被监管者在数字出版物呈缴活动中存在一些漏洞。相对"规则"而言，"原则"的约束力较弱，不能迅速彻底地解决问题，甚至延误问题解决的时机。第二，缺乏统一、标准化的监管依据，受监管者主观意识和个人素质影响较大。原则的重要特征在于它是一种一般性的、不确定性的规定。因此在适用过程中原则应通过某种解释进一步明确，由不确定到确定。数字出版物呈缴的相关主体对原则的理解和解释未必一致，从而影响监管行为的实施和监管目标的实现；第三，强调自律性，要求被监管者有较高的素质和自我约束力，配合监管者在监管程序中发挥积极的作用，过度依赖被监管者尽职尽责做好风险管理和内部控制，而事实上，作为被监管者的数字出版物呈缴相关主体发展不均衡，难以达到较高的自律水平，导致监管在一定程度上出现缺位，监管目标的实现大打折扣。

（三）混合监管模式

规则导向监管过于严格，相对呆板的监管条例可能严重影响数字出版物呈缴制度的创新和发展，而原则导向监管同样存在着监管缺乏有力依据、监管主观性较大、受被监管者和监管者个体素质影响较大的弊端。数字出版物呈缴制度的监管安排应融合两种监管模式的优势，根据不同监管对象的特点和监管环境实行适当的监管措施。在不同的监管领域可以有针对性地采取规则导向或者是原则导向监管，就我国数字出版物呈缴监管体制来说，不是简单的实行规则导向或者是原则导向，而是两种监管模式的协调配合，实行混合监管模式。

1. 混合监管模式的理论基础

通过分析可见，规则导向监管和原则导向监管都存在着不可避免的缺陷，而数字出版物类型的多样性带来的资源创造、保存、管理和开发利用的复杂性，使得数字出版物呈缴监管不可能实行单一的监管模式，两种监管模式可以成为互补的关系，即实行混合监管模式。

第一，规则导向监管和原则导向监管都存在着一定的缺陷。规则导向监管尽管具有减少监管人员主观因素影响、减少监管寻租、设租等道德风险和有利于被监管者和公众的合理预期等优点，但是规则导向监管也带来了重法律形式、轻经济实质、对环境变化反应太慢、监管规则前瞻性不足等缺点。而原则导向监管也存在监管者缺位、系统性风险管理内容缺失和监管目标在实践中偏离等问题。两种监管模式的缺陷在一定程度上可以实现互补，从而形成一种更为有效、全面的监管模式。

第二，数字出版物类型日益多样化，资源的保存、管理和开发利用涉及的技术、标准日益复杂，单一的监管模式无法适合所有被监管的数字出版物、机构和业务流程。面对复杂的数字出版物及其呈缴活动，适用一种监管模式而排斥另一种监管模式是不现实的。例如，对于数字出版物受缴主体的准入监管，资金、技术和人员资格要求都应有明确的规定，可实行规则导向监管，而受缴主体内部的业务流程控制，则可实行原则导向监管。

第三，两种监管模式在同一监管体制内不是互相排斥的替代关系，两者可以是互补关系。实际上，单一监管体制内的监管模式都不可能是单一的规则导向监管模式或者单一的原则导向监管模式。数字出版物呈缴监管体制内合理的监管安排应是规则导向监管和原则导向监管两种模式的合理协调，二者共存互补，在不同的监管领域发挥各自的作用，形成融合规则导向和原则导向的混合监管模式。

2. 混合监管模式的实践分析

对规则导向监管和原则导向监管的选择实质上反映的是适度监管的问题，是在保证数字出版物呈缴、资源开发利用与保障市场效率之间寻求动态平衡的问题。规则导向和原则导向各有其优势与劣势，有其适用的不同基础，混合监管模式在实践中应注意平衡规则导向和原则导向在不同领域、不同阶段和不同行业、机构之间的协调适用。

第一，规则导向与原则导向在不同监管领域的协调。数字出版物呈缴监管主要体现在对呈缴主体和受缴主体等监管对象及其业务流程的监督与管理。随着数字出版物的不断发展，其呈缴中涉及的技术标准不统一、保存制度缺失等问题已经严重影响了数字出版物呈缴制度的建立，以及实现其保存人类文化遗产、资源利用最大化的目标。在呈缴过程中，必须通过建立详尽的规章制度，实现呈缴的数字出版物在保存的技术、标准和格式等方面的统一与最优，因此，这方面的监管应以规则导向为主。而在呈缴出版物的保存和利用过程中，实现资源价值最大化的目标可以有多种实现方式，同时体现着更多的创新能力和主观能动性，适宜以原则导向监管为主，通过有效的引导和明确的目标指引，最大限度地调动工作人员的积极性，而不是以严格的条文框架禁锢出版物保存与开发利用活动。

第二，规则导向与原则导向在不同监管阶段的配合。数字出版物呈缴主体和受缴主体的监管可以分为准入阶段、持续监管阶段和退出阶段三个监管阶段，在不同的监管阶段，规则导向与原则导向应各有侧重、相互配合。在准入阶段，对呈缴主体和受缴主体的基本资质、技术和人员等方面应有明确的规定，可以以规则导向为主。在持续监管阶段，采取混合监管导向，通过出版物标准、呈缴数量、版权保护等方面严格的规则与资源开发利用中的原则引导，开展数字出版物呈缴过程中的持续监管，同时以原则导向为主，充分调动呈缴主体和受缴主体的主动性和积极性。在退出阶段，各主体无论是出现业务转型、破产、收购、合并还是分立的情况，都必须有明确的程序指示数字出版物呈缴活动的流向，而这些程序必须由一系列的规则所构成，是不能用原则代替的。

第三，规则导向与原则导向在不同行业、不同机构间的协调适用。数字出版物行业环境日益复杂，数字出版物类型日益多样化，呈缴主体和受缴主体的组织结构越来越复杂，数字出版物保存与利用模式也不断创新，单一的监管模式无法适用于所有被监管的主体、出版物和业务流程。因此，可以根据数字出版物的类型和主体机构性质与组织结构采用不同的监管模式。实施原则导向监管的机构应具备的基本条件包括自律水平高、内部控制机制完善、管理层有较高的专业素养和监管素质，例如：作为数字出版物受缴主体的国家图书馆，对其业务实施过程可采取原则导向监管。而作为呈缴主体的出版者开展数字出版物呈缴业务，由于其初期呈缴意愿可能较低、数字出版业务发展尚未成熟，在开展呈缴工作中需要制定详尽的规则，有效规范各项工作的开展，因此适宜主要以规则导向监管为主。

三、监管主体与职能

（一）监管主体

从各国实践来看，数字出版物呈缴的监管主体主要可以分为两大类：一类是代表国家履行数字出版物呈缴监管职能的机构，根据机构性质的不同可以细化为两类：一是传统意义上的"政府机构"，即行政机构，二是在性质上不属于行政机构，如事业单位、公司、法人，但是能够代表国家履行数字出版物呈缴的监管职能，仍被认为是政府监管主体。另一类是呈缴自律机构，主要是指与数字出版物呈缴相关的行业协会、团体组织等。

目前，我国数字出版物呈缴制度的主要法律基础是《出版管理条例》《电子出版物管理规定》等相关行政法规，作为呈缴客体的数字出版物受到国家新闻出版署、文化和旅游部、教育部以及工业和信息化部等多个机构联合监管，作为受缴主体的国家图书馆和中国版本图书馆则分别隶属于文化和旅游部与国家新闻出版署。各行政主管机构各自为政，缺少应有的联系，在一定程度上影响了数字出版物呈缴制度的发展。为保证数字出版物呈缴活动的有效开展，成立统一的协调领导机构进行统筹管理，协调多个监管主体协同开展数字出版物呈缴监管十分必要。

在加强政府监管的同时，还需注意提高自律监管力度，扶持图书馆行业协会、新闻出版行业协会等行业协会与呈缴相关职能的发展，加强行业内部规章制度建设，完善行业标准制定，扩大行业交流沟通，依托中国图书馆学会、中国出版协会等机构的监管，弥补政府监管中难以细化的监管空白，提升监管效率。

（二）监管职能

数字出版物呈缴监管主体主要承担数字出版物呈缴活动中的法规制定、核准审批、日常监督管理、调查处罚等监管职能。

1. 法规制定职能

法规制定职能指数字出版物呈缴监管主体依法制定法规、规章和规则，这是保证数字出版物呈缴监管主体合法开展监管行为的前提和依据。由于法律规定可能较为抽象和原则，而数字出版物呈缴过程中的具体情况又很复杂，监管主体制定的法规、规章和规则就成为监管过程中的主要依据。为了规范法规制定工作，各国一般制定相应的法律或由监管主体制定相应的法规，明确规定法规的制定程序：包括立项、起草与审查、决定、公布和备案、解释、修改与废止等。各项法规制定主要是依据《中华人民共和国宪法》《中华人民共和国立法法》和一系列组织法而进行。

2. 准入职能

准入职能是指数字出版物监管主体对符合条件的数字出版物呈缴主体、受缴主体等主体从事数字出版物呈缴活动中某项具体活动的权利或资格认定的权力，只有具备此种资格的主体才能开展相应的活动。准入职能是保障数字出版物呈缴活动参与主体的重要措施之一。根据数字出版呈缴活动的过程，可以将核准审批分为资源准入、机构准入、从业人员准入和业务准入。资源准入是指对纳入呈缴范围的数字出版物形式条件和实际条件进行约束，主要体现在数字出版物的资源类型、数据格式、资源内容等控制。机构准入是对数字出版物呈缴的相关主体的进入资格予以规范、限制，以保证数字出版物的呈缴、管理、保存和利用的有效性。从业人员准入是规定相关主体中从事数字出版物呈缴工作的从业人员的能力和条件并进行审核的权利。业务准入是指在机构准入的基础上，对主体的呈缴或受缴活动进行管理的权利，如受缴主体接收何种类型数字出版物、开展何种开发利用行为等。

3. 日常监督管理职能

日常监督管理职能主要是指对数字出版物呈缴过程中的一系列主体及其行为进行日常监管，可以分为对数字出版物呈缴相关主体监管和相关活动监管。前者包括对数字出版物呈缴主体、受缴主体及其他自律机构的行为、业务、人员进行的监管；后者主要是指对呈缴活动本身进行的监管，尤其对多部门合作的大型数字出版物呈缴、管理、开发、利用行为的协调管理，从宏观层面上开展数字出版物的呈缴控制。监管主体行使日常监督管理权最主要的方式是对呈缴活动各主体的日常呈缴、受缴行为进行检查，检查的主要目的是及时发现数字出版物呈缴活动中的问题并予以修正，通常采取程式化的手段，而并非强制性措施。

4. 调查处罚职能

调查处罚职能是数字出版物呈缴监管主体有效开展监管活动的重要保障，也是监管的核心。当监管主体掌握、获悉了数字出版物呈缴活动主体违反数字出版物呈缴相关的法律法规行为的线索后，就可以开始行使调查权，开展呈缴相关主体、呈缴一系列流程的材料审核、人员调查、搜集取证。在调查的基础上，监管主体依照法定权限和法定程序，对违反法律法规但尚未构成犯罪的相对人给予处罚。例如，对不按期呈缴或不呈缴的呈缴主体，将视情节轻重给予通报批评、核减国际标准书号或音像制品编码、年检时暂缓登记或不予以登记、罚款等处罚，同时，采用技术方法进行监控。对于已经构成犯罪的相对人，则由司法机构介入开展相应调查处罚，数字出版物呈缴监管主体配合开展相应工作，并根据法定权限和法定程序作出相应处罚。

5. 评估职能

数字出版物呈缴监管主体通过构建监管评估体系，开展对呈缴活动主体及相关活动的评估，从而全面了解呈缴活动开展现状、确定各活动主体职责实施程度和效果，实现对数字出版物呈缴的有效监管。对呈缴及时、提交数字出版物质量较高的呈缴主体，和有效开展呈缴出版物受缴、管理和开发利用的受缴主体进行鼓励，例如，可开展优秀呈缴主体、受缴主体评价与表彰。反之，对完成较差甚至无法完成呈缴职责的相关主体，依照评估标准进行真实评价，作为实施准入和处罚职能的参考依据。

四、数字出版物呈缴监管模式选择

数字出版物呈缴监管模式是指有关数字出版物呈缴监管主体的设立、法律地位以及组织体系的制度安排，包括数字出版物呈缴监管主体之间如何分工及合作等问题。实质上就是由谁来监管，由什么机构来监管和按照什么样的组织结构来进行监管，相应地由谁来对监管效果负责和如何负责等问题。在我国数字出版物呈缴制度尚未正式确立的背景下，对其监管及监管模式的研究非常少。在此，本书借鉴了理论和实践发展均较为成熟的金融监管模式构建内容，开展数字出版物呈缴监管模式的探索。数字出版物呈缴监管模式可以根据不同的准则设立，主要有基于呈缴活动主体的"机构型监管模式"、基于呈缴功能的"功能型监管模式"和基于监管目标的"目标性监管模式"，而针对我国数字出版物呈缴制度，适宜采用混合型监管模式。

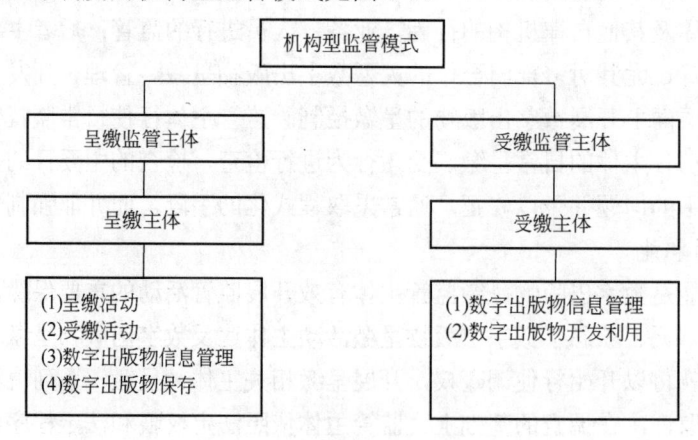

（一）机构型监管模式

机构型监管模式又称部门监管，主要是按照监管对象的类型设立监管主体，不同监管者分别监管各自领域的监管对象，某一类型的监管主体无权监管其他类型的监管对象。机构型监管模式的特点是监管高度专业化，可以全面了解监管对象的整体状况。同时，由于专业监管主体负责不同的监管领域，权责分明，分工细致，从而有利于达到监管目标，提高监管效率。数字出版物呈缴制度的机构型监管模式见图6-1。

图6-1 机构型监管模式

当监管对象构成较为简单或是划分明确时，采用机构型监管模式对于明确监管职责、提高监管效率具有一定的积极意义，使监管主体致力于监管单个类型监管对象，避免重复监管。但是当监管对象的构成日渐复杂时，监管对象的功能边界逐渐模糊，各种创新型数字出版物及出版物呈缴、保存与利用方式不断出现时，机构型监管模式实现的前提就不复存在了。此时，机构性监管模式的缺点将逐渐凸显并成为呈缴制度发展的桎梏：第一，多重监管主体之间难于协调，监管对象可能利用监管真空逃避监管，不同监管主体若设立多重目标或不透明的目标，容易产生分歧，使被监管者难以理解和服从；第二，每一个监管主体都需要针对监管对象的各项业务制定并实施监管规则，存在重复监管和监管浪费的现象；第三，当不同监管对象提供相同或类似的数字出版物及服务时，如果受不同监管者的管辖，那么潜在的监管程度及相关服务成本就可能存在较大差别，不利于实现公平监管。

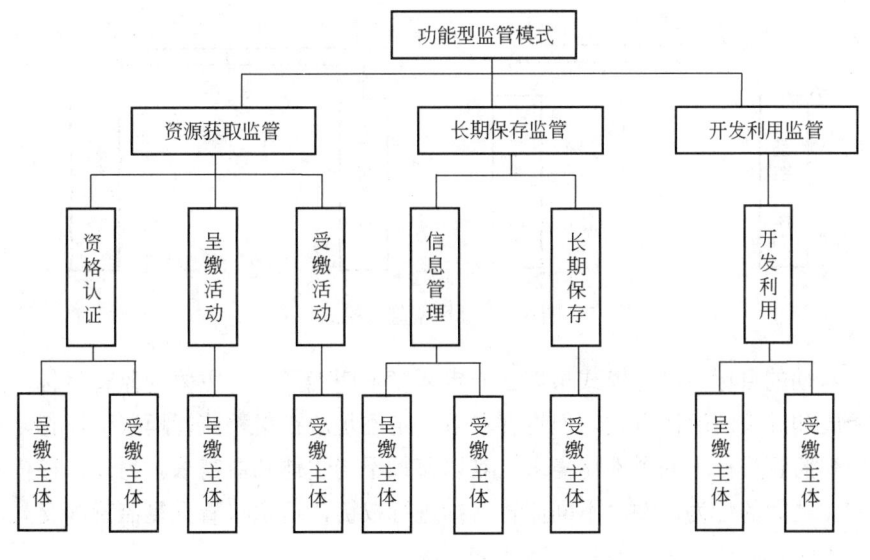

（二）功能型监管模式

功能型监管模式是基于监管对象的基本功能而设立监管主体的一种模式，即凡是同一业务活动，不管由谁在做，均归一个监管主体监管。随着数字出版物类型的不断创新，对其呈缴、保存与利用活动也将越来越复杂，虽然创新性出版物种类繁多，但从功能的角度来看却具有相当的同质性和稳定性，因此，基于功能观点的监管政策的制定与执行将更加稳定有效。同时，功能监管注重预测未来实现中介功能的组织结构，而不是试图保护现有的机构形式，从而可以设计更为灵活、可扩展的监管方案，有利于监管主体组织进行必要的变革。

功能型监管模式将分散在不同机构的同一业务归于同一机构监管，在一定程度上通过业务功能的统一节约了监管资源，更适合发展较为成熟、机构构成较为复杂的混业经营背景下的监管模式选择。典型的功能型监管模式见图6-2。

图6-2 功能型监管模式

目前各行业中功能型监管模式尚处于探索阶段，难以找到完全的功能型监管案例。实际上，单纯的功能型监管模式同样存在着较大的问题：第一，分散的功能监管虽然可以实现对某一功能的有效控制，但很难全面了解监管对象的整体情况，难以实现对监管对象的综合评估。第二，随着监管对象业务功能的扩充，某一监管对象有可能由不同的监管主体进行多头监管，而它所面临的监管主体越多，监管成本就越大。第三，由于机构具有扩张的内在冲动及代理问题的广泛存在，功能监管模式可能使得一些监管主体滥用监管权力，导致过度监管。第四，功能型监管容易产生监管套利，即监管对象力图使自己向监管较松、限制较少的领域靠拢，尽量减少监管主体的监管和干预。

（三）目标型监管模式

为解决机构型监管模式和功能型监管模式的不足，一种新的监管模式——目标型监管模式诞生。英国经济学家迈克·泰勒（Michael Taylor）于1995年提出了根据监管目标设计监管模式的思路。[1]目标监管模式认为只有监管目标明确定义，并将实现监管目标的责任明确地委托给监管主体，才可能实现有效监管，也才能讨论监管责任制的有效性和透明性。而当各监管主体的监管出现冲突时，监管目标作为明确的最终追求，成为监管活动开展的有效依据。监管主体的最终评判标准应当是这种监管模式在实现监管目标方面体现的效率性和有效性。数字出版物呈缴监管的主要目标是保存国家文化遗产和最大限度实现数字出版物价值，无论呈缴活动中何种业务的开展均应以这两个目标实现为最终评判依据，如图6-3所示。

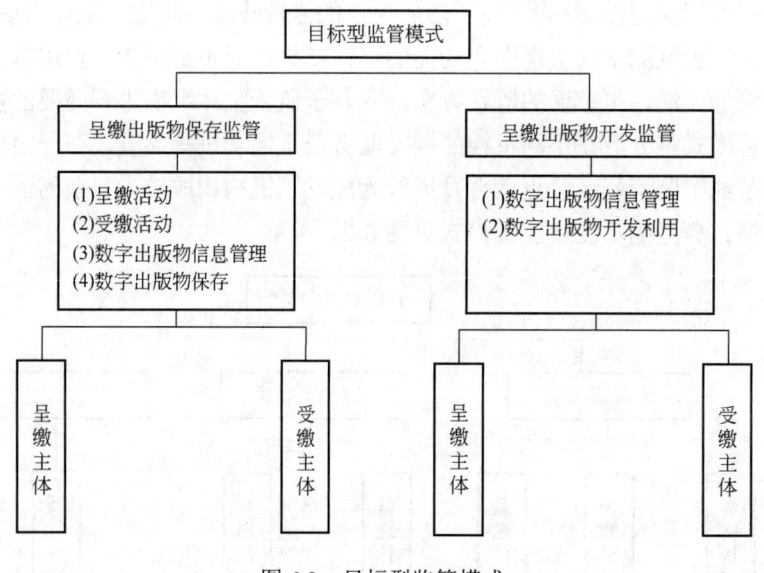

图6-3 目标型监管模式

迈克·泰勒的目标型监管模式虽然在一定程度上明确了监管主体的监管目标，简化了监管过程中矛盾和冲突的解决方式，但也存在着一定不足。在这种监管模式下，忽略了不同监管对象在宏观监管目标下的个性化需求，难以兼顾不同主体利益需求。另外，该模式需要协调各监管主体之间的行为，并对不同监管目标进行权衡，这意味着重复监管和交叉监管依然存在，而监管的体制成本也可能相应地增加。

（四）我国数字出版物呈缴监管模式探索

通过分析，可以看出以上三种数字出版物呈缴监管模式很难评判出哪种模式最优，都存

---

[1] 陈雨露，马勇. 金融业组织形式变迁与金融监管体系选择：全球视角与比较分析[J]. 货币金融评论，2008（6）：1-20.

着各自的优势和难以避免的缺点。在实践中，具体模式选取需要综合考虑行业发展程度，以及国家的政治、经济和文化环境，采用混合型监管模式，如图6-4所示。

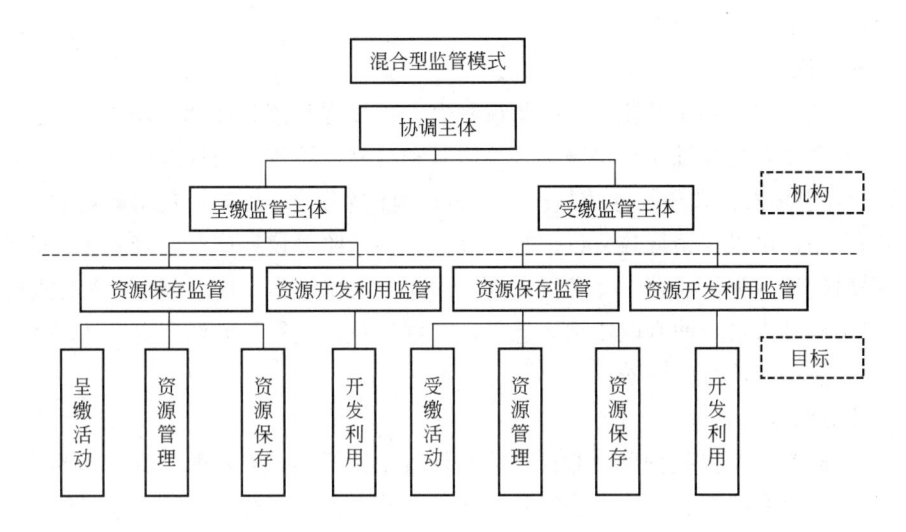

图6-4 混合型监管模式

我国数字出版物正式确立呈缴制度，对其制度和监管机制的构建，还需要较长时间的探索。作为呈缴监管对象的呈缴主体、受缴主体及其活动的机构构成、职责较为固定，且可以通过法律法规对其法律地位、权责加以明确规定，相对而言，适用于行业发展初期及简单机构构成的机构型监管模式更为适合我国数字出版物呈缴监管的发展。但机构型监管模式存在着多重监管、重复监管、难以适应数字出版物呈缴创新性发展等缺点，因此必须在机构型模式的基础上加以改进，引入目标型监管中以明确目标作为监管标准的理念，在具体监管中，提高监管模型的适用性和扩展性，最大程度发挥监管对象的主观能动性。

1. 设置数字出版物呈缴监管协调主体

协调不同监管主体的监管活动，综合指导数字出版物呈缴监管。可由国务院设置或监管主体联合组建"数字出版物呈缴监管办公室"作为监管协调机构，加强不同监管主体之间的沟通，明晰监管主体的权责，有效减少因监管主体分散带来的监管弊端。

2. 以监管目标为依据构建混合监管模式

机构型监管模式过于严格、刻板的机构设置与监管职责划分，难以适应不断发展创新的数字出版物及对其开展的呈缴活动。在机构型监管模式的基础上引入目标型监管模式，通过被监管者的资格认证、技术和行业标准等内容严格规范与呈缴数字出版物的管理、保存和利用领域的目标监管相结合，在保证行业规范有序发展的前提下，最大程度发挥相关主体主观能动性，促进数字出版物呈缴资源价值的有效实现。

五、数字出版物呈缴监管运行保障机制

为保障数字出版物呈缴监管机制的有效、规范运行，必须构建全方位、多层次的立体监督体系。总体而言，数字出版物呈缴监管的保障机制分为监管体系内部的监督和监管体系的外部监督。

（一）监管体系内部保障机制

监管体系内部的保障机制主要包括引入对监管主体的行政复议制度，由国务院对监管主体进行监督并开展监管评价。

1. 行政复议制度

通过引入数字出版物呈缴监管行政复议制度，可以提高监管行为的规范性。引发行政复议的监管行为主要有行政处罚、呈缴例外与限制和日常监管等。根据现行《中华人民共和国行政复议法》《中华人民共和国行政复议法实施条例》的规定，如果相关主体对数字出版物呈缴监管活动不服，可以申请行政复议，行政复议机关按照复议程序对监管主体的监管活动进行审查并提出处理意见，监管主体负责人同意后作出决定。重大的、复杂的行政复议申请，可委派专门机构和人员当面听取申请人意见，开展调查、核实。如对监管主体的复议结果不满意，还可向法院提请行政诉讼。

2. 国务院监督

国务院应作为数字出版物呈缴监管主体的行政主管部门，对呈缴监管主体的监督主要体现在人事任免、经费控制、行政立法的备案和审查等方面，因此国务院对呈缴监管部门的监督作用是最为直接和重要的。通过对监管经费的使用、监管法律法规和规章制定与应用、监管程序的合法性等方面开展全面控制，实现数字出版物呈缴监管的合法、有效和规范。

3. 监管评价

构建我国数字出版物呈缴监管评价机制，是保证监管活动的规范性、合法性和有效性以及全面反映监管水平和效果的重要方式。制定全面、系统的监管评价体系和标准，通过定量和定性的评价，开展监管主体各项监管活动、监管对象实际监管成果的评估，发现监管问题，提升监管水平，有利于最大程度实现数字出版物呈缴目标。

（二）监管体系外部保障机制

数字出版物呈缴监管外部监督主要体现在立法层面的保障机制、司法层面的保障机制以及社会和媒体监督方面。

1. 立法层面保障机制

根据《中华人民共和国宪法》《中华人民共和国全国人民代表大会组织法》《中华人民共和国各级人民代表大会常务委员会监督法》的规定，全国人大是最高国家权力机关，全国人大常委会是它的常设机关和组成部门，在全国人大闭会期间行使最高国家权力。对于违法行为，人大可以通过执法检查、组织代表视察等形式进行监管，还可以向其上级部门通报，让其做出相应处理。[1]数字出版物法定呈缴监管立法层面的保障机制主要是指全国人大及其常委会对监管主体的监督，主要包括对监管活动预算审批与执行监督，监管主体遵守法律和执行法律情况的监督，人大代表通过提交涉及数字出版呈缴活动的提案的监督。

2. 司法层面保障机制

人民法院对政府监管主体的规章制定行为和执法行为进行的司法审查是约束数字出版物呈缴监管主体、规范行使监管权力的司法保障机制。充分发挥人民法院的司法保障功能，

---

[1] 杜立夫. 权力监督与制约研究 [M]. 长春：吉林人民出版社，2004：313.

需要厘清司法审查权与数字出版物呈缴监管权之间的界限，确定司法审查的广度和深度。司法审查的广度是指哪些行为可以纳入审查范围，一般而言法院可以审查的行政行为包括具体的行政行为和抽象的行政行为，其中抽象的行政行为主要指法院有权参考部门规章及规章外的规范性文档。司法审查的深度是指法院对数字出版物呈缴监管中法律解释、法律适用、事实认定和自由裁量行为的审查，通过对行政行为合法性和合理性的审查，确定审查的纵向标准。

3. 社会和媒体监督

加强社会公众引导，使人们充分认识数字出版物呈缴对于保存信息时代人类文化遗产、创造社会精神财富的重要作用，营造全社会对数字出版物呈缴及其监管行为的关注氛围。同时加大媒体监督，监督数字出版物呈缴监管主体监管行为的规范运行。媒体监督对象十分广泛，除了监管对象及其行为，监管部门及其监管行为同样受到社会媒体的广泛监督。通过媒体的报道，提高监管行为透明度、保证社会公众的知情权，对监管行为进行更为公开、广泛的监督。

第三节 数字出版物呈缴制度评估

除了针对数字出版物呈缴活动进行及时、有效的监管以外，对数字出版物呈缴制度进行科学、合理的评估也具有重要意义。制度评估是一项复杂的系统工程。开展制度评估首先必须正确认识评估的作用与意义，确立适合的评估原则，明确评估主体和评估对象，核心工作是建立一套科学、适用的评估标准体系，并对评估结果予以正确而有效的运用。

一、评估作用与意义

对数字出版物呈缴制度的评估，从评估对象的性质看，既包括对构成制度的法律法规以及政策体系的评估，也涉及针对呈缴主体、受缴主体的机构评估内容；从评估时机看，既包括对数字出版物呈缴制度正式建立之前的需求评估，也包括制度确立以后对制度及其运行情况进行的评估，涵盖事前评估、事中评估与事后评估；从评估任务看，数字出版物呈缴制度评估兼具回顾性评估和前瞻性评估的特征。简言之，开展数字出版物呈缴制度评估主要具有检验制度效果、明确相关责任、引导制度发展、促进沟通协调和优化资源配置的功能。

（一）检验制度效果

实践是检验真理的唯一标准。评估实践是检验制度效果的重要手段，通过科学有效的评估，能够正确判断出数字出版物呈缴制度建立和运行以后的实际效果、制度目标的实现程度、制度优势和存在的问题等等。数字出版物呈缴制度的效果检验主要包括两个方面的含义：一是对数字出版物呈缴制度建立的效果进行评估，即对制度本身的科学性和合理性作出判断，评估对象侧重于抽象的框架层面；二是对数字出版物呈缴制度运行的实际效果进行评估，即评估在制度运行过程中呈缴主体、受缴主体及数字出版物生命周期全部环节中各种相关要素运行的效益，评估对象侧重于具体的运行层面。

（二）明确相关责任

在检验数字出版物呈缴制度效果的同时，评估也是监督制度运行的一个重要手段，在数字出版物呈缴监管活动中发挥重要作用。通过对数字出版物呈缴制度实施效果和效益的评估，能够有效判断制度在制定与执行中存在的问题与不足。数字出版物呈缴制度涉及主体较多，制度相关的各类资源配置复杂，评估不仅能够发现和确定制度及其相关主体的问题与不足，而且包括对问题深层次的原因进行分析与探究，有助于明确各相关主体的责任。因而，评估可以作为数字出版物呈缴制度决策和执行时进行责任划分的重要依据。

（三）引导制度发展

开展制度评估的一个重要目的就是提供制度运行和实施成果的实时反馈，以便为制度的持续发展、修正或终结提供依据。数字出版物呈缴制度评估首先要收集并分析来自各个相关主体的信息，一方面能够为决策者提供数字出版物呈缴制度建立和运行以后的效果、效益及其价值相关的信息，积累事实依据；另一方面，评估可以为数字出版物呈缴制度未来的发展变化提供依据，引导数字出版物呈缴制度运行和发展的趋势，帮助决策者在未来的活动方向上做出正确的选择，决定这项制度的延续、修正或终结。

（四）促进沟通协调

数字出版物呈缴制度中涉及多个相关主体，这些主体既是数字出版物呈缴制度评估的主体，同时也可能是评估的对象。开展数字出版物呈缴制度评估，使利益相关者能够更好地表达自己的利益，同时关注其他利益相关者的利益，拉近利益相关者之间、利益相关者与制度制定者、监管者之间的距离，建立良好的多方互动协调机制，调动利益相关者参与制度制定和执行的积极性。数字出版物呈缴制度评估为利益相关者提供了参与制度制定和调整的有效路径，丰富利益相关者的表达机制，有利于利益相关者对政府和相关机构进行监督，促进制度运行质量的提高。

（五）优化资源配置

制度具备在一定范围内调整社会资源分配的作用，数字出版物呈缴制度也不例外。在数字出版物呈缴制度主导的社会资源配置中，首先必须体现公平、公正的原则，实现利益相关者之间的利益平衡。数字出版物呈缴制度的相关主体可以通过评估来判断制度运行是否体现了制度原先设定的目标和价值取向，如果制度运行背离了既定目标或与既定目标有出入，那么就应该根据评估结果调整或修正数字出版物呈缴制度，重新配置相关的社会资源，实现制度资源的优化配置，保证数字出版物呈缴制度能够更好地体现公平性和公正性，从而在总体上实现利益平衡。

二、评估原则

在任何一项评估活动中都应遵循一定的准则和规范，即确立评估原则，用以指导全部评估活动。确立准确、恰当的评估原则，是科学评估的前提，也是评估结果正确性和有效性的保证。数字出版物呈缴制度评估原则的确立，应由评估主体根据数字出版物呈缴制度评估的特性，综合分析评估过程中的内部要素和外部要素来完成。

（一）影响数字出版物呈缴制度评估的内部要素

1. 制度建立和运行的目标

数字出版物呈缴制度建立和运行的目标是开展评估活动的基本依据。要评估数字出版物呈缴制度是否达到制度设计的要求，关键是看制度的目标是否实现以及实现程度如何。因此，制度目标设计的科学性和合理性会直接影响评估行为。在设计和确立数字出版物呈缴制度时，如果制度的目标内容比较抽象或过于笼统，那么就难以全部使用量化指标进行衡量，进而需要采用适合评估抽象和笼统目标的评估原则。

2. 制度的评估主体

评估主体是数字出版物呈缴制度评估的发起者和执行者。评估主体的性质、结构、组织文化乃至评估人员的评估能力都会对评估工作起到推动或阻碍的作用，直接影响评估工作进程。在制定数字出版物呈缴制度评估原则的过程中，需要首选明确评估主体，评估原则应尽量避免形成评估主体之间的利益冲突，以保证评估活动能够顺利进行。

3. 制度评估方法和技术

评估方法和技术运用水平将直接影响数字出版物呈缴制度评估的效果。由于现有的各种评估方法和评估技术都存在一定局限，专业人员对方法和技术的运用也受到客观条件和个人能力的影响，因此，数字出版物呈缴制度评估必须考虑加入依靠主观判断的评估原则，但同时，还要把握适度原则，尽量避免出现以原则判断取代事实分析、以定性分析为主或以定性分析取代量化分析的问题。

4. 制度效果的多样性和广泛性

数字出版物呈缴制度评估的一项重要内容就是将制度运行效果与制度目标进行比较和对照，从而分析得出制度制定和执行的效果和质量水平。虽然目前世界范围内鲜有数字出版物呈缴制度评估实践，但可以预见到，数字出版物呈缴制度效果将呈现多样性存在，既有长期效果，也有短期效果；既有预期效果，也有非预期效果；既有明示效果，也有潜在效果；既有直接效果，也有间接效果。在制定评估原则以及选择评估方法时，需要考虑到数字出版物呈缴制度多样性的实现效果，采用全面、准确的评估原则和方法。

（二）影响数字出版物呈缴制度评估的外部要素

1. 经济社会环境

由于数字出版产业的发展，数字出版物呈缴制度实际上是建立在社会经济活动的范畴内，其运行和评估都要受到社会经济条件的制约。一方面数字出版单位追求经济利益的目标与呈缴影响经济利益之间存在冲突，另一方面制度评估需要投入大量经济成本，特别是面向分散分布的评估对象开展评估的活动，更是需要大量人力、物力和财力的保障。因此，在制定评估原则时，必须注重经济要素，从成本效益的角度考虑问题。

2. 政治法治环境

在数字出版物呈缴方面，我国的法律制度建设较为滞后，明显存在法律政策缺位现象，这对目前阶段数字出版物呈缴制度的建立和运行都形成了很大的阻碍，加大了评估设计工作的难度，评估的制度性、规范性和权威性基础比较薄弱。确立适当的评估原则虽然无法弥补法律政策缺位的现象，但通过提高评估的科学性和有效性，有利于提升数字出版相关方参与评估活动的积极性。

3. 信息技术环境

数字出版物是信息技术进步的成果，数字出版物呈缴的评估也有赖于先进的统计和评估技术。因此，信息技术环境对数字出版物呈缴制度评估的影响是直接而深刻的，评估原则不但要反映当前的信息技术环境要求，而且还需要根据信息技术环境的发展变化而做出调整，这对数字出版物呈缴制度评估工作而言，是一项不小的挑战。

（三）数字出版物呈缴制度评估原则

1. 科学客观原则

确保评估过程和评估结果的科学、客观、真实是对一项评估活动的最基本要求，贯穿于评估活动的全部过程中。科学客观原则要求评估主体必须深入调查了解，全面收集分析与数字出版物呈缴评估相关的信息资料，针对数字出版物呈缴制度、数字出版物呈缴主体、数字出版物受缴主体等不同范围和属性的评估对象，科学地选择评估标准和评估方法，合理制定评估程序，实事求是地开展评估，克服评估技术、评估环境等外在因素的不利影响，同时尽量减少评估中的主观因素，避免评估的随意性，保持评估的科学性和客观性，确保数字出版物呈缴制度评估结果具有较强的权威性和公正性。

2. 公开公正原则

一般情况下，评估主体应当通过媒体等多种方式向社会或者特定对象公开评估内容、评估过程和评估结果。通过信息公开，利益相关者的知情权和参与权得到切实保障。评估主体广泛吸纳社会力量，拓宽了参与和监督评估活动的渠道，使各方面、各层次人群都能充分表达意见和建议，有助于激发利益相关者参与的热情，促使社会群众关注和了解数字出版物呈缴制度，从而形成尊重制度和有序参与的习惯。在评估公开的基础上，保证评估活动的公正性，以反映数字出版物呈缴制度建立和运行的客观情况为出发点，确保评估结果不会受到超越评估技术规范的人为因素的干扰。

3. 成本效益原则

在数字出版物呈缴制度评估中，成本效益原则是影响评估活动的重要方面。评估活动应兼顾评估行为的成本与效益，按照"有所为、有所不为"的思路，经济、高效地制定评估标准和选择评估方法，评估具备可操作性的指标和内容，提高制度评估的效益，避免出现评估投入过大、成本过高的问题，以免使评估成为制度运行的负担。在数字出版物呈缴制度评估中，成本效益也是一项重点内容，在坚持经济效益和社会效益并重的前提下，只有对数字出版物呈缴制度目标的实现程度、制度运行的社会效果、可操作性以及制度责任设置的科学合理性进行评估，才能够判断制度的实施绩效。

4. 制度化与规范化原则

数字出版物呈缴制度评估应建立一套关于评估技术和评估管理的规范体系，在相关制度和规范的约束下科学有序地开展评估活动，尽量避免评估主体和评估人员个体偏好的影响，以防止评估行为出现随意性和不规范的情况。目前，我国数字出版物呈缴制度尚未正式建立，对其开展评估更是缺乏法律法规指导和约束。在这种情况下，应加强相关政策法规的建设，确定评估原则，对数字出版物呈缴制度的评估主体、评估对象、评估程序、评估经费使用、评估责任、评估结果运用等作出明确的规定，提高评估的规范化水平，使评估活动形成一种固定机制。

三、评估主体

在数字出版物呈缴制度调整的社会关系范畴内，涉及国家行政机关、企事业单位、社会团体、社会公众等不同属性的对象。对数字出版物呈缴制度开展评估，首先应该明确评估主体，即由谁来组织、实施和参与评估工作。确定评估主体不仅关系到评估结果的公正性与客观性，而且由于评估主体的性质与角色的不同，其评估结果的效力、评估活动的侧重点等方面也会存在差异。研究数字出版物呈缴制度的评估主体，是建立评估机制的首要任务。

（一）确定评估主体所要考虑的因素

在数字出版物呈缴制度评估中，评估主体既要保持中立，体现公平、公正，又要具有相当的社会信誉和权威，并具备调动评估相关社会资源的能力。在确定评估主体时，应当重点考虑以下五个要素。

1. 评估的性质与目的

评估机制本身就是数字出版物呈缴制度的重要组成部分，是对数字出版物呈缴制度的全面反思和评价，其首要目的是充分实现评估功能，完成检验制度效果、明确责任、引导制度发展、沟通协调和优化资源配置。事实上，并非数字出版物呈缴制度涉及的所有主体都能承担以上这些职责，因此，必须从数字出版物呈缴制度评估的性质与目的出发，确定适格的评估主体。

2. 评估的权威性

数字出版物呈缴制度评估不但是制度对建立和运行情况进行回顾性评估，同时也具有对制度未来发展的前瞻性评估的性质，评估结果将会作为未来决策的依据，是决定数字出版物呈缴制度延续、修正或终结的重要参考。这就要求数字出版物呈缴制度评估的行为具有有效性，评估结果体现权威性，负责组织和实施数字出版物呈缴制度评估的主体的性质、地位和评估能力必须满足权威性要求。

3. 评估的专业性

数字出版物呈缴制度评估是一项复杂的工作，需要使用专业的评估工具和评估方法，并要求评估人员具有扎实的数字出版与评估方面的专业素养。同时，专业性也是权威性的一个重要保障，在确定数字出版物呈缴制度评估主体时，应对主体的专业性有充分的了解和把握。

4. 评估的客观性

数字出版物呈缴制度评估要求遵循科学客观原则和公开公正原则，避免评估受到个人利益或部门利益的影响，要求评估主体保持中立立场，不能代表局部利益或者带有片面的主观色彩。因此，在确定数字出版物呈缴制度评估主体时，对评估主体的立场和诉求是否会影响评估结果也应有充分的考虑和认识。

5. 评估结果的运用

评估结果既是对数字出版物呈缴制度现实情况的反馈，也为制度未来的发展提供参考依据，具有重要的应用意义。因此，数字出版物呈缴制度评估主体必须完成可满足应用需求的评估结果，并且能够推动相关方面全面有效地利用评估成果。

（二）评估主体类型

按照评估理论，评估主体一般可划分为四种类型。❶

1. 法定评估主体和非法定评估主体

从评估活动的法定性角度，评估主体可分为法定评估主体和非法定评估主体。法定评估主体包括国家立法机关、执法机关和立法授权的其他机构。根据评估主体的地位、角色、重

---

❶ 任尔昕，等. 地方立法质量跟踪评估制度研究［M］. 北京：北京大学出版社，2011：55-60.

要性以及参与评估活动的强制性特征,法定评估主体可进一步区分为强制性主体和非强制性主体。非法定评估主体包括法定评估主体以外的公民、法人和其他组织,从评估单位、程序和效力角度看,非法定评估主体总体上可区分为国家主体和社会主体。

2. 内部评估主体和外部评估主体

从评估机构所属地位的角度,评估主体可分为内部评估主体和外部评估主体。内部评估主体一般是指由评估对象内部组成机构或人员(即系统内部)构成的评估小组或评估机构,例如,享有立法、执法等权力的国家行政机关、承担呈缴与受缴职能的企事业单位等。外部评估主体是指评估对象系统以外的评估主体,包括国家行政机关、学术团体、商业机构、民间组织、社会团体、社会公众等。

3. 单一评估主体和多元评估主体

从评估主体活动方式的角度,评估主体可分为单一评估主体和多元评估主体。单一评估主体构成简单,而多元评估主体通常是一种联合组织形式,根据评估任务其可分为评估发动实施者和评估参与者。评估发动实施者负责制定评估方案,明确评估目的、原则、内容、标准、工作安排等,执行评估方案,及时解决评估中出现的新情况、新问题,保证评估活动顺利进行,提交评估结果。评估参与者承担一部分评估工作,辅助评估发动实施者完成评估活动。

4. 评估责任主体和评估实施主体

从评估法定责任的角度,评估主体可分为评估责任主体和评估实施主体。评估责任主体是指依照法律规定和基本法理,应当承担起评估的职责,同时又具备评估职权的主体,通常是一项制度的制定主体。评估实施主体是受评估责任主体委托,承担制度评估具体事项的单位或组织。

(三) 数字出版物呈缴制度评估主体

1. 评估责任主体

在数字出版物呈缴制度中,评估责任主体应当是通过一定强制性方式确立数字出版物呈缴制度的机构,一般属于拥有法律法规创制权或政策制定权的机构。根据我国宪法和有关国家机关组织法的规定,修改宪法,制定和修改刑事、民事、国家机构和其他基本法律的权力归全国人民代表大会,全国人大常委会制定和修改除应当由全国人民代表大会制定的法律以外的其他法律;国务院根据宪法和法律,规定行政措施,制定行政法规,发布决定和命令;国务院各部委根据法律和国务院的行政法规、决定、命令,在本部门权限内发布命令、指示和规章。根据我国的立法体系,全国人大常委会、国务院和国务院相关部委可作为数字出版物呈缴制度评估的责任主体,由责任主体任命一个专门的评估工作组,发起数字出版物呈缴制度评估活动,组织各相关部门参与评估活动,征求各方面意见,采用多种方式进行调查,最后由评估工作组向评估责任主体提出评估报告,经评估责任主体审议通过,并以此作为对评估结果的认定。

2. 评估实施主体

在对数字出版物呈缴制度进行评估的过程中,可由单一机构或者多个机构联合承担评估实施主体的职责,评估实施主体可以是以下单位或组织。

(1) 全国人民代表大会相关机构。在一定条件下,可以全国人大常委会的名义开展数字出版物呈缴制度评估工作。全国人大常委会既是评估责任主体，也是评估实施主体。根据数字出版物呈缴制度运行的范围，全国人大常委会可委托法制工作委员会或教科文卫委员会牵头，根据需要吸收有关专门委员会或政府有关部门共同参与，形成评估报告提交常委会审议，并作为对数字出版物呈缴制度及相关法律法规作进一步修改、完善的重要依据。

也可以以全国人民代表大会专门委员会的名义开展数字出版物呈缴制度评估。例如，全国人大法律委员会或教科文卫委员会。全国人民代表大会各专门委员会拥有立法提案权，由其实施某项法规或制度评估并提出评估报告，可作为其提出立法议案的依据，使法规的提出更具有说服力。通过这种方式，实际上是将立法和制度评估与对法律法规的"立、改、废"提议结合在一起，有助于提高立法质量。

此外，还可以以全国人大常委会工作委员会（主要是法制工作委员会）的名义实施数字出版物呈缴制度评估。向全国人大常委会或全国人大常委会法律工作委员会反馈评估结果，有利于常委会或者法律工作委员会了解掌握法律和制度施行的效果以及存在的问题，为法律和制度的发展提供必要的理论和实践支撑，采用这种评估模式的工作比较灵活。

（2）国务院办事机构。以国务院法制办公室的名义实施数字出版物呈缴制度评估也是一种可行的思路。国务院法制办公室负责调查研究依法行政和政府法制建设中出现的新情况、新问题，起草或者组织起草有关重要法律草案、行政法规草案，向国务院提出行政法规实施以及行政执法中完善制度和解决问题的意见，其机构地位比较独立，有利于从客观的角度开展数字出版物呈缴制度评估。

（3）数字出版物呈缴制度运行机构。数字出版物呈缴制度是一个复杂的系统，跨越新闻出版、信息网络技术、教育文化、文献管理、知识产权等多个领域，这项制度的运行需要调动多个领域、多个机构的资源同时参与其中。随着我国经济社会的不断发展，相关业务领域的专业化程度不断提高，数字出版物呈缴制度运行机构具备实施评估的可行性和相对优势，主要表现在以下三个方面：一是制度运行机构对有关业务领域的专业基础有更深刻的了解，有助于提高评估的专业性；二是制度运行机构一般都会参与制度构建的过程，对相关的法律法规、政策等有充分的认识，了解法律法规和政策的积极作用，同时也能够认识到其中存在的问题和缺陷，有利于保证评估的全面性和科学性；三是制度运行机构作为制度的践行者，对制度运行的微观层面有更深入的理解，特别是在评估信息的采集和分析方面，制度运行机构能够高效、准确地获取所需信息，为评估的顺利进行提供技术支持，保证评估的效率。但同时也必须认识到，制度运行机构是数字出版物呈缴制度的直接利益相关机构，甚至是直接受益者，因此，由这些机构承担评估工作，可能会牵扯部门利益，容易导致评估受到过多主观因素影响，进而影响评估的客观性和公正性。

按照我国现行的管理体制，文化和旅游部负责拟订文化艺术事业发展规划并组织实施，指导、管理社会文化事业，指导图书馆建设；国家新闻出版署负责制定新闻出版领域的事业发展政策和规划，监管各类型出版活动以及著作权管理；国家知识产权局负责组织协调全国保护知识产权工作。这些机构都是与数字出版物呈缴制度密切相关的执行部门，具备开展制度评估的基础和条件，可作为评估实施主体开展相应工作。

（4）专业性社会评估机构。委托独立运行的社会性评估机构实施评估，是一种比较灵活的评估手段，在各领域的评估活动中有着较为广泛的应用。一般而言，社会评估机构持中立立场，其评估的客观性和专业性都能得到很好的保障，而由大型专业化评估机构做出的评估结果，其权威性也能得到较好的体现。在确定评估对象以后，评估责任主体可以委托社会评估机构开展数字出版物呈缴制度评估，受委托的社会评估机构在委托范围内，以评估责任主体的名义实施评估。

在评估中，受委托方从独立的第三方角度，对数字出版物呈缴制度及其相关要素进行评估，收集评估信息，独立开展分析研究，得出评估结论并向评估责任主体提交评估报告，供评估责任主体参考。受委托的社会评估机构一般具有专业评估能力和社会资源协调两方面的优势，聚集了大量专门从事评估理论和实践研究的人员，其评估结果的专业性和公信度较高，有利于保证评估结果的客观真实，同时，有利于节约评估工作的人员和物资成本投入，提高评估工作的效率。

（5）我国数字出版物呈缴制度评估实施主体选择。我国数字资源呈缴评估制度尚未正式建立，制度内各要素之间的责任和权利分配需要确定并经过一定时期的实践验证，因此，制度发展之初在评估责任主体内部设置专门机构实施评估存在很大困难，适宜采用复合型评估主体模式探索评估实践。

复合型评估主体模式即由评估责任主体牵头，根据客观情况选择一个或多个实施主体，根据评估对象、评估内容、评估标准、评估经费等因素，确定评估的参与实施主体，最终以评估责任主体的名义提出评估结果，形成评估报告，作为决策依据。

复合型评估主体模式的优势在于综合考虑了各方面的意见，能够满足数字出版物呈缴制度中分散主体的评估需求，充分利用各部门所掌握的信息资源和专业人员，实现知识与能力的互补，具有相对的独立性，并且可以最大限度地发挥社会力量的监督作用，从而保证评估结果的客观性和有效性，促进制度相关主体之间的良性互动。但这种模式也存在实施成本高、协调工作量大的困难，因此，在采用复合型评估主体开展评估的同时，也可积极探索第三方评估工作机制，灵活开展评估，提高评估质量，促进制度的良好发展。

表6-3 数字出版物呈缴制度评估主体分析表

	评估主体	评估模式
评估责任主体	全国人大常委会	单独评估：单一的责任主体或实施主体组织实施评估。 联合评估：多个主体按不同分工联合组织实施评估。 委托评估：责任主体委托相关机构实施评估。 混合评估：多个主体成员共同组成评估小组实施评估
	国务院	
	国务院部委	
评估实施主体	全国人民代表大会相关机构	
	国务院办事机构	
	数字出版物呈缴制度运行机构	
	专业性社会评估机构	
	复合型评估主体	

四、评估对象

在评估活动中，首先需要确定评估对象，即对谁进行评估。只有在明确了评估对象及其评估需求的前提下，才能进一步明确评估目标，确立评估的角度与范围，从而选取适当的指标，构建起与之相适应的评估标准体系，选择合适的评估方法和评估工具，更加科学合理地开展评估活动。由于数字出版物呈缴制度涉及的相关要素分布广泛，导致不同的评估对象表现出明显的特殊性和差异性，涵盖的评估范围也不尽相同，在选择和确定数字出版物呈缴制度的评估对象时，对评估对象的特殊性、评估需求与其评估范围都应有充分的考虑。

（一）选择评估对象的条件

从理论角度看，所有与数字出版物呈缴制度相关的要素都可以作为评估对象。但从评估实践的角度看，并非所有相关要素都具备评估的可能性和可操作性，也并非所有相关要素都有评估的必要。因此，科学合理选择数字出版物呈缴制度的评估对象是评估过程中的重要一环，也是满足评估"成本效益原则"的必然要求。数字出版物呈缴制度评估对象的确立应以有效性、必要性和可行性为前提，要求具备以下条件：

1. 具有评估的实际价值

实际价值即评估对象的有效性。也就是说，数字出版物呈缴制度评估中所选择的评估对象必须确实有实际价值，通过对其进行评估能够达到一定目的。一方面，评估对象应对数字出版物呈缴制度具有直接、显著的影响，与制度的确立、运行和发展之间存在明显的因果关系；另一方面，评估对象应具有代表性，对其进行评估能够充分实现评估功能，达到评估目标，并且评估结果可以推广使用，为其他对象的评估提供参照。

2. 具有评估的现实需要

评估对象具备开展评估的必要性。评估对象应该是已经建立并逐渐完善的主体，在运行了一定的年限之后，已经积累了充分、丰富的运行信息资料，其作用和影响逐步显现。同时，其存在的问题也已经开始暴露，影响到数字出版物呈缴制度的运行发展，可以说，评估时机已经成熟。

3. 具有评估的可行性

评估的可行性包括多个方面的要求。对评估对象的评估需要在法律、行政、技术、社会和经济方面得到相应的支持，即评估符合法律的有关原则和条款，政府行政部门在评估执行和协调方面给予支持，在现有技术条件下能够实现评估目标，评估能够获得社会和其他评估对象的认同与支持，并且评估所需的人力、物力、财力等条件能够满足评估的需要。

（二）数字出版物呈缴制度的评估对象

数字出版物呈缴制度评估面向的是多元化评估对象，既需要从整体上评估数字出版物呈缴制度实施成效、制度的优势与不足、制度的发展趋势等，同时还可以从具体的数字出版物呈缴主体和受缴主体的角度出发，评估不同角色的相关机构执行制度的情况，从而得出全面的评估结论。

1. 数字出版物呈缴制度评估

制度是指要求成员共同遵守的、按照一定程序办事的规程或行为准则。对数字出版物呈缴制度进行评估，即评估与其相关的规程和行为准则，主要包括：对支撑数字出版物呈缴制度的法律法规与政策体系进行全面评估，考察法律政策体系是否健全以及在制度运行过程中发挥的效力；对数字出版物呈缴制度运行的效果进行总体评估，考察制度带来的经济社会影响以及制度运行的效率；对数字出版物呈缴制度的未来发展趋势进行前瞻性评估，考察制度适应经济、技术、文化发展的能力。

2. 数字出版物呈缴主体评估

世界知识产权组织（World Intellectual Property Organization，WIPO）曾对世界范围内实施出版物呈缴制度的国家进行过调查，发现针对传统出版物，各国规定呈缴的主体呈现多样化状态，包括出版者、生产者、传播者以及版权所有者。[1]而数字出版物的生产与传播过程都与传统出版物有很大的不同，确定呈缴的主体应区分不同的情况。

离线出版物的生产方式和传播途径与传统出版物比较类似，因此可以参照传统出版物的呈缴方式，我国《电子出版物管理规定》第35条规定："电子出版物出版单位在电子出版物发行前，应当向国家图书馆、中国版本图书馆和新闻出版署免费送交样本"，当制度确定由数字出版物的出版者承担呈缴义务时，出版者即作为评估对象纳入数字出版物呈缴制度评估的体系中。

与离线出版物相比，在线出版物资源呈缴的主体比较复杂。在网络环境下，在线出版物一般在生产、发布、传播和管理过程中存在多个主体，甚至每一个网络用户都可以方便地生产和传播数字资源，成为在线出版物的版权主体。在这种情况下，不区分数字出版物各主体的责任分担而统统将其设定为呈缴责任主体很显然不符合呈缴制度效率性的要求，因此，需要从呈缴制度运行的效率角度出发，确定集中承担呈缴义务的责任主体，并将其作为对制度进行评估的评估对象之一。

3. 数字出版物受缴主体评估

呈缴数字出版物的受缴主体，是指根据法律规定，由承担呈缴出版物接受或主动采集数字出版物职责的机构主体。与数字出版物呈缴主体的分散与复杂状态相比，数字出版物受缴主体较为统一和集中，在世界各国建立的数字出版物呈缴制度中，大多规定由本国国家图书馆承担数字出版物受缴主体的职责。不同于传统出版物的呈缴管理，数字出版物呈缴制度的受缴主体需要技术、资金、人力等方面资源的保障和支持，受缴主体承担的职责更为复杂。在制度的实际运行中，受缴主体往往呈现出多种构成模式，例如：可能是一个机构或多个机构同时接收全部呈缴的数字出版物，也可能是通过合作机制，不同机构分别接收、采集和保存某些类型的呈缴数字出版物。在数字出版物呈缴制度评估中，应充分考虑呈缴制度的实际情况，全面、有效地选择适当的受缴主体开展评估。

五、评估指标

建立评估标准是任何一项评估的核心内容。在评估实践中，由于评估指标不同，制定的评估实施方案也就不同，其评估结果就会随之产生较大差异，可以说，评估指标直接影响并决定了一项评估的评估结果。一般情况下，评估对象都会根据评估指标来调整自身的行为，以便取得较好的评估结果。在数字出版物呈缴制度评估实践中，科学合理的评估指标能够正确反映制度的质量和效果，从而引导这项制度朝着健康良性的方向发展。反之，如果评估指标存在不合理或不科学的现象，则会导致评估结果与实际情况存在较大偏差，误导评估主体以及评估对象的实践选择，从而使评估活动失去其应有的价值和意义。作为数字出版物呈缴制度评估的重要尺度，评估指标具有强烈的引导功能，具有促进和完善数字出版物呈缴制度

---

[1] 吴钢. 数字出版物法定呈缴制度研究 [M]. 武汉：湖北人民出版社，2013：127-128.

的作用，评估主体必须重视评估指标的构建。

（一）评估内容

建立评估指标必须首先明确评估的内容，评估指标及其测算方法都需要围绕评估内容而设计。数字出版物呈缴制度评估的主要功能是检验制度效果，明确相关责任等，其内容包括对该项制度的需求、价值、效果以及效率的评估，[1]可通过对不同评估对象进行分别评估来实现。

1. 数字出版物呈缴制度需求评估

通过科学系统的评估，有助于研究分析一个行业、领域或特殊群体对制度的现实需求。需求评估是制度评估的基础，是制度持续运行和发展完善的基本条件。针对数字出版物呈缴制度的需求开展评估，是明确这项制度建立的必要性和充分性的重要基础，也是评估的基本内容，特别是在数字出版物呈缴制度探索和确立的初期阶段，需求评估也是发现制度问题和调整制度适应性的有效手段。

2. 数字出版物呈缴制度价值评估

制度的价值是与制度相关的主体需求和客体有用性的反映，即相关主体通过制度作用于客体，体现主体的意志和利益。在数字出版物呈缴制度建立和运行过程中，势必对数字出版物的生产者、传播者和利用者等利益相关群体带来一定影响，一方面为数字出版物利用者、出版者的利用和保存降低压力；另一方面可能会对生产者的经济利益带来一定的不利影响，而制度所带来的利益和造成的损害在利益相关者之间的公平分配情况以及利益相关者最大利益的体现程度正是该项制度的价值体现，作为数字出版物呈缴制度的内在性质和目标属性，价值评估应成为评估的一项重要内容。

3. 数字出版物呈缴制度效果评估

相对于制度价值的抽象特性而言，制度效果的体现则是具体而实际的。在数字出版物呈缴制度中，其效果主要是指制度运行中所体现的相关社会系统效率的提高，以及制度运行所带来的相关社会系统全面的收益、效果和成果。数字出版物呈缴制度相关社会系统涉及面颇为广泛，涵盖数字出版产业链上的各个环节，其中最突出的是呈缴主体和受缴主体。数字出版物呈缴制度效果是制度价值的外在反映，包括制度预定目标的完成程度、制度的非预期影响、制度带来的各方面收益等。效果评估是数字出版物呈缴制度评估的核心内容，是评判制度运行水平和未来发展的关键要素。

4. 数字出版物呈缴制度效率评估

"效率"与"效果"尽管只有一字之差，但其评价的内容却大不相同。数字出版物呈缴制度的效率评估是指相对于这项制度实施所需的全部成本，其取得成果或者收益如何。从成本收益的角度进行评估，一方面要测评制度建立和运行以后，成本与收益之间的比例，另一方面则是计算制度运行中所消耗的资源与收益之间的比例。

（二）评估指标构建原则

1. 主观评估与客观评估统一

对数字出版物呈缴制度的评估既包括对法律法规、政策和制度等抽象对象的评估，也包

---

[1] 董幼鸿. 我国地方政府政策评估制度化建设研究［M］. 上海：上海人民出版社，2012：32-36.

括对制度相关主体运行绩效等具体对象的评估，同时具备对评估对象相关的主观认知和客观状态进行评估的功能。因此，数字出版物呈缴制度所构建的评估指标，既要有反映主观认知的评估指标，比如关于效果、效益、满意度等的评估指标；也要有反映客观状态的评估指标，比如缴送率、缴全率等。实施全面系统的评估，必须遵循主观评估与客观评估相统一的原则。

2. 定性分析与定量分析结合

对制度价值和效果的评估本质上是一种主观定性的分析，而定量分析是定性分析的前提和基础。量化评估指标是衡量和比较评估对象的重要依据，最终以数量值的形式体现评估对象的特征。并非所有的评估指标都具备可量化的条件和必要，但在一定条件下，应根据评估需要将定性分析指标尽可能量化，使定性评估和定量评估密切配合、相辅相成。

3. 兼顾系统性与层次性要求

数字出版物呈缴制度评估活动覆盖评估对象范围广泛，相应的评估标准体系就构成了一个复杂的系统，不同要素之间既有横向的关联关系，也存在纵向的层级关系，各层级、各要素之间通过复杂关联又构成了若干个既相互联系又相互独立的子系统，兼具系统性和层次性的特点，各个评估指标需要具备内在的统一性，体现评估指标的逻辑关系，同时也要反映数字出版物呈缴制度相关要素之间的层次关系、内在联系及其规律性。

4. 具备时效性与可操作性

数字出版物呈缴具有时效性要求，因此，其评估指标首先必须具备时效性，能够及时收集到所需要的评估信息，保证指标的有效性和评估结果的客观真实性。在此基础上，至关重要的一点是，评估指标必须体现可操作性，评估指标内涵明确，并且易于操作，切实可行，可被测量，避免笼统、主观性的描述。因此，构建数字出版物呈缴制度评估指标应从评估活动的实际出发，实事求是，客观可行，使每一个评估指标都具有实际意义。

5. 普遍性与特殊性相结合

对于评估指标而言，既要对评估对象表现出的共性特征做出评估，也需要考虑到不同评估对象的特性要素，设计覆盖全面的评估标准体系，实现评估指标的普遍性与特殊性相结合。对于普遍存在的共性要素，采用基本的通用指标进行考量，而对于专门性、特殊性的相关要求，则可采用修正指标或者选择性评价指标做出判断和评估。

（三）评估指标框架

数字出版物呈缴制度的评估标准由一系列准则和规则共同组成，针对确立制度的法律法规与政策的价值、文本资料、技术规范以及实施绩效等进行描述、解释、衡量和评价，从不同评估对象的角度出发，分解量化为不同的评估指标组群，组群内各单项指标及其要素综合而成一个相对独立的指标体系。基于这一架构，数字出版物呈缴制度评估指标框架可以分解为呈缴制度评估指标框架、呈缴主体评估指标框架、受缴主体评估指标框架。

1. 呈缴制度评估指标框架

制度评估是数字出版物呈缴制度构建工作的延续。从评估的时间阶段上看，包括制度建立前评估、制度运行过程评估以及制度建立后评估。运用科学的评估标准对一项制度进行全面系统的审查评估，不仅仅局限于制度设计的技术性分析，还包括对制度构建的基础条件以及制度运行效果的评估，一般表现为定性评估，但就评估要素的深层次而言，仍需要有大量的数据分析作为评估基础（表6-4）。

表 6-4 数字出版物呈缴制度评估指标框架

一级指标	二级指标	评估要素
基础条件	必要性	涉及的主要问题由现有法律法规、规范性文件或非法律手段难以调整,具有制度建立的必要性、迫切性,制度确立时机成熟
	充分性	制度建立的依据和政策规定充分,法律法规明确要求制定,具有实践经验,制度建立具备一定空间
制度设计技术	目的性	制度建立目标清晰,作用范围明确
	合法性	符合法律法规要求,如果涉及立法工作则应符合我国的立法精神和原则,强制措施合法得当
	合理性	制度创设与其他规定科学、合理,符合公平公正原则,所规定的措施和手段适当、必要
	协调性	制度各部分之间没有冲突,与相关制度体系之间相互衔接、协调
	规范性	制度体系结构安排合理,逻辑关系清晰,相关法律法规、政策文件、技术标准等表述准确、严谨、无歧义
	可行性	基本制度与其他规定实行的条件和程序可行,规定措施明确、具体,具有针对性,并且便于操作
	平衡性	相关主体权利义务配置平衡,职责与权限明确,没有交叉和重复,行为模式与责任配套,有相应的处罚规定和救济渠道
	针对性	体现了数字出版物呈缴的特殊性,符合数字出版物的发展规律和实际情况,能够解决实际问题
制度效果	实效性	制度是否得到普遍遵守和执行,制度的可接受程度如何
	满意度	利益相关者以及社会公众对制度建立和运行的满意程度
	效率	制度运行所达到的水平(收益)与所投入的人财物力资源之间的比率关系
	效益	制度建立和运行所达到的效果与其实施成本的比较关系,一般包括经济效益和社会效益
	效能	制度运行绩效与制度预设的绩效目标之比

2. 呈缴主体评估指标框架

在数字出版物呈缴制度中,呈缴主体根据相关法律法规和政策的规定,承担呈缴数字出版物的职能。对数字出版物呈缴主体进行评估,除了评估其呈缴情况以外,还需针对数字出版物的特性,考虑对呈缴数字出版物的技术与权利的限制情况进行评估。此外,关于呈缴费用分担及相关管理的评估也是评估呈缴主体的重要内容。数字出版物的统计维度包括品种、复本和数据格式,相应的指标测算也应从多维度展开(表6-5)。对数字出版物呈缴主体的评估,既包括对呈缴主体整体的统一评估,也包括对单个呈缴主体的评估,因此,要求评估指标能够满足不同评估范围的需要。

表 6-5 数字出版物呈缴主体评估指标框架

一级指标	二级指标	指标内涵	指标测算维度	指标属性	评估范围
呈缴指标	缴送率	呈缴数字出版物占法律规定应呈缴数字出版物的比例	品种	定量	整体评估;个体评估
	连续出版物缴全率	完整呈缴的连续性数字出版物占全部呈缴连续性数字出版物的比例。注:在不同载体上制作的数字出版物,可能是多种文献组合或不同信息载体上含有相同内容,应根据法律规定确定是否需要一并呈缴	品种	定量	整体评估;个体评估

续表

一级指标	二级指标	指标内涵	指标测算维度	指标属性	评估范围
呈缴指标	复本缴全率	呈缴数字出版物的复本数量达到或超过法律规定应呈缴复本数量的数字出版物占全部呈缴数字出版物的比例。注：在不同载体上制作的数字出版物，可能是多种文献组合或不同信息载体上含有相同内容，应根据法律规定确定是否需要一并呈缴	品种	定量	整体评估；个体评估
	格式缴全率	呈缴数字出版物的格式达到或超过法律规定应呈缴格式的数字出版物占全部呈缴数字出版物的比例。注：在不同载体上制作的出版物，可能是组合文献组成的，或者不同信息载体上含有相同内容，应根据法律规定确定是否需要一并呈缴	品种	定量	整体评估；个体评估
	单位缴全率	受缴主体达到或超过法律规定受缴主体的数字出版物占全部呈缴数字出版物的比例	品种；复本；格式	定量	整体评估；个体评估
	元数据缴送率	呈缴元数据的数字出版物占全部呈缴数字出版物的比例	品种	定量	整体评估；个体评估
	元数据完整率	呈缴包含数字出版物基本信息、出版信息、发行信息以及版权信息的元数据占全部呈缴元数据的比例	品种	定量	整体评估；个体评估
时间指标	及时呈缴率	在法律规定时间内完成呈缴的数字出版物占呈缴数字出版物的比例	品种；复本；格式	定量	整体评估；个体评估
	平均呈缴时滞	滞后于法律规定时间完成呈缴的数字出版物的平均滞后时长	品种；复本；格式	定量	整体评估；个体评估
技术指标	技术限制率	包含技术限制的呈缴数字出版物占全部呈缴数字出版物的比例	品种；复本；格式	定量	整体评估；个体评估
	技术限制取消率	呈缴主体取消技术限制或提供取消限制方法的呈缴数字出版物占存在技术限制的呈缴数字出版物的比例	品种；复本；格式	定量	整体评估；个体评估
	技术设备需求率	必须通过一定软硬件设备（指呈缴主体制作或使用的非市场上通用的软硬件设备）获取的呈缴数字出版物占全部呈缴数字出版物的比例	品种；复本；格式	定量	整体评估；个体评估
	技术设备提供率	呈缴主体提供所需软硬件设备的数字出版物占其呈缴的全部数字出版物的比例	品种；复本；格式	定量	整体评估；个体评估
	技术资料提供率	呈缴主体提供必要技术数据的数字出版物占其呈缴的全部数字出版物的比例	品种；复本；格式	定量	整体评估；个体评估
权利指标	使用范围限制率	设定呈缴数字出版物使用范围限制的数字出版物占全部呈缴数字出版物的比例	品种；复本；格式	定量	整体评估；个体评估
	使用范围满足性	呈缴主体所设定的使用范围限制符合法律规定的程度	品种；复本；格式	定性	整体评估；个体评估
	使用时间限制	设定使用时间限制的呈缴数字出版物占全部呈缴数字出版物的比例	品种；复本；格式	定量	整体评估；个体评估
	平均使用时限	设定使用时间限制的呈缴数字出版物的平均使用时限	品种；复本；格式	定量	整体评估；个体评估
经费指标	资源经费承担率	由呈缴主体承担制作、出版发行和呈缴费用的呈缴数字出版物占全部呈缴数字出版物的比例	品种；复本；格式	定量	整体评估；个体评估
	单位经费承担率	承担呈缴数字出版物制作、出版发行和呈缴费用的呈缴主体占全部呈缴主体的比例	机构	定量	整体评估
管理指标	管理制度	呈缴主体是否设有针对数字出版物呈缴活动的专门管理机构、岗位和管理制度	机构	定性	个体评估
	质量管理水平	呈缴主体是否建立了呈缴出版物质量控制机制，以及质量控制水平如何	机构	定性	个体评估

3. 受缴主体评估指标框架

在数字出版物呈缴制度中，受缴主体依法接受由呈缴主体呈缴的数字出版物，或根据法律法规以及政策规定，利用一定技术手段，主动采集和收割网络信息资源，并对所接受或采集的数字出版物进行加工整理、保存和依法提供服务。对数字出版物受缴主体的评估，不但包含对其接受呈缴情况的评估，同时也要重视对受缴主体组织加工与利用呈缴数字出版物情况的评价。同时，作为数字出版物的实际使用者和管理者，受缴主体的安全保障能力以及管理能力也是必须考虑的评估内容。同样，相应的指标测算应从多维度展开，并覆盖全部受缴主体的整体和单个受缴主体的不同范围（表6-6）。

表6-6 数字出版物受缴主体评估指标框架

一级指标	二级指标	指标内涵	指标测算维度	指标属性	评估范围
受缴指标	主动呈缴率	由呈缴主体主动呈缴的数字出版物占全部呈缴数字出版物的比例	品种；复本；格式	定量	整体评估；个体评估
	自动采集率	由受缴主体自动采集或与呈缴主体协商采集的数字出版物占全部呈缴数字出版物的比例	品种；复本；格式	定量	整体评估；个体评估
	自动采集更新性	限制定期更新的网络出版物的采集规模和频率	机构	定性	个体评估
	出版物采访率	除呈缴本以外,受缴主体通过采访渠道引进的与呈缴数字出版物相同出版物的复本占全部呈缴数字出版物的比例	品种；复本；格式	定量	整体评估；个体评估
资源组织指标	登记率	完成资源登记的呈缴数字出版物占全部呈缴数字出版物的比例	品种；复本；格式	定量	整体评估；个体评估
	编目率	完成资源编目的呈缴数字出版物占全部呈缴数字出版物的比例	品种；复本；格式	定量	整体评估；个体评估
	加工率	完成资源载体标识、分流、典藏的呈缴数字出版物占全部呈缴数字出版物的比例	品种；复本；格式	定量	整体评估；个体评估
	整合率	由受缴主体整合到其他资源集合中的呈缴数字出版物占全部呈缴数字出版物的比例	品种	定量	整体评估；个体评估
	发布率	向法律规定的特定公众揭示和发布的呈缴数字出版物占全部呈缴数字出版物的比例	品种	定量	整体评估；个体评估
	保存率	进行长期保存处理的呈缴数字出版物占全部呈缴数字出版物的比例	品种；复本；格式	定量	整体评估；个体评估
	剔除率	受缴主体从馆藏中剔除或者限制用户获取的呈缴数字出版物占全部呈缴数字出版物的比例	品种；复本；格式	定量	整体评估；个体评估
利用指标	点击次数	呈缴数字出版物被用户点击的次数	品种	定量	整体评估；个体评估
	复制次数	呈缴数字出版物被用户以各种形式复制(包括下载)的次数	品种	定量	整体评估；个体评估
	借阅次数	呈缴数字出版物被用户以各种形式借阅的次数	品种	定量	整体评估；个体评估
	推送出版物量	根据法律规定,由受缴主体向其他机构推送呈缴数字出版物的数量	品种；复本；格式	定量	整体评估；个体评估
	推送范围	呈缴数字出版物推送对象所覆盖范围的广度	机构	定性	个体评估
	版权授权数量	根据法律规定,受缴主体向第三方提供呈缴数字出版物版权授权的数量	品种	定量	整体评估；个体评估

续表

一级指标	二级指标	指标内涵	指标测算维度	指标属性	评估范围
安全指标	安全性	受缴主体合理保存呈缴数字出版物，不被非法破坏或盗取；保管使用口令或其他相关信息不被第三人知晓	机构	定性	整体评估；个体评估
管理指标	及时反馈	受缴主体及时发布呈缴数字出版物相关通知通告，为呈缴主体出具书面回执、证书等	机构	定性	整体评估；个体评估
	统计管理	受缴主体及时、准确统计并发布呈缴数字出版物相关的统计数据	机构	定性	整体评估；个体评估
	机构设置	受缴主体为呈缴数字出版物的管理而设立专门管理岗位或办事机构	机构	定性	整体评估；个体评估
	规章制度	受缴主体关于呈缴数字出版物采选、呈缴程序、管理等规章制度的制定情况	机构	定性	整体评估；个体评估
	管理平台	受缴主体建立进行呈缴数字出版物呈缴全流程管理的自动化工作平台的情况。	机构	定性	整体评估；个体评估
	监督功能	受缴主体对数字出版物呈缴完整性、及时性的监督情况	机构	定性	整体评估；个体评估
	豁免政策	对于特殊文献或出版发行数量有限的数字出版物，受缴主体是否制定了免除呈缴义务、降低呈缴数量或延长呈缴时间等豁免政策	机构	定性	整体评估；个体评估
	规范性	制定关于呈缴数字出版物采集、接受呈缴等相关的技术规范	机构	定性	整体评估；个体评估

六、评估结果运用

从各类评估实践来看，评估结果运用是评估程序中极为重要的一个环节。建立健全评估结果运用机制，是实现评估价值和评估功能的重要保障，在数字出版物呈缴制度评估中也不例外。数字出版物呈缴制度评估的最终目的不是为了完成规定的评估任务，而是在评估的基础上，对评估结果进行合理的运用，使评估结果得到有效反馈和使用，持续推动数字出版物呈缴活动的发展，提升制度的运行和发展能力。要保持数字出版物呈缴制度良好的运行能力，实现呈缴制度的功能和目标，必须完善评估结果运用机制。

（一）反馈与公开评估结果

一项完整的评估制度包含评估结果反馈与公开过程。评估责任主体依据评估对象的职责和性质，确定评估结果反馈与公开的范围和渠道，评估对象能够直接而便捷地获知评估结果，这是评估责任主体应承担的职责。评估结果反馈与公开的范围取决于评估结果的影响范围，可能由评估主体面向全部评估对象反馈全部评估结果，也可能由评估主体面向特定的评估对象反馈与其相关的评估结果。评估结果反馈渠道一般包括内部文件传递、网络平台公布、新闻媒体公布等。

（二）运用评估结果

数字出版物呈缴制度的评估结果可以作为优化制度和评价组织绩效的参考依据，运用数字出版物呈缴制度评估结果的主要功能包括：

1. 优化数字出版物呈缴制度运行过程

对数字出版物呈缴制度的评估实际上也是对制度运行进行监督和反馈的过程，评估结果反映了数字出版物呈缴制度运行的实际情况，将评估结果有效反馈给相应的对象，并对照制度运行的实践活动，目的是为数字出版物呈缴制度的调整和良性发展提供参考依据，及时发现问题和解决问题，保证数字出版物呈缴制度运行过程不断趋于合理和优化。

2. 优化评估对象参与制度过程

参与数字出版物呈缴制度仅是评估对象日常运行中的一部分，不同评估对象的参与情况对其整体业务格局的影响各不相同，其参与制度运行的积极性以及参与程度都可能存在较大差异。通过数字出版物评估结果的反馈机制，能够充分发挥评估机制的激励作用，激发评估对象的积极性和能动性，将评估结果与评估对象的切身利益联系起来，激活评估对象参与数字出版物呈缴制度的内在潜力，为顺利推进数字出版物呈缴制度提供动力保障。

3. 有助于开展组织机构绩效评估

尽管数字出版物呈缴制度评估仅针对评估对象的部分业务功能开展评价，但其评估结果反映了部分业务功能的全部情况，可以作为开展评估对象组织机构绩效评估的参考依据，为各级机构的监督评价提供信息资料和创造条件，有利于优化评估对象组织结构，提升评估对象的组织机构形象。

4. 有助于满足公众信息需求

数字出版物呈缴制度涉及相关主体较多，是一个相对开放的制度体系，而不是在一个封闭的环境中运行，一定范围内的公众期望了解到评估结果，以此作为他们在发现、选择和利用数字出版物过程中进行判断的信息依据。数字出版物呈缴制度评估的结果不但反映了制定和运行的效果，同时也是对公众信息需求的一种反馈，满足了公众对相关制度的知情权，公众也可以依据制度评估结果对数字出版物呈缴制度的运行过程和运行效果进行监督和评价。

第四节　数字出版物呈缴统计

建立数字出版物呈缴相关的统计制度，调查搜集有关资料，及时、准确、全面地了解和掌握数字出版物呈缴的发展现状，对数字出版呈缴活动进行统计监督，是进行数字出版物呈缴制度评估的重要数据基础。同时，根据需要公开统计信息，能够为数字出版物呈缴制度管理和发展提供可靠的依据。

一、数字出版物呈缴统计制度

统计制度是规范统计活动和统计资料的一整套法律、法规、办法、措施和管理模式。我国新闻出版行业依据《中华人民共和国统计法》《中华人民共和国统计法实施细则》和《新闻出版统计管理办法》等法律法规，结合新闻出版行业的现实需要，构建了行业基本的统计制度。数字出版属于新闻出版业中的新兴产业，目前在新闻出版业的统计制度中，关于数字出版的内容相对较少，统计制度尚不够完善。中国新闻出版研究院自2006年起每年发布《中国数字出版产业年度报告》，是目前我国数字出版行业最主要的统计数据来源。该报告主要是从宏观层面进行数字出版产业规模的统计分析，因而缺少针对数字出版物的细化、深入的统计。在数字出版物呈缴制度中，受到数字出版产业快速发展和数字出版物用户规模不断扩大的影响，国家相关管理部门、出版界以及用户都要对数字出版物呈缴的情况进行细化统计、整理和分析,亟须建立关于数字出版物呈缴的完整的统计体系,明确数字出版物呈缴统计的统计范围和统计对象,建立统计指标体系,出台相关统计法规,确立相关统计制度。

（一）数字出版物呈缴统计范围

新闻出版统计的基本任务是对新闻出版业的生产、经营、管理等情况进行统计调查、统计分析,提供统计信息和咨询,实行统计监督。我国新闻出版统计制度管理的对象主要是在我国范围内从事新闻出版管理的行政部门和从事新闻出版活动的单位和个体工商户,包括各种所有制形式的新闻出版企事业单位和分支机构,以及各级新闻出版行政部门所属事业单位和主管的社会团体。相较于传统的新闻出版统计,数字出版相关的统计范围更广、覆盖的主体更为复杂。国家新闻出版广电总局在《关于加快我国数字出版产业发展的若干意见（新出政发〔2010〕7号）》指出:"数字出版是指利用数字技术进行内容编辑加工,并通过网络传播数字内容产品的一种新型出版方式,其主要特征为内容生产数字化、管理过程数字化、产品形态数字化和传播渠道网络化。目前数字出版产品形态主要包括电子图书、数字报纸、数字期刊、网络原创文学、网络教育出版物、网络地图、数字音乐、网络动漫、网络游戏、数据库出版物、手机出版物（彩信、彩铃、手机报纸、手机期刊、手机小说、手机游戏）等。数字出版产品的传播途径主要包括有线互联网、无线通信网和卫星网络等。"[1]从该文件中可以看出,数字出版产业链相关的主体广泛存在于数字出版物内容创作、数据加工、出版、传播和用户利用的各个环节中,既有传统媒体单位,也有互联网新兴媒体单位和信息技术提供单位,涉及新闻出版、广播电视、互联网信息服务、软件开发、电信服务等多个行业。

在数字出版物呈缴统计中,从产业发展和制度发展的宏观层面考虑,除了对纳入数字出版物呈缴制度的呈缴主体和受缴主体进行统计以外,数字出版产业链各个环节相关的主体,即分布于新闻出版、广播电视、互联网信息服务、软件开发、电信服务等多个行业中的从事数字出版物生产、经营和提供数字出版服务的企事业单位以及个人,无论其是否直接承担了数字出版物的呈缴职责,都应纳入数字出版物呈缴制度的统计范围,目的是为开展呈缴情况相关的比对分析收集基础数据,通过生产、经营、传播过程与呈缴情况的比对分析,及时发现制度中存在的问题,并提出改进建议。

（二）数字出版物呈缴统计相关的标准

数字出版物呈缴统计相关主体分布广泛,涉及各个不同的行业,不同主体的单位性质、生产和经营的对象等存在较大差异,特别是在生产和经营过程中可能执行不同系统的标准规范,导致在进行统一的统计工作时面临较大困难。因此,开展数字出版物呈缴统计,首先必须在全国范围内建立统一的统计分类标准和编码体系,采用统一的计算方法、统计口径、统计范围、填报内容和报送时间,制定统计标准,统一报表形式,明确统计数据报送方式,由数字出版物管理部门或者呈缴制度评价主体组织实施,定期进行统计。

（三）数字出版物呈缴的统计管理

面对数字出版物呈缴统计的复杂情况,强有力的管理机制是保障统计工作顺利、有效开展的重要前提。数字出版物呈缴统计管理职能在不同的统计范围内由相应层次的机构分别承

---

[1] 新闻出版总署关于加快我国数字出版产业发展的若干意见[EB/OL].[2015-8-12]. http://www.gov.cn/gongbao/content/2011/content_1778072.htm.

担。首先，在全国的统计范围内，负责数字出版物管理的国家职能机构应承担起相应的统计管理职能，负责根据相关法律规定和行业发展需要，确立针对数字出版物及其呈缴情况的统计制度，牵头研制数字出版物相关统计标准，规范统计活动，制定统计工作规划，对统计调查所得资料和情况进行整理、分析，及时如实地向上级机关和统计部门提出统计报告，并根据统计调查和统计分析，对数字出版工作进行统计监督，提出问题和改进建议。此外，负责数字出版物管理的国家职能机构还要承担数字出版物统计信息化系统建设的任务以及统计软件的开发和推广应用，利用先进的计算机及网络技术，实现对统计数据的采集、传输、处理、管理、发布等全过程的信息化管理，这是在信息时代进行统计管理的必然要求。

在分行业的统计范围内，可能承担统计管理工作的机构分为两类，一类是负责管理某行业的国家职能机构；另一类是行业协会。这两类机构可负责组织实施本行业内与数字出版物及其呈缴相关的统计管理工作，包括对国家相关统计制度特别是统计标准的宣传贯彻，对统计人员及统计工具使用的培训。在此基础上，开展统计数据采集，完成基层数据及报表的审核和汇总，保证统计资料的完整性和准确性，并按时向上级机构以及统计部门进行汇报。

作为数字出版物产业链上基层的生产、经营以及服务单位，均应承担起统计数据采集和报告的职能，重视统计工作，设立本单位的统计管理部门，按时向上级机构或统计部门提供完整、准确的统计数据。

二、数字出版物呈缴统计指标

数字出版物呈缴制度覆盖新闻出版、广播电视、信息技术、教育、文化服务等多个领域，数字出版物生产主体和呈缴主体比较分散，数字出版物呈缴的统计范围实际上涵盖了数字出版产业链各个环节相关的主体，主要集中在数字出版物的出版发行、数字出版物呈缴和呈缴出版物的受缴这三个方面。因此，在统计实践中，可从这三个方面出发构建统计指标体系。

在数字出版物出版发行方面，主要针对数字出版物的出版发行概况进行统计，用以了解数字出版物生产和传播的基本情况，作为分析数字出版物呈缴制度运行效果、评估呈缴制度对数字出版物市场影响的依据，统计的基本指标包括：生产单位数量、数字出版物数量、数字出版物码洋、销售收入、发行数量、用户数量、支付版权费。

在数字出版物呈缴方面，主要是从整体上对呈缴主体呈缴数字出版物的情况进行统计，用以掌握呈缴制度运行的实际情况，针对呈缴和未呈缴的情况分别进行统计，同时对呈缴出版物的技术限制情况进行统计，以便发现和解决呈缴制度在实际运行过程中存在的问题。统计的基本指标包括：呈缴主体数量、未呈缴主体数量、呈缴数字出版物数量、未呈缴数字出版物数量、复本呈缴比率、呈缴数字出版物码洋、未呈缴数字出版物码洋、技术限制比率、使用限制比率、技术数据提供比率。

在呈缴数字出版物受缴方面，主要是从整体上对数字出版物受缴主体的接收情况进行统计，用以了解和分析呈缴数字出版物的利用和保存情况，进而评估数字出版物呈缴制度的价值与效果，分析该项制度的可持续性发展基础，统计的基本指标包括：编目数量、加工整合数量、揭示发布数量、长期保存数量、剔除数量、自动采集数量、使用情况、呈缴数字出版物采访数量。

表 6-7　数字出版物呈缴统计指标框架

指标分类	基本指标名称	指标说明	细分指标维度
出版发行统计	生产单位数量	利用数字技术进行内容编辑加工，并通过网络传播数字内容产品的生产单位的数量	按生产单位行业、属性、所在区域细分统计
	数字出版物数量	电子图书、数字报纸、数字期刊等各类型数字出版物的品种数量	按数字出版物类型细分统计
	数字出版物码洋	数字出版物定价的总额	按数字出版物类型细分统计
	销售收入	销售数字出版物或提供数字出版物活动而收到的货款	按数字出版物类型细分统计
	发行数量	数字出版物发行、订阅、点击和下载的数量	按数字出版物类型、使用方式细分统计
	用户数量	购买、订阅、点击和下载数字出版物或以其他形式使用数字出版物的用户的人次	按付费用户、免费用户细分统计；按机构用户、个人用户细分统计
	支付版权费	数字出版物生产单位为生产和传播数字出版物而向版权所有人支付的版权授权费用	按数字出版物类型、版权内容细分统计
数字出版物呈缴统计	呈缴主体数量	依法完成数字出版物呈缴的单位的数量	按生产单位行业、属性、所在区域细分统计
	未呈缴主体数量	依法应呈缴、但实际上未呈缴任何一种数字出版物的单位的数量	按生产单位行业、属性、所在区域细分统计
	呈缴数字出版物数量	各单位依法呈缴的数字出版物的数量	分别统计品种数量和复本数量；按数字出版物类型细分统计
	未呈缴数字出版物数量	依法应呈缴、但实际上未呈缴的数字出版物的数量	分别统计品种数量和复本数量；按数字出版物类型细分统计
	复本呈缴比率	所呈缴数字出版物中达到法定复本数量要求的数字出版物品种所占的比率	按数字出版物类型、呈缴出版物接收单位细分统计
	呈缴数字出版物码洋	依法呈缴的数字出版物定价的总额	按数字出版物类型细分统计
	未呈缴数字出版物码洋	依法应呈缴、但实际上未呈缴的数字出版物的定价总额	按数字出版物类型细分统计
	技术限制比率	呈缴数字出版物中在访问、传播、复制等方面设置了技术限制的数字出版物所占的比率	按数字出版物类型细分统计
	使用限制比率	呈缴数字出版物中设置了用户范围和使用权限限制的数字出版物所占的比率	按数字出版物类型、用户范围细分统计
	技术数据提供比率	呈缴数字出版物中呈缴主体提供数字出版物相关全部技术数据的数字出版物所占的比率	按数字出版物类型细分统计
数字出版物受缴统计	编目数量	数字出版物受缴主体完成呈缴数字出版物登记和编目的品种数量	按数字出版物类型细分统计
	加工整合数量	数字出版物受缴主体对呈缴数字出版物进行数据内容或形式方面的加工整合的品种数量	按数字出版物类型细分统计
	揭示发布数量	数字出版物受缴主体向用户揭示和发布的呈缴数字出版物的品种数量。	按数字出版物类型细分统计
	长期保存数量	数字出版物受缴主体进行长期保存的呈缴数字出版物的品种数量	按数字出版物类型细分统计
	剔除数量	数字出版物受缴主体从收藏资源中删除或销毁的呈缴数字出版物的数量	分别统计品种数量和复本数量；按数字出版物类型细分统计

续表

指标分类	基本指标名称	指标说明	细分指标维度
数字出版物受缴统计	自动采集数量	数字出版物受缴主体依法主动利用信息资源工具或方法采集或保存的数字出版物的品种数量	按数字出版物类型细分统计
	使用情况	用户通过点击浏览、下载、复制、借阅等方式使用呈缴数字出版物的次数	按数字出版物类型细分统计
	缴送出版物采访数量	数字出版物受缴主体除接受呈缴以外，通过采访渠道获得的应呈缴数字出版物的数量	分别统计品种数量和复本数量；按数字出版物类型细分统计

三、数字出版物呈缴统计信息化建设

在计算机及网络技术高速发展的时代，借助信息化手段来实现数字出版物及其呈缴的统计管理，使统计数据填报、传输、处理、管理、发布等全过程实现自动化管理，是一种必然选择。数字出版物呈缴统计的信息化系统需要为承担统计职能的各级各类单位提供服务，必须保证与数字出版物相关的统计制度相匹配，并且对所有使用主体均具备适用性和实用性，因此，系统实现的形态可能是一个统一的、功能强大的软件平台，可能是由不同使用主体负责建设和维护的多个软件平台的互联互通。

（一）建设开放性信息平台

面向数字出版利益相关者的统计信息平台应具有良好的开放性，平台功能首先必须满足数字出版物及其呈缴相关的统计标准和相关规范的要求。考虑到不同行业统计信息平台之间的互联互通需求，统计信息平台在软件设计方面应遵循相关的国家、国际标准与规范，尽可能采用通用的标准协议，或采用规范化方法对通用标准进行扩展，以达到支持数据转换与跨平台迁移的目的。

（二）确保统计数据安全

在信息化建设过程中，数据安全是第一位的要求。数字出版物及其呈缴的统计涉及的主体分布广泛，类型复杂，数据安全管理需要从多个层面加以控制。一方面，在总体设计过程中要充分考虑到信息系统的安全控制与数据保护机制，加强操作权限的分级管理与设置，严格控制系统的访问、相关数据的处理和读取操作；另一方面，数据安全也是信息系统非常重要的一项要求，要重点保证各种不同来源的、不同类型的统计数据的可读性、准确性、唯一性、一致性、完整性和时效性，在数据处理及读取访问时保持系统的稳定性，对系统发生的故障能够迅速恢复。

（三）进行数据集成化管理

数字出版物及其呈缴情况相关的统计数据来源丰富，数据关系比较复杂，基层统计管理人员主要利用信息化系统开展统计数据的报送和传输，上级部门统计人员则需要进行统计数据采集、审核、汇总和分析等一系列数据处理工作。因此，无论信息化系统是统一系统形式还是异构系统形式，都必须支持对多种来源的各种数据进行统一集成化管理的功能，统计人员能够利用信息化有效地分析、组织和整合各种数据，及时发现和核实来源数据中存在的问题，对数据状态进行跟踪管理，并在所有相关系统平台上做出同步处理。

（四）注重系统实效

信息化系统建设的目标是辅助统计管理，提高统计工作的效率和质量，因此，信息化建

设应始终贯彻面向应用、注重实效的方针，按照实用、高效、经济的原则开展信息化建设。随着数字出版行业的深化发展，统计主体、统计对象及统计指标都可能进行调整，信息化系统的设计和规划必须考虑到支持未来调整、扩容和平滑升级，因此，系统采用模块化设计是一种经济性的选择，可以方便地修改和灵活地扩充，并能够使系统保证一定的可伸缩性。

四、数字出版物统计信息公开

统计信息是一种资源，同时也是一种权利，它是评估数字出版物呈缴制度建立和运行效果的基础。在数字出版物呈缴制度评估中如果缺少充分的统计信息和数据，评估主体就很难真正接近数字出版和呈缴管理的关键信息，无法对数字出版物呈缴制度运行情况做出客观的评估和判断，可以说，统计信息公开方面存在的短板将会对整个评估进程带来不利影响。

（一）完善统计信息公开制度

信息公开是指国家行政机关和法律、法规及规章授权和委托的组织，在行使国家行政管理职权的过程中，通过法定形式和程序，主动将政府信息向社会公众或依申请而向特定的个人或组织公开的制度。根据《政府信息公开条例》规定，行政机关对符合下列基本要求之一的政府信息应当主动公开：涉及公民、法人或者其他组织切身利益的；需要社会公众广泛知晓或者参与的；反映本行政机关机构设置、职能、办事程序等情况的；其他依照法律、法规和国家有关规定应当主动公开的。根据《新闻出版统计管理办法》规定，新闻出版行政部门应依法定期公布新闻出版统计资料，并向社会公众提供新闻出版统计信息咨询。根据《政府信息公开条例》和《新闻出版统计管理办法》规定，数字出版物的统计信息属于政府信息公开的内容，行政机关通过适当的方式把其掌握和控制的反映数字出版物及其呈缴情况的消息情报、数据资料等公布于众，是保障数字出版相关主体以及社会公众合法、合理获取与传播信息权利的要求。

目前，尽管《政府信息公开条例》和《新闻出版统计管理办法》为统计信息公开提供了基本的法律依据，各地方政府也纷纷出台了政府信息公开相关规定，对政府信息公开的相关事宜做出了刚性规定，但这些规定立足于在宏观层面进行整体调整，相对比较抽象，有些规定甚至缺乏可操作性，数字出版物呈缴制度尚未正式确立，而针对数字出版物统计信息公开的配套细则规定也尚未出台，因此，难以保障获得进行数字出版物呈缴制度评估所需要的具体的信息和数据。目前，由于在有些方面信息公开具有较强的弹性，特别是缺乏对义务主体不予公开信息行为的法律救济途径，使相关主体和社会公众对数字出版物统计信息获取和利用的权利无法得到有效保护。

（二）丰富统计信息公开内容

在数字出版以及相关行业的发展过程中，由于公开发布的统计信息内容较少，在某些方面难以获得真实、可靠、准确的统计资料和数据，从而导致无法进行科学、有效的评估和判断。而解决这一问题的有效措施在于通过法律制度来规范相关者信息公开的法律义务，建立统计信息公开内容层次结构，明确针对不同范围公开的统计信息内容。除涉及国家机密、商业秘密、个人隐私以外的信息，其他统计信息应尽可能面向数字出版利益相关者以及社会公众公开，接受评估主体的监督，确保数字出版相关的评估行为能顺利进行，保障数字出版物呈缴的质量得以提升。

（三）灵活采用统计信息公开模式

从我国目前的信息公开模式来看，政府信息公开一般属于权力型公开模式，以政府机构为中心，带有明显的政策性。行业信息公开主要通过三种模式，一是由主管的政府管理机构发布公开信息，二是由行业学协会对外信息发布，三是由商业公司或相关的研究机构发布调查报告。由于数字出版物呈缴制度在运行中涉及的主体较多，可能分布在不同行业中，由不同政府部门主管，为了保障公开信息的权威性、准确性和及时性，应根据实际情况选择适当的信息公开模式，明确承担信息公开责任和义务的主体，编制公布信息公开指南和目录，固定信息公开流程，及时更新公开信息。

（四）增加统计信息公开手段

以往信息公开范围有限，一般侧重于政府机构内部的公开，公开方式比较单一，主要是通过政府文件、报刊、电视台、电台等传统渠道。近年来通过机构网站或网络媒体公开信息成为一种常见的方式，这在一定程度上丰富了信息公开的渠道。但是，网络媒体信息内容庞杂，有些网站由于维护和管理不善而导致公开信息得不到更新，影响了信息的易用性、时效性和权威性。因此，需要建立满足公众对数字出版公开信息有效利用需求的一站式信息公开服务平台，使数字出版相关的各级各类主体以及社会公众能够集中地、便捷地获取其所需的统计信息。以国家图书馆建立的"中国政府公开信息整合服务平台"为例，该平台是我国首个政府信息垂直搜索引擎，以各级政府网站政府公开信息为整合对象，通过自动采集，将各级政府公开信息采集到本地，针对不同形式的政府文件构建了资源描述体系，利用统一的元数据框架，对政府信息资源内容、外部特征及关联关系进行充分组织、挖掘和揭示，为公众查询政府公开信息提供了便利。在数字出版领域，也需要推动建立类似的公开信息整合平台，与数字出版和服务领域的统筹协调发展相辅相成，保障数字出版行业发展和公众利用。

第七章

数字出版物呈缴平台设计

第一节　国内外数字出版物呈缴平台概况

开发建设数字出版物呈缴平台是数字出版物呈缴制度建设中的重要内容。数字出版物呈缴平台的设计需要充分考虑数字出版物本身的特点及呈缴活动的合理流程，以呈缴业务流程为主线，将注册信息管理、功能授权管理、呈缴流程规划、内容审核管理和资源长期保存作为重点内容进行系统设计。同时，对于受缴主体而言，还要充分考虑该平台与版权管理系统、数字资源发布与服务、资源集成管理系统等相关系统的接口，预留未来可扩展的功能模块，设计一个全面、开放、灵活、可扩展和易操作的平台。

目前，国内外已经有了一些在用的呈缴系统，这些系统架构可以为我国数字出版物呈缴平台的设计提供很好的借鉴。

一、美国国会图书馆 eDeposit 计划

美国国会图书馆从 2000 年开始就通过一些制度强制出版商对电子期刊和连续出版物进行呈缴和保存，并在 2010 年 2 月颁布了一个针对电子期刊出版商的暂行规定。在美国，越来越多的出版商开始出版电子资源，并且有一些出版商只出版电子出版物，而不出版纸质出版物。eDeposit 计划是美国国会图书馆各个部门共同努力的成果，包括版权所有、图书馆服务、ITS、OSI 和法律图书馆。eDeposit 计划引出了一个新系统——DMS 的发展，DMS 是对 eCO（电子版权系统）、CTS（内容传输服务）和 ILS（图书馆集成系统）的整合。DMS 系统有着复杂的工作流程（图 7-1），能够对参数设置、工作流程和访问进行管理，包含对元数据进行查看、分配和管理的必要操作步骤，能够根据版权需求接受或拒绝某个呈缴资源。

二、新西兰国家图书馆 Web Deposit Tool

新西兰国家图书馆的数字馆藏来自呈缴、捐赠、采购和赠送，这些馆藏在永久保存到 NDHA（国家数字遗产档案）之前，需要按照保存制度被评估。新西兰国家图书馆的呈缴工具是 Web Deposit Tool，出版商、个人和机构团体可以通过该工具把数字出版物呈缴到国家图书馆和亚历山大图书馆，以实现收集和保存新西兰的数字文化遗产的目标，如图 7-2 所示。

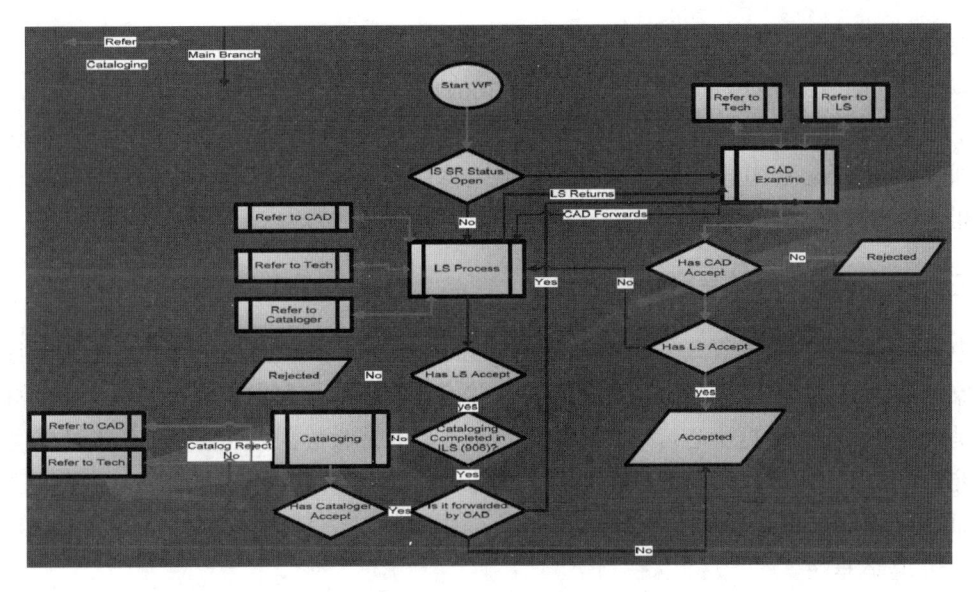

图 7-1 DMS 工作流程

图 7-2 Web Deposit Tool 界面

电子连续出版物、一次性出版物和音乐、影音等内容的正式出版物，以及信件、短篇文学论文、照片、漫画和口述历史等非正式出版物，都可以通过呈缴平台提交给国家图书馆。但是需要注意，并非所有的呈缴资源都能被接受，国家图书馆和亚历山大图书馆发布了具体的收集政策，呈缴主体应在呈缴之前先核对一下呈缴资源是否符合收集政策。新西兰国家图书馆一般不退回已呈缴资源，因此其建议呈缴主体在收到图书馆是否接受呈缴的确认函之前，

223

先不要删除呈缴资源。

Web Deposit Tool 接受的文件大小上限是 100M，文件越大需要的传输时间就越长，如果呈缴主体想传输超过此限制的文件，可以通过邮件 nda.admit@dia.govt.nz 与工作人员联系。一旦通过 Web Deposit Tool 呈缴了资源，呈缴主体就不能通过该平台查看资源，只能看到资源的相关描述数据。

三、我国国家图书馆呈缴管理平台

中国国家图书馆呈缴管理平台（http://jsgl.nlc.gov.cn）于 2012 年 6 月正式上线运行。服务对象主要是图书馆文献采集部门、出版管理部门、出版单位和文献编目工作及其他相关人员。呈缴管理平台的数据中心可以实时生成各种文献的缺缴数据，为催缴工作人员提供了及时、准确的服务。同时，平台数据中心所汇集的大量数据资源，经过处理后为文献编目工作提供即时的 MARC 数据套录服务。

（一）总体框架

呈缴管理平台主要为图书馆和出版单位服务，总体目标是通过该平台各呈缴主体可以及时了解各自呈缴情况，输出相关统计结果，获取相关书目数据；主管单位可以及时了解呈缴主体的呈缴情况；同时，图书馆的采编工作人员、业务管理处工作人员，以及馆领导不但可以及时掌握各呈缴主体呈缴情况，而且还能通过呈缴平台生成相关催缴通知单。系统由对内的呈缴管理系统和对外的呈缴服务网站两部分组成，如图 7-3 所示。

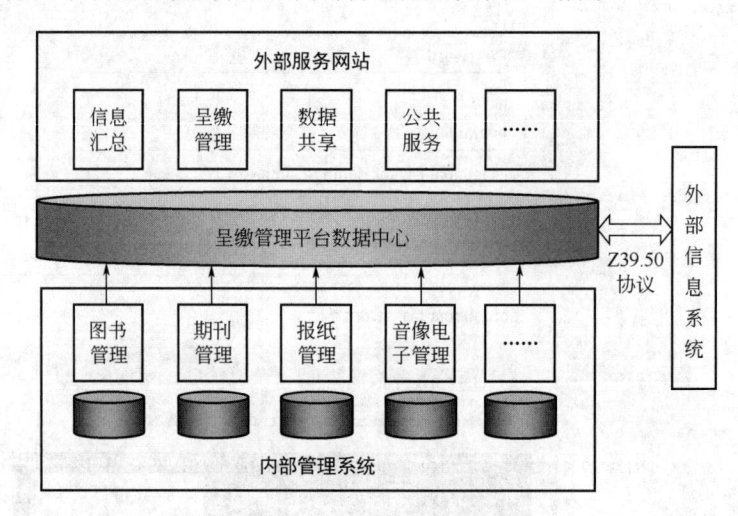

图 7-3 呈缴管理平台总体框架

（二）内部呈缴管理系统

内部呈缴管理系统用于图书馆工作人员进行呈缴文献登记、催缴、查询呈缴统计情况，与外网进行交互，数据共享等，分为前期业务、文献登记、呈缴管理、数据维护、统计服务、外网交互和系统管理 7 个功能模块。

（三）外部服务网站

外部服务网站是图书馆面向各出版单位提供服务的网站，对外宣传呈缴政策、出版单位和优秀出版物，各出版单位可以登录网站维护本单位信息，查询、统计本单位呈缴信息，获取相关的数据服务，同时也可与图书馆员进行交流。

外部服务网站用户分为浏览用户和登录用户，浏览用户为互联网上的任意游客，可进行文献搜索，了解最新的呈缴政策，查看出版物推荐，获取呈缴管理信息等。登录用户为各呈缴出版单位和各地新闻出版行政管理部门，出版单位登录后可以查看本单位的呈缴信息，接受回执，上传、下载文件，获取相关的配套数据，查看、回复留言等；新闻出版行政管理部门登录则可以查看图书馆当年的呈缴统计概况，获取下辖地区出版单位呈缴统计信息、查看回复留言等，如图 7-4 所示。

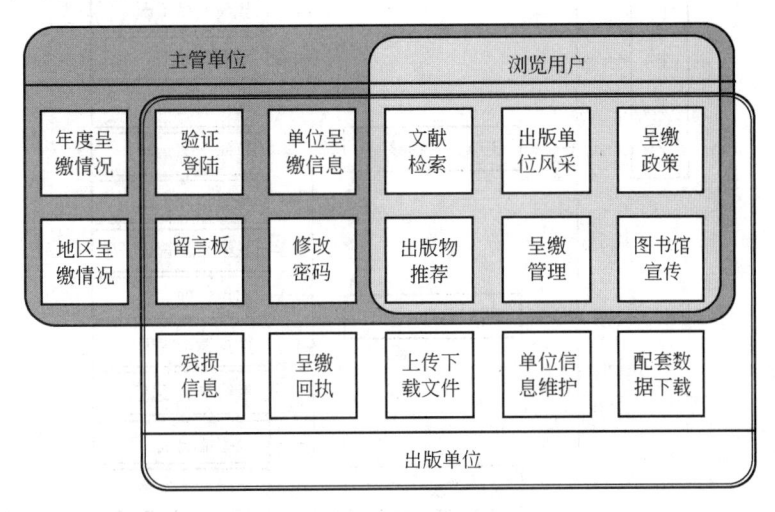

图 7-4 外网用户功能图

总体来看，我国针对数字出版物的呈缴平台还只是在探索阶段，随着网络资源、电子出版物的飞速增长，对数字出版物的呈缴和保存不仅仅是大型图书馆关心的热点，也与中小型图书馆未来的发展息息相关。数字出版物呈缴平台的设计和推出将会极大地推动我国数字出版物呈缴制度的发展。

第二节　数字出版物呈缴平台功能需求

数字出版物呈缴平台应该是一个在线的、实时的、标准的平台系统，同时面向国内新闻出版机构等呈缴主体和图书馆等受缴主体，支持数字出版物提交、审核、加工编目、保存、组织管理、服务、信息统计与反馈等呈缴全流程的工作，为我国数字出版物的呈缴和保存提供一个统一的、强大的支撑平台。

一、平台功能图

数字出版物呈缴平台主要是呈缴主体用户、受缴主体系统编审人员和系统管理员三类使用者，包含了用户注册、数字出版物呈缴、受缴主体对出版物的审核编目、系统设置和统计分析等多种功能。只有一个完善的功能平台才能保证各种格式、各种形式的数字出版物能顺利呈缴，保证入库的数字出版物是合格的、有价值的、全面的，工作人员的工作是简洁高效的。图 7-5 是数字出版物呈缴平台的功能需求图。

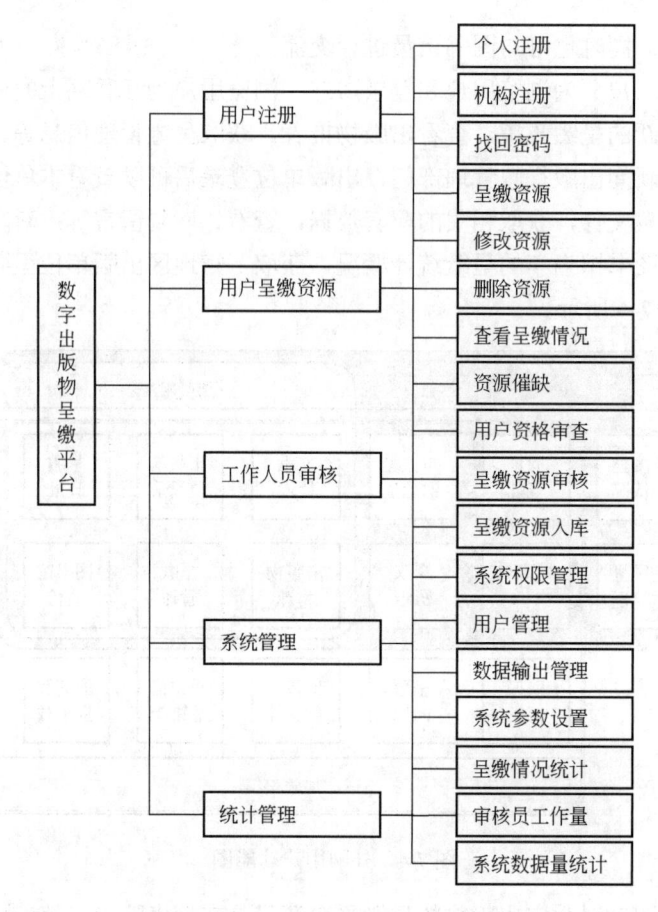

图 7-5　数字出版物呈缴平台功能需求图

二、平台核心要素

按照数字出版物呈缴的一般业务流程和基本功能需求，数字出版物呈缴平台的核心要素应主要包含接受与审核、编目与关联、整合与揭示、保存与利用四个模块。

（一）接受与审核模块

该模块支持数字出版物上传功能，受缴主体通过平台接收到呈缴的数字出版物，并对呈缴数字出版物开展审核，确定呈缴数字出版物是否符合法定呈缴规定。同时，该模块也应具备主动抓取与上传功能，支持受缴主体根据法律规定针对网络出版物开展采集。

（二）编目与关联模块

该模块支持对数字出版物的编目加工功能。对经过审核的呈缴数字出版物，应按照一定标准规范对其进行编目加工，制作数字出版物元数据，完成对数字出版物的分类、编目并与实体书目数据等相关资源进行关联等工作。

（三）整合与揭示模块

该模块支持数字出版物的组织与发布。对编目入库的呈缴数字出版物，应进行多维度的整合管理，特别是通过有效的资源组织与受缴主体的其他资源与服务进行整合，与资源发布服务系统建立关联，并在版权允许范围内进行内容揭示。

（四）保存与利用模块

该模块支持数字出版物的长期保存。呈缴数字出版物的一个重要目标就是完成长期保存，因此，该平台应该具备支持数字资源长期保存的软硬件能力，实现呈缴数字出版物的长期、安全保存，并支持长期保存资源合理合法的充分利用。

三、呈缴数字出版物在平台中的流程图

数字出版物是数字出版物呈缴平台中的核心主体，平台的各个功能模块都是以呈缴数字出版物在不同位置的处理需求为基础进行设计。数字出版物在平台中的主要运行周期如下：平台编审员接收到用户上传的数字出版物后进行资源核查，核查呈缴详单与上传清单是否匹配，如果匹配则对数字出版物进行质量检查，并进行编目和入库操作。如果呈缴详单与上传清单不匹配，则对用户进行催缺，用户登录之后可以继续上传数字出版物。

数字出版物呈缴平台需要与多个外联应用系统进行数据交互：数字出版物需要通过版权管理系统进行规范合法的使用；数字出版物最终会通过发布与服务系统对外提供检索和阅览服务；数字出版物还可以通过馆际互借系统进行馆际流通；数字出版物通过图书馆集成系统与印本文献进行挂接。具体的流程如图 7-6 所示。

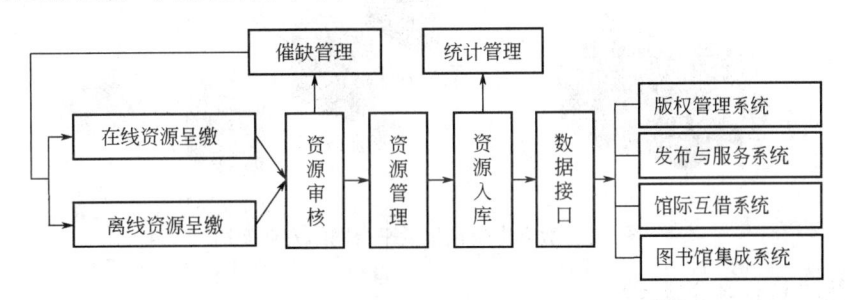

图 7-6　呈缴数字出版物在平台中的流程

四、平台的安全保障体系

数字出版物呈缴平台的安全保障涉及安全的网络架构、平台的系统安全、用户身份认证，分级授权管理等方面，具体体现在以下五个方面。

（一）网络架构安全

平台应在 Web 网关、防病毒网关、防火墙等设备的保护下与国际互联网进行安全数据连接，防止病毒、黑客、蠕虫等对云平台的攻击。还应部署入侵检测系统实时监测内部网络环境，具有完备的备份、应急预案等措施，能够及时响应和恢复到正常的网络通信环境，平台搭建的网络安全架构如图 7-7 所示。

（二）平台系统安全

要保障平台系统的安全必须在平台部署漏洞扫描、病毒扫描等产品。由于漏洞扫描系统需要强大的病毒库支持，病毒库需要定时更新，建议与现有的安全厂商共同研究开发，使用现有厂商已经成熟的漏洞扫描产品、病毒库以及病毒软件升级系统，实时监测平台运行的安全状况，保障平台系统稳定、安全的运行。

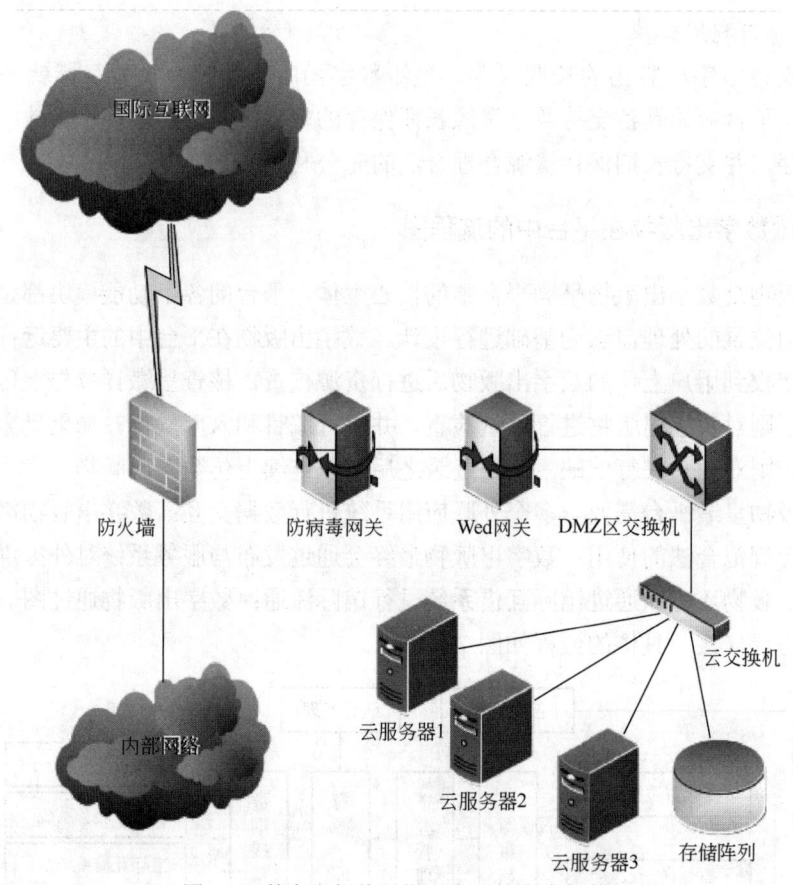

图 7-7　数字出版物呈缴平台网络安全架构

（三）用户认证与分级授权

在身份认证和访问体系中，大多数应用系统都有各自独立的一套用户信息管理子系统，负责该系统的账号管理、认证和授权工作，并且孤立地以日志形式审计操作者在系统内的操作行为。数字出版物呈缴平台环境下的身份认证和访问管理，应采用统一的身份认证和访问控制，拥有统一用户群的系统进行关联，统一用户的登录资料，并提供统一的登录认证入口。通过对数据在传输和保存过程中的加密，保证网站和服务的安全性、完整性和合法性。针对不同身份的用户，采用分级授权体系，为不同级别的用户设置不同的权限范围。

（四）访问控制与安全域管理

建议在数字出版物呈缴平台中对用户及管理人员实施基于域的分级管理，不同级别的用户只能在特定域范围内操作，享有特定域环境下的权利和服务，禁止跨域的非法访问。安全域之间根据安全需求，采用防火墙进行安全隔离，确保安全域之间的数据传输符合相应的访问控制策略，确保本区域内的网络安全。同时在数字出版物平台管理上，可考虑借助于安全芯片，增加一个"可信域"，对用户以及管理员操作进行实时监控和日志记录，强化平台的安全审计功能。

（五）冗余备份

数字出版物呈缴平台应指定数据备份策略，对虚拟机进行镜像备份，有助于恢复用户资料和服务器镜像。也可以采用物理备份，同时保护备份的数据流，包括对备份介质传输与存储进行物理控制。

第三节　数字出版物呈缴平台的设计原则

随着我国数字出版物呈缴制度的建立健全，以及图书馆信息化水平不断提高，数字出版物呈缴平台拥有很好的应用前景。数字出版物呈缴平台的主要目标是建立适应于受缴主体对于数字出版物的各种管理要求，实现对数字出版物呈缴的自动化管理，规范数字出版物提交的申请和审批过程，加强保密和安全控制，并提高出版物的利用率。同时，数字出版物呈缴平台也应满足呈缴主体的呈缴需求，不但方便呈缴主体提交和呈缴资源，还要满足呈缴主体查看和了解基本呈缴情况的信息获取需求。考虑到数字出版物的特征、呈缴平台的业务需求以及软件基本要素等，数字出版物呈缴平台设计应遵守如下原则：

一、区别化设计原则

由于数字出版物类型丰富多样，因此，数字出版物呈缴平台应根据不同类型出版物的特点及其不同的呈缴流程，进行区别化设计，并满足呈缴流程中各相关主体的需求。

二、兼容原则

数字出版物呈缴平台应与受缴主体的数字资源发布系统、版权管理系统、长期保存系统等系统进行连接，因此，数字出版物呈缴平台应充分考虑系统和数据的标准和兼容性，各系统之间要遵循统一的标准，确保能互相兼容。

三、自动采集加工原则

根据受缴主体的职能，数字出版物呈缴平台应该具备对不同格式、不同来源的数字出版物进行加工和存储的功能，并能通过网络对数字出版物进行自动收割和存档，同时支持多用户并发访问。

四、简洁友好原则

数字出版物呈缴平台操作界面简洁友好，能够自动处理有规律的业务工作，支持书目描述的自动转换，降低手工编目量。同时，平台设计也要充分考虑元数据缺乏共同的描述、缺乏统一的结构、数据质量参差不齐、连续出版物等出版物的呈缴特点，这也是平台设计的关键因素。

五、数据管理原则

数字出版物呈缴平台应具备数据导入、按条件组合检索、报表输出以及统计等基本的数据处理功能。

六、前瞻性原则

数字资源呈缴平台设计要具备前瞻性，具有一定的可扩展功能，能满足今后业务发展的需要。

七、安全性原则

数字出版物呈缴平台应从网络安全角度进行架构，通过平台系统安全、用户身份认证和分级授权管理等方面来构建平台的安全保障体系。

第四节　数字出版物呈缴平台功能模块

数字出版物呈缴平台的设计必须以清晰的业务流程为主线，业务流程的合理、清晰是该平台设计的关键，也是规范呈缴业务和审核工作的关键。数字出版物呈缴平台的业务流程分六个主要环节：用户建立、用户呈缴、资源审核、资源管理、统计管理和催询管理。本节将结合下面各模块的业务流程图进行详细讨论。

一、用户建立模块

（一）功能概述

数字出版物呈缴平台拥有三种类型的用户。

1. 数字出版物呈缴主体

此类用户可能是机构，也可能是个人。用户通过数字出版物呈缴平台注册用户名和呈缴方式，通过审核后就拥有了上传相关数字出版物、并对自己上传的资源进行管理和查询的权限。

2. 数字出版物呈缴平台审核人员

此类用户会对呈缴主体的身份、账号和其他相关信息进行审核，并拥有对呈缴的数字出版物进行审核和处理的权限。

3. 数字出版物呈缴平台系统管理人员

此类用户拥有对其他各级用户的管理权限，包括增加新用户、修改用户信息、删除用户、为用户分配、修改权限等功能。

（二）业务流程

已注册用户可以输入用户名和密码直接登录进入数字出版物呈缴平台，新用户则需要先进行注册。新用户提交注册信息后，系统首先要判断用户名的有效性，包括：用户名是否按照要求设定（用户名使用的字符和长度）和用户名是否唯一。如果用户名无效，则提示该用户名无法注册，并告知其错误原因。用户输入有效用户名之后，需要填写用户身份基本信息项来完成注册，具体填写项目示例见表7-1。

表7-1　用户注册信息项

编号	名称	是否必填	备注
1	密码	是	密码长度至少8位，且必须包括一位数字、一个大写字母和一个小写字母
2	密码确认	是	
3	姓名	是	

续表

编号	名称	是否必填	备注
4	电话	是	
5	通讯地址	是	
6	邮编	否	
7	工作单位	否	
8	Email	是	

填写注册信息后，用户必须选择呈缴类型：如果选择个人呈缴，则需要选择将要呈缴的资源种类；如果选择机构呈缴，则必须输入机构名称完成注册过程。

根据一般业务规律，新用户在注册完成后不能马上进行在线呈缴，工作人员需要一定时间对注册信息进行审核，确定注册用户是否具备呈缴主体资格，以及注册信息是否真实有效，审核通过后用户才能正常使用数字出版物呈缴平台（图 7-8）。

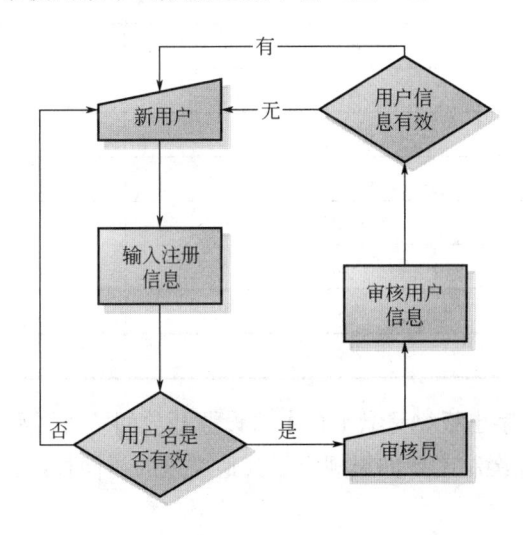

图 7-8　用户建立流程

二、用户呈缴模块

（一）功能概述

用户呈缴模块是呈缴主体或者呈缴代理人通过平台系统提供数字出版物的相关界面。呈缴主体使用该模块，上传呈缴数字出版物和相关元数据，受缴主体在该模块对呈缴数据的完整性进行审核，即对描述元数据必备字段、资源格式和数据完整性等内容进行审核。

（二）业务流程

用户登录成功后，首先会看到管理文件夹列表，列表中应包括：草稿箱、已提交资源列表、退修资源列表、拒绝资源列表、呈缴成功资源列表（表 7-2）。在此用户可以点击查看之前呈缴情况。业务流程如图 7-9 所示。

表 7-2　呈缴情况列表

编号	名称	说明
1	草稿箱	提交之前先保存起来，还要进一步修改的资源
2	已提交资源列表	已经提交但尚未被审核的资源
3	退修资源列表	审核后被退回需要进一步补充材料的资源，按要求完成修改后可以重新提交
4	拒绝资源列表	不符合呈缴要求，被拒绝的资源，资源本身已被删除，只保留基本的描述信息
5	呈缴成功资源列表	已经提交并且通过审核，呈缴成功的资源

可根据实际情况设置呈缴出版物类型。例如，一次性数字出版物、连续性数字出版物等。数字出版物的详细信息项见表 7-3。如果用户呈缴同一系列的出版物每年超过一定次数，那么该平台就应该实现这种呈缴过程的半自动化以加快和简化呈缴过程。

表 7-3　呈缴数字出版物信息项

编号	名称	是否必填
1	著者	是
2	出版年	是
3	出版者	是
4	URL	否
5	ISBN	否
6	ISSN	否
7	备注	否

在一般情况下，在数字出版物呈缴平台中可设置开放阅览等四种访问权限，具体如表 7-4 所示。根据数字出版物呈缴制度，如果规定了其他类型的访问权限，应及时修改更新平台系统设置。

表 7-4　数字出版物访问权限分类

编号	权限	说　明
1	开放阅览	任何人在任何地方都可以访问该数字出版物
2	限制公开	在指定区域内（如受缴主体内），同一时间最多只能被有限的用户（例如：3 个用户）访问
3	对指定区域内的用户公开	用户只有在指定区域内（如受缴主体内）才能访问该数字出版物
4	对指定用户公开	用户每次访问该数字出版物的时候都必须先获得访问许可

呈缴数字出版物的详细信息在后续流程中可生成数字出版物的元数据。数字出版物平台呈缴可以根据用户选择的呈缴资源类型自动区分资源上载页面，平台可设置两种数字出版物呈缴界面：一种是一次只能上传一个单册资源的界面，用户只需上传一个单册资源或者上传的多个单册之间无关就可以使用这种模式，在这种模式下用户选择的多个单册资源可以在列表中查看到；另一种是用户可以大批量上传顺序相关的资源，可以设置为要求用户使用该模块之前需要先联系平台管理员，由平台管理员进行特定设置后允许用户使用该模块进行批量上传。

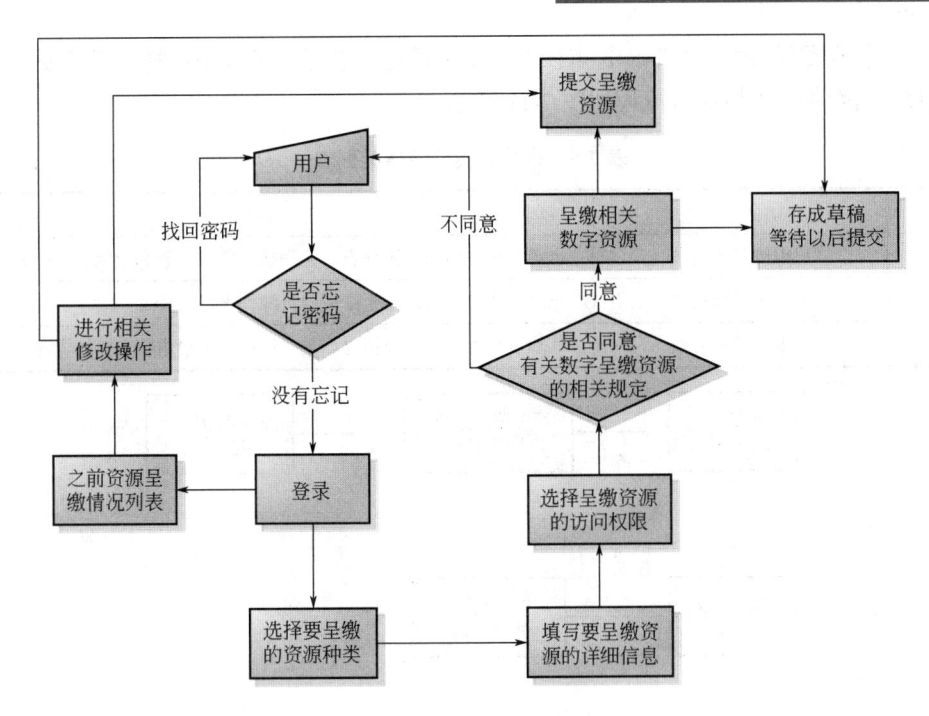

图 7-9　用户呈缴业务流程

用户无论是单册上传还是批量上传，均可按系统提示录入题名、著者、出版者等相关信息，并选择数据文件进行上传，也可填写固定字段的 Excel 文件批量上传。对于数字出版物对象数据，系统应支持后台电子文件格式转化功能，将上传的各种格式数字出版物转换为平台可读的格式。用户登录账户后可检索、浏览、修改呈缴数字出版物的基本信息，并可下载和导出元数据信息。

三、资源审核模块

（一）功能概述

数字出版物呈缴平台应提供审核人员人工审核数字出版物的功能；平台需根据审核人员选择的筛选条件列出符合条件的待审核呈缴数字出版物；审核人员可以将某些复杂的、专业性强的资源推荐或指定给某个审核人员来进行审核；资源审核完成之后，通过电子邮件通知数字出版物呈缴主体审核的情况；支持单个资源审核与批量资源审核。

（二）业务流程

1. 配置审核权限

系统管理员拥有配置审核人员权限的权限，基本步骤是：系统管理员登录平台后，根据人员安排创建审核人员账户，在具体账户下配置审核人员的使用权限（图 7-10）。

2. 审核人员工作流程

审核人员登录成功后，首先会看到管理文件夹列表，这个列表是对审核人员工作情况的记录，包括：已审核资源列表、未完成资

图 7-10　权限配置审核流程

源列表、待审核资源列表（表 7-5）。审核人员登录后还可以通过筛选来选择自己需要进行审核的呈缴数字出版物。审核业务流程如图 7-11 所示。

表 7-5　审核人员资源情况列表

编号	名称	说明
1	已审核资源列表	已经审核完毕的资源列表，分为接受资源列表和拒绝资源列表
2	未完成资源列表	已审核过但还未完全结束的资源列表
3	待审核资源列表	其他审核人员推荐或指定，需要该审核人员进行审核的资源列表

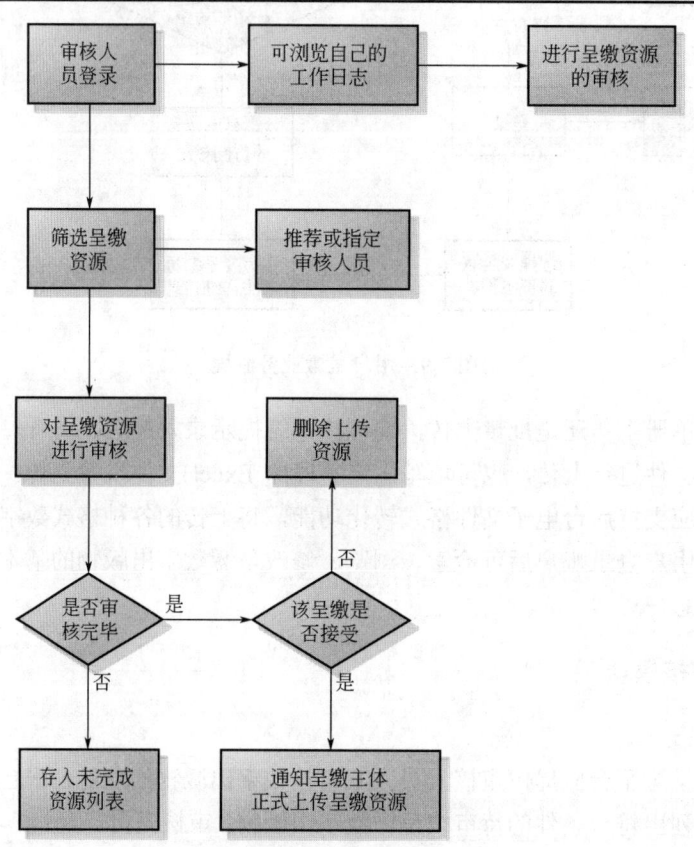

图 7-11　审核业务流程

审核人员可以根据数字出版物呈缴时间、呈缴类型、呈缴主体、机构名称等选项来筛选呈缴数字出版物。审核人员需要根据数字出版物呈缴制度相关法律法规的规定，对呈缴数字出版物的内容、价值、数据质量等进行综合评判，对于符合要求的呈缴数字出版物给予接受和正式提交，并通过 E-mail 通知呈缴主体，对于不符合呈缴要求的数字出版物给予删除，只保留其基本描述信息即可，对于需要修改呈缴信息或者拒绝接受呈缴的数字出版物，审核人员也要发 E-mail 通知呈缴主体。

审核人员将符合要求的呈缴数字出版物提交入库，平台具有数据输出功能，能够将审核通过的元数据和对象数据传送移交到相关联的数字资源存储与管理系统。系统管理员有权对参数设置和输出数据进行管理。

四、资源管理模块

（一）功能概述

该模块主要完成数字出版物的组织和整合工作。

首先要对不同来源、性质和格式的数字出版物进行登记，将各种格式的数字出版物转换成数字出版物呈缴平台能够接受和使用的格式，为数字出版物的描述和简要编目做准备。

对数字出版物的整合主要涉及三个方面：一是对受缴主体已经拥有纸质文献等实体资源的数字出版物，要将其与实体资源信息进行关联，将相关资源实体一并进行揭示；二是对新增的数字出版物建立记录和相关链接，并进行标识和权限区分；三是对数字出版物进行编目，对包含主题、学科分类等信息在内的元数据、文摘和目次等进行补充、修改和完善。

数字出版物呈缴平台应提供元数据编辑功能，除一般的编辑功能以外，还应提供双屏功能：一个屏幕用于编辑当前元数据，另一个屏幕用于辅助编辑，具有单独的检索、显示功能，以提高管理工作效率。

在资源管理模块中，除数字出版物组织和整合以外，数字出版物的保存功能也十分重要。应对呈缴数字出版物进行妥善保存，防止放在平台存储上的数字出版物被恶意盗取或破坏，并在版权保护的原则下分层对用户提供服务。

（二）业务流程

资源管理流程如图 7-12 所示。

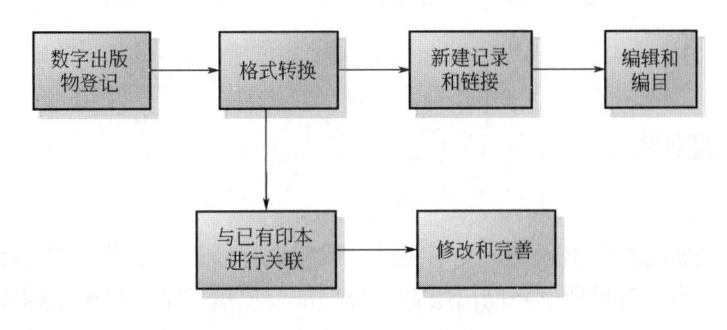

图 7-12 资源管理流程

五、统计管理模块

（一）功能概述

数字出版物呈缴平台的统计管理主要涉及三个方面：数字出版物呈缴情况统计、审核人员工作量统计和系统数据量统计。统计条件应支持单选和多选，统计结果应以图表的形式进行显示和打印输出。

数字出版物呈缴情况的统计条件包括：来源、资源类型、出版者名称、呈缴主体、呈缴日期、出版时间、时间段、处理结果（表 7-6）。为方便操作，所有统计条件应做成下拉菜单的形式。统计结果可以显示成直观的线性、柱形、饼形图，也可以 Excel 表格打印输出。

表 7-6　统计项列表

统计条件	说　　明
来源	加入该平台的不同国家和地区
资源类型	呈缴时候选择的资源类型
出版者名称	呈缴主体注册时填写的出版者名称
呈缴主体	呈缴主体注册时填写的名称
呈缴日期	呈缴主体提交数字出版物的时间
出版时间	数字出版物出版的时间
时间段	系统弹出日期时间框可供选择
处理结果	包括接受、退修和拒绝

审核人员工作量统计条件包括：审核员、资源类型、时间段和处理结果。

系统数据量统计条件包括：资源类型、时间段和处理结果。

（二）业务流程

统计业务流程如图 7-13 所示。

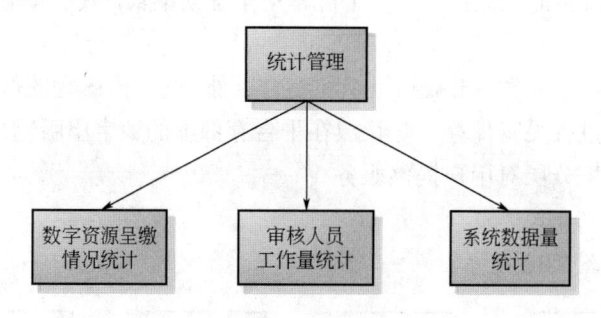

图 7-13　统计业务流程

六、催询管理模块

（一）功能概述

对于未按时呈缴的数字出版物，受缴主体一般应进行催询。呈缴催询工作要求首先建立数字出版物的信息库，可以通过新闻出版行政管理部门提供目录、呈缴主体提供目录、网络资源抓取等方式来建立呈缴信息库，信息库中记录的内容涵盖数字出版物的题名、著者、出版者、出版时间等基本信息，通过与呈缴数字出版物进行比对，确定需要催询的数字出版物清单。催询方式为可选菜单，包括按年份、按时间段或按照呈缴主体来进行催询，催询信息可以通过 E-mail 群发给在数字出版物呈缴平台注册的呈缴主体。

（二）业务流程

催询管理模块的主要业务流程包括：信息库对比、明确催询对象，按照时间段、年份或出版物等线索开展催询，并将催询信息以不同形式通知给呈缴主体，具体如图 7-14 所示。

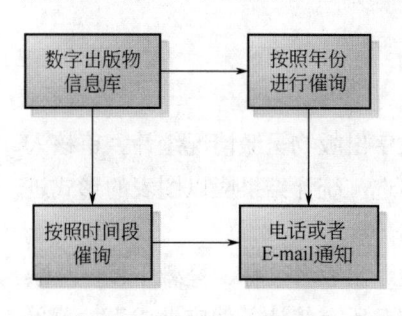

图 7-14　催询管理流程

第五节　数字出版物呈缴平台技术难点

数字出版物呈缴平台不仅是一个综合信息管理系统，同时也是一个以数字内容为中心的资源管理系统。实现平台的信息管理功能和资源管理功能，必须按照区别化设计、兼容、安全等原则开展设计，并且在设计开发过程还要注意发现和克服不同方面的技术难点。

一、跨平台的数据交互与知识挖掘

数字出版物呈缴平台应兼具服务支持功能，因此要求其能够对不同平台的数字资源进行组织和整合，使受缴主体能够提供跨平台联合检索的服务，彻底实现对数字资源的统一发现。由于不同平台的系统架构、元数据格式、存储形式、资源描述方式各不相同，为统一发现系统带来了许多困难。但是在信息技术高速发展的大环境下，统一发现系统日趋完善和强大，给用户带来了越来越智能、便捷的体验。例如，统一发现系统不断优化元数据与对象数据的合理关联，通过知识组织技术，建立资源内容单元之间的知识关联，并逐步形成知识网络，能够针对不同群体的需求提供个性化、多样化的信息与知识服务。

随着数字信息技术的发展，数字资源呈现指数级地迅速增长，这意味着当一个用户在搜索一本书、一个文件或一个视频时，不仅需要快速地获得检索结果，还需要获得更多的与这个主题相关联的信息。知识挖掘的作用就是不仅能清楚用户所需要的内容的位置，还能从知识库中找出所有与这个检索点相关的信息，为用户的决策提供支持。知识挖掘能够对搜索结果中的内容知识进行挖掘与抽取，获得细分知识，并按知识脉络和知识关系进行重组，以便能为用户精准提供所需的资料。知识挖掘提供了一种有品质、有价值、有内容、用户充分参与其中的服务，数字出版物呈缴平台作为信息管理平台和资源管理平台，在其所承担的服务功能实现过程中，应充分应用知识挖掘技术，为用户提供更好的资源和知识发现服务，同时利用平台产生的大数据发现和分析深度参与其中的用户价值，体现平台的互馈效果。

二、数字出版物的长期保存

随着数字出版物数量和质量的不断提升，其影响力也不断增强，这种形式的出版物被越来越多的用户认可和选择，对数字出版物的收集和长期保存成为文献信息机构一项重要的职责。

传统图书馆数字资源的存储方式有三种：DAS（直接附加存储）、NAS（网络附加存储）和 SAN（存储局域网络）。这三种方式都属于集中式存储，具有对存储硬件依赖性高、数据共享困难、数据可靠性低、数据备份困难、扩展不便以及价格昂贵的缺点。数字出版物呈缴平台在确定长期保存策略时，应尽量避免这些不利因素，考虑采用云存储模式来解决呈缴数字出版物长期保存的问题。

云存储（Cloud Storage）❶就是将存储资源放到网络上供用户访问的一种新兴方案，它是在云计算（Cloud Computing）的概念上延伸和发展出来的一个新概念，通过网格技术、分布式文件系统或集群应用等功能，将网络中大量不同类型的存储设备通过应用软件集合起来协

---

❶ Wikipedia. Cloud Storage［EB/OL］.（2010-10-11）［2020-8-15］. http://en.wikipedia：org/wiki/Cloud_storag.

同工作，共同对外提供数据存储和业务访问功能。云存储的使用者可以在任何地方、任何时间、通过任何可联网的装置来方便地存取数据。用户对云存储的数据安全要求更高，同时需要其能提供相应的数据检索及管理功能。在安全性能足够高的情况下，用户可以通过付费的方式定期购买、安装、设定或扩充其存储设备，尤其是对于有巨大数据备份的用户而言，云存储极大程度地解决了存储设备的管理和扩充问题。

相比于传统的存储设备，云存储在组成结构上是一个更为复杂完整的系统。云存储系统不单单是传统的硬件存储设备，还包括网络设备、服务器、存储设备、应用软件、接入网、公用访问接口以及客户端程序等等。在云存储系统中，存储设备是整个系统组成的核心，存储设备可以通过应用软件来为用户提供数据的存取服务。通过云存储，用户甚至不需要购买和部署硬件设施，不需要担心未来磁盘空间不足的问题，不需要配备专门的硬件管理人员，而直接将注意力集中在如何开展数字资源长期保存的研究上。任何其他 HE/FE 的机构都可以从任一地点登录到云存储平台上，在几分钟内迅速启动自己的仓储服务，大大降低了机构开展数字资源长期保存的难度。

数字出版物呈缴平台开发可基于云存储的理念，采用分层建设、集中保存、共建共享模式。平台可由受缴主体进行软硬件环境搭建与维护，各呈缴主体以 SAAS（Software-as-a-Service，软件即服务）的方式租用服务。在资源保存上，采用统一存储、集中管理方式，各个呈缴主体将各自数字出版物集中上传到云存储中心，由受缴主体负责云存储中心的管理。在使用资源时，各个用户可按需调用。

第六节　数字出版物呈缴平台在中国的应用前景

数字出版物呈缴平台是数字出版物呈缴制度建立和运行的重要支撑。研究和开发数字出版物呈缴平台，不仅是当前阶段信息管理发展和呈缴活动进行的必然要求，同时也是未来国家数字文化战略发展的要求，在数字资源生产、传播、管理和保存等各个相关方面都具有重要的应用前景。

本书结合各类型数字出版物的特点，研究设计数字出版物呈缴平台的技术开发方案，以促进数字出版物呈缴平台的开发，为呈缴主体和受缴主体提供一个便捷的网络操作平台，便于呈缴主体呈缴、查询并使用相关的数字出版物，受缴主体也可以利用该平台对呈缴的数字出版物进行组织、揭示与长期保存并提供公众使用，同时可掌握数字出版物的呈缴情况，便于查漏补缺。此外，各级呈缴行政主管或监管单位也可以通过数字出版物呈缴平台，及时掌握全国及本地区、本部门呈缴主体的呈缴情况和受缴主体的接受登记情况，以便于进行行政监督与考核。

另外，由于数字出版物呈缴平台的前端包含数字出版物生产平台，后端连接着数字出版物加工平台和存储平台等，所以平台建设还需要充分考虑标准的规范性和兼容性，使生产平台、呈缴平台、加工平台和存储平台都遵从统一的标准相兼容，实现各环节数据的平稳传输与交互操作。从这个意义上来说，数字出版物呈缴平台是整个数字资源流过程中的一个环节，其技术和业务等各个方面必将随着整个产业链的进步而进步，其发展和完善也将对产业链其他各环节产生积极影响。

第八章

研究结论与展望

通过对呈缴制度的理论分析引入和案例调查、问卷调查、专家访谈等实证研究的开展，本书构建了数字出版物呈缴制度框架，就数字出版物呈缴制度在我国的发展基础进行了探讨，同时也分析了在我国建立该项制度的现实制约，提出数字出版物呈缴制度的核心要素。在此基础上，全面分析数字出版物呈缴制度建立的相关问题，并制定数字出版物呈缴系统平台建设方案，以期对我国确立数字出版物呈缴制度的实践开展有所裨益。数字出版物呈缴制度理论与实证研究取得了一定进展，但也不可避免地存在一定不足，有待于进一步开展深入的研究和实践应用。

第一节 研究成果的主要结论与成果

一、课题主要结论

（一）尽快建立我国数字出版物呈缴制度

数字出版物的发展以及阅读方式的转变给国家文化资源保存和使用带来了新的挑战，我国必须尽快建立数字出版物呈缴制度，以应对快速发展变化的信息技术环境所带来的数字出版物流失问题。经过广泛调研发现，一些国家以不同模式建立了数字出版物呈缴制度，基本上是以立法为核心，关注和重视不同利益相关者的需求，从而实现数字出版物呈缴利益相关者之间的良性互动。在我国，传统出版物呈缴制度经过多年的运行和发展，积累了丰富的经验，为数字出版物呈缴制度的构建奠定了一定基础。但同时，针对我国法律政策现实环境和不同利益相关者需求意愿的调查表明，无论是从国家文化战略的角度分析，还是从出版界、图书馆界等相关方需求和意愿的角度分析，数字出版物呈缴制度的建立都正当其时，必须尽快着手开展相关工作。

在中国的《公共图书馆法》已经做出交存正式出版物的立法规定背景下，传统出版物呈缴制度在实践运行方面尚存在较多问题，例如：法律保障不充分、呈缴方式规定模糊、多头呈缴负担重、权利与义务缺失、缺乏权威统计分析规则等，构建数字出版物呈缴制度必须面对并解决这些问题。同时，针对数字出版物的特性在制度设计上进行突破和创新，在法律制度、管理、经济、版权、技术等因素制约下寻求平衡机制，建立起适应数字文化发展的数字出版物呈缴制度，从而才能达到全面保存国家数字文化遗产、维护国家网络安全与文化安全以及满足全社会信息需求的目标。

（二）深入研究数字出版物呈缴制度基本要素

数字出版物呈缴制度是国家通过立法规定呈缴义务人在规定的期限内，向国家指定机构无偿呈缴规定数量与质量的数字出版物的一项制度，是各国为数字文化保存与传承而创制的有组织的规范体系，以数字出版物的呈缴行为为基点。数字出版物呈缴行为是以呈缴主体的呈缴活动为核心的一系列有序活动：呈缴主体整理数字出版物，并按照制度规则进行呈缴，受缴主体接收呈缴的数字出版物，并进行加工、整理、保存与服务。在这个过程中，不仅涉及数字出版物载体的流转，而且也涉及数字出版物相关版权的流转。从数字出版物呈缴制度的一般意义看，其基本要素包括：数字出版物呈缴的相关主体、一般范围、呈缴方式、呈缴流程以及数字出版物长期保存体系。

数字出版物呈缴活动的相关主体是数字出版物呈缴制度的关键要素。综合国内外理论与立法实践分析，数字出版物呈缴制度相关主体包括呈缴主体、受缴主体、监管主体和协调主体。数字出版物呈缴主体具有遵照本国相关法律法规完整呈缴数字出版物的使命和责任，同时享有相应呈缴豁免的权利；受缴主体代表国家承担完整采集与保存数字文化遗产的责任，具有主动采集、接受呈缴、检查数字出版物等基本权利，同时承担数字出版物服务的义务；监管主体的责任主要是对呈缴主体与受缴主体的呈缴相关活动进行监管，并依法依规开展奖惩活动；协调主体主要负责协调呈缴主体、受缴主体以及监管主体之间的关系，协助分属不同行政管理体系的文化与出版活动能够围绕共同目标而顺利完成呈缴活动。在这四类主体中，呈缴主体与受缴主体是数字出版物呈缴制度实施过程中的具体执行者，而是否设置监管主体与协调主体则可根据制度环境需求而定；各主体之间存在密切的影响与促进关联。

数字出版物类型多样，数量巨大，不但更新频率快，而且价值评估也是一个复杂的问题，不可能也没必要对其进行全面呈缴，而是应当根据本国呈缴制度目标划定呈缴的一般范围，对离线出版物和在线出版物的呈缴范围分别进行规定，特别是针对在线出版物的复杂来源，可分别从出版物创建者、出版者、内容、域名等角度进行划定，可通过明确必须呈缴或明确豁免的方式规定呈缴的一般范围。

数字出版物的特性决定了其可以以多样化方式实行呈缴，包括直接呈缴、委托呈缴、自愿呈缴、配套呈缴、协议保存、依通知呈缴等。作为一项强制性的法律制度，直接呈缴是最主要的呈缴方式，其他几种方式视不同情况可作为补充方式。相比传统出版物呈缴而言，数字出版物的呈缴流程更为复杂。在呈缴前期，需要完成法律准备、标准规范准备以及相应的技术准备。在线出版物与离线出版物的呈缴方式和呈缴过程不尽相同，但无论何种数字出版物，其呈缴后都必须经过数据检查、组织整理、保存以及服务利用的环节。在这个过程中，数据流向是双向的，既包括数字出版物提交的正向数据流动，也包括数字出版物服务的反向数据流动。

数字出版物长期保存是数字出版物呈缴制度的重要组成部分，也是这项制度文化传承作用的直接体现。长期保存必须实现数字出版物的可访问性、可理解性以及完整性，长期保存过程需要明确受缴主体、保存主体、管理机构以及长期保存资源用户的角色和定位，这也与长期保存的模式息息相关：多机构联合保存模式、单机构保存模式以及通过外购服务的保存模式各有利弊，同时应结合数字保存的经济问题而确定保存模式。

（三）构建我国数字出版物呈缴制度框架

构建我国数字出版物呈缴制度框架，应立足我国数字文化遗产保存的战略需求和相关法律法规所确立的现实基础，首先根据数字出版物呈缴行为具有的程序性、目的公益性、强制性行为特征，以及数字出版物制度的公法法律特征，确定我国数字出版物呈缴制度的基本属性，从而开展数字出版物呈缴制度框架设计，从宏观战略层面对我国数字出版物呈缴的模式、相关主体、程序等进行系统化设计，其核心问题是严格呈缴责任的立法工作，而围绕核心工作开展的相关工作机制、技术规范体系以及经费保障机制建设则作为这项制度的依托和补充。制度设计初期应从数字出版物呈缴工作战略规划编制入手，对数字出版物呈缴相关主体基本信息进行统一管理，强化数字出版物呈缴制度基础研究。

在数字出版物呈缴制度立法问题上，确立立法的基本原则和法律制定原则是立法基础。首先，必须解决立法模式问题：根据对我国数字出版物呈缴制度需求的深入分析，本书认为应选择制定一部适用于数字出版物呈缴相关各级各类主体、用于数字出版物呈缴活动全过程的、公法范畴的统一立法。在统一立法的基础上，再由国务院及其部门视情况制定实施性的法规、规章。其次，必须明确法律的调整范围，法律的时间效力范围、空间效力范围以及对象效力范围能够确保呈缴制度立法目标的实现。最后，也是立法工作的重中之重，就是建立我国数字出版物呈缴制度的法律关系：在线出版物与离线出版物均应作为呈缴客体纳入国家数字资源长期保存体系中，但是同时也应排除若干数字出版物，例如为满足私人目的的在线出版物无须呈缴；关于数字出版物的形式、格式、数量、版本也应在法律中予以明确。相关的出版者、创作者作为呈缴主体根据出版物类型的不同承担相应的呈缴职责。为消除"多头呈缴"的弊端，应确立以国家图书馆为主导的呈缴合作机制，指定国家图书馆作为唯一受缴主体，授权其联合相关机构开展呈缴出版物保存和管理，建立数字出版物的安全保存环境。呈缴主体与受缴主体权利和义务的规定应达到基本平衡状态，避免出现因权利与义务失衡而造成的法律执行困难。在我国，呈缴主体应承担包括呈缴费用在内的呈缴相关义务，同时享受呈缴豁免、呈缴资源利用等基本权利。受缴主体应承担接受呈缴数字出版物、建立数字出版物国家仓储、提供数字出版物服务等多项义务，同时享有接受与采集数字出版物、检查催缴、再操作等基本权利。

立法是建立数字出版物呈缴制度的核心内容，但不是唯一内容。围绕呈缴工作而建立的法制工作、协调机制、监管机制与考核评价机制也是数字出版物呈缴制度的重要组成部分，多种工作机制从不同角度作用于呈缴制度，才能保证这项制度目标的实现。同时，在数字出版物呈缴制度建设中，必须重视加强顶层设计，按照急需先行、参考借鉴、开放建设、核心建设和推广应用的原则，建立相关的技术规范体系，如唯一标识符规范、元数据规范、对象数据规范、统计规范、长期保存规范以及工作程序规范等。

（四）建立我国数字出版物呈缴制度监管与评估机制

在我国，数字出版属于新闻出版监管的范畴。以数字出版物为对象的呈缴制度也需要建立监管制度，对呈缴活动及相关主体进行有效的监督管理，通过监管机制和法律、社会体系保障，推进数字出版物法定呈缴的有效实施。在我国数字出版物呈缴制度监管中，应以机构型监管模式为基础，引入目标型监管模式，以明确目标作为监管标准，提高监管模型的适用性和扩展性，最大程度发挥监管对象的主观能动性，同时构建全方位、多层次的立体监督体系，开展监管体系内部的监督和监管体系的外部监督。

在针对数字出版物呈缴活动进行及时、有效监管的同时，开展科学、客观的评估工作对于检验制度效果、明确相关责任、引导制度发展等都是十分必要的。开展数字出版物呈缴制度评估应当注重科学客观、公开公正、成本效益、制度化和规范化。根据我国的立法体系，全国人大常委会、国务院和国务院相关部委可作为数字出版物呈缴制度评估的责任主体，由责任主体任命一个专门的评估工作组，发起数字出版物呈缴制度评估活动；在数字出版物呈缴制度发展之初，评估实施主体宜采用复合型评估主体模式，由评估责任主体牵头，根据客观情况选择一个或多个实施主体，根据评估对象、评估内容、评估标准、评估经费等因素，确定评估的参与实施主体，全国人民代表大会相关机构、国务院办事机构、数字出版物呈缴制度运行机构、专业性社会评估机构等可承担或联合承担评估实施主体的职责。数字出版物呈缴制度的评估对象既包括抽象的制度，也包括具体参与呈缴活动的呈缴主体和受缴主体，应针对不同的评估对象设计相应的评估指标，本书设计了二级评估指标体系，研究分析了评估要素或指标内涵，以作为开展制度需求、价值、效果以及效率评估的参考资料。

（五）研发数字出版物呈缴系统平台

数字出版物呈缴活动不同于传统出版物的呈缴，其载体特性决定了进行自动化呈缴的可能性和必要性，因此，设计开发数字出版物呈缴系统平台是数字出版物呈缴制度构建的必要内容之一。基于对数字出版物呈缴相关理论和实践的分析，应遵循区别化、兼容性、自动采集加工等原则，开展数字出版物呈缴系统平台设计，系统平台主要模块包括：用户建立模块、用户呈缴模块、资源审核模块、资源管理模块、统计管理模块以及催询管理模块。在系统开发过程中，必须处理好跨平台的数据交互与知识挖掘以及数字出版物长期保存等技术难点，未来系统平台建设必须提高规范性和兼容性，使数字出版物的生产平台、呈缴平台、加工平台和存储平台都遵从统一的标准相兼容，实现各环节数据的平稳传输与交互操作。

二、主要创新点

（一）创造性地提出我国数字出版物呈缴制度框架

在广泛调查和研究国内外出版物呈缴相关制度发展的基础上，结合我国传统出版物呈缴现存的问题和需求，分析数字出版物呈缴制度的基本要素，创造性地提出我国数字出版物呈缴制度的主要框架，详细阐述呈缴立法相关问题、工作机制以及技术规范体系的建设，对数字出版物呈缴相关主体设置及其权责分担、呈缴范围、呈缴方式、呈缴流程进行科学设计，为我国建立数字出版物呈缴制度提供理论研究基础和参考模型。

（二）研究设计数字出版物呈缴制度监管机制和评估机制

研究分析监管和评估在数字出版物呈缴活动中的重要作用。基于监管理论和我国数字出版物发展实践，提出对数字出版物呈缴活动采用混合型监管模式，提出监管主体及其职能建议；基于评估理论和我国数字出版物呈缴需求，提出针对数字出版物呈缴制度和相关主体开展评估，指出不同职责的评估主体，设计针对不同评估对象的评估指标体系及相关的数据统计指标体系。该项研究成果可作为未来数字出版物呈缴制度建立和运行的研究基础，在当前，可用于指导现有出版物呈缴制度完善和优化以及数字出版物规范化管理。

（三）创造性地提出数字出版物呈缴系统平台设计方案

从计算机软件设计的角度出发，提出数字出版物呈缴系统平台的设计方案，研究系统平台的功能需求，并据此规划系统平台主要功能模块，分析阐释系统平台设计的主要技术难点，作为推动数字出版物呈缴制度尽快建立的重要实践工具，同时也为现有出版物呈缴活动的自动化和效率提升提供参考依据。

三、成果的主要价值与影响

（一）学术价值

1. 研究方法

本书从调查研究入手，综合运用文献调查、问卷调查、专家访谈、比较研究等多种技术方法，深入研究国内外出版物呈缴制度发展的一般规律，基于我国现实需求并引入相关理论，构建了数字出版物呈缴制度的研究方法论体系，为我国现有出版物呈缴制度发展和建立数字出版物呈缴制度的实践探索提供参考。

2. 理论层面

本书综合运用法律、制度、出版、数字资源管理、监管、评估等相关领域的理论知识，推进符合我国数字出版物呈缴制度的理论创新，探讨了数字出版物呈缴制度需求、制度目标、基本要素、制度框架以及监管评估等理论问题，既拓展了相关理论的应用领域，同时也丰富了数字出版物呈缴制度研究的理论体系。

3. 学术材料价值

本书在研究过程中，对国外数字出版物呈缴制度相关的法律文本进行了分类整理和研究，对我国出版物呈缴相关的中央和地方层面的法律法规、政策文件等进行了汇总整理，全面翔实的文献资料可作为我国开展相关方面研究和实践的重要参考。同时，本书面向出版者、数据库商、图书馆以及个人作者分别开展了问卷调查，共回收159份问卷调查数据，并对上海、广东、浙江三省相关机构开展了实地调研，积累了翔实、可靠的第一手资料。

（二）应用价值

1. 为我国建立数字出版物呈缴制度提供参考

本书从大量相关领域的调查研究出发，指出我国建立数字出版物呈缴制度的必要性和紧迫性，为决策层制定相关战略提供基础研究支持，有利于推动我国尽快启动制度建设的相关工作。本书基于国内外实践研究与理论研究结果所构建的数字出版物呈缴制度框架、监管机制与评估机制，以及数字出版物呈缴系统平台设计方案，可以为我国真正建立数字出版物呈缴制度提供理论基础和操作层面的指导。

2. 为我国数字出版物建设与发展战略规划提供参考

本书的研究成果以探索建立符合我国国情的数字出版物呈缴制度为核心，内容研究延伸到数字出版物建设与发展的多个方面，针对法律、制度、技术等不同领域提出了若干具体建议，对于我国编制数字出版物建设与发展的相关战略规划具有促进作用。

3. 为我国相关立法工作提供参考

数字出版物呈缴制度的核心内容就是呈缴立法工作。此外，呈缴活动也涉及著作权、信息安全、图书馆等相关领域的问题，本书研究成果中包含相关的分析研究，为《中华人民共和国著作权法》《公共图书馆法》等相关法律法规的制修订提供了研究基础和具体建议。

（三）社会影响与效益

1. 专题会议研讨

在本研究和成果形成的过程中，课题组多次召开专题研讨会议，聘请来自新闻出版研究部门、出版社、高校法学院、《中华人民共和国著作权法》第三次修订专家组以及图书馆的专家学者参与项目讨论，并赴上海、广东、浙江组织三省相关机构人员进行专题讨论，广泛汲取有益意见，同时也积极宣传推广数字出版物呈缴制度，引起不同领域专家学者对该项制度的关注和重视。

2. 研究成果在学术期刊发表

本书的阶段性研究成果陆续在图情类学术核心期刊发表，及时反映了关于我国数字出版物呈缴限制与制约因素、基于权利人意向的数字出版物呈缴制度建设建议等重点问题的研究成果，为相关领域研究人员提供一定的参考资料。

3. 专业人员队伍建设

本书涉及法律、行政、出版、图书馆、信息技术等多个学科领域，课题组成员在研究过程中不断学习，自身学术水平和业务水平得到提升，研究过程促进了综合性专业人员队伍的建设。

4. 事业建设提供参考

课题组积极参与我国《中华人民共和国著作权法》第三次修订、《公共图书馆法》制定和国家图书馆十三五规划编制工作，为相关法律法规、政策、规划的制修订提供了研究基础和具体建议。

第二节 研究局限与未来展望

一、研究局限

（一）缺乏我国数字出版物呈缴制度框架设计的实证研究

由于目前我国并未启动数字出版物呈缴制度立法工作，在短期内不具备对本研究所设计的我国数字出版物呈缴制度框架进行直接的实证研究的条件。因此，为保证课题研究的科学性和课题成果的可靠性，本书尽可能从国外数字出版物呈缴制度的一般规律出发，对比我国现实需求开展研究，并结合我国少量的已开展的离线出版物呈缴实践以及对相关主体的调查结果，间接开展部分实证研究。

（二）未编制数字出版物呈缴制度相关法律文本

立法是建立数字出版物呈缴制度的核心内容。本研究探讨了关于我国数字出版物呈缴制度的立法原则、立法模式、法律调整范围以及法律关系内容，对相关主体的主要权利和义务都进行了较为全面的研究。但由于课题目标主要是进行数字出版物呈缴制度的一般理论研究，因此，课题更偏重基础研究和策略研究，基于我国现实条件限制未编制相关的法律文本，在未来立法阶段，可参考本书研究内容进行法律文本编制工作。

二、未来研究展望

（一）完善数字出版物呈缴制度研究的理论体系

在已有数字出版物呈缴制度理论研究基础上，进一步深入研究呈缴制度对数字出版物出版者、发行者和图书馆业务与管理的影响，研究呈缴立法与著作权法、公共图书馆法之间的平衡以及联动关系，深入探索呈缴制度工作机制、技术规范体系以及监管与评估机制，不断完善数字出版物呈缴制度的理论体系，将制度研究向纵深推进。

（二）推动数字出版物呈缴制度立法

推动理论研究成果向制度成果转变，真正建立数字出版物呈缴制度。结合我国出版物呈缴的现实基础，加强理论和实践两个方面的研究与探索，切实推动相关立法工作。以法律形式确立数字出版物呈缴制度，通过法律确定呈缴主体、受缴主体以及不同主体对呈缴工作的权利与义务，明确呈缴范围与呈缴方式。同时，加强数字出版物呈缴制度所涉及各个方面的规范化研究，推动国务院及其部门视必要制定实施性的法规、规章，逐步建立针对数字出版物呈缴制度的法制工作机制、协调机制、监督机制以及考核评价机制。

（三）探索数字出版物呈缴制度实践运行

加强数字出版物呈缴的实践探索，抓好制度的落实和执行，不但要逐步建立适应数字出版物呈缴活动的技术标准规范体系，开发能够广泛适用于相关主体的呈缴工作系统平台，提高呈缴自动化水平以保障呈缴工作效率，而且在制度运行过程中，也要重视对制度本身以及相关主体的监管与评估研究，并将评估结果反馈到制度调整和完善过程中，使数字出版物呈缴制度在实践运行中得以不断完善。

（四）从数字出版物呈缴研究拓展到数字文化发展研究

在信息技术和数字出版模式快速发展的大背景下，从国家数字文化建设的战略发展出发，以更宽视野、更大格局来研究数字出版物呈缴制度，突出呈缴制度相关各类主体的互通和联动，制定有效措施，引导数字出版物建设与保存工作、各个主体数字文化相关工作的健康有序发展。在数字文化发展空间格局内调动数字出版物呈缴制度的要素资源，以文化和科技的力量加强不同行业之间的纽带，研究以数字出版物呈缴和保存为着力点的数字文化发展格局，做好数字出版物呈缴制度和国家数字文化发展战略的衔接。

参考文献

[1] Abi Paramaguru, Sophia Christou. Extension of Legal Deposit: Recording Australia's Online Cultural Heritage[J]. SCRIPTed, 2009, 2(6): 411-432.

[2] Allen Kent.Encyclopedia of Library and Information Science(Volume 14)[M]. NewYork: MarcelDekker, Inc, 1991: 140.

[3] Angela Dappert, Enders M.. Digital preservation metadata standards[J]. Information Standards Quarterly, 2010(2): 5-13.

[4] Bjarne Andersen. Strategies for archiving the Danish web space [EB/OL][2014-03-23]. http://www.bka.gv.at/DocView.axd?CobId=32141.

[5] British library research and development department. The legal deposit of online database[R]. British Library. Research and Development Report, 1996: 54.

[6] British Library. International survey-electronic legal deposite. [EB/OL]. [2012-03-14]. http://www.cdnl.info/2010/CDNL_2010_BL_international_survey_on_e-Legal_Deposit.pdf Byford John. Publisher and legal deposit libraries cooperation in the united kingdom since 1610: effective or not?[J] .IFLA journal, 2002(5): 292-297.

[7] Cecilia Penzhorn, Retha Snyman, Maritha Snyman. Implementing and managing legal deposit in South Africa: Challenges and recommendations [J]. The International Information & Library Review, 2008(40): 112-120.

[8] Claudia B. Bazán, BA. Visibility of International Recommendations for Legal Deposit of Publications in National Legislations[R/OL][2012-12-21].http: //ifla.queenslibrary.org/VII/s1/pub/legal_deposit_2004-e.pdf.

[9] Conference of Directors of National Libraries in Asia and Oceania[EB/OL][2014-02-24]. http: //www.ndl.go.jp/en/cdnlao/newsletter/066/662.html.

[10] Copyright Law of the United States[EB/OL]. [2015-02-26]. http: //www.copyright.gov/title17.

[11] Dame Lynne Brindley. British Library international survey on E-Legal Deposit 2011: summary of findings[EB/OL].(2011-08-15). [2012-02-20]. http: //www.cdnl.info/2011/pdf/e_2Dlegalde- posit_20survey_20CDNL_20Slides_20Aug%20[Compatibility%20Mode].pdf.

[12] David J. Powell. Voluntary deposit of electronic publications: a learning experience[R/OL] [2013-03-18].http: / www.ingentaconnect.com/search/downloadjsessionid=5bd5no62qcpu4. victoria?pub=infobike%3a%2f%2falpsp%2flp%2f2003%2f00000016%2f00000002%2fart000 12&mimetype=application%2f.pdf.

[13] DOAJ [EB/OL].[2015-7-19].http: //www.doaj.org/doaj?func=search&uiLanguage=en.

[14] Electronic Publishing Service Ltd, EPS. Refining the map of universe of electronic publications potentially eligible for legal deposit [R/OL][2014-02-24]. http: //www.pdfio.com/k-23117.html#download_area.

[15] Electronic Publishing Service Ltd, EPS. Refining the map of universe of electronic

publications potentially eligible for legal deposit [R/OL][2014-02-24]. http: //www.pdfio.com/k-23117.html#download_area.

[16] Fox Peter . Archiving of electronic publications: some thoughts on cost[J]. Learned Publishing. 2002(1): 3-5.

[17] Lasfargues F, Oury C, Wendland B. Legal deposit of the French Web: harvesting strategies for a national domain[C]//International Web Archiving Workshop. 2008.

[18] Muir A. Legal deposit and preservation of digital publications: A review of research and development activity[J].Journal of Documentation 2001, 57(5): 652-682.

[19] IFLA Statement on Legal Deposit. International Federation of Library Associations and Institutions, December 7, 2011, Background[R/OL][2013-03-26]. http: //www.ifla.org/files/clm/publications/ifla_statement_on_legal_deposit.pdf.

[20] IFLA. Guidelines for legal deposit legislation[EB/OL]. [2013-06-30]. http: //archive.ifla.org/VII/s1/gnl/chap6.htm.

[21] Ingeborg Verheul. Networking for digital preservation: current practices in 15 national libraries[R/OL].[2015-07-31].www.ifla.org/files/assets/hq/publications/ifla-publications-series-119.pdf.

[22] Ingeborg Verheul.networking for digital preservation: current practice in 15 national libraries[R].IFLA publications, 119.

[23] Ingrid Mason.Virtual Preservation: How Has Digital Culture Influenced Our Ideas about Permanence? Changing Practice in a National Legal Deposit Library[J].Library Trends, 2007(1): 198-215 .

[24] Judith Cobb, Gayle Palmer. Managing and Sustaining A State Government Publications Program in Caliifornia[R/OL][2013-10-16].http: //www.library.ca.gov/gps/docs/OCLCFIN.pdf.

[25] Kyung Ho Choi, Dal Ju Jeon. A Web Archiving System of the National Library of Korea: OASIS[J]. http: //www.ndl.go.jp/en/cdnlao/newsletter/058/583.html.

[26] Kyung Ho Choi, Dal Ju Jeon. A Web Archiving System of the National Library of Korea: OASIS [J/OL] [2014-03-20]. http: //www.ndl.go.jp/en/cdnlao/newsletter/058/583.html.

[27] Library and Archive Canada. Digital Collection's Upload platform [EB/OL] [2014-10-12]. http://www.collectionscanada.gc.ca/electroniccollection/deposit/index.php?fuseaction=login.signUpForm.

[28] Library and Archives Canada. Library and Archives Canada 2010-2011 Departmental Performance Report[R].Library and Archives Canada, 2012: 17.

[29] Library of Congress Collections Policy Statements[EB/OL]. [2015-02-26]. http: //www.loc.gov/acq/devpol/motion.pdf.

[30] Marianne Takle. The Norwegian National Digital Library[EB/OL][2013-06-29]. http: //www.ariadne.ac.uk/issue60/takle.

[31] Martin, D. Definitions of publications and associated terms in electronic publications[M].

British Library Research& Development Department, 1996.

[32] National Diet Library.Legal Deposit System Council[EB/OL][2013-06-06]. http: //www.ndl.go.jp/en/aboutus/deposit_council_book.html.

[33] National Library of Australia. Guidelines for the preservation of digital heritage[EB/OL].[2014-02-26]. http: //unesdoc.unesco.org/images/0013/001300/130071e.pdf

[34] National Library of Australia. Legal Deposit in Australia[R/OL].[2012-10-07].Legal Deposit - State Library of Queensland. http: //www.slq.qld.gov.au/__data/assets/pdf_file/0018/125325/LegalDeposit_08.pdf.

[35] National Library of Korea. Korea Annual Report to CDNL 2012/13[R/OL][2014-01-29]. http://www.nl.go.kr.

[36] National Library of Korea. Online Archiving & Searching Internet Source[EB/OL][2014-02-25]. http: //www.oasis.go.kr/jsp/data_search_keyword.jsp?nocache=1396689853075.

[37] Northern Territory Government.Publications(Legal Deposit)Act 2004[R/OL][2012-10-08]. http: //www.austlii.edu.au/cgi-bin/download.cgi/cgi-bin/download.cgi/download/au/legis/nt/consol_act/pda2004263.pdf.

[38] Pew Internet. E-Reading Rises as Device Ownership Jumps[R/OL].(2014-01-16). [2015-06-16]. http: //www.pewinternet.org/2014/01/16/e-reading-rises-as-device-ownership-jumps.

[39] Richard Gibby, Andrew Green. Electronic legal deposit in the United Kingdom[J].New Review of Academic Librarianship, 2008(14): 55-70.

[40] Roberto Aguirre Bello. Electronic Legal Deposit at the National Library of Chile [J/OL].[2013-06-02]. http: //conference.ifla.org/ifla77.

[41] Roger CSchonfeld.Documents for a Digital Democracy: A Model for the Federal Depository Library Programin the 21st Century[R/OL][2013-05-30].

[42] Sabine Schostag, Eva Fønss-Jørgensen. Web archiving: Legal Deposit of Internet in Denmark A Curatorial Perspective[J/OL][2014-03-23].http: //netarkivet.dk/wp-content/uploads/Artikel_webarkivering1.pdf.

[43] UK legal deposit in the digital age: organisational and operational challenges[R/OL].[2013-06-15]. http: //www.ifla.org/files/assets/acquisition-collection-development/conferences-workshops/sc-midterm/Johnson-Moscow.pdf.Van Drimmelen, W. The Netherlands depository of electronic publications at the Koninklijke Bibliotheek[J]. Library Acquisitions, 1997(3): 319-325.

[44] [日]植草益.微观规制经济[M].北京: 中国发展出版社, 1992.

[45] CNNIC. 第 37 次中国互联网络发展状况统计报告[R/OL]. [2016-02-03]. http: //www.cnnic.net.cn/hlwfzyj/hlwxzbg/hlwtjbg/201601/P020160122444930951954.pdf.

[46] 《世界主要国家出版物缴送制度及状况比较研究》课题组. 世界主要国家出版物缴送制度及状况比较研究[R].国家图书馆内部研究报告, 2005.

[47] 2014 年移动阅读报告[EB/OL]. [2015-06-07]. http: //wzb.mof.gov.cn/pdlb/yjbg/201501/t20150114_1179814.html.

[48] 2015 年度文化产业发展专项资金拟支持项目公示[EB/OL].[2016-2-29]. http: //vnetcj.jrj.

com.cn/2015/07/13135319490348.shtml.

[49] 2015年度中央文化产业发展专项资金项目公示相关解读[EB/OL].[2016-2-29].http://wzb.mof.gov.cn/pdlb/gzdt/201507/t20150716_1331027.html.

[50] Analysys 易观智库.中国移动阅读市场年度综合报告 2015[R/OL]. [2016-02-03]. http://vdisk.weibo.com/s/7nx3z8hbJeW.

[51] 报纸管理暂行规定[EB].[2015-09-22]. http://baike.baidu.com/link?url=nfV4FmkIcSr5PUwv8zsdu5pRckO1doHb3bkYH8xdj-m5egxHHZ3VIo72ARApzBDBE-AdgRgL5LSVuVC6OLBdga.

[52] 北京图书馆业务研究.北京图书馆史资料汇编[M].北京：书目文献出版社,1992.

[53] 陈清文.英国数字出版物呈缴立法实践的最新发展及启示[J].嘉兴学院学报,2012(11):1-5.

[54] 陈生明.网络出版概论[M].南京：南京大学出版社， 2011.

[55] 陈雨露,马勇.金融业组织形式变迁与金融监管体系选择：全球视角与比较分析[J].货币金融评论,2008(6):1-20.

[56] 程雪梅.数字资源长期保存技术之探讨[J].图书馆理论与实践,2005(5):85-87.

[57] 出版总署征集新出版图书、期刊启事[N].人民日报,1951-01-28(6).

[58] 邓青.国外图书馆政府网站信息保存的实践与启示[J].图书馆建设,2012(12):32-35.

[59] 丁明刚.论出版物呈缴方的权益保障[J].出版广角,2008(3):42-44.

[60] 丁艳君,郑建程.Portico：第三方数字资源长期保存模式初探[J].图书情报工作,2009(3):74-77.

[61] 董幼鸿.我国地方政府政策评估制度化建设研究[M].上海：上海人民出版社,2012.

[62] 动漫企业认定管理办法(试行)[EB/OL].[2016-3-27]. http://www.gov.cn/gzdt/2009-01/17/content_1207772.htm.

[63] 杜立夫.权力监督与制约研究[M].长春：吉林人民出版社,2004.

[64] 管理书刊出版业印刷业发行业暂行条例[N].人民日报,1952-08-19(3).

[65] 郭锡龙.图书馆暨有关书刊管理法规汇览[M].北京：中国政法大学出版社,1995.

[66] 蒋伟明,苑克俪.21世纪国会图书馆数字战略[M].北京：北京图书馆出版社,2004.

[67] 国家图书馆全国出版品送存要点[EB/OL]. [2015-10-08].http://www.docin.com/p-101522-6532.html.

[68] 国家图书馆数字资源部.将网站纳入缴送范围的可行性研究[EB/OL].[2013-06-06].http://srsp.nlc.gov.cn/download/ProdDoc200907287661331496.pdf.

[69] 国家图书馆数字资源部.国外图书馆电子音像出版物缴送调研报告[R].国家图书馆内部研究报告,2010.

[70] 国家图书馆研究院编.我国图书馆事业发展政策文件选编(1949—2012)[M].北京：国家图书馆出版社,2014.

[71] 何红英.数字图书馆建设的著作权冲突与协调[J].西南农业大学学报(社会科学版),2010(4):70-73.

[72] 胡光耀.从立法角度试论我国电子出版物呈缴制度若干问题[J].新世纪图书馆,2010(2):

47-48, 55.

[73] 花湘琪, 邱炯友.电子出版品法定送存制度之国际发展与观察[J].国家图书馆馆刊, 2005(6): 33-73.

[74] 黄红华. 国外数字出版物缴存制度研究[D]. 北京: 北京大学, 2014.

[75] 黄红华.台湾地区数字出版物法定缴存发展研究[J].图书馆建设, 2015(1): 84-87.

[76] 柯平, 王颖洁. 机构知识库的发展研究[J]. 图书馆论坛, 2006, 26(6): 243-248.

[77] 雷亮.论法定缴送中的最优版本问题[J].国家图书馆学刊, 2011(4): 14-17.

[78] 李琛.著作权基本理论批判[M].北京: 知识产权出版社, 2013.

[79] 李国新.中国图书馆法治若干问题研究[D].北京: 北京大学, 2005.

[80] 李国新. 论出版物样本缴送制度改革: 围绕图书馆立法的制度设计研究[J]. 中国图书馆学报, 2007(2): 5-12, 32.

[81] 李英, 侯鹏娟, 靳丽. 电子出版物呈缴制度运行机制研究[J].图书馆工作与研究, 2011(10): 67-69.

[82] 李钊.南非图书馆法发展研究[J].图书情报工作, 2009(11): 100-104.

[83] 林晋宝.《新西兰国家图书馆法》对我国图书馆立法之借鉴意义[J].图书与情报, 2010(6): 72-77.

[84] 林穗芳. 电子编辑和电子出版物、概念、起源和早期发展(上)[J].出版科学, 2005(3): 6-16.

[85] 刘家真. 澳大利亚电子出版物的国家策略[J].图书馆理论与实践, 1998(1): 60-62.

[86] 刘颖丽. 数字出版标准的现状与思考[EB/OL].[2016-2-25]. http: //cips.chinapublish.com.cn/chinapublish/rdjj/13zhyth/tpxw/201108/t20110811_92192.html.

[87] 卢海燕. 国外图书馆法律选编[M].北京: 知识产权出版社, 2014.

[88] 卢现祥. 西方新制度经济学[M].北京: 中国发展出版社, 2004.

[89] 梅园. 2015 全球电子书报告显示市场份额持续增加[EB/OL].(2015-05-12). [2015-06-06]. http: //www.cdpi.cn/xzx/xingyexianzhuang/dianzishu/20150512/12982.html.

[90] 秦珂. 试论电子出版物呈缴制度设计的若干问题[J].科技情报开发与经济.2005(18): 71-73.

[91] 屈明颖. 数字化阅读, 其兴也勃 [N/OL]. [2015-06-06].http: //epaper.gmw.cn/zhdsb/html/2012-04/25/nw.D110000zhdsb_20120425_2-21.htm.
曲云鹏等. 网络信息采集与保存标准规范研究[J].数字图书馆论坛, 2009(7): 22-27.

[92] 人民网. 全国国民阅读调查报告发布 数字阅读首超纸书阅读[EB/OL]. [2015-06-06]. http://media.people.com.cn/n/2015/0421/c40606-26877233.html.

[93] 任尔昕等.地方立法质量跟踪评估制度研究[M].北京: 北京大学出版社, 2011.

[94] 任胜利. 国际学术期刊出版的数字化发展[N]. 中国社会科学报, 2013-11-29(A05).

[95] 沈丽云.日本图书馆概论[M].上海: 上海科学技术文献出版社, 2010.

[96] 张立, 王飚. 2013—2014 中国数字出版产业年度报告[M]. 北京: 中国书籍出版社, 2014.

[97] 中国出版网. 全国国民阅读调查专题[EB/OL]. [2015-06-06]. http: //www.chuban.cc/ztjj/yddc.

[98] 数位典藏 Blog. 美国国会图书馆 American Memory 计划之著作权申请及法定寄存制度述[EB/OL].[2013-07-02].http: //content.teldap.tw/index/blog/?p=468.

[99] 苏佩君.电子书于各国法定送存合理使用之研究[D].台北：淡江大学, 2011.

[100] 孙洁玲.加拿大图书档案馆数字馆藏及发展政策述评[J].河北科技图苑, 2013(4): 11-14.

[101] 陶鑫良，袁真富. 知识产权法总论[M]. 北京：知识产权出版社, 2005.

[102] 王锦贵，王京山. 网络出版探析[J]. 中国出版, 2001(5): 37-39.

[103] 王俊豪.管制经济学原理[M].北京：高等教育出版社, 2007.

[104] 王梅玲，王锡璋.加拿大、澳洲与挪威书刊资料送缴制度[J].国家图书馆馆刊, 1998(2): 93-112.

[105] 王运显. 国外电子出版物呈缴制度及对我国的启示[J].现代情报, 2007(1): 166-168.

[106] 王志庚，陈瑜. 国外网络信息资源缴送动态及对我国的启示[J]. 图书馆杂志, 2011(10): 79-82.

[107] 网络游戏管理暂行办法 [EB/OL].[2016-3-27]. http: //www.gov.cn/flfg/2010-06/22/content_1633935.htm.

[108] 吴钢.国家信息资源保存制度研究[D].武汉：武汉大学, 2010.

[109] 吴钢. 政府信息寄存制度的保存功能与实践模式探析[J].图书馆理论与实践, 2011(11): 26-29.

[110] 吴钢. 数字出版物法定呈缴制度研究[M]. 武汉：湖北人民出版社, 2013.

[111] 吴钢. 数字出版物法定呈缴制度客体研究[J]. 中国图书馆学报, 2014(1): 93-102.

[112] 夏征农，陈至立. 辞海[M]. 上海：上海辞书出版社, 2009.

[113] 向林芳. 论 DRM 在数字图书馆中的应用[J]. 高校图书馆工作, 2011(6): 85-87.

[114] 谢新洲. 电子出版技术[M]. 北京：北京大学出版社, 2006.

[115] 新闻出版总署关于加快我国数字出版产业发展的若干意见[EB/OL]. [2015-8-12].http://www.gov.cn/gongbao/content/2011/content_1778072.htm.

[116] 熊文钊. 现代行政法原理[M]. 北京：法律出版社, 2000.

[117] 臧燕. 行政征收的构成要件研究[D]. 上海：华东师范大学, 2008.

[118] 翟建雄. 图书馆与出版物缴存制度：中外立法比较研究[J].法律文献信息与研究, 2006(2): 11-23, 10.

[119] 翟建雄. 英国出版物法定呈缴制度及其最新立法介绍[J]. 法律文献信息与研究, 2006(1): 10-13.

[120] 翟建雄. 美国图书馆复制权问题研究[M]. 北京：知识产权出版社, 2010.

[121] 翟建雄. 欧盟及欧洲诸国公共图书馆服务立法简述(下)[J]. 山东图书馆学刊, 2010: 56-61, 92.

[122] 翟建雄. 欧洲六国网络资源采集和缴存立法评析[J].新世纪图书馆, 2011(12): 17-21.

[123] 张立，王飚. 2013—2014 中国数字出版产业年度报告[M]. 北京：中国书籍出版社, 2014.

[124] 张绍武. 数字信息资源长期保存研究[M]. 昆明：云南科技出版社, 2009.

[125] 张绚.澳大利亚图书馆法探析——以新南威尔士州为例[J].河南图书馆学刊, 2013(3): 138-140.

[126] 赵志刚.对国家图书馆接受呈缴本的思考——基于新经济学视角的分析[C].第二届全国图书采访工作研讨会论文集, 2007: 141-142.

[127] 赵志刚. 国家图书馆国内出版物呈缴的历史回顾与现状分析[J].新世纪图书馆, 2012(12): 12-15.

[128] 郑雅婷.《加拿大图书馆和档案馆法》及其对我国图书馆立法的启示[J].知识管理论坛, 2013(6): 56-62.

[129] 中国出版网. 魏玉山: 2014-2015 中国数字出版产业年度报告[EB/OL]. [2016-02-03]. http://cips.chinapublish.com.cn/chinapublish/cbsd/201507/t20150715_168554.html.

[130] 中国大百科全书出版社. 中国大百科全书·图书馆学.情报学.档案学卷[M]. 北京: 中国大百科全书出版社, 1991.

[131] 周月娟. 加拿大数位出版品送存初探[J].国家图书馆馆讯, 2013(4): 1-50.

[132] 张立, 王飚. 2014—2015 中国数字出版产业年度报告[M]. 北京: 中国书籍出版社, 2015.